憲法學概論

（第四版）

林來梵 著

責任編輯　　蘇健偉
書籍設計　　a_kun

書　　名　　憲法學概論（第四版）
著　　者　　林來梵
出　　版　　三聯書店（香港）有限公司
　　　　　　香港北角英皇道 499 號北角工業大廈 20 樓
　　　　　　Joint Publishing (H.K.) Co., Ltd.
　　　　　　20/F., North Point Industrial Building,
　　　　　　499 King's Road, North Point, Hong Kong
香港發行　　香港聯合書刊物流有限公司
　　　　　　香港新界荃灣德士古道 220-248 號 16 樓
印　　刷　　美雅印刷製本有限公司
　　　　　　香港九龍觀塘榮業街 6 號 4 樓 A 室
版　　次　　2024 年 1 月香港第四版第一次印刷
規　　格　　16 開（170 mm × 240 mm）496 面
國際書號　　ISBN 978-962-04-5410-3
　　　　　　© 2024 Joint Publishing (H.K.) Co., Ltd.
　　　　　　Published & Printed in Hong Kong, China

本書由清華大學出版社有限公司獨家授權出版發行。
原中文簡體字版書名為《憲法學講義（第四版）》。

目錄

香港繁體版序

　　1984 年《中英聯合聲明》簽署後，中國政府開展了《中華人民共和國香港特別行政區基本法》的起草工作，基本法終於在 1990 年由全國人大通過，並在 1997 年止式實施。在基本法起草時，一些港人把它形容為一部"小憲法"，因為它的內容涉及憲制的設計和運作，包括立法、行政和司法機關的組織和運作，以及政府與人民的關係和人民的基本權利、人權和自由的保障。

　　香港特別行政區成立後，特區政府不斷印刷和發行載有基本法和相關人大決定的小冊子，用於推廣基本法的公民教育工作。近年來，這類小冊子的內容有較大修改，就是不單包含基本法和相關人大決定和解釋，也包括了《中華人民共和國憲法》的全文。

　　近年來，中央和特區政府一再強調，香港特別行政區的憲制基礎是由《中華人民共和國憲法》和《香港特別行政區基本法》共同構成的，這個觀點在法理上是完全正確的，因為基本法不是一份自足的文件，它是中國憲法授權全國人大制定的關於香港特別行政區的憲制性文件，基本法的法律效力源自中國憲法，"一國兩制"的制度設計本身也源自憲法第 31 條。基本法裏不少條文涉及中央和特別行政區的關係，如果不認識中國憲法，便難以理解這些條文。

　　因此，學習和研究香港法律制度的學生、學者，以致所有關心或參與香港的公民教育事業的市民，都有需要學習和研讀中國憲法。那麼，在這方面應如何入手呢？我們需要優質的關於中國憲法的入門書，而林來梵教授這部著作正完全符合我們在這方面的需要。

林教授是我非常敬重的一位憲法學學者。他在香港城市大學任教時，我已有緣與他認識，後來他回到中國內地，先後任教於浙江大學和清華大學。林教授是我國最知名的憲法學學者之一，他的這部《憲法學講義》是在內地憲法學界最受歡迎和最暢銷的一部教材。這本書源於林教授講課的錄音的整理，雖然經過仔細和全面的修補、重寫和更新，但仍保留他講課時的口語化表述，生動活潑，有幽默感，內容包括不少古今中外的有趣的故事和事例，對憲法學的介紹由淺入深，可讀性高於一般教科書或讀本。我認為這實在是一本不可多得的佳作，非常值得向香港讀者大力推薦。

我尤其欽佩林教授廣博的知識、精妙的分析、嚴謹的治學態度，和對於真理和正義的追求、堅持和擔當。美國最有名的法學家之一德沃金（Ronald Dworkin）曾有一本名著，書名是《認真地對待權利》（*Taking Rights Seriously*），我覺得林教授現在這部書的主旨可總括為“認真地對待憲法”。林教授在書中主張和採用的“規範憲法學”，重視憲法的內容、憲法的條文的具體解釋和實際應用，便是“認真地對待憲法”的這種精神的體現。

讀林教授這部著作，我們不但能比較全面和深入地了解中國的憲法，也會學到大量源自外國的一般憲法學常識，包括各國憲法的基本原理、概念和制度，這些已經是全球化的事物，在不少方面是與中國的憲法共同的、與中國“接軌”的。通過這本書，我們也會認識到憲法在西方以至在中國、日本等亞洲國家的歷史發展，乃至西方和日本的一些最有影響力的憲法學學者的學說和觀點，以及不少在這些國家發生的案例。因此，我認為這本書不單是學習中國憲法的首選讀物，也值得推薦給所有有意認識當今世界範圍內的憲法思想和實踐的朋友們。

我完全同意本書中關於立憲主義（或稱憲政主義）（constitutionalism）的論述。鑒於在人類歷史長河中，專斷的政治權力的濫用造成了莫大的苦難，立憲主義提倡通過憲法和憲法所確立的制度性設計，約束國家權力和規範其行使，從而保障人民的權利和自由，讓每個個人都能過上合乎其人性尊嚴的生活。古語有云：苛政猛於虎，憲法的主旨在於馴服這隻老虎，"把權力關進制度的籠子裏"[1]。林教授在本書中提到："立憲主義相信一個道理：人類千萬年的歷史，最為珍貴的不是令人眩目的科技，不是大師們浩瀚的著作，而是實現了對統治者的馴服，實現了把他們關進籠子裏的夢想。"

　　在"一國兩制"的憲制框架下，香港實行普通法的法治制度，中國內地則實行中國特色的社會主義法治制度。林教授提倡"規範憲法學"和"憲法教義學"，主張認真地對待憲法裏的每項條文，這和普通法的精神是相同的：普通法的法學和司法實踐，也非常重視和非常認真地對待每項法律條文，多個世紀以來普通法案例的累積，形成了博大精深的關於如何解釋法律——包括憲法性法律規範——的學問。讀了這本書，我覺得林教授心目中的法學方法和在香港一貫應用的普通法法學方法，可算是不謀而合。因此，雖然有"一國兩制"，但就法治、法學方法、法理思維來說，"兩制"中的共通之處應是遠多於差異之處的。讀了林教授對於中國憲法的論述和詮釋，其實可讓我們香港讀者對於"一國兩制"的前景，更加有信心。

陳弘毅

香港大學法律學院

1　習近平語，參見 https://baijiahao.baidu.com/s?id=1690025672946499767&wfr=spider&for=pc（2023 年 7 月 23 日訪問）。

第四版序

作為一本追求理趣並蓄、適合於讀者在自己的笑聲中補腦的法學讀物，本書自2018 年第三版刊行以來，更是得到了眾多讀者的垂青與厚愛。除了全國各院校法學專業的莘莘學子之外，不少法學界同行、法律實務界人士、國家工作人員以及其他各界知識精英，也給予矚目與支持。2020 年，本書還有幸獲得了"清華大學優秀教材特等獎"的殊榮。

惟其磨礪，始期玉成。其實自第三版付梓後不久，就深感許多地方仍需要進一步打磨和完善。同時這些年也接受了來自各方面的審讀與檢閱，由此收到若干審慎的修改意見；而來自讀者們的反饋意見也為數不少，一位精讀本書多遍的熱心讀者，就提出了諸多有益的訂正建議；加之這幾年來我國法治形勢有所發展，憲法實踐也呈現新跡象，尤其是 2022 年中共二十大召開，2023 年《立法法》再次修訂，因而書中頗多內容需要改動。凡此種種，均使得本書的改版成為一種"剛需"。

本次的修訂，有意識地堅持以下三個原則：

第一，儘量保留課堂實錄的原有風格，做到輕鬆活潑，深入淺出。

第二，較之於全國統編的"馬工程"《憲法學》教材[1]，保持更高的知識密度和適當的理論深度，並確保新修訂的內容都具有實質性的價值，俾已擁有第一版、第二

---

[1]　編注：本書中的"馬工程"教材是指"馬克思主義理論研究和建設工程重點教材"中的《憲法學》，是中國內地各高校主要的憲法學官方教材。最新版參見：《憲法學》編寫組：《憲法學》，高等教育出版社、人民出版社 2020年 12 月第 2 版。

版甚至第三版的讀者，也值得擁有第四版。

第三，與前三版一樣，除了秉承“規範憲法學”的學術立場與方法之外，繼續將一種可稱為“人文主義憲法學”的精神貫徹到底。具體而言，為了從法學的立場妥切地對待政治現象，我們有必要引入法學固有的方法，但在價值取向上並非生硬的、冰冷的，而是擁有一種人文主義的情懷，力求將現代憲法學中有關人性尊嚴的價值理念與我國深厚的人文傳統融貫起來，並內化於全書的內容之中。

本次的改版，相較先前各版的修訂，歷時最久，收穫最豐。這一版的修訂，除了文字上增加了五萬多字之外，實質性內容的改動，幾乎遍及全書各章節。舉其犖犖大端者：

其一，擴展了與“馬工程”《憲法學》教材之間的對話，並增加了一些觀點上的商榷。

其二，擴寫了基本權利各論部分，使該部分由原來的一章擴容到三章。

其三，鑒於斐然可觀的制度發展與現實變化，較大幅度地改寫了全書最後一章“憲法實施與合憲性審查”，尤其是其中有關我國合憲性審查制度的部分。

其四，對全書最後附錄的兩份書單，特別是第二份（現名稱改為“《憲法學》課程體系化進階學習推薦書單”）中的推薦書目做了調整與修改，增補了一定數量的當今我國憲法學者的優秀著作。

其五，順應信息時代“書籍形態立體化”的發展趨勢，同時也為了滿足讀者們對更加輕便、更加多元的閱讀需求，本次修訂的一項重要內容，就是將部分重要資料，存放於出版機構專門提供的網絡平台，其中既有與所有讀者分享的學習資料（分為“小貼士”與“延伸閱讀”兩類），也有為了與各位教師同行相互交流而首次公開的教學資料，即多年來鄙人親自製作和不斷修訂而成的全套“憲法學”課件PPT。為此，本書在封底和書中各處相應設置了二維碼，讀者們可以通過掃碼獲取這些資料。可以說，這一嘗試，為本書的立體化閱讀邁出了關鍵的第一步。

總之，本次的修訂雖因特殊情況延宕至今，但作為作者，在全書修訂完畢之際，彷彿有一種“歸棹晚，載荷花十里，一鉤新月”的滿足感。

與以往的歷次修訂一樣，本次的修訂雖然由鄙人親自完成，但也要感謝清華大學法學院俞偉、李治瑩、陳楚風、林自立等各位博士生弟子在整理文獻資料、校對書稿文字方面所提供的襄助。同時也特別感謝為本書的修訂提出諸多寶貴建議，並默默做出貢獻的熱心讀者！此外，還要感謝為本書的刊行付出心血的清華大學出版社責任編輯朱玉霞博士，尤其感謝在關鍵時刻對本人及本書給予過有力支持的各位師友！

林來梵

2023 年 5 月 25 日於北京清華園

第三版序

本書第二版刊行之後，有幸獲得了更多讀者的矚目和支持，作為作者，在深受激勵的同時，也對書中的學說和文字平添了更強的責任感，並常因其中的譾陋而愧怍。有鑒於此，便留意此書的缺憾與紕誤，用心發展其中的理論與表述，以期精進完善。

適逢 2018 年修憲，本書第二版的修訂就成為必要。可以說，這是一次重大的憲法變革，對我國現行《憲法》的規範內容、體例結構等方面均作出了較大幅度的變動，需要我等在體系化思考中加以融貫性的闡釋。這也成為本次修訂內容的最要者。

本次修訂的第二方面內容，就是吸收了筆者在清華大學法學院 2016 年度與 2017 年度本科《憲法學》教學中講授的一些新內容，其中諸如有關國家目的理論、法學國家觀中的國家有機體學說、基本權利限制的正當化論證框架或審查框架等等。這些內容豐富了本教材的理論內涵，其中有些部分也是憲法學初學者有必要把握的知識要點。

本次修訂的第三方面內容，則是在繼續保持本書與"馬工程"《憲法學》教材進行真誠的學術對話的同時，改變自己過去在一定程度上"自甘"成為其輔助教材的自我定位，從而直接補充了許多教學內容，由此獲得了相對獨立的地位。

通過以上三個方面的修訂，本書較之於第二版又增加了近四萬字。應該說，這是一次重要的、有實質內容的修訂。

"天翻地覆誰得知，如今正南看北斗。"當下中國，無疑仍處於所謂"三千年未有之變局"的歷史餘脈之中，時代變遷的天光雲影，必然映照在憲法這一皇皇大典的規範之間。據聞，近年來，本書越來越受到了校園之外諸多讀者的矚目。誠摯希望通過此度的修訂，能為那些關心中國法治前途、未來命運的讀者提供一些有益的啟迪。

考慮到一些方面的便利，自第三版開始，本書將從法律出版社轉由清華大學出版社付梓刊行，對此，法律出版社高山君等同仁給予了可貴的諒解，在此致以謝意。同時需要感謝的還有這幾屆清華大學法學院研究生趙岩、王敏、謝琪烽、陳楚風、馬東飛、段瑞明、張強等同學，他們為初步整理課堂錄音、校對書稿文字付出了辛勤勞作。此外值得一書的是，國內許多熱心的讀者也為本書的修訂提出了不少頗有裨益的意見。並此致銘，深表謝忱！

林來梵

2018 年 7 月 28 日

第二版序

　　對於一部書而言，時光所能給予的最好待遇，就是再版。拙著自 2011 年 8 月刊行以來，承蒙諸多讀者的垂注和厚愛，迄今已歷四刷，但書中亦有不少缺憾。每念及此，多有惶恐。此度，獲得責任編輯高山先生的惠允與建議，有機會對它進行全面修訂，實為一大幸事。

　　著作的修訂，當如一場思考的翻耕。這一版，除了在各章之中適當增加了一些新的內容之外，主要是調整了原書的體系，將其第二編"國法秩序的綱領"改定為"國家組織"，同時將"國家機構"一章擴展為兩章，一併納入此編，從而大大充實了有關國家組織方面的內容，使體系中各部分的論述趨於合理平衡，由此彌補了第一版的一個缺陷。此外，還補設了第四編"憲法保障"，專門論述憲法的實施與保障，突出了這一內容的重要性。經過修訂，全書的內容已有較大的變動，但仍保留了原書的那種"講義錄"的體裁與風格。

　　修訂之際，還維護了原書所追求的兩個目標：一是在憲法學之中理直氣壯地引入了法學固有的思考方法，即規範法學的方法，而盡力去除那些空洞的政治話語，尤其是大話、套話與假話。但是，從規範憲法學的立場出發，我所做的主要是去政治話語化，並最大限度地避免將任何特定的政治利益或政治信念作為學術思考或學術表達的預設前提，而非研究對象上的"去政治化"，相反，本書更加重視對政治現象的規範考量。二是考慮到本書畢竟是面向法科初學者的一部講義，又兼具憲法啟蒙讀物的性質，為此在表述方面儘量做到深入淺出、生動有趣，真正具有可讀性。

　　本書第一版中多次提及的博士生白斌君，如今已成長為一位青年憲法學者了。最近讀到他的一本新著，其中的一句話是："憲法學是有祖國的。"善哉斯言！記得我國法學前輩蔡樞衡先生早在 1947 年就曾指出："今日中國法學之總體，直為一幅次殖民地風景圖：在法哲學方面，留美學成回國者，例有一套 Pound 學說之轉播；出身法國者，必對 Duguit 之學說服膺拳拳；德國回來者，則於新康德派之 Stammler 法哲學五體投地。"其實，在當今中國法學理論中，這幅"風景圖"又已復現久矣，憲法學界亦然。在課堂上，許多學者談及外國憲法時便眉飛色舞，一旦回到中國憲法的理論問題，則多黯然失色。

　　有鑒於此，此書的這次修訂還特意重視了第三個目標，即進一步確立中國主體立場，修復中國問題意識，努力推動憲法學理論的中國化。為此，儘管書中不少地方談到了外國憲法或比較憲法學的知識，但總體上已在有意識地揮別那種"次殖民地風景圖"了。

　　全書修訂雖經筆者親手完成，但也要感謝那些為整理課堂錄音、校對書稿文字付出辛勤勞作的數位清華大學的同學，他們是晏翀、馬東飛、趙岩和李響。其中，晏翀同學為相關工作的籌劃、組織與實際運作付出了尤多的心血。同時，法律出版社及高山先生也為此書的出版頗費神思。並此致銘，以表謝忱！

　　學問的歡愉與艱辛，如魚飲水，冷暖自知。此時，乘興翻出二十多年前的一首詩作，改寫其中的兩行，用以收束本序：

　　　　我將犁向一片冬天的思想裏
　　　　它的廢墟形形色色

林來梵

2014 年 12 月 20 日夜

第一版序

　　近年來，用心從事本科教學，受益良多。2008 年和 2009 年這兩個年度，其時本人尚在浙大（光華）法學院任教，先後於當年春季學期承擔本科《憲法學》課程的教學任務。承蒙學校為該課程聘任的助教白斌（現執教於中央財經大學法學院）等多位研究生諸君的熱心支持，講授內容得以一一錄音下來，並由他們整理成一份書稿。恰逢 2008 年起該課程被評定為國家精品課程，在同學們的鼓勵下，便萌發將此稿校訂之後予以出版之意，藉以作為國家精品課程建設項目的一項成果，亦俾便與國內同行切磋交流。然此後因本人工作調動之故，原稿的訂正未能一氣呵成，付梓的計劃更被延宕至今。但在斷斷續續的修訂過程中，還進一步吸收了 2009 年秋季學期本人調到清華大學法學院之後為本科生講授此課的一些內容，終於形成了本書現在的全貌。

　　嘆中國立憲，迄今已歷漫漫百年，卻因種種緣由，使作為學問的憲法學之發展，一波三折，備嘗艱辛，即使到了如今，仍然可謂是一門最難研究的學科之一。而且從某種意義而言，中國的憲法學，也是一門最容易使人膚淺的學問。許多在其他研究領域中頗有建樹、甚或負有盛名的學者，一旦在涉及中國憲制問題上展開學術言說，便十有八九難逃典型的所謂“法學幼稚病”之嫌。鑒於此，本人從教雖也有一定年頭，卻躊躇再三，一直未敢貿然獨立撰寫或主編本科的憲法學教材，平時教學，就選用我國老一輩著名憲法學家許崇德先生主編的《憲法》（21 世紀法學系列教材），但從國家精品課程建設項目的要求而言，這畢竟屬於一種不足。

　　呈現於讀者諸君面前的這本讀物，雖然不是嚴格意義上的一部教材，但它的問世，或許可以聊補上述的缺憾。誠然，它所反映的教學過程，是基於別人主編的教材展開的，但本人原本也參與了這部教材的撰寫工作，而且，在獨立的教學過程中，針對教材中那些不能苟同的描述或見解，也會作出一些澄清或討論，並藉此引導學生作批判性的學術思考，此外，對於一些本身就存有重大爭議的問題，也會嘗試提出並初步論證自己的學術見解。為此可以說，本書或多或少地也反映了自己對憲法學所作出的"體系化思考"。也正因如此，將書名定為《憲法學講義》。此外，作為一部"現場實錄講稿"，本書也以一種活潑的方式，記錄了自己在課堂上揮灑的性情。為此誠望通過它，能為莘莘學子以及其他具有知性的讀者，就憲法學這樣一門似乎是嚴肅的學科，提供一冊輕鬆的、具有一定"臨場感"的啟蒙讀物。

　　最終成書之際，還當特別感謝當年為現場錄音和文字整理付出了辛勤勞作的諸君；他們的名字是：白斌、吳耀俊、王群、陳誠、廖珍珠、駱正言、朱玉霞、陳運生、姚夏軍、董旭峰（按照所負責內容的先後順序排列）。尤其是白斌君，還為此書的籌劃、組織以及全稿的初校，付出了較多心血。

　　現付梓之際，仍有遲疑。是的，隨著近年來研究生教育的大力發展，對於大學教師而言，本科教學雖然屬於低年級的教學工作，但其實，有經驗者均能體悟到，它恰恰要求更高超的授課藝術。更何況，在當今中國各大學的法學院系中，本科《憲法學》的課程大多開設在一年級的第一或第二學期，與幾乎同時開課的《法學導讀》或《法理學》等課程分擔著"基礎課"的功能，甚至在一定程度上，也成為法科專業學習的入門津樑。為此，面對嗷嗷待哺的新生，如何以生動活潑、通俗易懂的表達方式，將憲法學的教學內容深入淺出地講清、講通、講透，對授課教師而言，乃是一項極大的挑戰。

　　自知與上述的要求仍相去甚遠，為此不勝惶恐。且由於本書成稿過程的特殊性和複雜性，雖經認真訂正，但紕誤之處仍在所難免，伏望讀者諸君以及其他大方之家予以教正。

　　　　　　　　　　　　　　　　　　　　　　　　　　　　林來梵

　　　　　　　　　　　　　　　　　　　　　　　　2011 年 3 月於清華園

導論

昨夜那場秋雨，洗刷了我們邁向憲法學的路。

今天，我們就要開始一起學習這門學問。

說起"學問"，大家可能會想起民國時期，清華大學有一位著名的大教授，叫王國維，他說過這樣的話：古今之成大事業、大學問者，必經過三種境界：第一種境界是"昨夜西風凋碧樹。獨上高樓，望盡天涯路"；第二種境界是"衣帶漸寬終不悔，為伊消得人憔悴"；第三種境界則是"眾裏尋他千百度，驀然回首，那人卻在燈火闌珊處"。顯然，這三種境界是依次遞進的，但前一種境界又是後一種境界的基礎。

不過，請大家注意的是，王國維所認定的第一種境界不是"衣帶漸寬終不悔，為伊消得人憔悴"，而是"獨上高樓，望盡天涯路"。正如有人指出的那樣，在這裏，王國維是有深意的。也就是說，"你付出很多努力你就會成功"這樣的想法只是一般人的推論。這個推論還是太甜美了，甜美到有害健康。真正的道理是：對於治學而言，你必須先"獨上高樓，望盡天涯路"，否則你注定走不遠，甚至白忙活。質言之，"衣帶漸寬終不悔"自然是必要的，但僅憑這一點也可能不會獲得學問上的成功，只會收到瘦身的效果而已。

諸君選擇法學專業，這是很好的。環顧整個法學內部的各門學科，憲法學這門學科雖然頗為冷門，不過它為你提供了一座"高樓"，可以讓你去攀登，去"望盡天涯路"。而之所以"冷門"，也是因為"西風"給吹的。我不知道昨夜吹的是否正是西風，但是我們可以肯定昨夜的那場雨正是秋雨，此可謂"昨夜秋雨凋碧樹"，那就讓我們今天"獨上"憲法學的"高樓"，"望盡天涯路"吧。

王國維先生所說"獨上高樓"的"獨"字，內涵也很豐富。在他去世後，清華大學的另一位國學導師陳寅恪先生專門寫了紀念碑銘，被刻在一塊石碑上，如今還豎在清華園裏，其中提煉出了"獨立之精神、自由之思想"這一學術精神。有空你們可以去找到它，認真讀一讀。"獨上高樓"的"獨"字，就可以理解為一種"獨立之精神"，至少也可以理解為一種孤獨。

說到孤獨，你們現在濟濟一堂、興致勃勃地湊在一塊兒聽課，是感覺不到的。但其實你們在面對憲法學這門學問的時候，注定是孤獨的。是的，學習憲法學，需要一種"在綠原上啃枯草"的精神。為此要讓一個人喜歡憲法學，尤其是讓年輕人喜歡憲法學，是很不容易的。可是，你們必須重視憲法學。一個國家，也總是需要一些大學重視這門學問的。比如美國至少就有一個大學是非常重視憲法學的，這個大學就是耶魯大學。據說，耶魯大學法學院裏面，老師不多，但大部分的教授都聲稱自己研究憲法學。耶魯大學法學院也盛產憲法學專業的學生，盛產憲法實務人才。我們清華大學也應該重視憲法學，為此你們也必須好好學習這門課程，未來才能對國家、對社會有所擔當。

以上這些閒話先按下不表，現在開始進入正題。但說是正題，其實這一章上的是憲法學的緒論。不過，這導論也很重要。

說到憲法，大家可能都對它有一些印象。這種印象往往從憲法的文本開始，尤其是憲法的封皮，那是一個國家憲法的一種典型的表象。下圖中，第一個是中華人民共和國《憲法》，印刷出來的封皮大部分都是紅色的，我們對憲法的印象往往從它開始形成。第二個是美國《憲法》，它是 1787 年在美國費城制定簽署的，是寫在羊皮紙上的一部非常簡要的憲法，原來只有七個條文。第三個則是"二戰"後制定的西德《基本法》。德語叫 Grundgesetz，縮寫為 GG。東西德統一之後，這部憲法仍然在適用。世界上大部分國家都有一部憲法。其中一些國家的憲法是具有代表性的。以上三個國家的憲法就各具一定的代表性。

圖1　憲法的印象

　　關於憲法的印象，還有兩種説法：一種説法是"憲法是國家的名片"。確實，要了解一個國家，首先看它的憲法。翻開憲法就可以知道，這個國家的政權是什麼性質，國家一切權力來自誰，或屬於誰，國家機構是怎麼安排的，人民在國家中處於什麼樣的地位、享有什麼樣的權利。這些都大致可以從憲法中看出端倪。如果進一步認真學習這部憲法，還可以基本了解整個國家的實際運作過程。第二種説法、也是更早的一種説法是："憲法是國家的肉體"。這是歐洲 19 世紀末著名政治思想家、國家法學家布倫奇利（Bluntchli Johann Caspar，過去譯為伯倫知理）提出的。他把國家想象成一個有機體，憲法就是它的肉體。這個説明不一定好理解，但告訴我們：憲法是關於國家的法，它所涉及的內容非常重要。

　　首先，國家權力歸誰所有。各國憲法一般都對此作出規定。但這種規定可能比較抽象，如表述為"國家的一切權力屬於人民"；或"國家的一切權力屬於國民全體"。看上去似乎很好理解，但我們真的理解了嗎？人民是哪些人？國民在哪裏？人民與國民有何區別？還有公民，與人民、國民又有什麼關係？這就涉及憲法問題了。

　　其次，憲法還關係到國家設置哪些權力，這些權力如何安排。大部分國家設置三種權力：立法權、行政權、司法權。現在中國還設置了第四種權力：監察權。實際上孫中山還曾經主張再設置一種權力，叫考試權，這樣就有五種權力，憲法也號稱"五權憲法"。有人可能想問，那我們現在是否屬於"四權分立"？這就涉及一個關於國家權力如何組織的憲法學問題。

　　除此之外，憲法還涉及中央和地方的關係問題，這關係到中國究竟是單一制還是聯邦制的問題，但我國憲法文本對後面這個問題沒有明確規定。那怎麼辦呢？這就應該從涉及央地關係的憲法條文中進行分析。分析後的結論是中國屬於單一制，權力主要集中在中央，地方的權力由中央授予，雖然有一定的靈活性，但重要的大事都由中央主管。不過也有學者可能認為，中國雖然號稱單一制，但憲法沒有明文規定，實際上地方的權力不小，相當於一種半聯邦制；甚至有人就主張中國應該實行聯邦制。而中國能不能實行聯邦制呢？這是一個自古以來就非常有爭議的問題。柳宗元的《封建論》一文就曾討論中國王朝到底應該實行封建制還是郡縣制，並傾向於主張實行郡縣制。我們現在所説的"封建主義"則是按照馬克思主義的説法，與我們傳統說的封建制不同。傳統的封建制主要指的是宗親分封制，西周就是典型的封建制，西晉也比較有代表性。與封建制相反的是郡縣制，典型的朝代是秦。當今中國更像哪一個呢？顯然是像郡縣制。這也涉及憲法問題了。

　　當然，憲法也不止關係到這些國家大事，還關係到每個人的大事，其中最關鍵的問題是：作為個體的人，作為公民，作為國家成員的一員，相對於國家應享有哪些最起碼的權利？這應該屬於重大的憲法問題。在這裏，我們先舉出一個例子，今後講到相關憲法原理時再具體分析。2001 年，美國發生"9·11"恐怖事件，隨後，一個嚴峻的問題很快就擺在各國政府的面前：如果民航客機被恐怖分子劫持，那麼，為了防止被劫持客機撞向大樓，造成更大的二次威脅，國家可否將其擊落？關於這個重大問題，在各國爭議很大，在有些國家，它還被提交到憲法法院做裁斷。

　　説到這裏，有的同學可能會覺得，我國現在不是有《民法典》了嗎？憲法與民法誰更厲害呢？這好像就得"煮酒論英雄"了。應該説，民法確實很厲害，關係到人們生活的方方面面，在當今我國現實中，其實效性也比較強，但民法並不能解決所有的問題。例如，你到一個私營企業工作，公司發現你不信仰馬克思主

延伸閱讀：憲法切入民法

義，就把你解僱了，這可以嗎？也就是說，私營企業是否可以基於個人信仰解僱員工？這個案例在"二戰"後日本歷史上就真的發生過，這就是著名的三菱樹脂案。

案中被解僱的年輕人叫高野，畢業於日本的某所著名大學，他在填表時隱瞞了一段重要經歷：他在大學時信仰共產主義，還是個學生幹部。公司發現後，就讓高野不要再來上班了，表面上的理由是他曾向公司隱瞞了個人的一段履歷，實際上則與高野的政治信仰有關。高野不服，跟公司打了十年左右的官司，直到上訴到日本最高裁判所，雙方還請來了許多著名的憲法學家出具法律意見書，最後日本最高裁判所作出了判決。這份判決就引入了憲法學的原理，被稱為憲法判例。

以上初步講到了有關憲法的印象，其實已涉及如何看待憲法的問題。那麼，我們中國人究竟是如何看待憲法的呢？也就是說中國人的憲法觀是如何的？這就要從近代講起了。

中國人對憲法真正開始有點感覺，應該是在甲午中日戰爭之後。這個戰爭過去兩個甲子年了。如今，我們把 9 月 18 日定為國恥日。其實在我看來，真正的國恥日是 9 月 17 日。1894 年 9 月 17 日這一天，中國人在鴨綠江口跟日本人打了一個敗仗，這是甲午戰爭開端的一仗，史稱"大東溝之役"。根據清華大學民國時期著名歷史學家蔣廷黻先生的說法，這一仗決定了中日兩國此後在亞洲的地位，真正屬於一決雌雄的戰役。當時，大清國相對於日本而言，在軍備上本來處於一定優勢，根據蔣廷黻的說法是：大清國的海軍力量居世界第八位，而日本的海軍力量僅居世界第十一位。但這第一仗，中國人卻打輸了。打輸了這一仗之後，中國人才開始有點醒悟，為此出現了變法維新運動。其實在這之前，中國人已經打輸了鴉片戰爭，在反覆和西方的較量當中，我們感到自己缺的是堅船利炮，是軍事實力。因此就進入了洋務運動。在洋務運動過程當中，中國人一時沒有趕上西方的科技，就向西方人購買先進武器。比如說北洋水師當時很多軍艦都是從英國、德國買過來的。但是，洋務運動的成果仍然在甲午海戰中不堪一擊。原因是什麼呢？這個時候，人們開始反應過來，推斷是中國的政治制度出了問題，於是出現了維新變法。但是維新變法運動最終還是失敗了。也就是說，當時中國的高層政治精英集團還沒有全面覺醒，很多人還沒有想變革國家制度。

　　使中國人真正覺醒並開始重視憲法的是此後 1904 年到 1905 年的日俄戰爭。當時有代表性的說法，認為它是"啟中國憲政之萌芽者"。這是日本人和俄國人在中國土地上打的一場戰爭，結果日本打贏了。這是近代東方人對西方人的第一次勝利。作為東方人，中國人也很高興，但也在想，到底是什麼原因使日本人打敗了俄國人。大家看到：當時的日本已經是一個立憲國家了，1889 年，日本就制定了一部憲法，叫作《大日本帝國憲法》，又叫《明治憲法》。這是亞洲第一部成文憲法。日本由此進入了一個立憲主義時代，即依據憲法施行政治的時代。當然，這個立憲主義是有限的，現代日本學者把它叫作"外見性立憲主義"，即表面上是立憲主義，但在一定程度上仍然是專制主義。可是那時的日本人正是在這部憲法之下，確立了制度的變革，促進了國家的轉型，也在一定程度上借用了天皇的權威，並激活和凝聚了國民的精神。與此相反，俄國卻不是一個立憲國家。為此，日俄戰爭的結果就被我們中國人理解為"非俄之敗於日也，乃專制國之敗於立憲國也"。於是中國朝野上下不少人都把憲法當作一種"神器"來看待，認為只要立憲，就可能實現富國強兵的國家理想。這是中國人的一種憲法觀。直到今日，這種觀念還很有生命力。可以說，新中國憲法依然寄託了富強的中國夢，"富強"即被明確地寫進了憲法。現行《憲法》序言第七自然段最後一句即寫道："把我國建設成為富強民主文明和諧美麗的社會主義現代化強國。"

　　當年的晚清朝廷，最終也受到這種憲法觀的影響，為此就於 1906 年宣佈預備仿行立憲，1908 年頒佈了《欽定憲法大綱》，而且已經命人在起草正式的憲法了。誰在起草呢？主要是兩個人：李家駒和汪榮寶。如果你們有興趣可以去看《汪榮寶日記》，裏面寫到汪榮寶當時已經受命在起草憲法的事情。但在這個憲法草案剛剛完成的時候，辛亥革命爆發了。這是一場失敗的立憲運動，因為革命趕在立憲之前，並獲得了成功。因此，長期以來，就有不少人推斷當時清廷的預備立憲是虛情假意，不是真的準備實行憲政。但是綜合中國人以及日本人的研究資料，如果說清廷當時完全只是欺騙也是不對的。實際上清廷是半推半就，也想把憲法作為自己的救命稻草。尤其是相當一部分人，包括慈禧太后，意識到亟須制定一部憲法來攏聚民心、改善政局，使清朝得以延命。但是，他們又不想走得太遠，不想把權力和利益徹底地交割出去。

應該說，晚清之所以想推行預備立憲，同時還涉及中國人的另一種憲法觀，即認為憲法可以賦予政權合法性。正如公司有營業執照那樣，憲法就好比國家的"營業執照"。正因如此，最後清廷才決定預備立憲的。甚至連革命派在一定程度上也是這樣想的，擔心清廷真的立了憲，延了命，為此 1905 年 9 月當五大臣第一次啟程出洋考察時，革命黨人吳樾就不懼犧牲自己，混入北京正陽門火車站去截殺過他們。這個行刺活動沒有完全成功，但辛亥革命最終倒是真的成功地"截殺"了清末君主立憲。

然而立憲主義在中國並沒有因此斷了血脈，反而在這個國土裏扎下了根基。只不過到了民國，立憲之路又是一波三折。這一段歷史，可以用魯迅的一句詩來印證，那就是"城頭變幻大王旗"。是的，整個民國時期，憲法就像是城頭不斷變幻的"大王旗"，扯出來都為了立一個旗號，用以認定自己政權的合法性。

到了新中國，憲法觀念發展了，也很重視通過制憲加強政權合法性。新中國成立之際制定了《共同綱領》作為臨時憲法。到了 1952 年 10 月劉少奇訪問蘇聯時，斯大林建議我國應該制定一部正式的憲法。在他看來，新生的中國如果缺少一部正式的憲法，敵人就會聲稱"你們的政權是建立在刺刀之上的"。毛澤東和中共中央非常重視這個觀點，決定制定新憲法。毛主席對制定這部憲法非常上心，親自參與起草。這就有了 1954 年憲法。

但真正值得重視的一種憲法觀，是將憲法看成是人民手中的法寶。民國時期，就有人認為憲法應成為"人民之甲冑"。現在我們說憲法應成為人民手中的一種法寶，也不完全是妄言。如 2007 年重慶發生了一個"釘子戶"的事件，就有了這樣的萌芽。本案當事人吳萍女士在政府大規模拆遷當中堅守自己的房屋，並且用憲法跟有關方面進行交涉，使得對方最後給足了補償，最後呢，她才同意拆遷。這個案件當時在國內引起了廣泛的關注，確實在某種意義上來說，體現了中國憲法發展的一種新的趨勢，這就是：憲法不再僅僅是政權合法性的確認書，憲法也開始慢慢地在被普通民眾所使用，用來保護自己合法的權益，也就是保護自己憲法上所規定的基本權利。這可能成為中國憲法的一種新的發展方向。在這個意義上來說，憲法在當今中國，已經逐漸走出了自清末以來中國立憲主義的悲情的歷史，邁向一種新的、值得期待的前景。

當然，在當今中國，憲法是否真的有用呢？關於這一點，爭議還比較大。但從這些爭議當中，我們也可以體悟到國人對於依憲治國的一種心聲，體悟到國人對於依憲治國的一種期待。這可能是我們立憲主義進步的一種精神動力。

中國憲法發展的趨勢是什麼？我們可以從學術上作出這樣一個判斷：它正在從國家政權合法性的認定書逐漸地發展為人民權利的保障書。一個政府誕生了，確實需要一種東西去確認它是合法的。憲法就是這樣一個證書，就好像國家的“營業執照”一樣。但是如果我們把這憲法裝裱起來，束之高閣，僅作為圖騰膜拜，這還是不夠的。因為這既不能滿足人民的需求，也不符合時代發展的規律。當今中國有一股力量，隨著改革開放，隨著社會主義市場經濟的發展，隨著社會的不斷進步，推動著憲法往一個方向發展，就是使憲法成為人民權利的保障書。從學理上說，如果一部憲法真的能夠成為人民權利的保障書，那麼這部憲法就恰恰可以更有效地證明一個政權的合法性。這是由於，憲法本身就要求國家要最大限度地維護和保障人民的基本權利，只有做到了這一點，這個國家和政府的存在才具有正當性。只要這個歷史發展進程沒有被打斷，我們完全有信心看到憲法未來美好的發展前景。

那麼，人們期待中的憲法是什麼樣的呢？我們可以用以下幾個簡單的說法來概括：

（1）鎮國之法寶。憲法成為國家所有法律中最重要的法律。

（2）治國之法典。憲法可以用來治理國家。

（3）政治之準據。憲法賦予公共權力，但公共權力的運行也應當符合憲法，應當依據憲法來治理國家。

（4）人民之甲胄。憲法最終是要用來保護人民的，保護人民作為人的尊嚴，保護人作為人應該享有的最起碼的權利。

以上我們講的是有關憲法的印象。

接下來我們要進入導論課的另一個階段，就是課程簡介。

憲法學這個課程，可能大家已經有所了解。憲法學這門課，是教育部所認定的核心課程之一，在任何一家法學院讀法學，都要學習這門課程。同時，我所講授的憲法學這門課程，也是清華大學 2012 年起所認定的精品課程之一。這自然也歸功於各方面的支持，包括歷屆同學與我在教學中的互動，在這裏也希望大家繼續參與這門課程的建設。我們這門課的學時是 48 學時。我們的講課方式是講授與討論相結合。但因為課堂中人數多，所以，平時以我講授為主，輔以一些提問和討論，包括網絡學堂以及其他第二課堂上的研討。

其次是教師簡介：我的名字叫林來梵。但對於這個名字，很多人會浮想聯翩，以為我是個和尚，或者屬於遲早要出家的人。其實非也。我在網絡上還有個別號，稱作"梵夫俗子"。我的星座是白羊座，稍微清高一點點，但人還是相當溫和的。

下面推薦一些教材及參考文獻。

我們首先推薦的主教材，或者說重點推薦的教材，就是"《憲法學》編寫組"所編寫的《憲法學》。它屬於馬克思主義理論研究和建設工程重點教材，可簡稱"馬工程《憲法學》"或"馬工程"教材。這本書現在已出了第二版，是高等教育出版社和人民出版社 2020 年出版的。

為什麼要推薦這個教材呢？原因不僅僅是因為我個人也參與了這部教材的編寫，是其第一版編寫組中 11 位主要成員之一。更重要的是因為這本教材有一個好處，即它可能是當今我國教育出版界錯誤最少的憲法學教材之一。迄今為止，許多憲法學教材都難免有一些硬傷。比如，過去我們稱為"象牙海岸"的這個國家，已正式要求我國將它的國名改為音譯名"科特迪瓦"，但我們有的憲法學教材還使用"象牙海岸"這個名稱。有的教材更離譜，居然同時使用兩個國名。而根據我的判斷，像這樣的硬傷，這本"馬工程"教材則很少，因此從某種意義上來說它是最正確的教材，當然其中也包括"政治正確"。

但需要指出的是，這本教材從第一版開始就有很多問題，不少讀者對它做出了尖銳的批評，豆瓣評分也很低，其中最重要的問題就是：對於許多同學而言，它內容比較簡單，有些內容甚至在中學的政治課中就學過了。而且，畢竟這是一本全國統編教材，它必然帶有統編教材所固有的先天缺陷，就是要考慮到全國所有高校法學院系學生都適合用來學習，因此在知識密度、理論深度、思想高度上只能採用平均值，這導致一個結果是，許多高校法學院的學生讀了這本書之後就感覺不"解渴"。不謙虛地說，清華大學的學生同樣也有這種感覺。

有鑒於此，我們還需要推薦一些其他的輔助性參考教材。

其中一部是我的《憲法學講義》。清華大學是很重視教授給本科生上課的，我多年來堅持參與本科教學工作。這本教材就是根據這十多年來我給本科生上課的課堂講授內容整理出來的，不斷修訂完善，出到了現在的第四版。很榮幸的是，這本書自 2011 年初版以來長期受到眾多讀者的喜愛，2020 年還獲得"清華大學優秀教材特等獎"。由於我在教學中採用了上述的"馬工程"《憲法學》，為此這本教材實際上在很大程度上也是圍繞"馬工程"教材的內容而展開的，在某種意義上可以說是"馬工程"《憲法學》的一部輔助教材。

這本教材有明顯的特色。首先，為了滿足同學們對憲法學知識的渴求，這本書在"馬工程"教材的基礎上增加了很多內容，知識密度較高，但這些知識並不是隨便堆積上去的，而是從我所主張的"規範憲法學"這樣一種方法論的角度做了體系化的佈局與建構。

其次，這本書很重視學理性。在我看來，學理性與理論性是不同的。如今，講理論性已經夠普遍的了，不僅政治宣傳講理論性，獨斷性的政治宣示也講理論性，但追求學理性則殊不容易。學理性也不可多得。那需要從現實生活中或從理論思考中提取出問題，並將這類問題轉化為學術上真誠的追問，接著在學術上加以深入的分析與探究，獲得學術上的解答，並從學術上將其說通，而且最好能說得通透。為了儘量做到這一點，本書很重視引導學生進行必要的學術思考，甚至不時地針對以"馬工程"教材中的學說為代表的中國主流憲法理論進行反思性的學術分析，並就一些有爭議性的問題提出了個人的學術見解。

這本書的第三個特點，就是重視理論知識的趣味性。我悟到了一個道理：在當今這個世界，想把某種理論強加給他人接受，那幾乎是很難成功的。要讓大家接受憲法學這樣的理論，也不是那麼容易。為此，本書的敘說追求理趣並蓄，在語言表

圖2　蘆部信喜（あしべのぶよし），原日本東京大學法學院教授，當代日本具有代表性的憲法學者

述上保留了課堂講授的原有風格，力求深入淺出、通俗易懂。

但如果大家覺得這本教材還不"解渴"的話，那怎麼辦呢？

那可以讀這本書，即：韓大元、林來梵、鄭賢君合著的《憲法學專題研究》（第二版），中國人民大學出版社 2008 年出版。這本書比較深入，主要屬於研究生用書。

但如果你覺得實在還不"解渴"，我再向你推薦蘆部信喜《憲法（第六版）》，是我主持翻譯的，2018 年清華大學出版社出版。這部教材是當今日本最具影響力的憲法學教材，據說第六版之前就已在日本銷售百萬冊之巨。作者蘆部信喜是一位已故的憲法學家，生前被譽為日本憲法學的"第一人"。他去世後，其許多弟子仍然在日本憲法學界雄踞重要地位，而且這本書也仍然不斷地通過補訂一些新判例而推出新版。他最重要的弟子之一、當今日本憲法學權威高橋和之教授，就是這本書的補訂者。

除了教材之外，我想給大家再推薦一下《清華大學憲法學課程教學案例》。這是由我和歷屆的助教們一起編寫的，裏面的案例都是精選的，並有不間斷的更新。其中一部分案例，我們在課堂中會分析到，其他的則供大家平時思考。

好，以上我們推薦的主要是教材。除了教材，我認為同學們還要讀一些其他參考文獻，尤其是一些經典著作。在此方面，我為大家準備了兩份資料。

一份是《法科初學者〈憲法學〉課程精選推薦書單》，裏面共有 20 本著作。其中有幾本有關憲法學和政治學的震爍古今的經典名著，如洛克（John Locke）的《政府論》、盧梭（Jean-Jacques Rousseau）的《社會契約論》、孟德斯鳩（Montesquieu）的《論法的精神》，還有密爾（John Stuart Mill）的《代議制政府》、漢密爾頓（Alexander Hamilton）等人的《聯邦黨人文集》。如果你們想學好憲法學這門課，想成為真正有思想的人，可以將這幾本買下來讀，那將終身受用。

這份書目中也有一些輔助性的讀物，甚至有幾本看似閒書的書，如梁漱溟的《中國文化要義》、錢穆的《中國歷代政治得失》，你可以讀。還有，容許我推薦一下自己的隨筆集《文人法學》。為什麼要再推薦自己的這本書呢？主要是因為裏面收集了我有關憲法學的一些比較"好玩"的隨筆。其實我知道，一般來說，你們未來注定只有很少的一部分人可能從事學術研究的，也就是說你們很少人將在未來的職業生涯中需要撰寫大量的學術論文，但是你們每一個人都可能需要寫一些文章。那麼，跟法學專業有關的文章怎麼寫，我這本小書可以提供一個未必成功、但很親切的標本。

以上 20 本書是精選的推薦書目。有些同學認為這 20 本還不過癮，怎麼辦呢？我們還準備了一份《〈憲法學〉課程體系化進階學習推薦書單》，其中推薦了 56 本書（說明：這兩份書目都附錄在本書之後）。

接下來，我們將進入正式的導論課的核心內容。

話說在國內，有很多教師在不同的學校講授憲法學，我只是其中的一員。但我也跟許多憲法學教師一樣，希望能給這門課帶來一些新意，不過，我絕不刻意追求"語不驚人誓不休"的效果，那違背了我的學術立場，對大家學好這門課也是無益的。那我們該追求什麼呢？我認為，應該追求一種貫徹了立憲主義精神、又契合中國國情實際，且能真正有效地認識中國問題、解決中國問題的憲法理論。我曾經把這種理論體系叫作"規範憲法學"。當然，因為課時等方面的限制，我們很難在這裏全面深入地探索"規範憲法學"，但從這裏開始，我將儘量從"規範憲法學"的立場出發，跟你們一道，踏上憲法學思考的歷程。

今天要講的導論，就是這個思考歷程的起點，主要探討四個問題。

一、學科名稱："憲法" 還是 "憲法學"？

首先講第一個問題：學科名稱。到底我們這個學科的名稱是該叫作 "憲法" 還是 "憲法學"，抑或二者都可以？國內許多這個學科的教材名稱叫《憲法》，但是在導論中卻多次使用 "憲法學" 這一術語，這到底是怎麼回事？

類似的情況在日本也有，前面講到的蘆部信喜教授，他的著述中就出現過。在前面我們所推薦的他的那本教材，就叫作《憲法》。但是，老人家晚年退休以後開始出版另一套體系書，書名卻是《憲法學》。這套書是分卷完成的，第一卷：《憲法學 I（憲法總論）》，第二卷：《憲法學 II（人權總論）》，第三卷：《憲法學 III（人權各論 I）》。這到底是為什麼呢？這個問題很重要，説起來背後有很深的學問，姑且我們可以作出這樣的解答：寬泛地説，作為學科的 "憲法" 其實也可以稱作 "憲法學"，也就是説，我們這個學科既可以叫 "憲法" 也可以叫 "憲法學"。但是，從嚴格意義上講，作為學科的名稱，"憲法" 和 "憲法學" 之間又有著微妙的區別。

這種微妙的區別在哪裏呢？要理解這一點，就需要先學習下面的內容，也就是我們導論中要講的其他三個方面的內容，然後我們才能得出一個完整的結論。

二、憲法學的研究對象

那我們接下來講第二點：憲法學的研究對象。也就是説，憲法學作為一門學科，究竟研究什麼？

或許有人馬上會説：這很簡單，憲法學研究的就是 "憲法"。這個説法很難説是錯誤的，但我們把憲法典拿過來琢磨一個晚上，是不是就算研究了憲法呢？如果是那樣，那太容易了。比如，我國現行《憲法》，除了序言，還有 143 條，一共有 17000 多字，跟錢穆先生所統計的中國古代的《論語》的總字數差不多。有人可能會説，就這麼多字，我一個晚上就可以搞定，甚至把它的條文全部背誦下來又有何難！可是，如果研究憲法學真的如此簡單，我的頭髮也不會掉得就剩下這麼點兒了。

其實，從學術的角度來看，作為憲法學研究之對象的 "憲法"，既具有多樣性，又具有複雜性。

先説憲法的多樣性。

作為憲法學研究對象的憲法具有多樣性。大多數的憲法學者主要研究的是自己國家的憲法，而且是自己國家的現行憲法，這確實也是我們以下所説的 "憲法教義學" 的必然要求。當然，除了自己國家的憲法之外，還可能研究其他國家的憲法，因為其他國家的憲法理論、憲法實踐的經驗和教訓都可能值得我們反思或借鑒。

大部分國家都有自己的憲法。每一個國家的憲法又都有自己的歷史。

中國憲法也有多樣性。現在讓我們簡略地回顧新中國憲法的歷史。

眾所周知，毛澤東曾經親自主持起草制定新中國第一部憲法，即 1954 年《憲法》。這部憲法跟杭州有關，起草的地方就是在杭州，辦公地點在北山路 84 號院，下榻的地點在劉莊，如今改名為 "西湖國賓館"。1953 年 12 月，毛澤東一行乘火車從北京到達杭州，準備起草《中華人民共和國憲法》。如前所述，在這之前，新中國只有《中國人民政治協商會議共同綱領》，它起到了臨時憲法的作用。但出於重要原因，新中國制定出 1954 年《憲法》。這部憲法後來經過三次大修改，先後便有了第二部的 1975 年《憲法》、第三部的 1978 年《憲法》和第四部的 1982 年《憲法》。而 1978 年《憲法》曾經歷了兩次部分修改，現行的 1982 年《憲法》，迄今為止則經歷了五次部分修改。凡此種種，都可以、也應該納入我們的研究範圍。

那憲法學首先研究什麼呢？如前所述，憲法學應該首先研究本國的現行憲法。重點在這裏，其他的都是輔助的。有一個説法非常好，即 "憲法學是有祖國的"。

圖3　毛澤東曾主持起草了1954年憲法草案

當我們說 "憲法" 的時候，首先是說自己國家的現行有效的那一部憲法。這是第一點。

其次，作為憲法學研究對象的 "憲法"，又具有複雜性。

憲法的複雜性表現在它既有靜態的一面，又有動態的一面。而且它的結構非常複雜。從靜態來看，我們首先會看到憲法文本、文本裏面的條文。我為什麼會叫大家買憲法典呢？因為憲法文本是我們研究的基礎。我們讀憲法文本的時候，首先遇到憲法的條文，但是這種條文並不那麼簡單，因為條文當中存在著規範。而且，一個條文可能推出多個規範。換言之，看似一個簡單的條文，但是裏面可能存在不同的規範。這個道理我們今後會講到。而規範當中又存在內涵，裏面有些基本概念、基本原理在起作用。所以呢，這內涵裏面就涉及或形成各種概念和理論。正因為這樣，對憲法靜態的一面，我們就需要深入研究。而不要把靜態的憲法現象，看成是簡單的、波瀾不驚的一種現象。

比如我們說，現行《憲法》第 39 條規定："中華人民共和國公民的住宅不受侵犯。禁止非法搜查或者非法侵入公民的住宅。" 這個條文連小學生都知道它說的是什麼意思。但是，你真的知道這個條文當中蘊含著什麼規範、規範裏面蘊含著什麼內涵、內涵裏面蘊含著什麼概念和基本理論嗎？你或許說沒問題，那我們來提問。

首先，這個條文裏面只說 "公民的住宅不受侵犯"，而沒有直接告訴我們到底誰不能侵犯公民的住宅。那究竟是誰不能侵犯公民的住宅呢？是國家不能侵犯公民的住宅，還是其他公民不能侵犯公民的住宅呢？還是這兩者都不能？這就是一個問題，需要研究。

接著我們再問一個問題：這裏規定公民的住宅不受侵犯，那麼在中國的外國人的住宅是否可以侵犯呢？這也是個大問題。如果說外國人的住宅可以侵犯，那我們到了外國，外國人也侵犯我們的住宅，該怎麼辦？有的同學說，我們去了外國沒住宅啊，只是住在賓館裏面。是的，這裏就要再問了：住宅不受侵犯，那麼人們下榻的賓館或宿舍，能不能侵犯呢？有人認為從嚴格的意義上說，宿舍不是學生的住宅，可以侵犯。這個觀點說的對不對呢？

我們還需要繼續問：關於 "侵犯"，其含義應該如何理解？踹門進去肯定是一種侵犯，但我不踹門，只在你屋外架設各種監視器，監視你、監聽你，這算不算侵犯呢？

接下來，"禁止非法搜查或者非法侵入"公民的住宅，那麼就有合法的搜查或者侵入，那麼，什麼情形下才是"合法的搜查或者侵入"呢？

再接下來一個比較根本性的問題是：憲法為什麼要保護公民的住宅不受侵犯呢？是的，公民的住宅很重要，要保護，但是《憲法》第13條已經規定公民合法的私有財產不受侵犯，住宅往往就是公民合法的私有財產，為什麼第39條還要規定公民的住宅不受侵犯呢？也就是說，第13條保護的私有財產，保護的是什麼呢？而這裏第39條保護的公民的住宅又是什麼呢？這也需要我們去理解，否則這兩條憲法條文解釋和運用起來，可能就會有偏差。

所以你看，憲法學起來並沒有那麼容易：看上去那些條文很好懂，但是從憲法學學術的角度問一問，就知道它還是有一些學問的。

以上說的，涉及我們對靜態憲法現象的探究。這已經比較複雜了。如果我們看動態的憲法現象，那麼就涉及規範的運用，其情況可能就更複雜了。我們說，有些憲法被運用，有些憲法可能不怎麼被運用，有些憲法的運用形態比較獨特。一般來說，被合理運用的憲法，叫作"活的憲法"（living constitution）。不被運用，尤其是不被合理運用的憲法，我們可以叫它"死的憲法"。中國共產黨在民國時期還使用過一個更加精闢的詞，叫"偽憲法"，用以指稱國民黨1946年制定的憲法。不怎麼被運用的憲法，有些人叫它"閒法"。比如我國1982年《憲法》，就有人說它是"閒法"。據說，根據四川人的發音，"憲法"和"閒法"都是一樣的，四川人會說："憲法嘛，就是閒法！"這個說法很委婉，因為1982年《憲法》的修改是鄧小平主導的，它甚至被叫作"鄧小平憲法"，而鄧小平就是四川人。

憲法應該如何運用，這很複雜，需要研究；而有憲法卻不怎麼被運用的現象，也很複雜，也是我們要研究的課題之一。中國古代有個說法，叫作"半部《論語》治天下"。《論語》，就大約相當於中國古代的治國綱領之類的文件。中國古代是半部《論語》治天下，或許當今中國約略也是如此，可以說是"半部憲法治天下"。為什麼好不容易制定出一部憲法來，卻只用半部？這裏真的就體現了中國人的特殊智慧？那麼，只用半部行不行？將來有沒有可能全部用？或者即使全部用了還是不夠，也就是説，本來只有一部憲法，但由於我們這個國家規模比較大，國情也比較複雜，為此是否得用兩部憲法才行？這又是一個問題。如果做肯定回答，到底哪兩部呢？一部就是我們通常説的那個憲法，就叫"顯性憲法"吧，那還有一部應該是"隱性憲法"了。如果真是這樣，那麼，這"隱性憲法"又有什麼內容？如何確定其內容？"隱性憲法"與"顯性憲法"之間的關係又是如何？凡此種種，都是關係到每一個公民的幸福甚至是國計民生的大問題，都應該研究。

鄙人曾經寫過一篇小文章，標題就是《憲法不能全然沒牙》。"沒有牙齒"這個説法來自西方。西方的一個觀點是：哪一部法律如果沒有適用性或者實效性，或者説運用不好，那它就會被説是 Toothless——沒有牙齒，為此不會咬人。許多人認為我國憲法不怎麼被運用，原因是它沒有牙齒，沒有辦法咬人，你違反它，不會被咬。不像刑法，嘿，你違反了刑法，就會被刑法懲罰，咬死你都有可能。可是當你違反憲法時，憲法卻好像拿你沒辦法。這樣一種情況的根源就在於目前我國的憲法沒有牙齒。外國憲法的情況如何呢？這個問題比較複雜，學説有爭議，以後我們會講到。但至少在成熟法治國家，憲法是有著牙齒的，一旦違反了它，後果必然不好。這就是憲法擁有牙齒的重要性。類似這個憲法規範的運用問題，也自然屬於憲法學的研究對象。

這個問題又會引出其他許多問題。我們可以舉個例子：拆遷。在我國，21 世紀初，拆遷之風愈演愈烈，幾乎可以形容為"像傳染病一樣蔓延"，其中也引發了一些慘案。有些慘案被人們稱作"推土機下的血案"。20 世紀 90 年代末，因為地方政府事權擴大、公務員規模過於龐大等原因，我國許多地方政府財政收入曾經出現虧空，有的甚至已經提前預支了未來好幾個年度的財政收入。按照那樣情況發展下去，有些地方政府都要在財政上"破產"了。但根據憲法規定，城市土地屬於國家所有，農村和郊區的土地除了由法律特別規定屬於國家所有的之外，一般屬於集體所有，但國家也可以為了公共利益的需要，依據法律規定將它徵收為國家所有。而且 1988 年修憲時，《憲法》第 10 條第 4 款裏加上了土地使用權可以依照法律規定進行轉讓，即進行買賣的規定。於是各地政府就活用這個條款，經常性地轉讓國家所

圖4　這幅圖恰好形象地呈現了憲法權利的內在結構，也反映了在當今中國公民之間，
基本權利意識開始覺醒、憲法權利訴求頗為活躍的狀況

有的土地，使政府集聚了大量資金，克服了潛在的財政危機，另外，也推動了地方各項事業的發展。這樣一來，一方面可以繼續養活龐大的公務員隊伍，甚至還能不斷擴大這個隊伍；另一方面也的確加速了公共事業的建設。但是，這個過程卻伴隨著拆遷，進而在全國各地形成拆遷風潮。大家看到的圖4，就是那個年代出現的：有一座房子，上面畫一個圓圈，寫個"拆"字，這個房子就被宣佈了"死刑"，遲早要拆，但可能是房子的主人吧，卻寫上了自己的訴求："堅決不拆！！！"

這幅圖應該說很形象地呈現了憲法權利的內在結構，呈現了公權力與公民基本權利之間相互衝突的圖景。曾幾何時，由拆遷導致的這種權利衝突，相當普遍，有些地方現在還可能發生。那麼如何解決這個問題呢？我們要明白，這終究是一個憲法問題。

當然，有些老百姓在他的房子面臨拆遷的時候，不是像這樣用"堅決不拆"的字樣去覆蓋"拆"的字樣，而是把憲法的有關法條抄到一塊小木板上，再把它立在自己房子前面，這就把憲法當成是一種"護身符"一樣的東西了。據說有些拆遷人員起初乍一看到這個，還真嚇了一跳。比如，現行《憲法》第13條，共有3款，第3款中的"徵收徵用"就可能涉及拆遷，根據《憲法》第13條第3款的規定，要拆遷房屋，就必須具備四個要件：一是必須是基於公共利益的需要；二是國家為行為主體；三是政府的徵收、徵用，包括拆遷的行為要依據法律規定實施；四是還要給予正當的補償。那麼到底什麼情況下才存在公共利益的需要？這種拆遷是否有法律依據？什麼樣的補償才是符合憲法要求的補償呢？這些都需要研究，而這也是憲法學的研究內容。

　　總之，雖然說憲法學研究的就是憲法，可是剛才我們講過了，作為憲法學研究對象的憲法本身，既具有多樣性，又具有複雜性。如此豐富的內容都是我們憲法學要研究的內容，所以我們說雖然憲法學研究的是憲法，但是這個"憲法"並不簡單。那麼，總結起來，憲法學要研究的對象到底是什麼呢？

　　"馬工程"《憲法學》在其導論中是這樣說的："憲法學是指以憲法及憲法現象為主要研究對象的一門法律科學。"這句話總結得不錯。我個人覺得，要了解這個對象，我們不妨從另一個角度來說。第一，憲法學是以憲法為研究對象的；第二，但是這個對象具有多樣複雜性的結構。因此，憲法學就形成了一個複雜的學科體系。

　　以上，我們通過舉例說明的方式，考察了憲法學的研究對象是什麼，但是將這些研究對象進行歸納整理，則要進一步考察憲法學的學科體系，因為這個憲法學的學科體系就對應了憲法學研究對象的多樣複雜性結構。

三、憲法學的學科體系

　　接下來，我們講導論的第三個問題，即憲法學學科體系。

　　對於這個學科體系，我認同這樣一個觀點：憲法學的學科體系只有運用二分法才能認識得更加清楚一些。

　　首先，憲法學可以分為兩大部分：

　　第一部分是理論憲法學，顧名思義，主要研究憲法的基礎理論，是為實用憲法學服務的。它包括更小的幾個學科。首先是一般憲法學，即具有普遍意義的憲法學，各個國家差不多都可以適用的憲法學。這個學科是否成立，存在很大爭議。因為各國都有各國的憲法，各國情況不太一樣，價值觀念也不太一樣。但也有人認為，各國憲法在某些問題上總有一些共通的原理吧。至於這些共通的原理是否存在？如果存在，其範圍多大？具體有哪些？這些就需要研究。有些學者認為，各個國家的憲法，總有一些規範的原理、價值取向是一致的，而且未來人類也可以共享同樣的憲法。這個想法對不對呢？主流的看法認為，這個想法有一定道理，但目前很難實現。未來不同國家間是否可以共享一部憲法呢？這個問題爭議就更大了。至少目前，不同國家憲法不同。而且我們中國比較強調自己的憲法具有中國特色。但是一般憲法學的研究可以作為學術上的一個理想來追求。只不過不能濫用一般憲法學對其他國家進行強制。在這一點上，強調中國特色的憲法制度，也是可以理解的。接下來，理論憲法學還包括憲法史，主要研究憲法制度及憲法思想的發展史。再接下來是比較憲法學，即對不同國家的憲法進行比較的研究。還有，就是憲法社會學，即以社會學方法研究憲法現象，或者把憲法視為一種社會現象加以研究。當前中國法學界存在法教義學與所謂"社科法學"的爭議，社科法學在憲法學意義上主要就是相當於憲法社會學，這個學科當然是成立的，但它並不等同於憲法學的全貌。把憲法看成社會現象、政治現象是成立的，但憲法還是一種精神現象，是人類設計出來的規範。把憲法看作社會現象、政治現象，研究的是"to be"的問題；把憲法看成應然現象、精神現象，研究的就是"ought to be"的問題，這一點往往很難得到理解，但它恰恰是最重要的。此外還有憲政經濟學，如美國的布坎南所開創的憲政經濟學，等等。

第二部分是實用憲法學，其中主要包含兩小類：一類是憲法教義學；另一類叫憲法政策學。

憲法教義學乃是一門主要著力於研究某個特定的憲法（一般是研究者本國的現行憲法）之解釋與適用的規範科學。我們前面講過，本國現行憲法是研究重點，這在憲法教義學中體現得特別明顯。憲法教義學是專門研究本國現行憲法是如何解釋、適用的一門學問，尤其是研究本國憲法各個條文的解釋，所以憲法教義學一般又被稱為"憲法解釋學"。同時，憲法教義學也是一種規範科學，主要是研究"ought to be"的問題，即應當怎麼樣的問題；而不是主要研究"to be"的問題的，即不是主要研究事實的問題。而"應當怎麼樣"的問題，則涉及人類的實踐理性，涉及規範科學。這個大家要注意。至於憲法教義學為什麼叫"教義學"，我們等下再講。

實用憲法學還有第二個類型，叫作憲法政策學，也有人稱之為"憲法政策論"。這是實用憲法學內部相對新興的一門小學科。它是為實現憲法上的一定目的，而探究有效的法技術體系的科學。通俗地說，可以叫作"憲法制度設計學"。舉個小例子，比如說司法獨立這個問題，是許多國家的憲法所承認的。在中國，司法獨立有沒有規定呢？沒有明確的規定。我們只規定了審判權、檢察權行使的獨立。那麼這個審判權行使的獨立，和西方國家的司法獨立是不是一樣呢？不一樣。而我們的審判權行使的獨立落實得怎麼樣呢？不少人認為效果不理想。那麼怎麼辦？需要改革。改革要達到什麼目標呢？要達到的目標是：不等於要實現西方式的司法獨立，但可以吸收西方司法獨立的一些做法。這是一些人的觀點。可是，往這個方向去了之後，要不要堅持黨的領導？在司法審判的過程中，完全隔離黨的領導行不行？這些都是憲法政策學所要研究的問題。

憲法教義學和憲法政策學二者具有共同性，即都具有實用性，屬於實用憲法學。但二者之間也有微妙差別：憲法教義學比較保守，而憲法政策學則具有一定的反思性和批判性，突破既有框架的取向比較明顯；憲法教義學著力於維護某種憲法規範及其精神，憲法政策學則適用於制度的設計和變革；在社會變革與轉型時期，憲法政策學非常重要，然而，不論如何，憲法政策學還是以憲法教義學為基礎的。

在上述諸種門類中，最基本、也是最重要的當屬憲法教義學。請記住，我們這裏要講的"憲法學"，就傾向性地屬於這種"憲法教義學"。各國大學法學院裏作為主課的本科憲法學，應該說基本上都是如此。

那麼，到底應該如何理解憲法教義學呢？我們可以分幾個點來講解。

第一點，我們說，它屬於一種法教義學。"法教義學"一詞在英文中寫作 legal doctrine 或 legal dogmatic。什麼是法教義學呢？德國著名的法哲學家、曾經是德國民法學界巨擘的拉倫茨（Karl Larenz），有一本書叫《法學方法論》。這本書我向大家隆重推薦，如果你想在法學這個領域中有所作為，或者是在法律職業上有所作為，這本書可以買來讀，讀了以後肯定會功力大增的。當然，如今德國著名學者默勒斯（Thomas M. J. Mollers）的《法學方法論（第四版）》也翻譯過來了，它成功地構建了一種"現代的法學方法論"，也很值得推薦。而在拉倫茨那本書的"引論"部分裏，作者曾經給"法教義學"下過這樣的一個定義："以某個特定的，在歷史中逐漸形成的法秩序為基礎及界限，藉以

小貼士：拉倫茨關於"法教義學"的這個定義應該如何理解？

探求法學問題之答案的學問。”

　　法教義學存在一種自身的前提，即對於法律條文、制度本身的最起碼的、應有的“確信”，相信它是正確的，或者假定它是正確的。那麼這種“確信”本身是否是合理的呢？是合理的。我們人類知識的很多學科，都需要一定的假設。如果沒有一定的假設，就不可能形成一個學科。當我們無法確信 1+1=2 的時候，數學這個學科可能就無法確立了。法學也是這樣，需要一種基本假設，就是假設現行的法律是合理的。當然，法學裏面也可以研究現行法律為什麼是合理的、是否是真的合理的。但這甚至是其他學科研究的問題，而非純正的法學研究的核心問題。比如說有一個男人因為貧困，入室搶劫，在搶劫的過程中，為了避免獨居的女主人發出大聲驚叫，把她掐死了。案發後，男人被起訴。假如你是這個案件被告人的律師，對於此案，你就只能採用法教義學的思考方式去看待這個案件被告人的行為。但如果你站在法庭上，慷慨激昂地説道：馬克思主義告訴我們，任何犯罪都是由貧困引起的。本案被告人之所以入室搶劫並且不慎殺了人，其根源就在於他的貧困，就在於這個社會對他的不公！所以，他的罪行應該由社會來承擔！至少有一部分應該由社會來承擔！那麼，你的這個説法正確不正確？估計許多人會認為這種説法是正確的。但是，你的思維就是一種非法教義學的思維。真正的法教義學的思維，不是這樣的，而是應該根據現行有效的刑法的相關條款，對被告人的行為進行裁判。這就是刑法教義學。憲法學也是如此。當我們談到憲法教義學的時候，也是要假定或者説確信現行憲法是合理的、正確的。這就是憲法教義學的底綫。

　　那麼，法學為什麼稱作“教義學”呢？這是第二點。

　　綜觀人類知識體系的各種學科門類，我們法學跟哪一門學科最為接近？教育學？哲學？抑或醫學？鄙人認為，法學跟神學最為接近。比如基督教神學家研究什麼？主要就是研究《聖經》。《聖經》捧在手上，神學家對《聖經》的態度是怎樣的？可以説是虔誠的！他要研究《聖經》裏面某句話是怎麼寫的，它的內涵是什麼，然後藉此指引人們的生活。為此，他絕不敢説《聖經》寫錯了。即使他內心覺得《聖經》某句話寫得有點兒問題，難以接受，那怎麼辦呢？比如裏面有“你們做妻子的要順服自己的丈夫”這樣的一句話，現代神學家如果秉持男女平等的觀念，就自然無法接受這句話裏面透露出來的觀念。但是作為神學家，他絕對不會說這句話錯了；而是可能通過對它進行解釋，解釋到跟它的原有文意有點不同、但是又是在它的合理的"意義空間"之內。這樣的學問就是教義學。什麼叫教義學？康德説，它就是"對自己前提未先予批判的純粹理性的獨斷過程"。法學也是屬於教義學的一種，它跟神學有很大程度上的相似性。從這點來看，法學和神學一樣，可能是最缺少批判精神的一門學問。

　　請大家注意，你們所學的法學就是如此。它的核心部分就是法教義學。部門法學基本上都是法教義學，比如說憲法教義學、民法教義學、刑法教義學，它們都是在維護法律文本的前提下開始工作的。如果沒有這個"維護法律"的精神，那你就搞不了法學。如果你有強烈的批判精神，那該怎麼辦？我告訴你們一個秘訣，那就是：最好不是去批判法律，而是去批判人的行為或社會現實，甚至可以依據法律去批判社會現實。有些同學可能會說：我還是要批判法律本身，這個法律制度太荒唐了。那麼該怎麼批判呢？我覺得也有兩條道路。第一條叫"大批之道"，即顛覆性的批判，這需要從理論法學、甚至其他學科的角度進行。第二條是"小批之道"，用專業性比較強的語言表述，應該叫作"體系內部的批判"。你仍然在法秩序的範圍裏面，但是卻對它進行"小批"，即不對它進行顛覆性的、全盤的批判，而是枝節性的、體系內的批判。例如，根據憲法規範去批判刑法、批判行政法，用某個憲法規範去批判部門法的某個條文。這樣的批判其實都是屬於"小批"，法教義學只能進行這樣的"小批"，也就是前面說的只能以法秩序為基礎和界限進行批判，而不能進行根本性批判。如果你對於顛覆性批判特別熱衷，那麼你要跳到"三界外"，絕不能停留在"法教義學之中"了。

　　我們說了，法學最為核心的部分就是法教義學，而法學就是這樣的保守。它的主要精神不是在於批判秩序，而是在於維護秩序，為此是保守的。這是一種必要的保守。就憲法學而言，憲法教義學最為保守，它對待憲法文本的態度可以説幾乎類似於神學家對待宗教經典的態度，就像基督教徒對待《聖經》的態度一樣，或許雖然沒有那麼虔誠，但大體也差不多，在保守性方面是比較接近的。而憲法政策學就比較具有批判性了，因為它想實現一定的目標，通過憲法來實現這種目標，為了目標的實現就會允許自己突破既有的憲法規範框架。總之，憲法教義學是最符合法學本性的一門學科，擁有典型的法學精神。

　　中國現在法制還需進一步完善，部分法律人還不怎麼像法律人。如果你到過成熟的法治國家或社會，你看它們的法官、檢察官、律師，這些人的精神氣質，跟一般人不完全一樣。尤其是法官，在法治國家裏地位很高，都是屬於法律世界裏面的精英人物，借用德沃金的話來説：法院是法律帝國的首都，而法官則是法律帝國裏面的王侯。這些人的氣質，跟音樂家、文學家、經濟學家有很大不同，一般都是雍容大度、一本正經、謹言慎行的。他幾乎不會説這樣的話：這個法律錯了！如果中國在未來能成為一個成熟的法治國家，那麼估計情形也會如此。從這個意義而言，如果你這個人的性格注定具有批判性，你就未必要去搞法律；如果你的批判性很強，那麼你未必要去當法官，否則，那就是誤入歧途。萬一你真的被錄取到了法學院的法律專業，那又該怎麼辦呢？只有一個辦法：請跟我來，做學者去。因為那樣就會多一條路，就是“學術批判”。比如，我們就會在課堂裏展開一定的批判，即學術的批判。當然，我們的學術批判，也主要聚焦於某些社會現實，或者某些憲法學説，而對憲法規範或憲法文本，則至少保持一定量度的尊重。這才符合法學，即法教義學的本質要求。

　　在憲法教義學精神的引導下，我們所講的憲法學，其內部體系就跟憲法規範文本有著密切的關係。憲法學的學科體系也高度尊重憲法規範文本，就連結構上也都保持這種尊重的取向。比如說，我國現行《憲法》的結構體系比較簡明，也就是序言再加 143 條，其中，第一部分是序言；第二部分是總綱；第三部分是公民的基本權利和義務；第四部分是國家機構；第五部分是國旗、國歌、國徽和首都。這樣一個結構，在我們憲法學的理論體系中基本得到維持。當然，憲法學畢竟是一門學問，不可能完全按照《憲法》的結構，而是按照學科理論內在的邏輯要求有所改變，但是對它保持了必要的尊重。比如，我們教材裏面的學科體系就把憲法文本的內容全部吸納到憲法學理論框架裏面，而憲法學理論框架的排列、次序也大致與它相符合。這個就是憲法教義學的要求。

　　説到這裏，我們就可以回答本節課的第一個問題：作為我們的學科名稱，“憲法"與"憲法學"究竟有什麼微妙區別呢？它們的關係又是如何呢？基於前面的論述，我們可以得出這樣兩個結論：（1）憲法學在廣義上包括理論憲法學和實用憲法學，尤其可指前者，即理論憲法學；（2）如果我們把學科名稱叫作"憲法"，那麼這個稱呼指的是什麼呢？需要說明兩點。

第一，它就相當於憲法教義學，主要研究某個特定的憲法，一般來說就是本國的現行憲法，因此我們把它稱為"憲法"。但是它不等於憲法文本，不過非常尊重憲法文本。

那麼，這樣的一種學問能不能也叫作"憲法學"呢？也可以。原因是這樣的——

第二，它也是一種教義學，因此在狹義上也可以稱為憲法"學"，畢竟是一種學問。只是這種意義上的"憲法學"，乃相當於第一點中所說的"憲法"，可以說只是一種狹義的憲法學，與前面所講的廣義的憲法學不同。

四、憲法學的研究方法

最後，讓我們來學習一下憲法學的研究方法。

"馬工程"《憲法學》當中列舉了憲法學研究的幾種方法，主要包括這麼幾個：第一，階級分析法；第二，歷史分析法；第三，比較分析法；第四，規範分析法；第五，理論聯繫實際的方法。這個列舉很簡單、很明快，卻存在一個問題：我們單純看這些研究方法，似乎看不出這是"憲法學的研究方法"，好像民法學、刑法學都可以用，而且更為嚴重的是：其中大部分方法，不但法學用，其他像政治經濟學、政治學、社會學、倫理學等學科號稱也在用。總之，它們沒有體現憲法學作為一個法學學科的研究方法的特殊性。

法學有沒有自己固有的方法，也就是法學有沒有自己獨有或者接近獨有的方法，即一般來說其他學科所不具備的方法呢？不了解這個問題，你就進不了"法律之門"，永遠漂浮在法學的"外海"。

那麼，法學本身所固有的方法是什麼呢？或曰最能體現法學特色的方法是什麼呢？比如説我們研究憲法學，和憲法學非常相近的一門學科叫政治學，政治學也研究國家制度，也關心人權保障，跟我們憲法學的研究內容幾乎沒有什麼差別。但是為什麼我們法學院還要開"憲法學"這樣一門課程，而且是法學專業核心課程之一？政治學也作為一個獨立學科，存在於我們學術殿堂之內，這是為什麼？它們能否合併呢？當然是不能合併的。為什麼？首先是因為方法不同，然後作用也不同！有什麼不同？這就涉及法學獨有的方法。這獨有的方法是什麼呢？這是我們要思考的。

"馬工程"教材上所列舉的這些方法固然重要，但是我認為，我們方法的應用不能夠混亂。一般來説要根據具體的學科類型來定。比如憲法史研究，主要用歷史的方法；比較憲法學研究主要用比較的方法；憲法社會學主要用社會學的方法，包括"理論聯繫實際"，憲政經濟學，一般來説用的是經濟學的方法；而所謂的政治憲法學，主要採用政治學的方法；一般憲法學，則可以綜合運用多種方法。那麼憲法教義學的方法是什麼樣的呢？主要採用的是解釋、適用、發展等方法。其中，解釋的方法是最重要的。但是，憲法教義學也會開放性地吸收一些其他的方法。

鄙人曾經提出一個概念，叫作"規範憲法學"，主張在方法論方面，要從兩個方面來把握憲法學研究的方法：

第一，接續規範主義的思考傳統，重視以規範作為準據的方法，主要是憲法教義學的方法，尤其是憲法解釋學的方法，但可以適當吸收其他方法。

第二，秉承立憲主義的核心價值，堅持對規範進行內部性的反思、修復或重構，以促成規範憲法的形成。在這個過程中，當然也要吸收其他的研究方法。這裏的關鍵是要了解什麼是"立憲主義"。立憲主義是一種主張依據憲法施行政治的原理。立憲主義也有"近代立憲主義"和"現代立憲主義"之分。近代立憲主義又稱傳統立憲主義，其核心價值是保護人的尊嚴和最起碼的權利，為此力圖合理地規範公權力；而現代立憲主義則傾向於將憲法政治看作是民主政治，主張人民當家做主，同時也寄望於通過民主途徑，來保障人民的基本權利。傳統立憲主義與現代立憲主義之間也存在著一定的張力，比如，人民是否可以擁有不受限制的權力？現代立憲主義似乎很難解決這個問題，民粹主義就是這樣發展起來的；但根據傳統立憲主義的精神，答案應該是否定的，也就是説，即使是人民，也不擁有完全不受限制的公共權力，更何況是部分大眾在公共領域所形成的力量，包括各種形態的"街頭民主"、公眾論壇（如網絡）上聚集的某種輿論勢力等，都必須受到合理限制，都不能侵害和壓制個體應有的尊嚴和基本權利。這其實已涉及我們究竟要堅持傳統立憲主義還是現代立憲主義的問題，比較複雜。對於這個問題，我總體上認為，由於我國基本上未徹底完成傳統立憲主義的課題，為此應該採取傳統立憲主義和現代立憲主義相互交融、齊頭並進，但又在二者之間適當偏重於傳統立憲主義的立場。這也是我所理解的規範憲法學的一種基本立場。

當然，多年來規範憲法學也遇到方法論上的對手，代表性人物是陳端洪教授、高全喜教授等，他們也打出一個旗號，叫"政治憲法學"。我們在學術上還是有點雅量的，很歡迎他們的批評，但他們至少存在三個方面的問題：第一，他們往往不把憲法看成是政治的準據，而看作是政治的結果，為此強調憲法具有高度政治性，是完全服膺於政治的，這就明顯違背了憲法和法治的精神；第二，他們將研究對象與研究方法之間的關係混為一談，一味主張以"方法的政治性"應對"對象的政治性"，而完全不理解以"方法的規範性"應對"對象的政治性"的意義與苦衷；第三點，究其根源，政治憲法學還是混淆了事實與規範之間的關係，傾向於從事實命題中直接推導出規範性命題，這就相當危險的了。

我歷來沒有竭盡全力回應我國政治憲法學對規範憲法學的批評，只寫過《憲法學界的一場激辯》等一些學術隨筆來對付他們，這是由於，人家內部早已出現了立場的分化。高全喜教授有一次就問我：國外有沒有"政治憲法學"呢？我說國外有啊，代表性人物就是德國的施米特。高教授一聽大驚失色，從此就踏上了"分化"的道路。

以上所講的方法論問題，大家一時可能難以全部理解，以後可以逐步深入學習。

第一編

憲法總論

從本章開始，我們進入憲法學的正題。

在進入正題之前，有必要先說明一下憲法學的理論體系。關於憲法學的學科體系，導論已經有所涉獵，那是憲法學作為一個學科的理論體系，而這裏我們所要講授的是憲法學的理論體系。

在此請看一下我們這個 "馬工程" 教材的體系。這就是它所建構的憲法學理論體系，分為這麼幾章：導論、第一章憲法總論、第二章憲法的歷史發展、第三章憲法的指導思想和基本原則、第四章國家性質和國家形式、第五章國家基本制度、第六章公民的基本權利與義務、第七章國家機構、第八章 "一國兩制" 與特別行政區制度〔這是 "馬工程"《憲法學（第二版）》唯一增設的一章〕，還有第九章憲法實施和監督。這個體系與憲法文本的章節體系大致上具有一致性。這就是法教義學的特色所在，它要儘量反映出憲法條文的規範結構，但是又不完全等同於條文的規範結構，否則它就不可能作理論上的昇華。

但是，關於憲法理論體系，其實有各種各樣的版本。首先，一般來說，不同國家的憲法學，就有不同的學科體系。關於這一點，上次我們已經談到了，是因為憲法學的核心應當是一種法教義學，它要尊重特定國家的憲法文本，一般都是本國的現行憲法，而不同國家又擁有不同的憲法規範以及體系結構，所以自然會形成不同的憲法理論體系。

其次，即使在同一個國家裏面，面對同樣的憲法規範文本，不同的憲法學者也可能會提煉出不同的理論體系。在此，就容許我對 "馬工程" 教材的理論體系作一些變更。雖然這個變更不是很大，但是或許會更合理一些。

我們要講的理論體系改為這樣：總體上分四編，每編下來又分章：第一編憲法總論；第二編國家組織，"馬工程" 教材中的第七章提到這一部分中來了；第三編基本權利；最後第四編憲法保障，其內容比書中所講的憲法實施這一概念要更大一些。可以說，我認為整個憲法學理論體系，它的內容大概就包含這些。

那麼，在這個體系中，基本內容部分在哪裏呢？答案是：在第二編和第三編。一部憲法一般都包含這兩部分。

一部分是國家組織法，它關係到國家作為一種實體，是如何組織起來的大問題，也是憲法學課程中要學習的重要問題。現實中，這是一項氣勢恢宏的事業！要組織一個家庭或公司，比較容易；而要組織一個國家，那不是一般人思考的事情。但這就是憲法學要思考的。那麼，把國家組織起來幹嘛呢？為了好玩是不是？在美國，據說有人玩這個遊戲。他住在一個小島上，把這個小島封閉起來，架上一個橋，設出一個海關，宣佈我在這裏成立一個國家，他是國王，他的家人分別被冊封為王后、王子、公主，他也制定"憲法"，實行立憲君主制，把組織國家的大事作為"玩家家"那樣玩。這個玩法相當於在另立國家，是不合法的，但在有些地方還好，你不承認它就行了，人家只是為了建設一個旅遊景點。而真正的國家組織，則是一項大業，沒這麼簡單，它的設立過程需要許多人為之浴血奮戰，付出血淋淋的代價；它的運作過程也需要極高的成本，基本上社會中每一個人都可能在為其付出代價，比如納稅和服兵役。

那麼我們組織國家幹嘛呢？目的是什麼呢？這就涉及憲法中的另一個可以說是更加重要的問題，其答案是：組織國家就是為了保障人民生存的最起碼的權利。這種最起碼的權利，憲法學把它叫作"基本權利"。只要是完整的憲法典，一般都規定了基本權利。這也是憲法學理論體系中的另一個基本部分。

那為什麼要保護人的最起碼的權利呢？這又是為了保護人的尊嚴，即讓人應該擁有像人一樣活著的資格、待遇或處境。如果人像其他動物、像玩具或者像工具一樣活著，這個時候人就失去了尊嚴。康德的一句話體現了這個含義，即："人是目的本身。"這說的是：人本身是一切的最終目的，所有的一切都必須為這個目的服務，而不能把人當成動物、手段、工具一樣對待。那麼為什麼要保護人的尊嚴呢？問到這裏，問題就終極了，答案就是：因為就是要保護人的尊嚴，人即目的本身。

這就形成憲法的基本價值體系。為此，國家組織法和人權保障法，就構成了憲法學的基本內容，特別是憲法學當中規範理論的基本內容。

　　但是要學習這兩個內容很不容易，需要基礎理論。我們第一編的憲法總論，就是為了解決第二編、第三編的基礎理論問題。最後還有第四編，它實際上是說：好的，你這個憲法很重要，要保障很多東西，包括最終要保障人的基本權利，但你自己應該如何去保障自己呢？

　　我們整個學期要學習的理論體系就是由這四個部分構成的，每個部分下面還有更具體的內容。這四編都非常重要，那麼重要當中最重要的在哪裏？這個仁者見仁智者見智。我認為就在兩個部分：一個是憲法總論。在我看來，這對中國來說非常重要。還有一個重點，就是基本權利，尤其是它的總論部分。國家組織和憲法保障也非常重要，但是不如以上這兩個部分重要。

　　接下來，我們要開始講《憲法總論》了。"馬工程"教材只用一章來講，而考慮到它的重要性，我們要用四章來講：第一章憲法的概念與本質，第二章憲法的分類與結構，第三章憲法的制定與修改，第四章憲法的解釋與運用。

第一章 憲法的概念與本質

　　學習憲法學，首先要了解“憲法”是什麼。上次我們就已經提到，憲法學研究的對象就是憲法，而所謂的“憲法”，則具有多樣性和複雜性。那麼，憲法究竟是什麼呢？這是一個初始的問題，又是一個終極性的問題。它貫穿於憲法學學習和研究的始終，初學者剛開始學習憲法學就要了解這個問題，許多皓首窮經的憲法學者到了最後，也可能還在仰天追問這個問題。

　　我們先推出一些“章前導引問題”。請大家想一想以下這些說法對不對。一個說法是：“中國自古就有憲法。”這個說法對不對呢？請先用你最樸素的法感來說說看。先透露一下：這句話是孫中山先生說的。第二個說法是：“憲法是從英美法等國資產階級革命成功之後才有的。”這句話對不對？這也是偉人說的，即毛主席說的。第三個說法是：“當今中國沒有嚴格意義上的憲法。”這個說法對不對呢？這句話是我有一次在香港參加一個學術交流時，聽一個美國學者說的。在座很多中國學者聽了都不愉快，告訴他中國不僅有憲法，而且算起來至今都已經有四部啦。但那個美國人說，那些都不是 constitution，而只是“xianfa”！請問，他這個說法對不對？第四個說法是：“憲政”概念本來是從西方引進的，現在我們還可以用嗎？有人認為不能用，官方也認為這個概念中包含一些陰暗的居心。那麼從學術角度應該怎麼理解這個概念？

　　要弄清這些問題，就需要學習憲法的概念和本質是什麼。請大家帶著這些問題以及你初步的想法，開始這一章的學習。

一、"憲法"的多義性

記得 2006 年 5 月的某一天，山東大學法學院曾舉辦了一個學術會議，會議期間的某一天晚上，下著濛濛細雨，與會的一些學者被邀請去同台講演，即為學生們作一場學術講座。講座之前組織者並沒有告訴我們講什麼題目，到了現場才知道講座的標題竟然是"憲法大家談：憲法是什麼？"聽眾主要也是本科生。作報告的人有好幾位，包括韓大元、胡錦光、童之偉、劉茂林、林峰等當時我國憲法學界教學研究領域"一綫"上的教授，鄙人也忝列其間。但從講座中就會發現，大家所給出的憲法定義不盡相同。有關講座的具體內容，感興趣的同學可以去查《六人齊談：憲法是什麼》這篇文章，仔細研究一下他們分別給出了什麼答案。

我這裏只重點介紹一下人民大學胡錦光教授的觀點。關於憲法是什麼，他說：憲法猶如禪一般。他說道："我曾經模擬了兩個人的對話：有個教授，學生請教他'憲法的精神是什麼'，我代那個教授解答說，'憲法的精神猶如禪一般'，也就是說，你能悟到什麼是什麼，你能悟多深是多深。"

後來輪到我講，我也借用佛學的典故，從"麻三斤"談起。"麻三斤"是佛學裏面一個著名的公案，出自一部佛學經典，叫《碧岩錄》，其中有這樣一段記載，很簡單：

僧問洞山："如何是佛？"山云："麻三斤。"

首先要明白："洞山"是什麼意思？不要以為是"山洞"，洞山是一個人名，他是唐代著名佛學大師洞山良價，江西曹洞宗開宗祖師。上面這段引文的大意如下：有一次一個和尚問洞山大師："如何是佛"？用現在的話說就是"佛是什麼？"洞山回答："麻三斤。"

要知道，"佛是什麼"的問題絕對不是一個簡單的問題。在佛學裏面這是一個佛身論的問題。大家千萬不要小看佛學，我上次講過，神學是跟法學最為相近的一門學科，而神學是有學問的，佛學也是如此。比如說"如何是佛？"這樣一個佛身論的問題，就相當於哲學的本體論問題。而洞山大師的答案很簡單，只三個字："麻三斤"。所謂的"麻"，就是麻衣的麻，和尚衣服所用的材料就是麻。

面對這樣一個公案，後來研究佛學的人就不得不對它進行解釋。我上次講過，法學最像神學，在方法論上也是如此：神學講究解釋，法學也講究解釋。在這個公案中，要理解洞山答案的含義，就必須對"麻三斤"進行解釋，通過解釋才能理解洞山所理解的佛身論究竟是什麼，進而幫助理解佛是什麼。而針對洞山的回答，後世就是這樣的，但至少出現了三種不同的解釋：一種認為，大師之所以這樣回答，是因為他回答這個問題的時候正在倉庫裏面稱量胡麻，因此順口回答"麻三斤"；第二種解釋認為，洞山其實是在問東答西，而"問東答西"是禪學裏面的一種方法，所以這個說法也有一定道理；第三種解釋方式則認為，"麻三斤"的說法體現了洞山的一種佛學思想，即認為佛的存在體現在類似於"麻三斤"這樣的具體物象當中。

我之所以引出這個公案來說憲法是什麼，主要是被胡錦光教授啟發的，他說憲法的精神猶如禪一般，我就聯想起了這段禪宗公案來應和他；前面的那些大牌教授們眾說紛紜、莫衷一是，這也促使我談起了這個公案，以此來說明，人們在面對本體論上既初始又終極的問題之時，往往會產生不同的見解。這些不同的見解之間的衝突如何解決呢？比如說那天晚上，在談憲法是什麼的時候，六個人的答案幾乎都不一樣，那麼，我們應該如何來解決這種定義的困境呢？我認為這個禪宗公案裏面就已經隱含了一種方法論上的追求。我比較支持公案中的第三種解釋。當時洞山可能就是這樣認為，像佛這樣的一種存在，就存在於具體的物象中，這本身與洞山所代表的禪學思想是一致的。洞山通過這個答案試圖解決人們對佛身論的各種歧見之間的衝突。

返回到"憲法是什麼"的問題。這是學習憲法最初碰到的問題之一，但也是一個終極性的問題。像這樣的問題，有時僅僅思考"什麼是憲法"是不合適的。古往今來，很多人對這樣的問題已經有答案了。如果再對這種終極性的問題進行定義，很可能重複了他們的思考，並且很可能產生或促成眾說紛紜的局面，甚至可能形成意志的專斷。

　　所以，我們要認識什麼是憲法，應該對憲法這個概念的源流進行綜述。它是怎麼來的，大家對它是怎麼定義的？與其拋出自己的定義，不如先看看歷史上其他人是怎麼定義的，分析不同意見產生的分歧在哪裏，然後再自行把握這個概念的內涵。

　　“憲法”這一用語，中國古代經典中就有，但是在近代，它是由外語翻譯過來的，主要譯自英語的“constitution”、法語的“constitution”、德語的“verfassung”等等。最早將英語的“constitution”正式譯成中文的，可能是美國的傳教士裨治文，他在 1857 年譯為“世守成規”，《海國圖志》中就出現了“世守成規”這個説法。後來日本的一位名叫箕作麟祥的法律翻譯家，則譯為“憲法”。其實，同時代的其他日本人、如明治時期的啟蒙思想家加藤弘之曾採用“國憲”這個譯語；另一位明治時期的思想家津田真道，則翻譯成“根本律法”，但箕作麟祥所採用的“憲法”這個譯法最終被日本官方所採納，因此就確定了下來，並被中國所移植。那麼，最早把日本人翻譯的“憲法”這個詞引入中國的人是誰呢？許多教材認為是鄭觀應，但根據最新的考證，清末駐日公使何如璋更早開始使用這個詞。

　　由於日本古代有聖德太子的《憲法十七條》，為此，在日文語境下，“憲法”這個詞已多少暗含了一點“極其重要的法”的意味，但在中文語境下，最初很難説已具有這個內涵。中文中古代的“憲”，一般指的也是普通的律法，或指的是法令的公佈。也就是説，我們引進的“憲法”，可謂是引進了一個在自身文化語境下不算很確切的譯詞。那應該怎麼彌補呢？主要靠此後修復性的定義來彌補。例如毛澤東就強調，憲法是國家的根本大法；當然這層含義在孫中山那裏就已經開始提及。這樣的定義就使得“憲法”一詞在意義上的疏漏得到了彌補。

　　但是定義也可能伴隨著一些問題。定義本身可能構成一種專斷、一種命令。你定義了一個概念，就等於宣佈了一個“答案”，甚至有可能是把一個定義強加給別人。而人類是複雜的動物，他們形成社會後，會形成社會意識和自己的規則，他們有時候不接受別人強加的定義，希望自己也參與定義。因此在分析哲學以及維特根斯坦的語言哲學等理論出現之後，人們就開始注意到一點，即定義的方法本身就具有問題性，具有它的功能邊界。尤其是跟人類利益密切相關的詞彙，它就可能具有多義性。比如說什麼叫愛情、正義、善，各人有各人的說法；比如說什麼叫自由、民主、平等，同樣也是見仁見智，所以就出現含義的多樣化了。對此，人們聚訟紛紜，莫衷一是。"憲法"這個概念也是如此，它在不同場合下有不同的含義，與前述的"麻三斤"的解釋一樣。

那我們該怎麼辦呢？英國法哲學家哈特就曾為我們指明了一個方向，那就是在不同的語境中去分析語言的含義。圍繞"憲法是什麼"的問題，我們完全可以沿著哈特所指明的道路前行，即首先要認識到"憲法"一詞在現實中具有多義性，在不同的語境下有不同的指稱，因此就有不同的含義，這一點跟洞山所揭示的佛身論的語境是相似的。我們應當區分不同的語境，從而作出分別的界定。我認為，憲法的概念主要出現在兩種不同的語境中：

第一種"憲法"出現在形式意義上的語境中，因此所謂的"憲法"，實際上是指形式意義上的憲法。這種"形式意義上的憲法"指的是什麼？指的就是可以用"憲法"這一名稱所命名的規範性文件，此種命名與內容無關。比如說，《中華人民共和國憲法》，這個文本就被稱為"憲法"。德國《基本法》雖然不叫"憲法"，但也是可以用"憲法"指稱的，為此也屬於形式意義上的憲法。當人們提到"憲法"這個詞彙的時候，可能指的就是這種文本。中國有沒有憲法呢？我們說中國有憲法，但前面說的那個美國人卻說沒有。我們所講的是形式意義上的憲法，至少我們有一部形式意義上的憲法。這是事實。但美國人說："不！你這個形式意義上的憲法不是constitution！是'xianfa'。"那麼這個美國人所講的constitution意義上的"憲法"又是什麼呢？在這裏，我們先不管他這句話說得對不對，關鍵是要弄清楚他指的是什麼。應該說，指的是第二種語境下的憲法。

這第二種語境下的憲法，就是"實質意義上的憲法"。它區別於"形式意義上的憲法"，並不是指具體的文本，比如說中國憲法、德國憲法、美國憲法，而是在內容上具有某種實質的規定性。此種"實質意義上的憲法"又根據其所運用的不同語境而分別具有如下兩種可能的含義。

第一種是固有的含義，即"固有意義上的憲法"。憲法的固有含義便是"規定國家統治之基本的法"，因此有人用"基本法"或者"根本法"來專稱之。比如我們所熟悉的孫中山先生就認為："古代也存在憲法。"這一觀點曾經引起爭議，然而若從憲法的固有含義視之，則是可以接受的。再舉個例子，《漢謨拉比法典》是已知的人類歷史上第一部成文法典，產生於公元前 18 世紀的古巴比倫王國，刻在石頭上面，現存於法國的盧浮宮中，我曾經參觀過這塊矗立的石頭。這部法典就可以被看作那時的"憲法"，只不過古代的法典是諸法合體，刑法、民法，還有國家組織法等性質的法條都整合在一部法典裏面。《漢謨拉比法典》大家有機會可了解一下，它一開頭就說漢謨拉比國王的權力來自神授，讚頌他統一兩河流域的文治武功，是當之無愧的"宇宙四方之王"，制定法典是為了"在世界上發揚正義"，同時對破壞法典的人進行了神的詛咒。法典闡明了漢謨拉比國王統治權力的正當性基礎，從這種意義上說，《漢謨拉比法典》的這個部分就相當於古代"固有意義上的憲法"。而在近代，只要任何涉及國家統治權力的基礎和構造的法，我們都可以把它叫作"憲法"。

在所有固有意義上的憲法當中，有一種被廣泛認為是特別優異的憲法，被稱為"立憲主義意義上的憲法"。這種意義上的憲法專指：通過限制專斷性權力以廣泛保障基本人權的國家基本法。這種憲法具有一種本質精神，便是限制專斷性權力，保

圖5　在今日法國盧浮宮，可以看見《漢謨拉比法典》。圖為本書作者訪問法國時所攝

障人民的基本權利。只有符合這種精神層面之規定性的憲法，才有資格被稱為"立憲意義上的憲法"。當然，判斷某個國家的憲法是不是屬於"立憲主義意義上的憲法"，這很容易引發爭議。前面説的那個美國人認為當今中國憲法不是 constitution，而只是"xianfa"，這在學術上就極需商榷。但其所講的"憲法"，即 constitution，就可能是專門指立憲意義上的憲法。反之，中國學者所理解的"憲法"，確實也可能是形式意義上的憲法，就是那個被稱為"憲法"的文本。

那麼，立憲意義上的憲法有什麼特點呢？一般來講，它有三個特點：

第一，它最早是在近代西方開始出現的，因此人們又把它叫作"近代意義上的憲法"，這是我們需要注意的。毛澤東曾經説過："講到憲法，資產階級是先行的。英國也好，法國也好，美國也好，資產階級都有過革命時期，憲法就是他們在那個時候開始搞起來的。"毛澤東讀書很厲害，有時候他也讀憲法，特別是在制定 1954 年憲法之前，他讀了很多憲法的書，最後得出這個結論。應該説上面這段話裏面用的"憲法"概念，主要指立憲意義上的憲法，並明確地承認是在西方國家首先出現憲法的。當然，他也是基於階級分析論的方法，不説西方國家，而是説"資產階級"先搞出憲法來的，但總體上是與立憲主義憲法的第一個特徵相吻合的。

延伸閱讀：應該如何看待自由主義

第二，它主要立足於自由主義。前面講過，立憲意義上的憲法有一個精神，即通過限制專斷性權力以廣泛保障人的基本權利。那麼，這種精神是從哪裏來的呢？我認為，它主要來自於自由主義。綜觀西方各國所謂的立憲主義的憲法，均或多或少地帶有此種自由主義精神。自由主義精神跟立憲主義意義上的憲法精神是很一致的，可以説立憲主義意義上的憲法就是將自由主義的精神加以法律化。關於這一點，英國現代最著名的新自由主義旗手哈耶克曾經説過一句非常有意思的話："剝離一切表層之後，自由主義就是立憲主義。"立憲主義的英語原文是 constitutionalism，中文有時也翻譯成"憲政"，我覺得翻譯為"立憲主義"或者"憲政"都是可以的。上面這句話，我認為哈耶克説反了，應該改為："剝離一切表層之後，立憲主義就是自由主義。"你去把西方一些所謂立憲主義的憲法拿過來，再將其中一些表層，比如法律術語等剔除之後，一般來說剩下的精神內核就是自由主義。

　　第三，立憲主義意義上的憲法被廣泛地認為體現了憲法最優異的特質。因此這種立憲主義意義上的憲法總是為許多國家所仿效，許多國家都在學習它、模仿它，是功能最強大、政治最正確的憲法。我國有形式意義的憲法，也有實質意義的憲法，即固有意義的憲法，這個憲法也不絕對排斥立憲主義，更可以適當借鑒其他立憲主義憲法的優異之處，促進國家治理體系和治理能力的現代化。

　　同時，我們也要對立憲主義的內部問題進行必要的反思。立憲主義的問題在哪裏呢？在於自由主義的思想基礎。我們提到過，立憲主義的基礎是自由主義，而自由主義、民主主義的基礎是個人主義。平心而論，自由主義有進步意義，但對共同體的存在意義、對公共利益是否給予足夠的重視，則可以反思。另外，當代生命科學技術的發展，對個人主義的基礎也可能產生了很大的破壞作用。自由主義或個人主義的基礎概念是自由意志，認為每個人都具有自由意志，都具有人格。如投票這個行為，是人自己基於自由意志進行選擇的；某個人殺了人，為什麼要承擔責任，因為殺人的行為也是根據自由意志，自己做出的選擇。但據說當代生命科學發現，一個行為看似是出自自由意志，實際上可能是由基因決定的，或者具有一定的隨機性，又或者是二者的結合。如果這樣的結論可以成立，那將導致個人主義的基礎被動搖。

　　以上就是憲法的概念，它具有多義性。概括起來說："憲法"概念在語境上主要分為形式意義上的憲法和實質意義上的憲法，後者又有固有意義上的憲法和立憲主義意義上的憲法這兩種不同的指稱，它們的含義都各不相同。總之，我們理解憲法的含義，並不是要給憲法下一個獨斷性的定義，而是通過分析它在不同的語境下所存在的不同的含義來理解憲法。這是一種新的方法，它背後有深厚的方法論基礎。

　　說到這裏，我們必須批判一個人的學說。這個人的名字叫作施米特（Carl Schmitt，1888—1985），是德國現代政治學家和憲法學家，曾成為納粹的"桂冠法學家"，當代美國學者稱他為"邪惡的天才"。這個人對憲法有獨特的理解，認為憲法實際上可分為 Verfassung 與 Verfassungsgesetz，在我國台灣地區，有學者將其翻譯為"憲章"與"憲律"，我覺得可理解為"憲道"（Verfassung）與"憲法律"。

在施米特看來，"憲道"是高階的，也是絕對的，是主權者做出的根本的政治決斷，以魏瑪憲法為例，民主制、共和政體、聯邦制、代議制、國民法治國等原則，就屬於這種根本性決斷，也是不可修改的，如果將其加以修改，那就是憲法崩解（Verfassungsdruchbruch）；而"憲法律"則是低階的，也是相對的，是"憲道"的具體規範化，也是可修改的。這是施米特年輕時的照片（圖6）。應該承認，這個人是很有思想的，他所提出的兩個憲法的概念也非常著名。但是施米特這個思想隱含了一種巨大的危險。危險性在哪裏呢？主要在於他所講的實際上含有"政治權力至上"的思想。也就是說，在他看來，只要在政治上有實力全盤決定一個國家的統治形式與樣態，那麼不管他是誰，哪怕是納粹，他都是制憲者，都擁有不受任何限制的制憲權，這就是"決斷"。這種思想無疑是有缺陷的，其一個重要的缺陷在於，對憲法的規範性的一種藐視。我們說，最好意義上的憲法是那種力圖去約束公共權力以保障人的基本權利的憲法，就是我們前面所講的"立憲主義"的憲法。可是施米特對這一點不予認同。他不是主張用憲法去約束公共權力，而是相反，認同政治權力去決定憲法的內容。這是他的理論的危險性所在。他所講的這種憲法，其實就是政治的婢女。

圖6　年輕時的施米特

二、一個有爭議的概念：憲政

　　説起憲法，就會涉及“憲政”這個概念，也就是説，“憲政”是憲法學無法迴避的一個概念。是的，大致從 2013 年起，我國主流政治意識形態方面不提倡使用這個概念。但根據我的教學經驗，越是對你們年輕學生閉口不提“憲政”這個概念，這個概念就越像是伊甸園裏的一顆“禁果”，充滿了神秘的誘惑力。

　　既然如此，我們不妨就來坦誠地談一談“憲政”這個概念的來龍去脈。

　　何為憲政？我們首先想到，憲政這個概念從哪裏來。有人説，憲政這個概念是從歐洲來的。這是對的，其對應的英語是 Constitutionalism 這個詞。但是這個概念是怎麼傳輸到中國的呢？根據人膽的推測，有可能是通過日本傳輸進來的，時間是在清末時期。1906 年，載澤等大臣曾經赴日本考察，在赴日本考察過程當中，載澤寫下了他的日記。日記顯示，載澤等人在日本見到了當時日本政界的大人物——伊藤博文。伊藤博文是日本《明治憲法》制定的主導者。《明治憲法》這時已經制定成功，它於 1889 年頒佈。載澤拜訪伊藤博文時，伊藤博文也非常重視，根據載澤日記，當時伊藤博文就談到了“憲政”這個概念。載澤在回國的奏摺上也使用了這個概念。這可能是中國高層政治精英較早接觸到“憲政”這個概念的情形之一。根據日記記載，載澤當時問：“立憲當法何國為宜？”伊藤博文回答：“各國憲政有兩種。有君主立憲國，有民主立憲國。貴國數千年來，為君主之國，主權在君而不在民。是與日本相同，適宜參用日本政體。”很明顯，在伊藤博文的這個回答當中，採用了“憲政”這個用語。而從伊藤博文所做的有關憲政類型的分析當中，我們可以推斷，他説的“憲政”，實際上就是“立憲政體”的簡稱。

　　在這之前的 1899 年，剛剛流亡到日本的梁啟超寫了《各國憲法異同論》一文，在其中也説“憲政”是“立憲君主國政體之省稱”，即也已把憲政理解為一種立憲政體，只不過限定於立憲君主政體而已。實際上，作為一種政體，憲政應該具體分為兩種，一種叫“君主立憲國”，另一種叫“民主立憲國”。那麼什麼叫“立憲政體”呢？答案是：制定出憲法並加以遵行的政體。

　　而與“憲政”這個政體相對立的政體是什麼呢？是“專制”。或者説，“憲政”

就是"專制政體"的對稱。何謂專制政體呢？簡單説，就是整個國家的公共權力或政治權力，基本上不受任何有效的限制，政治權力可以是專斷的權力，這種體制就叫作專制政體。當時所講的專制政體主要指的是君主專制政體，即君主的權力不受任何限制。而立憲政體的精髓則是權力通過受到合理約束而獲得正當性，它要求政治權力不論誰來掌握，由君主來掌握也好，由人民來掌握也好，都必須受到憲法法律的約束，不能肆意妄為。這就是近代人們理解的立憲政體。

以上講的只是憲政概念在近代的原義。但憲政概念的這種原義，在當今已發生了一些變化。在當今，憲政主要指什麼呢？主要包含這麼幾種含義，至少有三種。

第一種指的還是立憲政體，即公共權力受憲法約束的政治體制。

第二種指的是憲法政治，即"憲政"也是"憲法政治"的一種簡稱。這也可以理解：如前所述，"立憲政體"指的就是制定出憲法並加以遵行的政體，而"制定出憲法並加以遵行"是一個動態過程，可稱為"憲法政治"，為此可簡稱"憲政"。如果説立憲政體是靜態的話，憲法政治則是動態的。

憲政的第三種含義，往往指的是立憲主義（constitutionalism）。我們曾經講過，立憲主義是一種主張依據憲法施行政治的原理，它有"近代立憲主義"和"現代立憲主義"之分。

儘管隨著時代的變遷，關於對"憲政"這個概念的理解也出現了一些分歧，但在國際憲法學界有一個比較權威的立場是追溯到 1789 年法國《人權宣言》，認為該宣言第 16 條即揭示了"立憲政體"的內涵，該條宣稱："但凡權利無保障或分權未確立的社會，即無憲法。"

這個見解影響很大。當 1906 年載澤一行考察日本政治的時候，有關分歧還不那麼明顯。但是隨著日本憲政實踐的發展，如何理解憲政的分歧就逐漸浮現了。這個分歧的焦點是：憲政的標誌究竟是三權分立還是政黨政治？也就是説，看一個國家是否是憲政國家，以什麼標準來衡量？是看它是否具有三權分立的機制呢，還是看它是否實行政黨政治呢？關於三權分立，大家現在可能都有初步的認識，以後我們還會講到。政黨政治指的是什麼呢？簡單來説，在西方指的就是兩黨制或多黨制。所以我們在學術上必須承認，從近代開始，"憲政"這個概念確實就包含了一些特定的內涵。到了現代，情況也是如此。比如說在現代中國，存在將西方某個特定國家的政治制度作為憲政模範的主張。也正因為這樣，"憲政"在中國成為一個有爭議的、被戒備的概念。

如此看來，在憲政應該具有何種標準這個問題上之所以產生分歧，也可能是由於不同的人擁有不同的憲政觀。所謂憲政觀，指的是人們有關憲政之本質的根本看法或立場。不同的國家，或同一國家不同的人，其憲政觀都可能不同。

據我的梳理，當今中國就存在多種不同的憲政觀。2013 年春，我應邀去法國巴黎政治大學參加一個學術會議，會上法國人問我："你們中國人是怎麼看憲政的呢？"我當時臨場發揮，梳了一下，說中國至少有四種憲政觀。法國人可能認為中國人思想真活躍，居然有這麼多的憲政觀，就請我介紹，我就介紹了一下。其中說到儒家憲政觀和反憲政的憲政觀，他們對這些名號很感興趣，但聽完它們的具體觀點之後，對儒家憲政觀感到不以為然，對反憲政觀一派的反對憲政的論據也比較失望。回國之後我就進一步總結了一下，總結出當今中國一共有六種憲政觀，剛好浙江工業大學法學院邀請我去做講座，我就定了"當今中國六種憲政觀"這個題目。沒想到剛講完不到兩個星期，中國人民大學法學院有一位教師就突然發表了一篇反對憲政概念的文章。這當然是巧合。但人家這篇文章引起了一場很大的爭論，可謂一石激起千層浪，《求是》、《紅旗文稿》、《人民日報》等，都參與了討論。總之，以此為契機，全國法政學界在報章以及新媒體上掀起了一場有關憲政概念的大爭論。而通過這場爭議，六種憲政觀也變成五種了，因為，其中有一種憲政觀被另外一個憲政觀吸收了，或者說出於策略的考慮，主動地加入了另一種憲政觀的陣營。

那麼，當今中國的憲政觀有哪五種呢？大致是這麼五種。請注意，我沒有說"就這麼五種"，而是說大致有這麼五種：

第一種是民主憲政觀，認為憲政就是民主。這是毛澤東提出的，他在 1940 年 2月所發表的《新民主主義的憲政》一文中指出："憲政是什麼呢？就是民主的政治。"這個觀點後來長期成為新中國有關憲政概念的通說。至於什麼是民主呢？毛澤東沒有予以具體定義，但一般認為民主就是人民當家做主。

第二種我把它叫作西方通識型憲政觀，指的是在西方許多國家具有廣泛共識的一種憲政觀。中國有一部分人認為中國也應當吸收這種西方通識型的憲政觀。這種憲政觀承認憲政是約束公共權力、保障個人權利的，我們必須承認，這是傳統立憲主義的主流。

第三種是社會主義憲政觀，這種憲政觀最初是認為社會主義也可以有憲政，主張將社會主義所追求的公平價值觀跟憲政結合起來。但正如前面也提到的那樣，在爭論中，一種我稱之為"多要素複合型憲政觀"的憲政觀也加入這個範疇之中，認為憲政應該包含民主、法治、自由、人權、平等、社會保障等，凡是世界上美好的制度我們都要，組成社會主義憲政。

第四種是儒家憲政觀，其認為憲政早在儒家學說中就有了，古代中國的一些制度，裏面就隱含著憲政的要素，甚至有人認為那就是憲政。作為重要代表人之一的蔣慶先生就主張當今中國應該建立政教合一的儒教國，施行王道政治。尤其值得注意的是，他雖然是法律專業出身的，但不認同依法治國，主張在國家建制上應該實行三院制，即建立由儒士組成的通儒院、按功能選區選舉產生的庶民院以及由宗教界人士及聖賢名人後代組成的國體院，作為國家權力機關。那次我去法國訪問，當法國人聽我介紹到這裏，都露出牙齒，不以為然地笑了。

第五種則是憲政概念取消論，或稱反憲政觀。反憲政觀也是一種憲政觀，只不過是認為憲政概念本身就應該予以否定，理由是憲政這個概念隱含了資產階級的國家觀，會被別有用心的人利用，把我們引入歧路。

通過上述五種不同憲政觀的梳理，我們也可悟到一個道理：基於憲政觀念的多樣性，我們不能把憲政概念等同於某種特定的憲政觀。但是，許多派別恰恰都可能沒有做到這一點。而通過近年來各派的爭論，尤其是主流政治意識形態力量的作用，第五種憲政觀即反憲政觀不僅戰勝了第二種和第三種憲政觀，甚至超越了第一種憲政觀，在當下的我國居於主流地位。至於第四種憲政觀，雖然一旦涉及制度建構，就暴露出傳統儒家學說本身所固有的弱點，牟宗三所謂"理性的自我坎陷"就是針對這一點說的吧，但受到主流意識形態的"加持"，新儒家在當今也算獲得一些地位。

這種思想格局的出現，不是偶然的。

要認清這一問題，首先是有必要對民主憲政觀的歷史背景做語用學的把握。應該認識到，民主憲政觀是在特殊的歷史背景下提出的，將憲政定義為民主政治，這是當年中國共產黨在與國民黨複雜的政治鬥爭中的一種話語策略，這與將其作為一項可以付諸實踐的理想，是不同層面上的問題。當今中國的社會主義民主處於初級階段，民主的內容、形態與程度仍然有待進一步發展。我們的全國人大代表還不是通過直接選舉產生的，他更多是由多層級的間接選舉產生出來的。這在西方各國乃至全世界範圍內是少見的。那麼現在能不能搞多黨制，甚至在全國範圍內搞直接選舉呢？在這一點上，我們目前仍邁不出這個步子。台灣地區在這方面先走一步，起初就有點亂了，現在似乎好了很多。但台灣地區只是一個小地方；我們曾經準備讓香港特區也先走一步，準備實行香港特首普選，結果還沒搞起來，就已經出現亂象了，以致政制改革受挫。為此，人們難免會想，如果在中國這樣一個偌大的多民族國家全面搞起西方式的對抗性競爭選舉，中國會不會像 21 世紀初所謂 “阿拉伯之春” 運動下的伊拉克、利比亞、埃及那樣出現不可收拾的亂象？這種疑慮，估計已沉澱在當今中國許多政治精英的觀念之中，拂拭不去，也難以完全驗證。當然，當今中國共產黨已創造性地將民主選舉、民主協商、民主決策、民主管理和民主監督等民主要素概括為 “全過程人民民主”，這是有關民主政治理論的一項重大發展，其中的民主選舉、民主協商、民主決策、民主管理和民主監督，也需要進一步的制度化、具體化。

在我國當今主流政治意識形態的角度看來，西方通識型憲政觀也是具有明顯局限的。這種憲政觀主張要限制公共權力，保障個人權利和自由，但具體而言，究竟怎麼樣的立憲體制才算是憲政，則言人人殊了。前面說到，西方這種思想的觀念源流，可以追溯到 1789 年法國《人權宣言》。法國《人權宣言》一共才 17 條，但幾乎每一條都像是在宣稱哲學的命題。其中第 16 條規定：“但凡權利無保障和分權未確立的社會，即無憲法。” 這種觀念還可以追溯到孟德斯鳩《論法的精神》中有關三權分立的思想，還有洛克和盧梭的有關自然權利的思想。法國《人權宣言》的影響非常大，不斷被制度化、具體化，出現了一些國家設計。其中有一種國家設計注重三權分立，用三權分立來限制公共權力。還有一些國家進而用聯邦制限制權力，特別是限制中央的權力。發展到現在，還出現了以多黨制來限制公共權力的格局，一個政黨執政了，在野政黨可以監督它。大家在選民面前互相競逐，接受人民的選擇和監督。這自然是一整套有效限制公共權力的制度。這套制度精巧的具體設計，難免影響到西方通識型憲政觀對憲政體制的想象，不少人就把這些制度的構成，看成是憲政應有的統一標準。

但這樣的做法，有成功的也有不成功的，真正成功的，為數不多。有人就指出，在當今世界上，真正穩定的自由民主國家，連冰島、哥斯達黎加也算了進去，一共才22個。其他國家想加入這個"朋友圈"，可沒那麼容易：不是人家不讓你加入，是你自己怎麼也加入不了；有些國家或地區是很想加入，但在加入的過程中完全亂了陣腳；還有一些國家或地區是好不容易加入了，但不久後還是亂了。

的確，在確定憲政應有的制度構成時，人們往往容易出現某種特定化的傾向，即將憲政等同於某個國家的那種特定的制度模式。如前所述，早在1899年梁啟超剛剛接觸"憲政"概念時，就將其限定於"立憲君主國政體"，那實際上是以當時中國人心目中最強大的英國所擁有的政治體制作為模範的；如今說起"憲政"，不少人同樣會把某一個特定國家的政治體制認定為憲政的標準，這個國家往往就是美國。為此，三權分立、總統制、聯邦制、多黨制會被看成是憲政的"標配"。為此，當今中國政界高層擔心：一些人打出"憲政牌"，是要通過對"憲政"這一概念進行"學術包裝"，拿"西方憲政"框住中國執政者，或者把中國共產黨領導的社會主義國家打入"人治國家"甚至"專制國家"的另類。

除此之外，有許多國家治理問題的思考者也可能認為：當今中國好不容易獲得了百年不遇的良好發展機遇，如果像美國那樣搞三權分立，甚至搞多黨制，互相牽制，互相扯皮，那麼在中國這樣本來國家規模就很大、各種力量又很難統合的大國，勢必會阻礙其迅速的發展，所以容許公共權力相對集中，並通過後者的正確領導，讓中國在全面發展的高速路上全速前進。這些思慮同樣也沉澱在當今中國許多政治精英的觀念之中，為此，憲政的概念受到戒備，勢所必然。

如前所述，另外一種觀點認為，社會主義也可以或應該有自己的憲政，其元素包括民主、法治、人權保障、社會福利等等，這就是社會主義憲政觀。我個人也屬於這個流派，認為社會主義也可以成立憲政，在具體制度設計層面，可以參考其他國家，但不宜僅限於某一個特定國家的模式，全面走極端。

然而，如何理解"憲政"概念，這既是一個政治立場的問題，也是一個學術問題。而究竟應該如何正確把握這個問題的政治立場，恰恰需要以解決其學術問題為前提。有鑒於此，我們應以慎思明辨的方式，不斷繼續思考。

通過反思和分析，我們姑且可以得出幾點結論，供大家思考：

（1）憲政概念具有多義性，但其中也包含"立憲政體"這樣較為中立性的基本含義，在清末開始被我國知識階層和政界精英所接納。

（2）憲政觀也具有多樣性，其中確實有人將西方特定國家的政體理解為憲政，但並非其他所有憲政觀都是錯誤的，尤其是社會主義憲政觀，是否也有一定可取之處？

（3）我們可以這樣理解立憲主義·它主要指的是追求立憲政體或憲法政治的立場、精神或思想體系，其中，傳統立憲主義較為重要，它旨在保護人的尊嚴和最起碼的權利，為此力圖合理地規範公權力。如何理解"規範公權力"呢？主要是依法授權和依法制約兩個方面，反對和防止的是權力的肆意濫用，但未必直接反對權力的集中。權力的集中有時也可能導致權力濫用，因此也需要謹慎。但很多國家制定憲法時恰恰在制度化的架構之中實現公共權力的適度集中，如美國憲法制定的時候，其一個重要目的就在於將邦聯變為聯邦，讓聯邦掌握更多權力。不過，在傳統上，立憲主義的精髓就是合理規限公共權力、保障個體的自由權利。

立憲主義相信一個道理：

> 人類千萬年的歷史，最為珍貴的不是令人眩目的科技，不是大師們浩瀚的著作，而是實現了對統治者的馴服，實現了把他們關進籠子裏的夢想。

據說這是美國前總統小布什說的，但很難考證。不過這句話除了開頭之外，其他說法倒是不錯的。

羅素在《權力論》一書中也說出了立憲主義的真諦：

> 世界是沒有希望的，除非公共權力受到了有效的制約。

三、憲法的屬性：憲法是"公法"嗎？

也許諸君都已經知道，不同的法傳統上可分為兩種類別，一種叫公法，另一種叫私法。這種劃分在大陸法系國家尤其盛行，英美法系國家也有採用。那麼，我們這裏要研究的憲法，究竟是公法還是私法呢？

要了解這個問題，首先我們要了解公法和私法是如何劃分的。在法學領域裏面這也是一個比較複雜的問題，存在諸多不同的學說。

小貼士：劃分公法
與私法的五種學説

從法律關係來分析，憲法主要調整兩大方面。

一方面，是國家公權力和個人權利之間的關係，即國家和個人之間的關係。國家可能侵犯個人的權利，那麼侵犯之後根據什麼法來解決呢？一般來説，最終要找憲法來解決。

另一方面，憲法還處理國家權力內部的關係，主要是處理國家公共權力機關之間的關係。國家設立不同的機關，如立法機關、行政機關、監察機關、司法機關，它們之間的關係以及各種機關內部的關係也是靠憲法來解決的，也就是説最終要靠憲法來調整。

所以，依據前述的法律關係説來説，很顯然憲法屬於公法。屬於公法的法律很多，除了憲法還有行政法、刑法、訴訟法、國際法。

然而，值得我們特別注意的是，憲法作為公法乃是非常特別的。特別在哪裏呢？要回答這個問題，我們就必須學習第四個問題：憲法的地位。

四、憲法的地位：憲法是"母法"嗎？

説到憲法的地位，我們就要問一個問題：憲法是母法嗎？這是由於"母法"這個概念經常被用來形容憲法的地位。憲法的地位如何呢？簡單的答案是四個字，即：憲法至上。但"憲法至上"指的是什麼意思呢？指的是在所有的規則體系中，憲法具有最高的地位。憲法擁有這樣至高的地位，就相應地有了很多稱呼，如"根本法"、"基本法"、"最高法"、"法中之法"等，所謂"母法"也是其中之一。

但前面說過，從憲法的屬性看，它是公法。那麼，憲法到底是"公"的還是"母"的呢？這個問題，乍聽起來很膚淺，實際上卻是一個很複雜的問題。人們說憲法是公法，有時又說憲法是母法，其實還是語境不同，是兩個問題。討論憲法是公法還是私法，實際上是研究憲法的屬性。而探討憲法是不是"母法"，卻是講憲法的地位。憲法的屬性問題我們前面解決了，接下來需要了解憲法的地位。

我們剛才了解到憲法是公法，但是它又是最為特別的公法，為什麼呢？原因在於，它在諸種公法中的地位最高。憲法在一國法律體系中的地位是最高的，學界對此有許多不同表述，有的把憲法稱為"國家的根本法"，有的叫"國家的基本法"，還有的稱為"最高法"，或者"法律的法律"、"法中之法"，還有一個更為形象的稱法，那就是"母法"。所謂憲法是"母法"，大約就是說憲法就是作為"媽媽"的法，也可以簡稱"媽法"，或者"法媽"。

這裏面有一個觀點需要我們去澄清。這種觀點認為：憲法和一般法律的關係是"母法"和"子法"的關係，一般法律是由憲法派生出來的。我們應該看到：憲法當然具有最高的法效力，但是能否由此就可以斷定"憲法和一般法律是母法和子法的關係，一般法律是由憲法派生出來的"呢？這就需要具體分析。關於此點，鄙人認為，首先必須認識到，所有法律均是由憲法授權的立法機關、根據憲法規定的制定程序制定的。其次，憲法確實處於一國法律體系的頂端，其他所有法律、法規均以其為效力基礎，與憲法相抵觸的法律、法規是一律無效的。但是，憲法是否就是"母法"？或者說一般法律是否都是從憲法那裏派生、或曰"分娩"出來的？那就不一定了。我認為，就法的內容而言，憲法只是部分法律法規、主要是公法的制定依據，而未必是所有私法的制定依據。私法有哪些呢？主要有民法和商法，這些法律是不是依據憲法的內容而制定出來的呢？綜觀世界各國，一般而言，私法都不是依據憲法直接制定出來。我們甚至可以發現，在許多國家，最早出現的法律恰恰不一定是憲法，而是民法。而且作為私法的民法，它和公法在內容上有著很大差別，一般來說，不會是由憲法派生出來。

當然，這也有例外。我國 2020 年頒佈的《民法典》第一條就寫入了"根據憲法，制定本法"，但其中大部分條款就不是憲法具體化而來的。此處"根據憲法，制定本法"的主要意思是指《民法典》的內容都是由憲法所授權的立法機關依據憲法規定的程序制定和編纂出來的；同時也指《民法典》的內容不能違背憲法，一旦違背即無效。另一方面，我國《民法典》有意思的地方在於，其中包含了相當數量的公法條款。如物權編第五章"國家所有權和集體所有權、私人所有權"，同編第十一章"土地承包經營權"等。這是其他國家的民法典所沒有的，確實是對憲法條款的具體化或承襲。但這仍然不足以證明，整部《民法典》都是由憲法的某些條款所派生出來的。

如果從各國通例來看，私法制定的過程當中一般是可以不直接依據憲法的，也就是說，私法一般不會從憲法中派生出來。當然，由於私法的效力低於憲法，因此私法的條款不能抵觸憲法，如果抵觸了憲法，就可能構成違憲。比如說民法中有一個部分是婚姻家庭法，如果裏面規定了一夫多妻制，這就可能因違反憲法而無效。因為雖然憲法裏面沒有規定一夫一妻制，但是憲法裏存在男女平等的條款，這個條款決定了婚姻法中一般不能規定一夫多妻制，當然一般也不能規定一妻多夫制，否則也違反了憲法。然而，這仍然不能證明，婚姻法就是從憲法裏面派生出來。

為此，我們要認識到：從嚴格的學理上說，憲法是一切其他法律的"母法"這個說法或觀點，可能有待斟酌。質言之，憲法是國家的根本法，在法律體系中居於至上的地位，但"憲法至上"的地位未必可以表述為"母法"。

接下來我們要問：憲法憑什麼具有至上的地位呢？根據通說，憲法具有至上地位取決於憲法的三個重要特徵。

第一個特徵是：憲法規定了一個國家最根本的事項。以我國憲法為例，它規定了國家的根本制度、根本任務、指導思想以及基本國策等有關國家生活和社會生活中最根本、最重大的事項，更規定了公民基本權利和義務（我們面對國家，面對公權力可以享有哪些基本權利，這些基本權利乃是關係到國計民生的重大問題），還規定了國家機關的設置及其相互關係，等等。這些內容都被認為是一個國家最根本性的內容，因此規定這些內容的憲法

延伸閱讀：美國憲法史上"最大的笑柄"

被稱為國家的"根本法"或者"基本法"是有道理的。

　　第二個特徵是：憲法有著更為嚴格的制定和修改程序。這點和普通法律不同，我們以後還會專門講到。這裏我們先初步看一下憲法是怎麼制定的。

　　憲法的制定比較複雜，往往首先需要成立一個專門機構，該機構的名稱在各國也有不同。歷史上，美國是在 1787 年召開了專門的制憲會議；法國第一部憲法是1791 年《憲法》，為了制定這部憲法，法國專門成立了一個制憲議會，該組織是由法國三級會議中的第三等級代表組成的。我國制定 1954 年《憲法》，則沒有成立專門的制憲會議或者制憲議會，但是也成立了一個名為"憲法起草委員會"的組織。接著，通過憲法的程序也比其他法律複雜。一般來説，是採用絕對多數通過的。這個絕對多數不同於簡單多數，即過半數，而是超過三分之二、五分之三等等。還有一些聯邦國家，要通過憲法，還要求獲得州或邦的承認，比如説《美國憲法》，1787 年開始制定，當時規定在北美 13 個州中至少要有 9 個州的承認才能通過，於是一直到 1788 年才滿足了這個條件。

　　憲法修改的程序也是異常嚴格的。首先，只有特定的主體才有權提出合法的提案。美國要修改憲法，要求國會兩院各三分之二以上議員，或者是三分之二以上州議會的請求，才能夠提出修改憲法的議案。這在《美國憲法》第 5 條裏面有專門的規定。《日本憲法》第 96 條規定，首先也要求只有兩院各三分之二以上的議員提議，才能夠提案修改憲法，其次還得通過全體國民公投，總有效票數過半數通過。如果説在這個世界上評選一部最穩定的現代憲法，依我之見，應當首推日本的現行《憲法》，從"二戰"後制定以來從來沒有修改過。這比美國都穩定，因為美國還有27 條修正案，《日本憲法》則連一個字都沒有動過。原因何在呢？就在於憲法修改程序特別嚴格。長期以來，日本議會裏最大的政黨是日本自民黨，這個政黨主張修憲，修掉《憲法》第 9 條和平條款，但是自民黨的議席總數長期很難達到三分之二，一旦快到三分之二，在下一輪選舉裏，一些日本國民就往往將選票投向少數黨，使自民黨始終很難達到三分之二。因此不得不承認，當代日本人民在政治上還是比較成熟的。

　　在我國，誰有資格提出修改憲法的建議呢？理論上，誰都可以提，我可以，你們也可以。但是，提出來之後不一定有人理。然而有資格提出憲法修改議案的主體，則另當別論。根據《憲法》規定，全國人大常委會或者是五分之一以上的全國人大代表聯名，可以提出憲法修改議案。在現實中，一般而言是這樣操作的：首先，中共中央在徵求各方面意見的基礎上，提出並在黨中央審議和通過《關於修改憲法部分內容的建議（草案）》，並將這個文件送到全國人大常委會，再由全國人大常委會依據這個建議，按照《憲法》第 64 條規定，形成一份《憲法修正案（草案）》，然後將該草案交由全國人大去審議和表決通過。大家不要以為這個修改很簡單，要知道也是謹慎的。所以說，要想修改憲法還是有一定難度的。

其次，憲法修改議案的通過也相當嚴格。美國憲法修正案要經過四分之三州的議會，或者四分之三州的修憲會議的批准，才能通過生效。日本《憲法》規定如果要修憲，關鍵是需要在兩院分別獲得「總議員」的三分之二以上贊成，其中「總議員」在主流的解釋學上被認為即全體參會議員；除了這樣的程序之外，還要經過全體國民投票，獲得有效投票總數的過半數贊成才能通過。我國的憲法修改議案也要經過全國人大代表全體的三分之二以上多數通過。

最後，在特定內容的修改上有限定。《意大利憲法》第 139 條規定，憲法當中所規定的共和政體不能成為修改對象。《法國憲法》第 89 條規定：「任何有損於領土完整之修改，不得著手進行。」《德國基本法》第 79 條規定得更多：聯邦制的有關內容不得修改；《基本法》當中第 1 條「保障人的尊嚴」的原則不得修改；《基本法》第 20 條規定的德國是一個民主的、社會的聯邦國家，不得修改。以上這些都構成了對憲法修改內容上的一種限定，也就是說對特定內容修改的限定。

憲法的第三個特點是：憲法具有最高的法效力。「馬工程」教材中叫「法律效力」，我認為稱作「法效力」更好一些。憲法具有最高的法效力這一點體現在哪裏呢？正如「馬工程」教材所指出的那樣，主要體現在兩點：（1）憲法是普通法律制定的基礎和依據；（2）與憲法相抵觸的普通法律無效。

基於憲法這三個特點，我們可以說，憲法居於至上的地位。但我不太滿意這個通說，認為它說得有道理，但還不完全。在我看來，憲法之所以居於至上地位，有更高的理由，即：憲法內部往往蘊含了所有人類成員都必須尊重的價值原理，此即將人作為人來加以對待，並尊重其最起碼的基本權利。也就是說，從憲法內部的內容來說它擁有這樣一種品質，所有人類成員都必須尊重。正因如此，它才具有前述的三個特點，從而成為具有至上地位的法律。憲法中的這種精神，其實可視為憲法本身的一種"根本規範"，反映了立憲主義的根本精神。

五、憲法的本質：憲法究竟是什麼？

憲法本質的問題和憲法的概念是呼應的。憲法的概念主要講憲法的含義是什麼。憲法的本質則是在追問：憲法究竟是什麼？或者說它本質上是什麼？

關於憲法的本質，我國憲法學界長期以來存在這樣一種正統觀點：（1）憲法是民主制度化、法律化的基本形式；（2）憲法是各種政治力量對比關係的集中體現。以我國憲法為例，最大的政治力量是無產階級，其次是農民階級。此外，敵人也是一種政治力量，卻是專政的對象。這樣的觀點，同學們可能在高中政治課上就學到過。"馬工程"教材裏對這兩點也做了詳細表述。比如，我國《憲法》第 2 條第 1 款規定："中華人民共和國的一切權力屬於人民。"該條體現了人民主權原則，而人民主權原則在制度上的展開就是民主制度。因此，不同性質的憲法就是不同性質的民主事實的制度化、法律化。再比如，憲法之所以是各種政治力量對比關係的集中體現，是因為：第一，憲法是階級鬥爭的產物；第二，憲法規定社會各階級在國家中的地位及其相互關係；第三，憲法隨著階級力量對比關係的變化而變化。我們要認識到，這種觀點作為我國憲法學界長期以來的正統觀點，不僅"馬工程"教材當中有，過去的教材當中也有。比如，老一輩憲法學家吳家麟教授曾主編了一部高校教材——《憲法學》，於 20 世紀 80 年代初出版，是我國憲法學界較早的一本權威的憲法學體系書。這本書最早系統地提出了以上觀點，一直被沿承至今，長期作為我國憲法學界在這個問題上的主流觀點。

對這個觀點，我覺得有必要進行適當的反思。首先，我們要從方法論上進行反思。雖然這種觀點是有一定道理的，但是它僅僅是把憲法作為一種實然的社會現象或者政治現象來考察，而忽視了將其作為一種規範現象來加以考察的必要性。它沒有解釋憲法應該是什麼，沒有從規範層面來解釋憲法。我們所接受的傳統馬克思主義在方法論上的優異之處就在於很敏銳地洞察"是什麼"（to be）的問題，但往往忽略"應該是什麼"（ought to be）的問題。它的應然結論時常是從實然描述中直接推導出來的。在這樣的視角下，我們當然不會去全面地把握憲法的思想基礎，特別是沒有把握憲法當中應當具有的立憲主義精神，對憲法的本質是什麼的理解，缺乏規範主義、立憲主義的立場。在反思這一點的基礎上，我們尋找新的出路，那就是把憲法看成是一種規範現象。而規範主義（normativism）則是力圖依據有效的、具有價值秩序的規範系統去調控公共權力的立場、精神、方法或理論體系。這種規範主義與立憲主義基本相通。以此視角看待憲法，憲法不是實然的政治現象，而是一種規範現象，尤其是把實質意義上的憲法看作規範現象來把握。如果把憲法看成是一種規範現象，我們對憲法的本質的認識可能就會更為深刻，就會認識到憲法本質的另一個方面。這個方面包含如下幾點內容。

第一點，憲法是賦予國家的存在以基礎的基本法。憲法和國家具有密切的聯繫，正是憲法，規定了國家的根本任務、國家的基本制度和根本制度、國家的機構設置等重大事項。正因如此，2018 年 2 月 24 日習近平在中央政治局集體學習時指出："憲法是國家根本法，是國家各種制度和法律法規的總依據。"可以說，憲法是給國家以基礎的一種法律。這是憲法本質的第一點。

第二點，憲法是人的尊嚴和基本權利的基礎法。有關這一點，日本的蘆部信喜教授就認為：憲法是自由的基礎法。這裏的自由其實就包含人的尊嚴和基本權利。馬克思主義經典作家也是承認的，馬克思（Karl Marx）本人就曾說過：憲法是人民自由的憲章。列寧（Lenin）也說："憲法就是一張寫著人民權利的紙。"有人說，列寧說得太對了，憲法只不過是一張紙而已。這可能是因為中國人發明了造紙術，對紙張不太稀罕。但當年美國人是把憲法寫在羊皮紙上的，這種紙很珍貴。而且在很多國家，用來寫憲法的不僅僅是一張紙，那張紙很神聖。為什麼呢？因為憲法主要是用來保障人民的自由權利，是人民"自由的聖經"。這點也是憲法的本質，同時還是國家存在的正當性基礎。為什麼我們人類需要國家？國家憑什麼存在？憑什麼我們要給它納稅，支撐它的存在和運作？原因就在於，國家保障我們每個人的尊嚴和基本權利。

　　關於國家的正當性，過去的觀點説：國家是由人民統治的，因而是正當的。但一部分人民如果迫害另一部分的人民，這個國家有正當性嗎？比如納粹德國，一部分人民依照法律、依照總統的緊急命令迫害、或曰容忍迫害另一部分人民，行嗎？國家是否正當，還要看國家是如何統治的、是否保護人民的基本權利。憲法如果做到這一點，就賦予了國家正當性的基礎。

　　前面我們提到過，有一種理論認為：憲法的修改存在一個界限，即憲法當中的根本規範不能修改。我國當今《憲法》有143個條文，序言有13段，前6段是敘事性的，後面7段則也具有一定的規範性。一部憲法有好多條文，一個條文裏面可能有好多規範。憲法中有少量規範是所有規範中最根本的規範。什麼是憲法當中的根本規範呢？"根本規範"這個概念來源於奧地利的一個憲法學者，即凱爾森（Hans Kelsen）。他本是猶太人，後來納粹迫害他，無奈之下逃到美國。他曾指出，一切法律都有它的效力基礎，普通法律的效力基礎是憲法，這部憲法的效力基礎是上一部憲法，上一部憲法的效力基礎是再上一部憲法，最終會追溯到一個國家最早的那部憲法，如果再追溯上去，那就是"根本規範"了。後來，凱爾森這個概念被改造了。凱爾森認為憲法當中不存在根本規範，根本規範存在於憲法之外、憲法基礎當中。但現代憲法學者主張這個根本規範並非存在於法律世界的外面，而是存在於法律世界的內部。存在於哪裏呢？存在於憲法當中。憲法中有許多的規範，其中有一些規範是最為根本的，相當於憲法當中的脊椎，這些"脊椎規範"就是根本規範。

　　那麼，憲法當中的根本規範是什麼呢？蘆部信喜教授的觀點具有代表性。他認為：首先就是人的尊嚴。人必須像人一樣地有尊嚴地活著，説透了，就是：人不能被國家或者他人看成是一種手段。這一點來自德國偉大哲學家康德（Immanuel Kant）的"人是目的本身"的原理。其次，由這個"人的尊嚴"原理又派生出兩個原理：一個是主權在民，我們叫"人民主權"原理；第二個是基本權利保障原理。這兩個原理再加上它的基礎"人的尊嚴"，三者共同構成憲法當中的根本規範。從這裏，我們也可以透視到憲法作為人的尊嚴與基本權利保障的基礎法的本質。

　　憲法還有沒有其他"本質"可以表述呢？如果説有，那麼從法的角度來看，

圖7　古羅馬神話中的 "兩面神"——雅努斯（Janus）的形象之一。
憲法在本質上也像是某種 "兩面神"：它既授予國家權力，又適當限制國家權力

尤其是從規範主義的角度來看，憲法的第三點本質就體現在：憲法既是一種授權規範，又是一種限制性規範，是授權規範和限制性規範的統一體。形象地説，憲法就類似於一尊 "兩面神"。這尊 "兩面神"，在古羅馬，被稱為 "雅努斯"（Janus），這幅圖片（圖7）是古羅馬神話中的 "兩面神" 的形象。為什麼説憲法類似於 "兩面神" 呢？這是因為，面對國家權力，其實憲法存在雙重面孔：一方面，它授予國家權力；另一方面，又適當限制國家權力。

憲法作為授權規範的性格，可能會讓許多人感興趣。因為這幾年許多人在探索中國共產黨作為執政黨的合法性、考慮國家的合法性問題。這從憲法這個授權規範中就能找到依據。另一方面，我們也需要特別重視憲法作為限制性規範的這一面向。對於這一點，有人指出，憲法就是 "限權之法"。這個説法是成立的。當然如今也有人加以發揮，説這個 "限權" 之法也包括這一層含義，即：憲法也可以限制公民的基本權利。憲法會不會限制公民的基本權利呢？會的，只不過這一點並不是憲法的本質特點。

總之，憲法是授權規範和限權規範的統一。如果能深刻理解這一點，有效運用這一點，我們就離憲法政治不遠了。我們誠摯地期望像 "雅努斯" 這尊兩面神那樣的憲法，有一天能完全扎根於我們的政治生活秩序之中，護佑我們每一個人。

第二章　憲法的分類與結構

在講新的內容之前，我們先思考一下以下幾個問題：

第一，"當今中國有成文的和不成文的兩種憲法"。這個說法對不對？第二，"中國的不成文憲法包括了成文憲章、憲法慣例、憲法學說及憲法性法律"。這個說法對不對呢？第三，有人認為："憲法序言沒有效力"。這個觀點對嗎？第四，憲法條文與憲法規範的關係是怎麼樣的？

以上諸種問題，都需要我們從學理上予以回答。這就需要我們今天來學習這樣一個理論問題：憲法的分類與結構。

一、憲法的分類

許多學問都講究分類，分類形成人類知識的一個基本要素。對於憲法學也是如此。說起憲法的分類，我們首先複習一下上一次課所學習到的一個內容：即憲法的概念，也就是"憲法是什麼"這一個大問題。我們講到："憲法"這個用語可能有不同的指稱，至少有兩種指稱。一種指的是形式意義上的憲法，另一種指的是實質意義上的憲法；其中實質意義上的憲法又分為兩種，第一種是固有意義上的憲法，第二種指的是立憲主義意義上的憲法。總之，關於"憲法是什麼"這個問題，實際上涉及了一個概念、兩類指稱、三種含義。那麼這一個概念、兩類指稱、三種含義，到底講的是甚麼呢？似乎是憲法的分類，但其實並非憲法本身的分類，而是憲法含義的分類。今天我們講憲法的分類，才是憲法本身的分類。

大家都知道，世界上有各種各樣的憲法，古今中外出現在歷史舞台上的憲法不勝枚舉，一部一部地認識這些憲法是不可能的，因此就需要類型化的工作。那麼，這麼多憲法到底可以分為哪些類型呢？在理論上，依據不同的標準，憲法會有不同的分類，從而又形成各種各樣的學說。我們這裏主要講兩大類的學說：一類是傳統的分類學說，還有一種是現代出現的新的分類學說。這就屬於“憲法分類學說之分類”了。但通過了解這些主要學說，我們也就懂得憲法的分類了。這就是本章首先要講授的內容。

我們推薦的“馬工程”教材，對憲法分類的學說也進行了分類，它分出兩種分類法：一種分類將憲法分為資本主義類型的憲法和社會主義類型的憲法；另一種分類法比較籠統，用“其他分類”來表示，其中又分了四種，分別是：成文憲法和不成文憲法，剛性憲法和柔性憲法，欽定憲法、民定憲法和協定憲法，近代憲法和現代憲法。

我們在吸收“馬工程”教材這些內容的基礎上，做進一步的探討，來看一看憲法分類的學說到底是怎麼樣的。我們講的是更普遍化的分類法，主要也分兩大類：一類是傳統的幾種經典分類法；但傳統經典分類法也有它的弱點，所以我們還要講第二類：現代幾種有代表性的分類法。

（一）傳統的分類學説

傳統的分類基本上都是形式性的分類，最著名的一個分類就是根據憲法的形式，把憲法分為成文憲法和不成文憲法。成文憲法指的是由一個或幾個規定國家根本性事項的憲法性文件所構成的憲法典。世界上最早的成文憲法是 1787 年制定的美國憲法。不成文憲法是指甚麼呢？不成文憲法就是指沒有成文憲法典，但它也有憲法，即我們上次所講的實質意義上的憲法，至少是固有意義上的憲法，可能還是立憲意義上的憲法，只不過沒有成文憲法典而已，而這些屬於憲法的內容，即涉及國家的根本制度以及人民權利的保障的內容，由一些法律法規予以規定，但是這些法律法規本身不叫作"憲法"。這種憲法我們把它叫作不成文憲法。

這種分類主要看一個國家是否擁有成文的憲法典。大家一定注意，它並不是看憲法是否被寫成文字，而是看是否擁有一部憲法典。可以說，世界上大多數國家的憲法都屬於成文憲法，如美國的憲法、德國的基本法、我國憲法，都屬於成文憲法。一般認為，當今世界有四個國家是不成文憲法的代表性國家，它們是英國、以色列、新西蘭和沙特阿拉伯。

是誰正式提出成文憲法和不成文憲法這兩個概念，並把它們作為一種分類方法呢？我國憲法學界一般認為是英國人詹姆斯‧布賴斯（James Bryce，1838—1922）。此人曾經是牛津大學欽定教授，獲封貴族頭銜，還是法蘭西學院通訊院士。但根據新近的研究，很難考證布賴斯是最早提出這一對概念的，只能籠統說是英國人最早提出的，而且這種分類法主要也是照顧英國實情的，因為英國是少有的、最典型的不成文憲法國家。但是請注意，這並不意味著英國沒有憲法。何海波教授曾寫了一篇文章——《沒有憲法的違憲審查》，說的是英國，但他這裏所說的"憲法"顯然是指成文憲法，即統一的憲法典。這個憲法典英國沒有，而且一直沒有。但英國也有實質意義上的憲法，主要載體包括三部分：

第一部分是憲法性法律文件，比如說有《權利請願書》、《人身保護令》、《王位繼承法》、《國會法》等，還有 1689 年通過的《權利法案》。後面這個很重要，並且現在越來越發揮著重要的作用。這些憲法性法律文件構成了實質意義上的憲法的重要內容。

第二部分是與憲法問題有關的司法判例，即法院對憲法問題的判例。

第三部分就是憲法慣例。英國存在非常豐富的憲法慣例。英國的憲法慣例實際上就是不成文憲法的典範，它沒有寫成文字，但是發揮著重大作用。舉個例子，有一個非常著名的慣例：國王可以否定議會的立法，但是三百多年以來國王從未否定過議會的立法，這就變成了憲法慣例。英國還有一個著名的慣例，就是內閣是由下議院當中的多數黨的領袖來組織的，所以哪個政黨贏得了下議院的選舉，這個政黨就有權組閣，成為執政黨，其他黨派就是在野黨。這些慣例基本上沒有被打破，而是被維持下來。一旦被突然打破，這個國家就可能出現憲政危機。比如說英國國王（女王）三百多年來從來沒有否決過議會的法案，如果突然行使否決權，那就會出現憲政危機。

英國的不成文憲法就是這樣構成的，但是我們可以看到，英語上講 Unwritten Constitution，它雖然被翻譯為"不成文憲法"，實際上並不是完全沒有寫出來的，而是有一部分沒有寫出來，但一部分是寫出來的。比如英國的憲法慣例是沒有寫出來的，但其憲法性法律文件是寫出來的，憲法判例也是寫出來的，只不過這些沒有整合成一部統一的法典而已。為此，所謂"不成文憲法"，其實應該稱為"不成典憲法"。

說到這裏，還要知道：一般而言，我們可以說一個國家的憲法到底是成文憲法還是不成文憲法，只能做一種選擇，即不是成文憲法，就是不成文憲法，不能說既是成文憲法，又是不成文憲法，或者說既有成文憲法，又有不成文憲法。所以前面我們章前提問的時候，第一個問題提到，有人認為中國存在成文憲法，又存在不成文憲法，這就可能引起爭議了。我們說世界上的各個國家以是否擁有成文憲法為標準，可以分為成文憲法國家和不成文憲法國家這兩類，這種分類就涉及對一個國家的憲法所屬類型的一種形式意義上的分類。當然，也有一些人，像美國有些人認為成文憲法和不成文憲法是可以並存於一個國家的，但這裏所講的成文憲法是看得見的憲法典，不成文憲法則指的是憲法典以外的憲法性文件、憲法判例、憲法習慣等。而這個問題就涉及憲法淵源的問題了。這個我們等兒會講到。

剛性憲法和柔性憲法的劃分倒是前面說的那個英國學者詹姆斯·布賴斯首先提出來的。二者的區別主要在於修改程序。修改程序採用特別多數決通過修憲提案的，就是剛性憲法；採用單純或曰普通多數決方式（過半數）的是柔性憲法。後者的修改程序和普通法律是一樣的。這一分類是布賴斯在 1901 年出版的《歷史與法理學研究》這本書中首次正式公開發表的，也被學界廣泛接受。

我們可以看到，世界上柔性憲法的國家也是少數，典型的國家也是英國，此外，法國 1814 年憲法和意大利 1848 年憲法也被認為是柔性憲法。而由於英國的憲法既是不成文憲法也是柔性憲法，所以，完全可以說，這一分類對英國來說是特別有用的，而對大多數國家而言是不太有用的，起碼意義不是很大。

第三種分類，是根據憲法制定主體之不同，把憲法分為三種類型：欽定憲法、民定憲法和協定憲法。欽定憲法是以皇帝或國王的名義制定的憲法，比如 1871 年德

國 "俾斯麥憲法" 以及之前的 1850 年的《普魯士憲法》、1889 年頒佈的《大日本帝國憲法》（以下簡稱《明治憲法》）等，就是欽定憲法。我國清末 "預備立憲"，也想制定一部欽定憲法，連大綱都有了，通常就稱 "欽定憲法大綱"。欽定憲法雖然都是以皇帝或國王的名義制定的，但實際上可能是由大臣來主持制定的，而擔綱制憲的大臣往往是強有力的大臣，比如說 "俾斯麥憲法"，就是由 "鐵血宰相" 俾斯麥主持制定的；《明治憲法》是由日本首相伊藤博文主持制定的。中國清末 "預備立憲" 失敗了，原因很多，其中之一就在於當時沒有出現一個強有力的政治家。

在當今世界各國，多數的憲法都是民定憲法。顧名思義，它的制憲主體是人民，至少是以人民的名義制定出來的。人類歷史上第一部民定憲法是 1787 年制定的《美國憲法》。當今我們中國現行《憲法》，也是民定憲法。

而協定憲法是指君主和臣民共同協商制定出來的憲法，最典型的代表是英國 1215 年的《大憲章》，是由當時的英王和貴族們所簽訂的協議，是一部具有重要歷史意義的憲法性文件。此外，法國 1830 年憲法也屬於協定憲法。

以上就是傳統分類法。它有優點也有缺點。優點在於，由於它們多是形式意義上的分類，具有很強的形式性，比如成文憲法與不成文憲法就直接看是否有憲法典，所以這種分類法比較客觀，一般較少有爭議。但它們也有弱點，其中一個弱點是多體現了英國的主體性，即往往是從英國人的角度去進行分類的，如果讓其他國家去分類，很可能就沒有不成文憲法，也沒有柔性憲法，因為在世界上數量很少，幾乎可以忽略不計，而由英國人來分類，不成文憲法、柔性憲法就分別與成文憲法、剛性憲法成為並駕齊驅的類別。這些分類法的分析功能到了如今更是漸趨式微。為什麼呢？因為現在大部分國家都是成文憲法國家，不成文憲法國家數量仍然很少，柔性憲法也是如此。根據制定主體來分析也是一樣，現代基本上沒有欽定憲法，也沒有協定憲法，絕大部分都是民定憲法了。在此情形之下，出現了現代的分類法。

（二）現代的憲法分類

現代的憲法分類法也有很多。第一種是盛行於社會主義國家之中的一種分類，即把憲法分為資本主義類型的憲法和社會主義類型的憲法。大家注意，這不是"資本主義憲法"和"社會主義憲法"，而是表述為資本主義類型的憲法和社會主義類型的憲法。為什麼這樣表達呢？這可以說是以中國為主體的，因為中國 1954 年制定憲法的時候，當時還不是社會主義國家，只是新民主主義國家，為此"五四憲法"就不能稱為"社會主義憲法"，而只能稱為"社會主義類型的憲法"。而從這一點也可以看出，這是一種實質性的分類，也存在意識形態的取向。另一個問題是，經過 20 世紀 80 年代末 90 年代初東歐劇變、蘇聯解體的大變局，社會主義類型的憲法在當今世界數目已經不多了，碩果僅存的是中國、朝鮮、古巴、越南等國家的憲法。

　　還有一個分類法比較重要，那就是近代憲法與現代憲法的分類。這個分類的功能性很強。它是按歷史階段來劃分的，但同時也是從內容上來劃分的。二者在時間上區分的主要標誌是 1918 年蘇俄憲法和 1919 年魏瑪憲法，前者是社會主義類型憲法，後者是資本主義類型憲法。但凡這兩部憲法之前的憲法，一般都是近代憲法，這兩部本身及其以後制定或修訂出來的憲法，大都屬於現代憲法。當然，這傾向於形式意義上的區分，就實質意義而言，近代憲法立足傳統的自由主義，比較傾向於保護傳統的自由，尤其是經濟自由。在國家組織方面，它比較注重嚴格意義的分權，實行權力的分立，其中有橫向的分權，如三權分立，此外還有縱向的分權，比如採取聯邦制。而現代憲法則在此基礎上有所發展，具有新的內涵。這些新的內涵也比較豐富，簡單地說，一般是更加重視平等，重視社會權利的保障，因此出現了一些社會政策、福利政策，有些國家被稱為福利國家，或者也叫作"社會國家"。它吸收了社會主義的一些政策，但沒有把這些社會主義政策上升為社會主義制度，或者說沒有像我國憲法第 1 條第 2 款的規定這樣，把社會主義制度作為國家的根本制度。還有，就是出現了現代型的多黨制，這是一個非常重要的現代分權方式，不同政黨之間相互競爭、相互監督、相互制約，實現新的橫向分權。這就是現代憲法。從實質意義上來看，雖然有些憲法是在近代誕生的，但隨著時代也有所發展，具有了現代內涵，那就相應地演變為現代憲法。比如美國憲法，是 1787 年制定的，本來屬於近代憲法，但在現代時期，通過修正案尤其是大量的判例，其內涵不斷地變遷，已演變為現代憲法了。

第三種分類是實在論的分類。此一分類在西方各國很著名，但在我國以前不太知名。提出這一分類學說的人是羅文斯坦（Karl Loewenstein，1891—1973），他是美國的一位比較政治學和比較憲法理論的研究者，1951 年他在一個國際學術會議上提交了一篇題為《對當代革命時期憲法價值的思考》的論文，當中提出了這一分類。他所提出的這個分類又叫功能意義上的分類，是把憲法分為三類。第一類叫"規範憲法"（normative constitution），指的是為政治權力所能適應並能服從的立憲主義意義上的憲法。羅文斯坦給出一個比喻：它是"一件合身的衣服，並且經常被穿著的衣服"。羅文斯坦認為這種憲法最典型的是存在於西方成熟的法治國家。第二類叫"名義憲法"（nominal constitution），指的是只是在名義上存在，但在現實中不能發揮其規範性的憲法。羅文斯坦也給出一個比喻：這是一件"過於寬大而不合身，需要等待'國民的身體'成長的衣服"。羅文斯坦認為這樣的憲法主要存在於當時的拉美、亞非等新興國家。最後一類叫"語義憲法"（semantic constitution），指的是即使被使用，也是掌握權力者的宣言手段或點綴品的那種憲法。羅文斯坦的文學修養不錯，總是用形象的比喻來說明較為抽象的理論。針對語義憲法，他就說：這"絕不是真正的衣服，而只是一種化妝"。用今天的話說，這種憲法就像人體彩繪一般，很好看，但不是真正的衣服。羅文斯坦認為，此種憲法主要出現在專制主義國家或者發展中國家。

說到這裏，我們很難迴避一個問題：那麼，我們新中國的憲法應該屬於哪一類呢？這個問題就比較麻煩了，不過我也可以直說：羅文斯坦當年提出這個"三分法"學說的時候，中華人民共和國的第一部憲法尚未誕生呢。但是，有一點很明確，即在羅文斯坦看來：蘇聯憲法就是語義憲法。那麼，到底中國現行憲法屬於哪一類，我覺得很難輕斷，因為這涉及高度複雜的價值判斷問題，在科學上難以證明。但憑良心說，中國憲法現在還不是典型的規範憲法，不過也很難說只是語義憲法。依我看來，在當下急劇轉型的時代背景之下，中國憲法也在變化發展，上述三類憲法的性質，它都部分地具有，既具有規範憲法的部分，也有語義憲法的部分，又有可能被認為有名義憲法的部分；有些條款制定得很好，執行得很好，約束力很強，而有些條款則一時難以被接受。但可以期望的是，中國憲法有可能會逐步發展成為一部具有特色的規範憲法。鄙人所主張的"規範憲法學",最終也正是為了推動這一目標的早日實現。

　　以上我們講的是比較重要的現代分類。它的特點是:第一,功能強大,很好用;第二,實質性分類居多,不同於形式性的傳統分類,它主要看內容和實質。這是它的優點。它的缺點也在這一點上,因為涉及內容,涉及實質性判斷,就難免帶有價值判斷,因而就比較容易引起爭議。比如社會主義類型憲法好還是資本主義類型憲法好,爭議很大。中國的憲法到底屬於規範憲法還是名義憲法,還是屬於語義憲法,這個也可能有爭議。有些爭議甚至是不可調和的,因為涉及了意識形態的鬥爭。而一旦涉及不可調和的意識形態的鬥爭,那就超出了學術的範疇,在這個領域,所謂真理主要是靠政治實力決定的,而未必屬於真正的真理。

　　接下來我們還要講第四點,即現代中國具有本土性質的分類。這完全是從中國角度出發的,而且跟現實有密切關係的分類。有人把憲法分為三種類型,一種叫革命憲法,一種叫改革憲法,一種叫憲政憲法。原中國社科院法學研究所研究員夏勇先生,提出了這種分類。其中革命憲法指革命時期制定的,或者反映革命時期目標的憲法;改革憲法是改革時期制定或修訂的,反映了改革時期內容和要求的憲法;憲政憲法那就比較穩定了,就相當於羅文斯坦所說規範憲法。根據他的說法,當今中國的憲法很顯然屬於改革憲法,它變動不居,且行且修改;它為改革服務,但有時被改革所衝擊,甚至所吞沒,而這一切又是正當的,因為正是改革賦予了這種憲法的正當性。這是國內非常著名的分類,也非常好用。但我不同意其中的一個觀點,就是認為"改革憲法"的合法性基礎既是現有法統,又是改革本身。這決定了無論實體方面,還是程序方面,都在一定程度上允許違憲改革、違法改革。在我看來,在當今中國,現行憲法與改革結下不解之緣,的確可謂屬於一種"改革憲法",但與其說是改革賦予現行憲法的"合法性基礎",倒不如說,事實上,正是現行憲法賦予了改革的合法性,現行憲法序言第7段本身就宣明"堅持改革開放"。正因如此,要正確處理好改革與憲法的關係,改革措施必須於法有據,不能讓改革以違法違憲的方式進行。

　　關於憲法的分類,晚近還有學者提出了一種頗有啟發意義的新二分法,即把憲法分為分權憲法與監督憲法兩種類型。這個學者就是我所熟悉的劉練軍教授。他認為，以美國聯邦憲法為代表的資本主義性質的憲法，是旨在保障人權的分權憲法，而以我國憲法為典型的社會主義性質的憲法，則是旨在改造社會的監督憲法。

以上我們所講的就是憲法的分類，包括傳統的分類和現代出現的分類，內容比較複雜，提綱挈領地梳理起來還算簡單，我們就講到這裏為止。接下來我們講第二大點：憲法的結構。

二、憲法的結構

這部分涉及三點：一是憲法存在形式的結構——憲法淵源；二是憲法典的一般結構；三是憲法結構中非常重要的一個構成單元——憲法規範及其結構。這樣安排比較符合法律邏輯的思維習慣，一步一步地深入下去。

（一）憲法存在形式的結構：憲法淵源

所謂憲法淵源，指的是憲法的"法源"（source of law），實際上就是一個國家實質意義上的憲法的存在形式。那麼，憲法的存在形式是什麼呢？我們首先想到的是憲法典，但是憲法除了憲法典之外還有其他存在形式，對此，前面也有所論涉。這裏要專門講解。

首先要知道的是："法源"一詞是法學領域中很重要的一個概念，比較複雜，至少有如下三種含義：

一是指法哲學上法的終極性的妥當依據。這種意義上的法源有多種説法：有人認為神是這種法源，有些人認為主權者才是這種法源，或者民意就是法源，等等。

二是指法史學上認識過去的法的素材（也稱 source of law），其實指的就是法史料。

三是指法的存在形式或者表現形式，即某種法在解釋與適用時可援引的規範。

毋庸多言，這裏所講的"憲法的法源"或曰"憲法淵源"，主要指的是第三種含義，即憲法在解釋與適用時可援引的規範的整體。當然，這裏所説的憲法的"適用”，並不限於憲法的司法適用，甚至不限於合憲性審查機關對憲法的運用，而是廣義的憲法適用，即任何主體將憲法的規範內容運用於某個具體地域、具體場合、具體個案等一切活動。這一點今後還會專門講到。

當然，如果綜觀世界各國，那麼可以看到，迄今被認為屬於憲法淵源的，至少有以下六種：

第一種當然是憲法典。講到憲法典，我們首推 1787 年誕生的《美國憲法》，它是人類歷史上第一部憲法典。歐洲大陸第一部完整的憲法典是 1791 年的《法國憲法》。新中國第一部憲法典是 1954 年憲法。

說到憲法典，請諸君注意：學習憲法，大家每個人手裏最好要有一部憲法典。有些人說美國人“搞憲法”不怎麼看憲法條文，主要看憲法判例，但在目前的中國，情況不一樣，憲法典中的條文是很重要的。即使是美國也是如此。如耶魯大學法學院有位非常有水平的教授，也比較著名，名叫阿瑪（Akhil Reed Amar），他也教授憲法，而且教得很有特色，以至於法學院學生都編出一首歌，歌詞大意是說：美國有兩種憲法，一種是參加司法考試要考的憲法；另一種是阿瑪給我們講的憲法。這是因為這個阿瑪上課時所教的法律，是他自己所理解的那一套，跟司法考試無關，如果你聽完他的課，去參加司法考試，按照他給出的答案去回答司法考試題目，那就離題了。但是這樣一位仁兄現在還在耶魯大學法學院生存，而且生存得很好。話說阿瑪這位憲法學家，他出差時就經常隨身攜帶一本美國憲法典。

第二種是憲法性法律，指的是除了憲法典之外，其他含有調整憲法關係之內容的法律，具體類型上又有兩種：一是不成文憲法國家的實質憲法，如英國，它沒有憲法典，但是有憲法性法律，比如《國會法》、《王位繼承法》、《人身保護令》、《人權法》等。二是按照憲法學界通說觀點，指的是成文憲法國家裏存在的確認基本權利的法律、政府的組織法、選舉法等。但是從嚴格的意義上說，這些法，基本上都屬於法律，有的甚至是代議機關內部的議事規則，如我國也有《全國人大議事規則》，它們都不具有與憲法同等的效力。當然，這些法律在內容上的確具有與憲法相關的內容，為此在我國也被稱為“憲法相關法”，立法

小貼士：目前我國的憲法性法律有多少?

機關的一些公文也是這樣稱的。但是從學理上說，在法律體系中，很多法律法規都跟憲法相關，像我國這樣，甚至連《民法典》都與憲法相關，你能說它也是"憲法相關法"嗎？為此，我覺得，用"憲法性法律"已可，如果還要用一個概念，那麼與其採用"憲法相關法"的說法，倒不如採用"憲法附屬法"這個概念比較妥當，日本憲法學者就是這樣稱謂類似的這些法律法規的。

　　第三種憲法的法源是憲法判例，指的是在具有憲法訴訟機制或類似體制的國家中，憲法審查機關，或說是"合憲性審查機關"，所作出的有關憲法問題的判例。如果沒有憲法訴訟機制或類似機制，憲法判例也就不會出現，我國目前就是如此。但是在西方許多成熟法治國家，大都存在憲法判例。該種憲法判例也構成憲法的一種法源，即成為憲法的一個重要組成部分。有一種重要的學說認為：憲法判例只存在於普通法國家。這是一個比較嚴重的誤解，我們需要澄清一下：除了普通法國家之外，許多大陸法國家也存在憲法判例。我們知道，大陸法國家以前是沒有判例制度的，但是在現代，也不斷地引進判例制度，只不過未必形成典型的判例法制度而已。請注意：判例制度與判例法制度是有一些差別的。在憲法方面，情況也是如此，許多大陸法國家都存在憲法判例。像德國，就有憲法判例，日本也有，連法國現在也慢慢吸收了憲法訴訟機制的一些要素，出現了一些憲法判例性質的文件。這些憲法判例也屬於以上各國憲法的存在形式。

　　那麼，憲法判例通常有什麼內容？它的載體為何？我們要說明，憲法判例和有關憲法的判決書是不同的概念。判決書，香港人稱作"判詞"，還不等於判例。判例往往是具有典範意義的、具有拘束力的判決。而一份判決書按照標準來看，一般由三個部分組成，即判決主文、判決理由和附論。判決主文寫判決結論，如是否駁回起訴，某部法律是否違憲，或者判決誰勝訴、誰敗訴等；判決理由就比較複雜，它主要是論證判決結論的理由，比如某一個法律法規違憲的理由何在。許多國家經常把憲法判決書寫得類似於一篇論文，有的比一般論文還要長，超過一萬字是很平常的，好幾萬字的判決書也是俯拾皆是的。如果我們把判決書看作一篇論文，那麼判決主文就是論點，判決理由就相當於支撐論點的論證要點。至於判決書中的附論，那指的是案件所涉及的一些附帶推論，也可能闡述一些規則。我們所謂的"判例＂，主要就是存在於判決書的判決理由部分當中，有時也可能存在於附論之中。

憲法判例具有很重要的地位，尤其在成熟的法治國家。要說明這一點，有一個非常恰當的例子。美國的休斯大法官（Charles Evens Hughes，1910—1916 年任大法官，1930—1941 年任首席大法官），在聯邦最高法院任職前，曾任紐約州州長，在一次演講中他曾說過一句名言：＂我們生活在憲法之下，但這部憲法是什麼意思卻是法官們說了算。＂後來他出任美國聯邦最高法院大法官，而且還擔任過首席大法官。他這句話說明在美國，憲法判例是何等的重要。正因為他深切地認識到這一點，所以他在做了聯邦最高法院大法官之後，據說每逢寫作判決書時都會發怵，遲遲不敢動筆，寫得很慎重。諸君以後如果有幸成為大法官，要向人家學習兩點：第一，判決書必須自己親自寫，寫出經典來，看看能否成為判例；第二，寫作判決書之前，一定要謹慎，千萬不要喝太多酒，以防膽大妄為、胡說亂侃。

還有一個知識點也在這裏順便說說。在美國，在聯邦最高法院任職的法官，可以稱為＂人法官＂，共有 9 人；日本最高裁判所則有 15 名大法官；德國聯邦憲法法院共有 16 名大法官（分設兩個法庭，每庭 8 名法官）。美國、日本都是奇數，唯獨德國是偶數，為什麼呢？人家也有人家的道理。因為如果奇數的話，有些案件就很容易形成微弱多數，比如 5：4，或者 8：7，在此基礎上作出判決，容易導致敗訴的一方不服，甚至引起全國性的爭議。而如果是偶數的話，上面這種情況就容易排除了，因為假如出現 4：4（德國聯邦憲法法院分設兩個法庭，每個庭 8 位法官），就會無效，還要繼續討論。由此可以看出，德國人重視＂商談＂，相信在通過慎重的研究討論之後往往能形成更為妥當的結論。

第四種憲法法源是法定有權機關的憲法解釋。這裏我們先解釋一個概念，什麼是憲法解釋？簡單說，即對憲法規範的具體闡明。憲法解釋本來與憲法判例的關係是很密切的，一般來說，在有憲法判例的國家，憲法解釋就存在於憲法判例之中，憲法判例中的判決理由自然會涉及憲法解釋，甚至可以說，憲法判例主要也是由憲法解釋構成的。但是有些國家沒有憲法判例，只好單獨發佈憲法解釋，為此憲法解釋自身就可能成為一個法源。我國在制度上便是如此。

那麼，在現行制度上，我國的哪個機關可以作出具有憲法淵源地位的憲法解釋呢？根據《憲法》第 67 條的明文規定，是全國人大常委會。毋庸諱言，這個做法在當今世界是非常少見的。當今世界，一般來説是由憲法審查機關（合憲性審查機關）來解釋的。有些國家是法院來行使憲法解釋權的，比如美國；有些國家是由專門設立的憲法法院來行使憲法解釋權的，如德國。我國索性由參與憲法制定或修改的相關機關，即全國人大的常設機關——全國人大常委會來解釋的。這個做法有沒有歷史先例呢？我明確告訴大家，有！其中一個重要的歷史先例就是 1875 年法國第三共和國憲法，但現在已經很少見了，連法國也不是採用這種方式了，而是將憲法解釋權交給專門設立的憲法委員會來行使。

憲法解釋需要符合要式主義的要求。什麼叫"要式主義"？這一點今後我們還會講到，簡單説，就是要有格式，而且格式要合理。按照這個標準，迄今為止，我國憲法解釋的案例幾乎沒有。但是全國人大常委會曾經先後對香港基本法作過五次解釋，分別是在 1999 年、2004 年、2005 年、2011 年、2016 年作出的，它們都有明確的格式。但從嚴格意義上説，這些只是屬於對憲法性法律的解釋，而非憲法解釋，憲法解釋應該是對憲法典作出解釋。但有趣的是，在 2011 年全國人大常委會對香港基本法的那次解釋，即在剛果（金）案的有關解釋中，則隱含了憲法解釋。這部分的表述是這樣説的：依照《中華人民共和國憲法》第 89 條第 9 項規定，國務院即中央人民政府行使管理國家對外事務的職權，而國家豁免規則和政策屬於國家對外事務中的外交事務範疇。通過這種解釋，相當於説：中央人民政府有權決定中華人民共和國的豁免規則和政策，在中華人民共和國領域內統一實施。這可以説就是發生在我國的一次極為罕見的憲法解釋的實踐，其以隱含在對憲法附屬法所進行的解釋之中的形態，同樣也是極其罕見的。有關這一點，我們今後在講到憲法解釋時還將論述。

至於這種憲法解釋的效力，有觀點認為：它與憲法典具有同等的效力。這個觀點可能是有問題的，我不同意。我的意見可以總結為兩點：

第一點，在美國等有憲法判例的國家，這也許是可能的。因為它的憲法解釋是在判例當中作出的，往往具有和憲法同等的效力。但就我國而言，從通常由立法主體決定規範性文件的效力位階這一法理來説，憲法解釋最多僅僅與憲法性法律具有同等效力，因為作出這種憲法解釋的主體一般是全國人大常委會，怎麼可能與憲法具有同等效力呢？

第二點，基於新法優於舊法的原則，憲法性法律也可變更之。一個憲法解釋出台之後，新的憲法性法律可以推翻它。我國法律的效力位階，主要看制定機關，制定機關決定了其所制定的法文件在憲政框架中的地位。我國的憲法是誰制定的？不要以為是全國人大制定的。應該說是憲法制定者制定的。接著追問：憲法制定者是誰？這個問題就比較複雜了。理論上說，是人民制定的。從政治正確的角度而言，至少也是"中國共產黨領導人民制定了憲法"。在這個過程中，最重要的一個機關是憲法起草委員會，最後由第一屆全國人民代表大會通過憲法。基於上述情況，雖然憲法賦予了全國人大修改憲法的權力，但是也絕不能把全國人大和憲法制定者的地位相提並論。所以，由全國人大的常設機關全國人大常務委員會所作出的憲法解釋的效力自然也只能等同於憲法性法律。這樣理解也就是承認：這種憲法解釋也有可能違反憲法本身，如果違反了憲法，可以通過修改或制定一部憲法性法律來修改或者廢止它。

第五種憲法法源是憲法慣例。憲法慣例也是存在於某些國家當中的一種憲法法源，指的是在長期的憲法實踐中形成的、被反覆沿用並被普遍認可的慣行或先例。也就是說，它的成立有三個要件：一是在長期的憲法實踐中形成，而不是出自個人的意志或決斷；二是被反覆沿用；三是被普遍認可，僅僅是部分機關、部分民眾認可還是不行的。許多國家都有憲法慣例，如英國的憲法習律（Conventions of the Constitution）、法國的憲法習慣（Coutume Constitutionnelle）等均屬此範疇。

關於我國的憲法慣例，學術上有討論。一般來說，認為憲法修改一般均由黨中央先向全國人大提出建議，然後依照憲法規定的程序進行修改，這就是一個憲法慣例。確實，迄今為止，憲法修改主要是由中國共產黨中央委員會首先向全國人大常委會提出的。怎樣提出呢？一般是中國共產黨先廣泛徵求全國各地區、各部門、各方面的意見，形成一個書面材料，叫作《關於修改憲法部分內容的建議（草案）》，在中共中央全會上審議和通過後，再向全國人大常委會提出正式的《關於修改憲法部分內容的建議》，由後者形成《憲法修正案（草案）》，最後向全國人大正式提出，並由全國人大審議和通過。在實踐中，全國人大及其常委會一般都會全面接受中共中央的憲法修改建議草案，比如 2004 年憲法修改時，全國人大經過審議討論，只刪掉了中共中央有關憲法修改草案中的一個標點符號和兩個文字。今後我們會專門講到，這可理解為是長期以來形成的一個憲法修改的慣行性前置加接程序，並且為執政黨的文件所確認。2014 年 10 月中國共產黨十八屆四中全會《關於全面推進依法治國若干重大問題的決定》中提出："中共中央向全國人大提出憲法修改建議，依照憲法規定的程序進行憲法修改。"

根據學者的觀點，還有一個憲法慣例就是"三位一體"機制，即中共中央總書記、國家主席、中央軍委主席的職位均由同一人擔任。這個慣例是從江澤民擔任中共中央總書記期間形成的。這個"三位一體"的用語很形象，2018 年修憲之際，官方也採用了這個説法。

憲法慣例的作用是很大的，因此才被看成是憲法的一個重要法源。它一般有三個作用：

第一，它實際上可以改變憲法中的規範。比如，我們曾經介紹過，在英國的憲政體系中，英王依憲法有權否決議會通過的法案，但是長期以來，英王沒有一次否決過議會通過的法案，因此就在這裏形成了一個憲法慣例。如果某一天，英王推翻了議會通過的法案，那麼在英國這就會被看成是：英王違反了英國的憲法慣例。這就是一件很重大的事情，甚至可能導致憲政危機。所以説，憲法慣例實際上改變了憲法中的規範。第二，憲法慣例使憲法規定更容易實施，更具有生命力。第三，它還可以彌補憲法規定的不足。

那麼，憲法慣例的效力又是如何呢？我們也總結幾點：

第一，一般認為有效力，但不具有憲法的形式效力。這是因為憲法慣例並不是立憲機關或立法機關制定的，甚至也不是法院等具有正當權威的機關通過判例確定的，一般都沒有法文書的表現形式，所以從理論上説，它就不具有憲法的形式效力，但是卻不排除它具有實效性，即事實上得到人們的遵守。

第二，在成文法國家，存在成文法優於習慣法的原則，為此，憲法慣例也是可以為國家立法機關的法律所變更的。憲法慣例是如何變更的呢？主要有兩種途徑：第一種是被新的政治實踐所打破；第二種途徑是通過法律的制定或修改。當然，更不用說通過憲法的修改，可以將憲法慣例變成憲法的規定。有一個例子分別說明了這兩點：美國憲法原本對總統連任制沒有規定，第一任總統華盛頓（George Washington）連任兩屆後，人民呼籲他繼續連任下去，但華盛頓堅決不幹，非要回老家的種植園裏去。此後，其他後任總統就都不敢連任超過兩屆，這樣，就形成了一個憲法慣例。但到了 20 世紀，出現了一個例外，那就是富蘭克林‧羅斯福（Franklin Delano Roosevelt）總統，他 1932 年當上總統，當時西方各國陷入歷史上最嚴重的經濟危機，他為此推行新政，很受人民愛戴，1936 年獲得連任，按慣例到了 1940 年就不應再連任了，但當時又恰逢第二次世界大戰，形勢非常危急，羅斯福又參選總統，雖然這一行為遭到政敵的強烈反對，但高票獲得第三屆連任，就這樣，美國開國一百多年形成的總統連任不超過兩屆的憲法慣例就開始被打破了。到了 1944 年，"二戰"即將進入最後決戰，羅斯福又參加總統選舉，而且還是當選上了，這是他第四屆連任總統，當然這次只當了 73 天總統，到 1945 年就去世了。羅斯福總統去世後，美國人民悲痛不已。但是到了 1951 年，美國人還是通過了憲法第 22 條修正案，明確規定總統連任以兩屆為限。就這樣，先前被打破的憲法慣例，終於通過憲法修改，被憲法明文確定下來了，羅斯福總統也成為美國歷史上唯一一位蟬聯四屆的總統，以後的總統即使再偉大也不可能連任三屆以上了，所以在這一點上，我們可以給羅斯福總統四個字的評語：空前絕後。

以上說的是憲法慣例。

第六種，即我們要講的最後一種憲法法源，就是國際條約。國際條約指國際法主體之間所締結的書面協議，主要包括憲章、公約、規約等。通常被作為憲法法源

圖8　羅斯福總統雕像。本書作者攝於美國華盛頓羅斯福紀念公園

的國際條約有《聯合國憲章》、《經濟、社會與文化權利的國際公約》《公民權利和政治權利國際公約》，在歐洲有《歐洲人權公約》、《歐盟憲法條約》（未生效）等。這些都是可以作為一個國家憲法法源的國際條約。對此，有些國家的憲法就有明確規定，如 1787 年制定的《美國憲法》第 6 條第 2 款就規定，合眾國已經締結或未來將締結的條約，與憲法以及以憲法為準據制定的法律一道，也是"國家最高的法"，各州的法官均受其拘束；《德國基本法》第 25 條規定，國際法的一般原則，也是聯邦法律的組成部分，其地位優於法律，對聯邦領域的居民，直接產生權利和義務。我國現行憲法沒有類似的明確規定，但在序言第 12 自然段中規定了"和平共處五項原則"，2018 年修憲時還進而宣明了"推動構建人類命運共同體"，表明我國充分重視在自己所簽訂的國際條約中的義務。

那麼，國際條約是不是我國的憲法淵源之一呢？憲法學界過去曾存在肯定説，但"馬工程"《憲法學》否定了這個見解，其主要理由是：在目前的我國，雖然像現行的民事訴訟法、行政訴訟法那樣，部分法律明確規定我國締結或參加的國際條約與本法有不同規定的，優先適用該國際條約的規定，但通常情況下，我國是將國際條約中所承擔的義務轉化為國內立法而予以適用的，國際條約的適用仍屬於法律適用的範圍。

但另一方面，我們要看到：我國參加的國際條約已經比較多了，迄今參加的有關人權保障的國際公約就有《消除一切形式種族歧視國際公約》、《消除對婦女一切形式歧視公約》、《禁止酷刑和其他殘忍、不人道或有辱人格的待遇或處罰公約》、《兒童權利公約》，等等。不過，作為許多國家憲法之法源的國際公約，最重要的是兩個：一個是《經濟、社會及文化權利的國際公約》，我國政府方面在 1997 年 10 月簽署了這個條約，全國人大常委會於 2001 年 3 月 27 日加以批准，同年 6 月 27 日對中國生效；另一個則是《公民權利和政治權利國際公約》，這比前一個公約內容更實在，更難履行。我國政府在 1998 年簽署了該公約，由於各種原因，全國人大常委會至今還沒有批准。

以上説的是世界各國憲法法源的基本情況。那麼，返回中國，我國究竟有幾種憲法淵源呢？根據"馬工程"《憲法學》的分析，只有三種：第一種當然是憲法典，第二種是憲法慣例，第三種則是法定有權機關的憲法解釋；而在它看來，由於我國是成文憲法和剛性憲法國家，憲法性法律不具有最高法律效力，為此不是憲法淵源。至於憲法判例，我國是沒有的，因為憲法判例是指通過憲法訴訟制度產生的一種判例，我國本來就沒有這種制度，為此從嚴格意義上說沒有憲法判例。另外，國際條約也不能作為我國憲法的淵源，因為在我國，國際條約中的義務一般要轉化為本國的法律才能予以適用，這就決定了國際條約不是我國的憲法淵源。

在這裏我們必須指出，"馬工程"教材基於憲法性法律不具有憲法典的那種最高法律效力，從而將其排除在憲法淵源的範圍之外，這是值得斟酌的。其實，如前面我們分析的那樣，憲法慣例也不具有憲法典那般的最高法律效力，即使在英國也是如此。至於憲法解釋，在我國，同樣沒有憲法典那般的最高法律效力。也就是說，在探討憲法淵源之時，我們有必要從"結構"的視角出發，即從前面所說的"憲法存在形式的結構"出發，認識到作為"憲法存在形式"，憲法淵源很可能是複數的存在，而且它們之間的效力不　定相同，為此形成以憲法典為頂點的位階結構。總之，我認為我國的憲法淵源有四種，即：除了"馬工程"教材所說的三種之外，另加憲法性法律。

當然，關於"憲法淵源"這個概念，當今我國學界爭議比較大。其中出現了一種新學說，認為應嚴格認定憲法淵源，傾向於只將憲法典認定為我國憲法的淵源。這種學說的出現，是對迄今學界存在的某些寬泛地認定憲法淵源的學術傾向的一種反撥，為此很嚴格，而後者則實在太不嚴格了——我們等下再來分析它們的觀點。

但是，如果我們僅僅將憲法典認定為憲法淵源的話，那麼，這實際上也是沒有看到"憲法存在形式的結構"的，那就等於說：所謂憲法的存在形式就是憲法典。這樣一來，不僅實質意義上的憲法這個概念沒有多大意義，連"憲法淵源"的概念似乎也可以取消。

說到憲法淵源，在我國還有另外一種看法，即我們剛才說的那種"不太嚴格"的學說，它認為："當今中國存在成文憲法和不成文憲法這兩種憲法。其中不成文憲法包括成文憲章、憲法慣例、憲法學說及憲法性法律。"在這次課的章前導引問題當中，我們提到了相關的問題。這個學說到底對不對啊？這值得我們分析。我們前面也講過，這裏講的成文的和不成文的兩種憲法，和前面講到的英國人所説的成文憲法、不成文憲法是不太一樣的。英國人所講的成文憲法和不成文憲法，主要是對憲法分類時採用的概念。它意味著，一個國家的憲法，如果不是屬於成文憲法，那就是屬於不成文憲法。反之亦然。而上述這個學説則認為，中國同時存在這兩種憲法。也就説，這裏講的成文憲法、不成文憲法，不是憲法的分類的概念，而是憲法的存在形式的概念。那麼這個説法到底對不對呢？如果把這兩種憲法當作憲法的存在形式來看，也就是當作法源意義上的憲法，在形式意義上姑且可以接受。當然，如果從憲法分類學説的角度來看，這個説法是錯誤的。也就是它們只能理解為憲法的兩種存在形式。但是後面所説的，"不成文憲法包括成文憲章、憲法慣例、憲法學説及憲法性法律"，這個説法對不對呢？這句話的爭議性就更大了。如果説"不成文憲法包括成文憲章"，那"成文憲章"指什麼呢？不就是憲法典嘛。還有，憲法學説能不能看成是不成文憲法呢？在當今中國，如果憲法學説都能看作憲法，那不得了，我們學者的地位就陡然升高到了令人眩暈的地步。應該説，這個説法是有爭議性的。那麼理論上能否認定，中國共產黨的章程也是憲法呢？有些人認為是。還有一些人認為，其他有關的重大的黨規、國策，也可以看成是憲法的構成部分。這些説法難免有爭議性，但的確值得好好思考。

　　另外一種二分法，與"中國同時存在成文憲法和不成文憲法"這個説法有些類似，即把憲法的存在形式看作兩種：一種是顯性的憲法，另一種是隱性的憲法。這個顯性憲法、隱性憲法，也不是憲法分類的概念，它是用來表述憲法淵源的概念。同一個國家裏面，有一部分實質意義上的憲法是顯性的、看得見的，因為它具有文本形態；但另外一部分憲法的內容是隱性的、看不見的。當然，看不見並不是完全看不見，如果完全看不見，那我們就無法研究了，憲法學有一部分要成為玄學了。只不過它不太容易看得見。可是有個美國憲法學家很權威，他的名字叫卻伯（L. H. Tribe），是哈佛大學的憲法學教授，他把憲法分為 Visible Constitution 和 Invisible Constitution，即"看得見的憲法"和"看不見的憲法"。他有本書就叫 *Invisible Constitution*。在這本書裏，他就把憲法分成這兩種部分。看得見的，就是寫在文本上的；看不見的，包括憲法慣例、憲法判例等。卻伯這個分類實際上是很有趣的，類似於我們中國憲法學術界提出的"中國憲法既包含成文的憲法，也包含不成文的憲法"。

但是，把憲法分為顯性憲法和隱性憲法也好，分為看得見的和看不見的也好，或者分為成文的和不成文的也好，問題的關鍵在於二者的關係如何。它們二者應該是什麼樣的關係呢？以顯性憲法和隱性憲法的關係來看，我們應該認識到，應該以顯性憲法為核心，隱性憲法的確認應該受到顯性憲法的約束和引導。如果我們採用"中國同時存在成文憲法和不成文憲法"這一說法，其關係也是這樣，要以成文憲法為核心。不成文憲法怎麼辦認呢？這個就要謹慎，不是隨意拿來就可以塞到不成文憲法的範疇當中去。比如簡單地把憲法學說都塞到不成文憲法的範疇裏面，那憲法的存在形式就要出現膨脹，憲法的運用就可能存在隨意性。這不利於樹立憲法的權威，也不利於依憲治國。所以這個我們一定要把握好，應以顯性憲法為核心，隱性憲法的確認要以顯性憲法中的基本原理作為標準和指引，而並不是把那些只要涉及國家制度運作的規則都一股腦兒地當作隱性憲法加以確認。

（二）憲法典的一般結構

以上我們講的憲法法源，那是屬於憲法存在形式的結構，在這個結構中，憲法典應是憲法最重要的法源，尤其是在有成文憲法的國家，情況便是如此。而憲法典本身也有它的內部結構，那麼一般來說，它的結構如何呢？這是我們接下去要分析的內容。

我們知道，各國的憲法典不同，所以各國憲法典的結構也不盡相同。但一種很有影響力的觀點認為，憲法典由三個部分組成：第一個部分是序言；第二個部分過去往往叫"正文"，其實更確切的應該叫"本文"，當今日本就是這麼稱呼的；第三個部分是附則。這種說法很流行，但我倒是認為它也有問題。為什麼呢？因為大部分國家的憲法並沒有附則，我國現行憲法也沒有。有憲法附則的國家，最典型的是比利時。1831 年《比利時憲法》沒有序言，但卻有附則。另外，《意大利憲法》也有附則，不過稱為"補則"。因此，這個三部分構成說是不太妥的，尤其是附則，大部分國家的憲法都沒有。

　　認識憲法典的結構，我們還要知道，憲法典的一種特殊組成部分，是憲法修正案。憲法修正案是什麼呢？根據"馬工程"教材，它指的是憲法修正機關不直接修改憲法文本的規定，而是按照修改時間將對憲法修改的內容另起序號順序排列附在憲法典之後，以新修改的內容代替或補充原文本內容的修改方式。但有些國家有憲法修正案，有些國家沒有，為此它只是憲法的"或然"的組成部分。

　　美國是採用這種方式修改憲法的代表性國家。美國現行憲法原本只有一個極為簡短的序言和 7 個條文，但迄今有 27 條修正案。其中，僅 1791 年，也就是其憲法制定後的第四年，美國人就一口氣制定了 10 條修正案，這 10 條修正案在美國憲法中被稱作《權利法案》（*Bill of Rights*）。我國現行《憲法》從 1982 年開始也採用憲法修正案的方式修改憲法，憲法文本原來是由序言和 138 個條款組成，現在則由序言和 143 條構成，但從嚴格意義上説，我國現行《憲法》還是由序言和 138 條以及五個憲法修正案構成，其中修正案總共有 52 條。

　　以上談的是憲法典的體裁結構，主要側重於形式意義上的。如果探究憲法的內容結構，一般而言，憲法典主要由兩個部分組成的：一部分叫"組織規範"（Plan or Frame of Government），另一部分叫"權利規範"（Bill of Rights）。組織規範就是關於國家機構如何組織的規範，權利規範則是關於人權保障的規範。世界各國的憲法，內容結構各不相同，但舉其最大公約數，便是由這兩個部分構成。

　　説到憲法典的結構，需要特別談到的就是憲法序言。有人認為，中國現行憲法序言的地位特別重要。政治憲法學的學者往往持有這個觀點，北大的陳端洪教授就是一個主要代表人物。他認為，憲法中最為重要的，就是憲法序言。因為憲法序言隱含了超越憲法地位的黨的領導等重要原則，他稱為"五大根本法"，也就是五個最重要的憲法原則。這個觀點到底對不對呢？當然蘊含了振聾發聵的見解，但也有爭議。主流的觀點不這樣認為。主流的觀點認為，憲法中的哪一部分最重要呢？權利規範最重要。基本權利的保障是整部憲法的價值核心之所在。序言重要不重要？當然重要，但是如果説只有序言最重要，那總綱不重要嗎？現行《憲法》第 1 條就在總綱之中，其第 1 款就規定："中華人民共和國是工人

延伸閱讀：有關我國憲法序言的四個特別問題

階級領導的、以工農聯盟為基礎的人民民主專政的社會主義國家。"難道這一條不重要嗎？

通過 2018 年憲法修改，第 1 條第 2 款中更是明確地寫上"中國共產黨領導是中國特色社會主義最本質的特徵"，這不重要嗎？還有，總綱裏的第 2 條第 1 款規定："中華人民共和國的一切權力屬於人民。"難道這一條不重要嗎？為此，只説序言最重要，這是有問題的。這當然是一種非典型的法學見解，僅僅著重看到"憲法"作為"政治法"的面向卻不打算將它理解為"規範憲法"或者一份可以發展為"規範憲法"的政治文件。

（三）　憲 法 規 範 及 其 結 構

在憲法結構中，可以説其基本單元就是憲法規範。為此分析憲法的結構，最終要剖析一下憲法規範，包括憲法規範的結構。但是，到底何謂憲法規範？則首先需要理解。

1. 憲法規範的多義性

"憲法規範"具有多義性，至少有三種意涵。

根據我國憲法學界的通説，它首先指的是調整憲法關係的各種規範的總和。按照這種説法的話，憲法規範就相當於實質意義上的憲法。

憲法規範的第二種含義是指憲法中的某一個條款，它相當於憲法結構的基本構成單元。當然，憲法中的某一個規範也可能通過複數的憲法條文來組成，甚至這些條文在憲法典的結構中的位置並不一定是緊密銜接的，完全可能分別出現在憲法典的不同位置，但在脈絡關聯以及邏輯意義上説，它們共同構成了一個具有完整意義的規範。

憲法規範還有第三種含義。這是國際上比較新的一種學説，即認為存在語義學的"憲法規範"概念。其代表性學者，是德國當今著名的法理學家兼憲法學家阿列克西（Robert Alexy）教授。這種學説認為：憲法規範有別於憲法的規範性語句（即憲法條文），是指憲法規範性語句的意義，即憲法條文本身所蘊含的含義。這裏有一個很重要的概念："規範性語句"。法律條文一般就是規範性語句，而規範性語句一般又包括兩種，即應然語句和直述句。應然語句指含有應然助詞的語句，應然助詞主要指"應該"、"允許"、"不得"、"禁止"等詞彙。直述句則是不含有應然助詞的，比如"中華人民共和國的一切權力屬於人民"；但作為規範性語句的直述句在語言形式上也可以轉化為應然語句，比如"中華人民共和國的一切權力屬於人民"，可表述為"中華人民共和國的一切權力應當屬於人民"。

但如前所述，這種見解認為，憲法文本中的規範性語句不等於就是一個憲法規範，而只是憲法規範的載體；真正的憲法規範是指規範性語句的意義，而這意義是隱藏在規範性語句當中的，需要我們去發掘出來，這也就是憲法解釋。

我們舉一個例子來說明。我國現行《憲法》第 38 條前段規定："中華人民共和國公民的人格尊嚴不受侵犯。"這句話不包含應然助詞，所以明顯屬於直述句。這個直述句彷彿在描述一個事實，好像是事實敘述語句，但實際上，這是一個規範性語句。因為這句話的意義中隱含著應該、禁止等含義。這一規範性語句所承載的規範應當是："國家應該保障公民的人格尊嚴不受侵犯。"而在憲法規範性原理的指導下，這一規範又可以進一步推演為如下兩條具體規範：

（1）國家不得侵犯公民的人格尊嚴。這是建立在"防禦權理論"基礎上的一條規範，以後我們在基本權利總論中會講到，它主要是針對公權力的侵害而保護人的基本權利，包括人格尊嚴。

（2）國家應該保障公民的人格尊嚴不受他人的侵犯。當然，能不能演繹出這一條規範，不同學者見解不同。其中認為可以演繹出這一規範的，可能是"國家保護義務理論"。根據傳統防禦權理論，則不會作出這樣的演繹。比如，2008 年香港發生一起艷照門事件，一批明星的私人照片流佈到網絡空間，引起軒然大波。那麼，這時政府是否可以聲稱："由於這事不是政府幹的，所以我們也是打醬油的，管不了這事。"當然不行，因為國家有義務保護艷照門的受害者的人格尊嚴不受社會上其他公民的侵犯。傳統防禦權理論可能不太接受這一點，但是"國家保護義務理論"則傾向於主張國家應該更為積極主動地保護公民的基本權利不受其他公民的侵害。當然，這也是這個理論有爭議的地方，因為它也可能導致公共權力侵犯了其他公民的基本權利。比如可以想見，艷照門事件之後，有人會整天泡在網上，瞪大眼睛找啊找啊，那麼根據國家保護義務理論，國家就可能有義務禁止大家瀏覽相關一切網頁，甚至出現了大批的網絡警察在互聯網上圍追堵截，這就涉及許多複雜的憲法學問題，如那些艷照是全部不該看，還是部分不該看？如果我瀏覽了其中幾張，是否就構成違法？在網絡上發佈有點"顏色"的照片，是否屬於憲法所保護的表達自由？這些都是憲法問題，以後我們會慢慢講到。大家不要急。

以上所講的憲法規範的三種含義都是可以成立的，但平時最多講到的憲法規範是第二種和第三種，其中第三種"語義學上的憲法規範"這一個含義也是很重要的，我們需要掌握。

延伸閱讀：八二憲法的精神

論及憲法規範，還應該把握它的類型。關於這一點，有一種頗為流行的說法值得注意，那就是"憲法的規定、原則和精神"。其實，這個說法涉及憲法規範的類型了。其中"憲法的規定"，多指憲法的條文，即前述第二種含義上的憲法規範，而"憲法的原則和精神"則指什麼呢？可以說，"憲法的原則"主要是憲法中的概括性條款，但它也體現在憲法的規定之中；而"憲法的精神"同樣也體現在憲法的規定之上，只不過概括性程度比普通的憲法原則更高而已。質而言之，所謂"憲法的精神"，應可理解為貫穿於憲法規範體系或其主要結構之中的核心價值取向，是整部憲法的根本價值目標，一般由數個依託於憲法中概括性條款的基本原則構成。這就引出了憲法學的一個頗為重要的問題，即憲法的基本原則。根據"馬工程"教材的觀點，我國現行憲法有六個基本原則，包括：堅持中國共產黨的領導、人民主權、社會主義法治、尊重和保障人權、權力監督和制約、民主集中制。對此，鄙人的陋見略有不同。有興趣的同學可讀一讀拙文《八二憲法的精神》。

2. 憲法規範的邏輯結構

一直以來，我國法學界的通說認為，法律規範都由三個要素組成，即：假定條件、行為模式、法律後果。

從學術上來說，平心而論，法律規範三要素說本身比較古老了，是已然過時的一種理論，僅以民法、刑法的典型規則為範本。如果法律規範都要求具備這三個要素的話，則會有很多規範根本不成其為規範。現代法規範逐漸多樣化，德沃金

（Ronald Dworkin）就認為，法主要由規則、原則和政策構成。而根據當今比較權威的說法，法律規範，尤其是憲法規範，主要是由兩個要素構成的，即構成要件和法效果。對此，"馬工程"憲法學教材大致也是同意的，只是說法有點兒不同，認為"應當將憲法規範的構成分為兩個方面：一方面在於行為模式的確定，另一方面在於法律後果的證成"。這個說法可能還需要斟酌。因為相當一部分憲法規範是沒有含有行為模式的，其調整或規範的是狀態。比如我國現行《憲法》第 1 條第 1 款規定："中華人民共和國是工人階級領導的、以工農聯盟為基礎的人民民主專政的社會主義國家。"這個規定所調整的就是一種狀態，而不是行為模式。所以，我們認為：憲法規範主要還是由構成要件和法效果這兩個要素構成。

凡是同時具備這兩個要素的，就可以肯定是法律規範。如果只具備一個的，也有可能是法律規範，但稱作"不完全法條"。這個理論你可以去閱讀德國著名民法學家卡爾·拉倫茨《法學方法論》一書中的《法條的邏輯結構》那一節，其中專門寫到這個問題。在拉倫茨那個時代，法條和規範這兩個概念還沒有區別開來，因此他所謂的"法條的邏輯結構"，其實就是"規範的邏輯結構"。

我舉個例子來說明，如"國家應該保障公民的人格尊嚴不受侵犯"這一規範，它的構成要件和法效果體現為什麼呢？可以這樣分解：構成要件是國家（公共權力）、公民（私主體）、公民的人格尊嚴；法效果就是"應予保障"或"有義務保障"。

問題在於，憲法規範的法效果，是否可能含有制裁要素呢？這是傳統上的一個學理問題。應該說，很多憲法規範、比如"公民的人格尊嚴不受侵犯"這個法條就沒有包含制裁要素。但是也不能說，憲法規範都不含有強制要素。一般而言，法規範邏輯結構中的法效果，可以包含對違反或背離法規範的行為賦予一定的強制效果。這種強制效果表現為對於強制對象的不利效果，如民事上的賠償損失，刑事上的監禁、徒刑等。

回到憲法規範的法效果是否可能包含強制效果這個問題，日本著名憲法學家小林直樹的觀點值得重視。這位憲法學家的姓氏與我比較接近，只是前面加了一個"小"字，其實學問做得非常大。他是東京大學法學部教授，也是和蘆部信喜齊名的憲法學權威。他曾經指出：憲法一般不具有"直屬性的強制規範"，有直屬性強制規範的只是例外，他舉了個例子，原西德《基本法》第 143 條規定：以暴力或暴力威脅變更聯邦或邦的憲法秩序的，處以無期徒刑或 10 年以上有期徒刑。但是在世界各國憲法中，類似這樣的規定很少，西德《基本法》中的這一條規定本身也在 1951 年被刪除了。從這個例子中我們也可以看出，小林直樹先生所說的"強制規範"，實際上指的是刑事罰則規範。

那麼，要認識前述問題，鄙人認為，我們應當看憲法的違憲責任是如何追究的。在弄清楚這個問題之後，再推斷出我們的結論。

我們說，一般有兩種情形會違反憲法：

第一種情形是法律文件內容違憲，即立法可能違反憲法。其實，這個情形佔主要部分。立法一旦違憲，強制後果就是該立法無效。許多國家的憲法都規定：違反憲法的法律法規是無效的。

第二種情形是個人違憲。這裏的個人一般不是普通老百姓，而是行使公權的官員。比如，日本前內閣總理小泉純一郎，經常去參拜靖國神社，這個行為就可能違反了日本憲法的政教分離原則。那麼，這種個人行為的違憲，應當怎麼承擔責任呢？主要承擔政治責任，最終委之於人民的政治判斷，如通過言論自由的行使來批評他，通過選舉讓他下台，通過民主程序對他進行罷免，等等。這一點也體現出，憲法最終依賴於民主政治。

那麼，憲法中究竟是否存在強制規範呢？

鄙人認為，憲法規範確實沒有直接含有明確的制裁要素，尤其是刑事罰則規範，但在憲法的總體結構上，還是含有強制規範的。如我國《憲法》序言第 13 段，本文第 5 條、第 41 條、第 62 條、第 67 條等，都屬於我國憲法結構中總體適用的強制規範。它們對違憲的現象和行為會產生強制的法效果；不過，這些強制規範的執行，則有賴於合憲性審查制度，最終也有賴於民主政治的機制。

3. 憲法規範的基本特點

憲法學界通說認為，憲法規範擁有一系列的基本特點：政治性和最高性、原則性、組織性和限制性。而我們必須特別關注憲法規範的根本性和最高性。我國現行《憲法》序言第 13 段中明確指出："本憲法以法律的形式……規定了國家的根本制度和根本任務，是國家的根本法，具有最高的法律效力。全國各族人民、一切國家機關和武裝力量、各政黨和各社會團體、各企業事業組織，都必須以憲法為根本的活動準則。"《憲法》本文第 5 條第 3 款也規定："一切法律、行政法規和地方性法規都不得同憲法相抵觸。"這些都明示了憲法作為根本法規範和最高法規範的旨趣。

然而，需要說明的是，憲法規範之所以具有根本性，雖然有其規定了國家的根本制度和根本任務的原因，但更重要的是其中包含著構成憲法之核心的人權規範，而正是這些人權規範才真正是憲法，乃至我國整體法秩序的"根本規範"或稱"基礎規範"。也正是因為憲法的內容主要是以保障人的權利不受國家權力任意侵犯的基本權利規範為中心而組成的，即憲法作為"人權保障的根本法"的性質，才使憲法作為最高法規範在一國的現行實在法秩序中具有最高的形式上的法效力，甚至衍生出憲法規範的穩定性（修改程序難於法律、法規等的修改程序等）以及其他特徵。

4. 憲法規範調整的社會關係的特點

這個問題也相對簡單些。憲法關係的問題，在國外憲法學教材或者著作中很少出現。這種現象的原因可能有很多，但最主要的一個原因可能是，在國外，尤其是成熟的民主憲制國家，這個問題已經不成為其問題了。但是，在中國憲法學界，這卻是一個較為重要的理論問題，甚至可能被有些學者認為是我國憲法學理論體系中的一個"焦點"問題。憲法關係的問題在我國之所以受到學界如此的關注，也是有其自身的理論背景的。長期以來，我們一直對憲法的屬性和憲法的地位等問題沒有正確的認識，以至於根據"憲法是母法"的觀念，似乎有將全部的社會關係都納入憲法規範調整範圍的"氣勢"，從而導致對憲法和其他部門法——尤其是私法，如民法——的關係的把握走入了錯誤的境地。也正是在對此種背景的反思的基礎上，中國憲法學界近年來較為重視憲法關係問題的梳理與討論，並取得了若干重要的研究成果。

然而，對於初涉法科的學生來講，則不必說得太過複雜。說得太過複雜，反而會使你們產生混淆。所以，我會單刀直入，很直接地把知識點告訴你們。

憲法關係主要是指憲法規範所調整的社會關係，對此，我曾經在"憲法的屬性"這一問題中說過，憲法主要調整兩大方面；但如果詳細地說，則主要包括四個方面的關係：

　　（1）國家與公民之間的關係；
　　（2）國家與各民族、各團體之間的關係；
　　（3）國家機關之間的關係；
　　（4）各個國家機關內部的關係。

　　我們迅速掃描這四種關係，會發現一個非常顯著的特點，那就是：所有這些關係的主體雙方之中，肯定至少有一方是國家。這將成為大家辨識憲法關係的重要標誌之一。總之，憲法規範就調整憲法關係，它不調整沒有國家參與的社會關係。假如我們之中有一位同學，跟我抱怨："老師啊，憲法裏面都規定了：公民在法律面前一律平等。為什麼，我和另一個男孩一起追求某個女生，她選他不選我。這是不是侵害了我的平等權，損害了我的人格尊嚴呢？"這個說法有道理嗎？這就涉及這種戀愛關係是不是憲法關係的問題？答案是：肯定不是，因為主體之中沒有國家。再如，一家民營企業招聘一名員工，你和我去應聘，最後招了你，沒有招我，原因是我個子太矮。這其中肯定是有歧視的，但這種僱傭關係是否屬於憲法關係？應不應該由憲法規範來調整呢？一般不是憲法關係，不應該由憲法規範來調整。但如果我參加某地政府公務員招聘，通過了筆試，參加了面試，最終沒有錄用我，理由是我個子太矮。那麼，由於我和該地政府的關係就屬於憲法關係，最終將接受憲法平等權規範的調整。

　　我們總結一下，憲法關係有以下兩個特點：（1）主體的一方是國家，或曰公權力；（2）內容具有廣泛性。有國家參與的社會領域是如此的寬闊，憲法關係的內容想不廣泛都難。而且，時至現代社會，隨著行政權的擴張，國家全面地干預社會生活，幾乎一個人生老病死的過程中，無時不晃蕩著公權力的身影，在這種背景下，憲法關係在內容上的廣泛性，為我們切身感受。

第三章　憲法的制定與修改

　　本章我們講述的內容主要有兩點：第一，憲法的制定；第二，憲法的修改。我會把"馬工程"《憲法學》的第一章"憲法總論"的第三節"憲法的制定、解釋和修改"、第二章"憲法的歷史發展"相關的主要內容也納入本章之中。

　　在進入正題之前，我照例先提出一些章前導引問題：第一，在一個國家，誰有權制定憲法？第二，憲法又是怎麼制定的？第三，憲法制定後是否可以修改？如果可以修改，應該怎麼進行修改？第四，憲法修改是否也有界限？比如有些內容改不得？如果是這樣的話，那麼，究竟哪些內容改不得？

　　諸如此類的問題，都值得我們去深思；對這些問題的嘗試性解答，構成本章的主要課題。

一、憲法的制定

　　憲法的制定主要面臨兩個問題：第一，誰有權制定憲法？第二，憲法是怎麼制定的？相應於這兩個問題，我們在這一節主要講兩點：

（一）有關憲法制定的理論：憲法制定權力論

　　關於"誰有權制定憲法"的問題，在憲法學上，存在一種理論，此理論被稱為

"憲法制定權力論"。它是不同時代的許多學者共同思考的，用以解決有關憲法制定的法學問題，是很成熟的一個理論。這一理論又被簡稱為"制憲權"理論，在憲法學的學說史上非常重要，但"馬工程"《憲法學》對此語焉不詳，所以我們要較為詳盡地給大家介紹。

這個理論既涉及憲法制定問題，也涉及憲法修改的問題，理論的覆蓋面比較廣。它主要闡述制憲權的性質、主體、行使方式，以及制憲權與修憲權的關係等重大理論問題。為什麼要提出這一理論呢？因為人類有時候要面臨制定憲法的課題。人類一旦需要制定憲法，那麼，到底應該由誰來制定、怎麼制定，就成為一個重大問題。亂世出英雄，但英雄也要講底綫規則。而誰了解制憲權理論，誰就掌握了制定憲法的規則。這種歷史曾經出現，而且反覆出現過。因此這個理論可以說是給野心家們提供的理論，也是為人類的政治領袖提供的一種理論。

就制憲權理論而言，在學說史上，共有兩種思考進路：一種是事實論；另一種是規範論。事實論和規範論是法學領域中的兩種思考模式，二者"味道"不同。事實論主要研究事實是什麼，就是研究"to be"的問題。具體到本節，主要就是研究憲法實際上是誰制定的，怎麼制定的。而規範論則主要研究應該是什麼，即"ought to be"的問題。具體到本節，主要就是探討憲法應該由誰來制定，以及應該如何制定。對於這樣兩類問題，答案肯定是不同的。我一直認為，在法學領域中，事實論當然不可忽視，但規範論則更為重要；而事實論在其他的學科領域——比如政治學、社會學等——中佔據主要位置。但在法學的歷史中，這兩種思考進路都經常出現，人們會自覺或不自覺地採用事實論的立場來分析法律問題。所以，在接下來的分析中，我會同時提及它們在制憲權問題上的觀點，並按照歷史演變的順序來展開講述，但更為重視規範論的立場。

1. 理論的提出

一般認為，制憲權理論是在法國第一次被系統提出來的。在此之前，英國的洛克在《政府論》（下篇）中也提出類似於制憲權的觀點，但是他並沒有明確提出"制憲權"這個概念。第一位正式明確提出"制憲權"概念的人物，是法國大革命期間的一位思想領袖和政治家，名叫 E. J. Sieyès，中文翻譯作西耶斯，也有人翻譯為西哀士。關於這位仁兄，有一件逸事流傳。大家知道，想當年在法國大革命期間，曾經有一段革命恐怖時期，即羅伯斯庇爾（Robespierre）控制下的時期，革命法庭讓斷頭台在法國各地瘋狂地運轉，只要被羅伯斯庇爾認為是敵人的人，不論他是普通百姓，還是政治家，都可能莫名其妙地被送上了斷頭台。即便是國民公會裏的國民代表們，也都是朝不保夕。但是，西耶斯在整個恐怖年代裏都一直穩坐在國民公會裏，安然無恙。他是如何做到這一點的呢？很簡單，那就是基本上不開口說話，既不發言提問、參加辯論，也不進行演說、提出議案。恐怖時期結束之後，有人就調侃他：你老兄在這整個時期內都幹了些什麼呀？他非常平靜地做了一個天才的回答，說："我一直活著。"

　　這個西耶斯曾經寫過一本小冊子，叫《第三等級是什麼？》，如今還被列為經典，其中第一次明確提出了"制憲權"概念。總結起來，他的制憲權理論主要包括以下內容：

　　（1）制憲權主體應該是人民（國民），但是人民（國民）不可能、也沒有必要一個人一個人分別行使制憲權，而是可委託不同於通常立法機關代表的特別代表來行使。然而，國民代表在制定憲法時，是應該不斷聽取國民意見，還是相對地獨立

圖9　在法國大革命爆發之際提出了"制憲權"概念的西耶斯

出來自己決定呢？西耶斯認為，國民代表可以相對獨立出來，自己決定和表達意志，但他們所表達的意志就應該擬制為國民意志，即國民代表的意志也是獨立的。這就是一種近代最典型的代表觀念。值得注意的是，他所謂的"國民"，與"人民"的用語交互使用，主要指第三等級。第三等級又指的是哪些人呢？大家在中學歷史課本中應該學過，法國當時有三個等級：第一等級是僧侶，第二等級是貴族，第三等級是市民，其中包括資產階級，也包括貧苦的勞動人民。而前兩個等級的人都擁有特權，第三等級則是平民。西耶斯認為只有這第三等級才是人民（國民）的主要構成部分，才享有制憲權。這個觀點在歷史上是石破天驚的。另一個創新之處在於，西耶斯主張國民沒有必要分別行使制憲權，這在法國也是具有一定的開拓性意義的。其實，在這之前，盧梭是曾經反對代表制的，他主張直接民主制，即公民必須親自出場行使國家權力，像古代的雅典城邦那樣。但是這種直接民主制在現代國家中是很不現實的，基本屬於空想，它只能適用於"小國寡民"的社會裏。西耶斯也深切地認識到這一點，他本人也參與過 1791 年法國憲法的制定過程，制憲實踐讓他認識到：所有法國人都來一起制定憲法是很不切實際的，所以他認為國民應該委任代表去參加制憲，而且這種代表應該不同於議會裏的普通代表，而應該是特別代表。

（2）制憲權沒有界限。制憲權最高，是至高無上的一種權力。因為憲法是國民意志的體現，而國民意志本身就是一種法，它只服從自然法。自然法在哪裏？在我們的心中。所以國民意志沒有界限。那些參加制憲會議的國民代表的意志也是獨立的，所謂"獨立"也就是指不受任何約束，包括來自國民的約束。因此，參加制憲會議的國民代表的意志也是最高的，或者說更高了。這樣，他得出結論說，制憲權是沒有界限的。在這裏，西耶斯形成並回答了一個很重要的問題，即"制憲權有沒有界限"這個問題，此後歷史上有關制憲權的許多重大理論分歧，幾乎就是圍繞這個問題而形成的，但主要分為兩種，即有的人認為有界限，有的人認為沒有。然而西耶斯的答案實際上非常微妙，大家一定要記住，西耶斯說它不受任何約束，僅僅是不受任何實定規則的約束，但最終還是受到約束的，即受到自然法的約束。

（3）憲法制定權力與憲法所確定的權力不同。這是西耶斯思想偉大的地方，他敏銳地區分了"憲法制定權力"和"憲法所確定的權力"。前者是至高無上的，沒有界限的；後者是由憲法來確定的，受憲法約束，主要是指由國家權力分立出來的三種權力，包括立法權、行政權和司法權，現在中國還有第四種權力——監察權。值得注意的是，立法權就屬於憲法所確定的一種權力，是根據憲法產生出來的權力，它不是"制定憲法的權力"，因此，一般不認為立法機關擁有制定憲法的權力。

（4）憲法修正權是制憲權的作用。也就是說，制憲權在起作用的時候就產生出修憲權，修憲權其實就是制憲權的一個部分，或者說兩者可以視同一物。這個觀點有問題，後來被推翻了。

西耶斯提出的觀點，內容很豐富，但可以概括為以上四個要點。這個制憲權理論對後世影響甚巨，因此我們可以認為制憲權理論是由法國思想家首先提出來的，是他們對人類立憲主義的發展做出的重要貢獻。

2. 理論的發展

法國是一個在思想上非常具有原創性的國家，但是他們提出的理論往往被其他國家接受並加以精緻化，這個"其他國家"，主要是德國。制憲權的理論也是如此。然而值得注意的是，在近代憲法時期，德國公法學界曾經在法律實證主義的影響下強烈地排斥"制憲權"概念及理論。法律實證主義往往是不"玩虛"的，只認可可實證的法，即現實當中由有權機關制定出來的法。它還有一個特點，即在法的思考中排除一切道德、倫理的、哲學的考量。大家在學到法理學或法學導論的時候就會學到這一點。法律實證主義認為，沒有一個法律規定制憲權，即使憲法上也沒有這樣的規定，所以他們傾向於將制憲權等同於憲法修正權，進而等同於普通立法權，認為擁有立法權的立法機關就可以制定憲法、修改憲法。這實際上就排斥了制憲權理論。在近代德國，這一思想的代表人物是拉班德（Paul Laband，1838—1918）和耶利內克（Georg Jellinek，1851—1911）。這兩位都是當年德國國法學的巨擘。

可是後來，德國學術界又出了施米特，我們曾經介紹過他對憲法的獨特理解。施米特的憲法理論被稱為"政治憲法學"，其特點是抓住憲法所不可避免的政治性這一點，並將其過度放大，為此傾向於把憲法現象僅僅看成是政治現象；他重視追究法規範現象背後的根源，但認為規範的例外狀態就是規範現象的總根源；他傾向

圖10　德國近代國法學巨擘拉班德

圖11　被認為是德國近代一般國家
學集大成者的耶利內克

於直接承認政治實力的正當性，為此不太認同政治實力應該受到規範的約束，最終背離了他早期所信奉的規範主義，走上決斷主義的路子。他所說的"決斷"，現在中國學界有些人喜歡頻繁引用，其實指的並非一般性的政治決定，而是例外狀態下不受任何約束的政治決定。

應該說，施米特的憲法學說在許多具體細部的理論建構上是精彩的，但在總體思路和方法上是有害的，甚至是危險的。他在納粹時期就曾經成為第三帝國的"桂冠法學家"，為此在西方也長期受到激烈的批評。但是，施米特又是一個非常有魔力的學者，長得也好看，文筆也很好，筆端有波瀾，思想體系也異常龐大，橫跨法學與政治學等領域，所以吸引了一大批學者。當今他在中國也很著名，一些政治學者、法律學者關注他，覺得他的思想很能說明中國的憲法與政治現象，於是紛紛拜倒在他的腳下，好像他穿裙子似的。我則一直呼籲要警惕施米特，並且告誡年輕學者不要輕易去觸碰施米特的思想，尤其是當你們還沒有奠定一定基礎理論，形成自己在理論上的定力之前。

在制憲權問題上，施米特的觀點如下。

首先，他認為，制憲權是一種有能力對政治統一體的體制做出全盤決斷的實力或權威的政治意志。換句話說，誰有能力對政治統一體的體制做出全盤決斷，誰就可以成為制憲權的主體。前面也講到，施米特區分了"憲道"與"憲法律"這兩個概念，其中，"憲道"是基於制憲權的一次性行為而成立的，是關於政治統一體的總體決斷；而"憲法律"則是以"憲道"為前提，並將其具體規範化的存在，它要發生效力，需要基於政治上實存的力量或權威作出政治上的決斷。很顯然，他的這種觀點屬於承認全憑實力説話的立場。這種立場，和當今我國政法理論界中的一種憲法法律觀在一定程度上具有相通之處，這種理論也認為，憲法、法律這些東西都是一個國家內部的統治階級意志的體現，即誰能夠掌握統治權，誰就有權制定憲法法律。這種觀點往往也被説成馬克思主義法學的觀點，實際上只是過去我國法學界受到蘇聯斯大林時期的一種法律觀——維辛斯基法律觀的影響下所形成的一種見解，其主要問題在於：重視法的強制性，而忽視法的正當性。

其次，施米特認為，制憲權是一種"原生性權力"，總是處於"自然狀態"之中，不受任何規範性的約束。"自然狀態"指的是在人類還未形成人類社會之前所處的一種狀態，那裏面沒有法律，只有叢林規則。根據施米特的學説，制憲權就處於這種狀態之中，不受任何規範的約束。在這一點上，他和西耶斯差不多是一致的，都認為制憲權不受約束，沒有界限。稍有不同的是，西耶斯認為制憲權還受自然法的約束，而施米特則根本排除了任何約束。

再次，國民和君主都只是這種權力的擔當者而已。也就是説，制憲權的主體並不是君主或者國民，這種權力實際上把握於一種政治實體的手中，這個政治實體有實力全盤決斷政治統一體的體制。這種權力擁有者完全是一種抽象的實力者，類似於政治國家裏面的神。其主要的擔當者，在民定憲法下是國民，在欽定憲法下是君主，在協定憲法下二者同時出現。在這裏可以看到，施米特將這種制憲權主體的概念抽象化，抽象成一種模糊的神的形象。這種神的能力附著在誰的身上，誰就成為制憲權的主體。

最後，修憲權是制憲權所確定的一種權力，具有界限。在這裏，施米特推翻了西耶斯的觀點。如前所述，西耶斯把制憲權和修憲權基本上等同起來。施米特倒是敏鋭地看到：二者是不同的，修憲權只是憲法所規定的，是由制憲權創造出來的權力，因此必須服膺於制憲權，即具有界限。在這個具體問題上，施米特是對的。他的這一觀點後來也被維持了下來，但是其他觀點，則絕大部分被推翻。

3. 理論的完善

在我看來，制憲權理論是在現代日本得到完善的。但日本的憲法學在明治時期

圖12　美濃部達吉（みのべたつきち），日本戰前立憲派憲法學的代表人之一

曾經受德國影響，尤其受拉班德、耶利內克學說的影響。當時，有一位憲法學者很
厲害，叫美濃部達吉，他是日本非常重要的一位憲法學家。大家看看他後來年老時
的照片，他個子不高，非常瘦小，體重可能都不到 90 斤。但是你可不要小看他，
他的學術思想可是極有分量的，一生出版過大約一百本的書，好像基本上不用睡覺
似的。

　　然而，在制憲權問題上，美濃部達吉認為，立法權是最高國家權力，其中包含
了制憲權。美濃部達吉當年是在德國留學的，這一思想顯然是受到德國耶利內克等
人的影響。此說在民國初期就曾對中國產生了影響，迄今仍影響著中國，我國現在
仍有人主張，制憲權歸全國人大所有。而 1954 年我國制定憲法時，中國共產黨就決
定要召開第一屆全國人民代表大會，其主要任務就是審議通過憲法草案。

　　美濃部達吉之後，日本出了一個叫蘆部信喜的憲法學者，我們第一次上課就曾
提及他。蘆部屬於美濃部的弟子的弟子，生前也是日本憲法學界的"執牛耳者"，
他有一部書，就叫《憲法制定權力》，顧名思義，是專門研究制憲權理論的，已被
譯為中文，書名為《制憲權》。蘆部信喜在這部著作中細緻地梳理了前面許多人的
思想，最後得出自己的結論。其中的主要觀點，可歸納為以下幾點。

（1）制憲權是一種超實定法秩序的權力，處於政治與法的交叉點，但並非絕對無限制的權力，其受制憲權自己主張自己存在的前提，即"根本規範"的限制。制憲權實際上是一種自我授權。人類許多終極性的行為都是自我授權的，比如西耶斯認為第三等級有制定憲法的權力，那麼憑什麼第三等級有制定憲法的權力，這就是第三等級自己認為自己有權制定憲法，那麼它"自己主張自己存在"的理由是什麼？當時說的是自由、平等、博愛，它就必須受到這個前提的約束。但說到制憲權"自己主張自己存在"的理由，蘆部信喜則認為是"根本規範"，這個概念很明顯是來自凱爾森的，不過凱爾森認為"根本規範"存在於憲法之外，蘆部信喜則把這個理論借用過來，認為"根本規範"是存在於憲法之內的。在蘆部信喜看來，根本規範有哪些內容呢？第一是人民主權原理，第二是人權保障原理；而在這兩個價值規範之上，還有一個更高的根本規範，即人的尊嚴。在他看來，為什麼人民要當家做主呢？為什麼人的權利要加以保護呢？這都是因為人擁有尊嚴，而不能被當作手段、工具或其他客體來看待，因此"人的尊嚴"當然也是根本規範。可以想見，制憲權為什麼要存在呢？是為了制定憲法。為什麼要制定憲法呢？為了保障人權，保障人民當家做主。而這一切最終又為什麼呢？是為了保障人作為人而得到應有的尊重。自近代以來，這些價值命題都是宣稱擁有制憲權的人們所主張的，為此成為制憲權的立身之本，即制憲權自己主張自己應該存在的前提，為此不應被制憲權自己所推翻，否則制憲權也就等於自殺。由此可見，制憲權是有界限的，它受到自己主張自己應該存在的前提的約束。

（2）制憲權的主體是國民，但是發動方式可通過特別代表，比如國民會議、制憲會議、國民議會等。

（3）修憲權是"制度化了的制憲權"，是制憲權的"衛兵"。具體而言，制憲權是一種原生性的權力，行使之後產生出實定憲法，同時也會把自身轉化為修憲權，並規定到憲法當中。在這個意義上，修憲權就是制憲權法定化後的樣態，因此它必須維護制憲權及其成果。這本身也說明：修憲權具有界限。

蘆部信喜的制憲權理論是博大精深的，以上是其幾個要點。但從這幾點中可以看出，制憲權理論在他這裏得到了完善。平心而論，以上諸種學說中何者最為妥當，應當得到我們的贊成呢？鄙人私見，當推蘆部信喜的學説莫屬。當然，它實際上是一種權力自我約束理論，但它主張：縱然實力者擁有説了算的權力，其他任何力量都無法抗衡，但他的實力還是要受到最起碼的價值規範的約束。如果沒有，那麼這種權力則會成為純粹野性的力量，而不是人類文明政治社會裏的權力。

這種思想與東方的道統思想也是契合的。儒家學説雖然支持統治者的權力，甚至力圖通過"治國平天下"投向了公共政治的懷抱，但另一方面還是向統治者建議，要約束自己的權力以保護老百姓，此即重民、貴民、保民或曰民本主義的思想。這樣的一種思想，實際上也承認公共權力再強大也是必須有約束的。因此，中國古代的思想是把"節制"作為政治美德的，這點大家要記住。當你們成為一個政治家的時候，你們一定要記住，你們對手中權力的節制是最大的政治美德。否則，你縱然擁有再強大的政治力量，都是不正當的，都可能遭受覆滅。這一點，歷史上早已不乏先例。諸君謹記！謹記！

不過，在當今中國，雖然有一部分學者正確認識了制憲權理論，但依然有一些學者存在誤讀。對此，我們必須加以認真地反思。以下，我們舉出我國政治憲法學有關制憲權的一些觀點，並予以澄清：

（1）這種觀點認為："制憲權"這個概念及理論，完全應納入憲法學研究的範疇，作為其"理論界碑"。這種説法鏗鏘有力，但殊不知，如前所述，在國內外憲法學界，制憲權理論早已被納入憲法學的研究範圍了。即使在當今中國，韓大元等一些學者也已經對此有著一系列的研究；早在多年前，我本人也在本科憲法課上就開始講授制憲權理論了。

（2）這種觀點認為：制憲權的主體是人民，但人民不能親自出場，須由代表行使，中共中央即是人民行使制憲權的主權意義上的常在代表。對此觀點，我們提出如下問題：第一，人民真的都不能出場嗎？人民是不能親自行使制憲權的，但這不意味著人民不能表達自己的意見。尤其是在新中國，制定憲法時已經徵求並吸收了人民意見，人民實際已經出場了。第二，政治憲法學一方面認為中國共產黨是人民行使制憲權的常在代表，另一方面又強調憲法是"中國人民在共產黨的領導下制定"的"第一根本法"，這就等於説制憲權的代表可以"領導"制憲權的主體，這如何與人民代表大會理論契合起來，是需要進一步研究的。有關這一點今後我們在講到代表制理論時將具體講到。而政治憲法學就這一點問題的學理邏輯究竟是怎樣的，應進一步説明。

（3）這種觀點認為：不僅制憲權不受任何約束，作為制憲權特別代表的執政黨，也可"以發佈政策的形式"調整憲法規範。此觀點存在如下理論上的問題：第一，制憲權無約束論的局限；第二，代表權限為什麼沒有界限。這種不受拘束的理論是有問題的，我們發現制憲權理論發展的最終結局是認為制憲權要受到一定的約束，不受約束是非常可怕的，可能將中國推向民粹主義甚至是無政府主義。"文化大革命"其實就是一種民粹主義，如果人民擁有一切不受拘束的權力，整個國家照樣也可能陷入混亂。

對上述觀點，我們精練地總結並予以回應如上幾點。同時，我們確認和重申以下幾個觀點：

第一，制憲權是政治與法的界碑，一方面超越實定法，但另一方面也應受其自己主張自己存在的前提——"根本規範"的約束。

第二，制憲權的主體應該是人民，特別代表是制憲機關。但與西方以制憲會議、制憲議會作為制憲機關不同，在中國，制憲機關為複合型代表，它包括了中共中央、憲法起草委員會以及全國人大等組織。

第三，中國近代史上的新民主主義革命就是中國共產黨領導人民出場，成功後通過制憲確立人民的主人公地位以及黨在國家各方面的領導地位，並承諾受憲法、法律約束。現行憲法本身就宣明：全國各族人民、一切國家機關和武裝力量、各政黨和各社會團體、各企業事業組織，都必須以憲法為根本的活動準則，都必須受憲法的約束。

（二）憲法制定的歷史掠影

接下來，讓我們瀏覽一下若干重要國家的制憲歷史，以便看看憲法實際上是怎樣被制定出來的。當然，限於時間，我們不可能全面地詳細介紹，而是選出若干國家具有代表性的歷史鏡頭，所以稱為"歷史掠影"。

1. 第一部正式的成文憲法的制定

人類歷史上第一部成文憲法典是美國人制定的。當然，這裏所謂的"憲法"同時也是立憲意義的憲法。

這裏，我們需要簡單地回顧一下美國的建國史。

美國是一個歷史還非常短暫的國家，有些擁有悠久歷史的國家偶爾也會噓一下美國，部分原因也在此。聽說許多歐洲人就嘲笑美國人沒文化。但實際上歷史越單薄的國家，歷史包袱也就越輕，發展也可能越好越快。

回頭看一下美國的歷史：1775 年北美發生獨立戰爭，1776 年簽訂《獨立宣言》以及《邦聯條款》（*Articles of Confederation*），1783 年獨立戰爭勝利了，但是 13 州內部卻出現了各種問題。因為在《邦聯條款》之下，13 州內部的關係非常鬆散，缺乏一個有力且有效的中央政府來調整各州之間的關係，並處理對外事務。於是，在華盛頓等人的倡議下，1787 年 5 月在費城召開了憲法會議（The Constitutional Convention）。這一憲法會議不可能由全體美國人參加，事實上是只有 55 個來自各州的代表先後參加。大家擠在費城舊市政廳的一個不大的小房間裏，把這個會議開成一個秘密會議。其中的參加者多為種植園主、商人、銀行家等，但據統計，其中有 34 人是 lawyer（法律人），包括 8 位各州的法官（judge），還有立憲理論專家 1 人。這個會議的本來目的只是要修改《邦聯條款》，但經過了大約 3 個多月的熱烈討論，最終起草了一部憲法草案，並表決通過了。

圖13　在今日美國費城舊市政廳的這個不足**50**平方米的房間之內，
還保留著**1787**年制憲會議時的空間佈局。圖為本書著者所攝

　　當時，會議的主席還是那位獨立戰爭的領導者華盛頓。華盛頓是一位種植園主，在理論上並沒有形成什麼思想，但因為他成功地領導了美國革命的勝利，所以威望很高，大家都服他，所以他理所當然地成為會議主席。

　　參加會議的代表平均年齡不到 43 歲，其中年紀最大的是大家都很熟悉的富蘭克林（Benjamin Franklin），發明避雷針的那個人物，當時他已經 81 歲了。你們要明白，在這樣的會議上，老人家是很重要的，中國古人所謂 "老成謀國" 在世界上其實是通用的。那時的富蘭克林可謂德高望重，人稱 "美國的蘇格拉底"，威望在國人心中僅次於華盛頓。據記載，老人家在制憲會議上發言不算很多，但一般都產生了重要的影響。他往往在年輕人針鋒相對、爭論不休的時候出來講話，講的話雙方都覺得有道理，進而化解矛盾，接受他的觀點。這種人很厲害，很希望你們中間將來能出現一兩位富蘭克林式的人物。

　　另一位重要人物是風流倜儻的漢密爾頓，當年很年輕，30 歲出頭，是一名律師，在會議期間異常活躍。他令人印象深刻的地方在於，他是參加會議的所有代表中個子最小的，但同時卻是才幹最傑出者之一。他之所以名聲很大、受人尊敬，也是因為曾參加過獨立戰爭，並擔任過華盛頓將軍的軍事秘書。他又是一位理論家，有理論修養，酷愛學習，講起理論來滔滔不絕，據說在這次會議上，有一次他一個人一口氣講了 5 個小時。不得不說，這樣的人確實是人中蛟龍。唯一遺憾的是，他不是我們法學院畢業的。

　　再介紹一位，也是非常重要的人物，他叫麥迪遜（James Madison），36 歲。很清秀，個子也不高，據說外表不太引人注目，但學問高深，典型的學者型政治家，有口才不說，還是有說服力的口才，這很難得。他在制憲會議上之所以重要，乃是因為他擔任會議的書記員。大家記住，會議的書記員是非常重要的。當時本來找了一個人來記錄，但那個人幹了一段時間發現自己記不下來，這時，麥迪遜主動請纓，要求擔任書記員。為什麼他要做書記員呢？因為書記員坐的位置比較好，離主席很近，被其他代表都圍著，並不時發表重要講話。就這樣，他把制憲會議的全部過程都詳細地忠實地記錄了下來，後來被整理出版，書名叫《辯論：美國制憲會議記錄》，成為後世研究制憲會議的主要參考文獻。這本書已經有了中文譯本，大家可以買來閱讀，看看美國歷史的重要一頁，至少也來看看這些偉大的人物是怎麼辯論的。正因為麥迪遜在會議中的重要作用，所以後來的美國人把他稱為“美國憲法的制定者”，也就是說，如果在那麼多國父中只選一個制定人的話，那就是麥迪遜。受到這麼高評價的人，美國人民絕不會忽視他的才能，後來他被選舉為美國的第四任總統。

詹姆斯·威爾遜（James Wilson）便是我們前面提到的那位立憲理論專家，當時45 歲，被人認為是美國最能幹的律師之一，也曾經在獨立宣言上簽字。他在會議期間表現突出，被華盛頓認為是最為強有力者之一。

這個憲法會議經過長達 3 個多月的討論、爭議、妥協與讓步，最終於 1787 年 9月 17 日表決通過了憲法草案。但 55 名代表中，只有 39 人在憲法草案上簽名，對它表示接受和支持，其他人或有事不能趕來，或如梅森（George Mason）等三人那樣，由於不滿現有方案而拒絕簽字。不過，這些簽名的 39 人後來都被美國人親切地稱為“Founding Fathers”（國父們），而在人們看來，那些拒絕簽字的人也同樣的偉大。

憲法草案完成之後，還有待三分之二，即 9 個以上州的批准才能生效。事實上，9 個州批准之後，弗吉尼亞、紐約兩大州才給予批准的。1789 年 1 月開始總統選舉，同年 2 月華盛頓當選第一任美國總統。

以上就是美國憲法的大致的制定歷史。

2. 我國百年立憲史

當我們把目光轉回到中國的立憲歷史之時，感覺就沒那麼痛快了。我國的立憲史，可以說是一部令人噓唏不已的歷史。自 1908 年古老的中國正式準備選擇立憲政體到今日，已有一百多年。這一百多年歷經了許多坎坷，充滿了許多悲情，讓人扼腕嘆息。但是，回顧這段歷史，一方面有助於大家在一個歷史時空的軸綫上了解目前我國憲法政治所處的位置，另一方面則是希望人們在對自己民族歷史經驗反思的基礎上，推進中國的憲制建設。下面，我們以憲法文件為點，按照時間先後，以介紹憲法文件的形式將這段歷史連接成一條歷史軸綫，向大家展現近現代中國的立憲過程。

1908 年清政府頒佈《欽定憲法大綱》，它不是正式的憲法，只是一個大綱。即便如此，這也是中國幾千年來第一部具有近代憲法意義的法律文件。《欽定憲法大綱》的內容基本抄襲日本 1889 年的《明治憲法》，但刪去了限制君主權力的有關條款。整個文件分為兩部分：本文部分規定君上大權，共 14 條；本文後面附"臣民權利義務"，計 9 條。可以說，這雖是一部近代立憲主義性質的憲法性文件，但還帶有比較濃厚的君主專制色彩。在一個大國裏，一個時代向另一個時代的轉型並不容易。不論如何，《欽定憲法大綱》的公佈，意味著中國這艘古老的大船開始調整方向，朝著立憲主義的彼岸緩慢駛出。這一點意義重大。

然而，《欽定憲法大綱》等一系列立憲規劃並沒有阻斷激進革命的步伐。1911年辛亥革命爆發，清政府在匆忙間頒佈《重大信條十九條》，又稱"十九信條"。這份义件倒是具有憲法效力，它吸收了權力制衡原則，君主的權力縮小了，國會的地位得到提高。相較於《欽定憲法大綱》，這些都是進步之處。但是，"十九信條"中對於臣民的權利義務隻字未提。當然，不管其中是否規定臣民的權利義務，清政府都難逃覆滅的命運。晚清君主立憲運動的背景，其實就是立憲與革命在賽跑，最終，革命跑到了立憲前頭。

武昌起義催生了中華民國。但新生的革命政權內外交困，於是就出現了南北議和。在袁世凱的壓力下，清帝遜位，於是根據政治博弈的結果，袁世凱被公舉為中華民國臨時大總統。而為了從法律上限制袁世凱的權力，南京臨時政府於 1912 年 3月制定並公佈了《中華民國臨時約法》，將原先的總統制改為責任內閣制。將《中華民國臨時約法》作為保衛民國的憲法武器，孫中山可謂用心良苦，但歷史並不是按照一個人的良好意願展開的，即便他是一個偉人。

權力受到嚴格約束的袁世凱當然不會善罷甘休，他也想有所作為呢，於是他逐步地走上了撕毀臨時約法、實行強權政治的不歸路。1914 年在他控制下的中央政治會議正式廢除了《中華民國臨時約法》，通過了《中華民國約法》，史稱"袁記約法"。這部約法取消了對於大總統權力的許多束縛，總統壟斷了立法、行政、司法等各項大權，甚至可以終身連任。但這仍然沒有阻止袁世凱的政治雄心，他最終邁向了金鑾殿，居然復辟帝制。過了 83 天的皇帝癮之後，在眾叛親離、內外交困的境地中，這個在政治上並沒有偉大情懷的一代梟雄一命嗚呼了。袁世凱死之後，梁啟超早前警告過革命黨的話終於應驗了：中國馬上陷入了軍閥混戰，這就是所謂的北洋政府時期。各路軍閥勢力圍繞北京政府統治權進行角逐，政府更迭頻繁，正所謂"鬧哄哄，你方唱罷我登場"。

在這一時期，比較重要的是 1923 年誕生《中華民國憲法》，即"曹錕憲法"。這是中國第一部正式的有效的憲法，但由於主導這部憲法制定的曹錕名聲不太好，連累了這部憲法。原因是在當時，選總統和制定憲法是連在一起的，而曹錕主要是為了當選總統，所以討好議員，每個人一般發 5000 塊大洋，個別特別有影響的發得更多，於是被稱"賄選總統"，連那部憲法也有了"賄選憲法"的惡名。

歷史上真實的曹錕，性格頗為憨直。據說，大選當日，他就親自到場，走來走去偷偷看別人是否投自己的票。他當時還公然對議員們說："誰又有名又有錢，誰就可以當總統。"某議員反應很快，立刻站起來高聲說："大帥，梅蘭芳既有名又有錢，我看可以當總統。"會場裏的人大笑不已。其實，曹錕也不簡單，他本來是可以用槍奪取政權的，但還是選擇了用錢賄選，這一點有待後人評說。至於 1923 年《中華民國憲法》，從內容看，應是一部相當激進的憲法，其中規定了兩院制國會、聯省自治、多黨制、新聞自由、司法獨立等內容。而因為有了曹錕賄選的事，大家都唾棄它，於是這部中華民國第一部正式有效的憲法很快就被丟到故紙堆裏去了。

"曹錕憲法"之後，中國歷史上相繼出現了：1925 年《中華民國憲法草案》（"段祺瑞憲法"）、1931 年《中華民國訓政時期約法》以及 1946 年《中華民國憲法》。最後這部憲法是中國第二部正式的有效的憲法，但它是在共產黨以及一些民主黨派沒有參加的情況下通過的，因此中國共產黨一直否認其合法性，並在新中國建立之前廢除"六法"的時候將其廢除掉了，迄今該部憲法在台灣地區仍然被實施。

1949 年新中國成立，可謂"雄雞一唱天下白"，中國人民在中國共產黨領導下開始了制定新憲法的歷程。最先出現的是 1949 年制定的、起到臨時憲法作用的《中國人民政治協商會議共同綱領》。其後，在 1954 年誕生了新中國的正式有效的憲法——《中華人民共和國憲法》。這部憲法也經過了一些曲折，有過三次重大修改：先是在"文革"期間的 1975 年大修了一次，產生了"1975 年憲法"；"文革"之後撥亂反正，又產生了"1978 年憲法"；但由於這部憲法還是存在一些較大問題，為此在改革開放之初的 1982 年，在鄧小平主持下又產生了 1982 年憲法，這就是現行憲法了。

在這段歷史中，1954 年憲法是新中國第一部正式憲法，由於此後 1975 年憲法、1978 年憲法以及 1982 年憲法，都只是對前部憲法的修改，所以，從嚴格意義上說，新中國只制定過 1954 年憲法這麼一部憲法。下面，我們近距離地看看它的制定過程。

制定 1954 年憲法的目的是什麼呢？我個人認為從客觀的歷史事實來看，主要是為了賦予新生革命政權的合法性。之前我們曾經講過的一段歷史秘辛就說明了這一點：1952 年 10 月，中共中央書記處書記劉少奇率團參加蘇共十九大，給斯大林去信希望能見一面。後來斯大林接見了他，並向中共代表團提出三個建議，這三點建議此後都對中國共產黨產生了重要影響。三點建議中有一個就是，中國共產黨必須馬上制定一部憲法，因為如果你們不制定憲法，不進行選舉，你們的敵人可以用兩種說法向工農群眾進行宣傳反對你們：一是說你們的政府不是人民選舉的；二是說你們國家沒有憲法。這也是因為政協不是經人民選舉產生的，人家就可以說你們的政權是自封的，甚至說是"建立在刺刀上"的。總之，斯大林認為，當時的新中國的政權非常有必要"通過選舉和制憲解決自身合法性問題"。

這個建議所涉及的問題無疑具有重要的戰略意義。其實在此之前，劉少奇在寫信給斯大林的時候還曾流露出一個想法：我們已經有了《共同綱領》，用到將來社會主義改造完成、國家進入社會主義階段之後，再制定憲法。但斯大林的立馬制憲的建議觸動了劉少奇，他當即寫信給毛澤東，中共中央隨即開會討論，決定接受斯大林同志的建議，儘快召開全國人大，制定憲法。

後來制定憲法的過程是怎樣的呢？我概括了一下，將整個制定流程歸納為以下幾個步驟：（1）中共中央憲法起草小組提出憲法草案初稿；（2）中共中央政治局討論並初步通過；（3）向憲法起草委員會提出草案初稿；（4）憲草委員會審議和討論通過；（5）中央人民政府委員會通過並交由全國人民討論（約三個月）；（6）第一屆全國人民代表大會通過。

這六個步驟基本上是按照合理的憲法制定權理論進行的。當時的制憲機關是何者呢？是一種複合型制憲機關，即由不同的機關聯合發揮作用的，包括三個機關在內：第一是中共中央；第二是憲法起草委員會，包括毛澤東為首的 33 位國家領導人以及民主黨派的一些代表；第三是全國人民代表大會。這是我的觀點。有人認為制憲機關只有一個，是全國人大，我覺得這個説法不夠完美。全國人大確實發揮了作用，但是作用沒有其他機關大，特別是中共中央和憲法起草委員會，二者在憲法制定過程中發揮了很大的作用。

以上整個過程歷時約一年。最早成立的機構是憲法起草委員會，毛澤東擔任主席，成員包括國家領導人及民主黨派代表。應該説，這個機構相當於制憲會議，即西耶斯所説作為制憲權主體的人民所委託的"特別代表"。其時，毛主席又組織一個專門的、更為精幹的組織，叫作"中共中央憲法起草小組"，毛澤東親任組長，組員則是他當時的幾個秘書，主要有三個秘書，即陳伯達、胡喬木和田家英，參與憲法最早草案的起草，毛主席初步定稿，再交由中共中央政治局討論並初步通過，然後再提交到憲法起草委員會開會討論，接著就進入後面的流程，最終在 1954 年 9 月 20 日，由第一屆全國人大全體代表以無記名投票進行了表決，一致通過了《中華人民共和國憲法》。中國歷史上第一部社會主義類型的憲法就此正式誕生。

我們概括一下，現實當中的立憲者有：憲法起草委員會、中共中央憲法起草小組、中共中央政治局、中央人民政府委員會、全國人民、全國人民代表大會。由此看出，制憲權主體是全國人民，但現實中行使制憲權的特別代表則是多樣的，並非僅是第一屆全國人民代表大會，而是有複數的主體。當然發揮最重要作用的是中國共產黨，其中最核心的人物是毛澤東，因此 1954 年憲法後來又稱為"毛澤東憲法"。據説，當時傅作義先生曾提議將這部憲法直接命名為"毛澤東憲法"，但被毛主席拒絕了，他認為這樣"不科學"。

除毛澤東以外，在起草過程中發揮過重要作用的人物還包括毛澤東的三個秘書和一些專家學者。毛澤東的秘書陳伯達是我的老鄉，理論文章寫得很大氣，才華也到了"橫溢"的地步，但普通話講得一塌糊塗，可是毛主席能聽懂。他提出了 1954 年憲法草案的第一稿，那是來杭州之前就寫好了，不過在杭州的討論會上被否定了，現在也找不到底稿了。需要額外提一句的是，這位人物後來在"文革"期間達到權力的頂峰，擔任過中央文革小組組長。"文革"結束後，作為林彪、江青反革命集團主犯之一，1976 年 9 月被捕，1981 年被最高人民法院特別法庭判處有期徒刑18 年，不久保外就醫，於北京去世。這是後話。

　　毛澤東的第二個秘書是胡喬木，是清華大學的校友，早年因搞革命活動被清華開除，後來經朱自清教授介紹到浙大讀書，又因搞革命活動被浙大開除，後來成了職業革命家。他自 1941 年起就擔任了毛澤東的秘書，時間長達 25 年，號稱中共黨內"四大筆桿子"的頭號人物，在文字上的造詣很深。新中國時期在起草《憲法》的時候，他曾參與撰寫序言部分，寫得大氣磅礡。胡喬木還是有書生情懷的，晚年他還寫過一首歌的歌詞，那就是著名的《律師之歌》，如今細讀之下，還覺得意味深長，由此可以看出此人的才華和情懷：

> 你戴著荊棘的王冠而來，
> 你握著正義的寶劍而來，
> 律師，
> 神聖之門又是地獄之門，
> 但你視一切險阻誘惑為無物。
> 你的格言：
> 在法律面前人人平等，
> 唯有客觀事實，
> 才是最高的權威。

　　我們這裏要提到的是毛主席的第三個秘書田家英。他雖然同樣也是毛澤東的秘書，但和前面兩個的地位是不能比的。據説，陳伯達罵起田家英來，田家英一點脾氣都沒有。但在起草五四憲法的過程中，他起的作用比較大，陳伯達起草的原稿沒用上，胡喬木只負責起草憲法序言，田家英則起草本文部分的重要內容。田家英為人正派，頗具書生情懷，在廬山會議上同情彭德懷，後來在 1966 年"文革"開始那年就自殺了，其原因很複雜。

　　1954 年 3 月 17 日，憲法起草小組擬好憲法草案回到北京。之後，中共中央請周鯁生、錢端升為法律顧問，請葉聖陶、呂叔湘為語文顧問，對憲法草案進行了專門研究。周鯁生是著名國際法專家，17 歲就東渡日本，先後拿過日本早稻田大學、英國愛丁堡大學、法國巴黎大學等名校的博士學位，新中國成立以後身居要職。錢端升教授是著名的政治學家和憲法學家，民國時期就已經很著名了。據說他在擔任中華民國國民參政會的參政員期間，經常在參政會會議上起立質詢，成為蔣介石最害怕的參政員之一。他熟悉西方政治法律知識，其和王世傑先生合著的《比較憲法》一書至今還是憲法學研究生的必讀書目之一。新中國成立後錢端升教授也受到重用，但 1957 年被錯劃為右派，"文革" 期間也受到批鬥。

　　經過法律專家和語文專家的研究和打磨之後，我們人民開始參與討論。"我們人民" 這是美國憲法第一句出現的，也是美國當代著名憲法學家阿克曼一套著作叢書的書名。而當時我們人民討論的規模還是比較大的，首先是政協全體會議、各大行政區、各省市的領導機關和各民主黨派、各人民團體等，開始了對草案初稿的討論。據統計，總計有 8000 多人參加了大討論，共提出 5900 多條意見。接著，1954 年 6 月 16 日，中央人民政府委員會向社會公佈了憲法草案，開始了憲法草案的全民討論。自此時到 9 月 11 日，經過近三個月的討論，全國人民對憲法草案共提出了 100 多萬條意見。這個全民討論意義重大，是我國現行憲法民主性的重要保證。

　　1954 年 9 月 15 日，一屆全國人大一次會議在北京中南海懷仁堂開幕，當時共

圖14　1954年9月20日，一屆全國人大一次會議全體代表一致通過了新中國憲法。圖為在表決通過後，全體代表起立鼓掌的情景

有 1197 名代表參加。劉少奇作《關於中華人民共和國憲法草案的報告》，然後全體代表投票通過憲法，無一張反對票。公佈投票結果後，全體代表起立，熱烈鼓掌。憲法頒佈之後，全國人民也都歡呼雀躍，慶祝新中國第一部憲法誕生。

1954 年憲法的制定過程比較順利，但其誕生之後的命運卻並非一帆風順。在憲法通過的 8 個月後，就發生了"胡風事件"。胡風是一名文人，因言獲罪，這個事件甚至被擴大化，先後共有兩千多名學者受到牽連。這是新憲法頒佈之後出現的第一起大規模侵犯人權的違憲事件。其後，1956 年年底，三大改造完成，中國宣佈進入社會主義階段，這使得原本作為"過渡時期"憲法的 1954 年憲法在某種法理意義上失去了時間效力。接著，在 1957 年，反右鬥爭開始擴大化，違憲事件接二連三地發生。據考，1958 年 8 月毛澤東在北戴河召開的政治局擴大會議上發言說："民法、刑法那樣的條文誰記得住？憲法是我參加制定的，我也記不得。我們每個決議都是法，開會也是法，治安條例也養成了習慣才能遵守。主要靠決議、開會，不靠民法、刑法來維持秩序。"此言一出，眾皆愕然。其後，1966 年，"文化大革命"爆發，憲法被全面廢置，全國人大會議也基本不再舉行，劉少奇本人也被批鬥，最終被迫害致死。劉少奇有次被批鬥完之後，回到他的辦公室，舉起一本紅皮的《中華人民共和國憲法》，對他的機要秘書說："我是中華人民共和國的主席，你們怎樣對待我，這無關緊要，但我要捍衛國家主席的尊嚴。誰罷免了我的國家主席？要審判，也要通過人民代表大會。你們這樣做，是在侮辱我們的國家。我個人也是一個公民，為什麼不讓我講話？《憲法》保障每一個公民的人身權利不受侵犯，破壞《憲法》的人是要受到法律的嚴厲制裁的。"

如前所述，1954 年憲法制定出來之後，經過三次的全面修改，我國又先後出現了三部憲法，即 1975 年憲法、1978 年憲法和 1982 年憲法。1975 年憲法只有 30條，因為毛澤東曾經說 1954 年憲法太長了，他都記不住，全國人民也肯定記不住，所以以後憲法 30 條足夠了。按照周恩來轉述的話說就是：使憲法簡明扼要，通俗易懂，工農兵能背誦。這說明毛澤東仍有類似於約法三章的傳統思維，尚未形成法律體系應該主要交由法律專業人員來運作的現代法治觀念。1975 年憲法的 30 條就是這麼來的。平心而論，這 30 條內容也不少，只是把原來很多條文的內容都湊在一起，硬塞在一個條文裏，壓縮成 30 條。到了 1978 年憲法，條文數就翻了一番，變成 60 條。到 1982 年憲法就成了 138 條，經過 2018 年修改，現在增加為 143 條。在學理上，這三部憲法都是對前一部憲法的全面修改。因此，我們有必要在接下來的時間裏討論一番憲法修改的問題。

二、憲 法 的 修 改

有關憲法修改的學理內容也是非常豐富的，我們在課上只是把要點和難點拎出來，給大家講解。

關於憲法修改，現實中涉及的問題，用通常的語言來說，主要有：（1）什麼叫憲法修改？（2）要不要憲法修改？（3）憲法修改受不受限制？（4）怎麼進行憲法修改？

但在憲法的理論上，我們需要將這些問題的表述加以學理化。所謂學理化，就是把政治問題或者現實生活中的問題轉化為法律問題時，法學上就會有專門的術語來表達、闡述和處理這些問題。這樣，我們把上述問題轉化為四個憲法教義學上的學理問題：把上述"（1）什麼叫憲法修改？"和"（2）要不要憲法修改？"這兩個問題轉化為"（一）概述"，即有關憲法修改的基本理論；將前述"（3）憲法修改受不受限制"轉化為"（二）憲法修改的界限"；最後，將前述"（4）怎麼進行憲法修改"，轉化為兩個問題，即"（三）憲法修改的方式"和"（四）憲法修改的程序"。

（一）概 述

1."憲法修改"的含義

"憲法修改"又稱"憲法修正"。"馬工程"教材給出的解釋是：憲法修改指憲法修改機關認為憲法的部分內容不適應社會實際，而根據憲法規定的特定修改程序對憲法進行刪除、增加、變更的活動。這個定義姑且可用，但也存在一些問題，比如，"根據憲法規定的特定修改程序"而修改憲法的說法未必準確。"馬工程"《憲法學》教材也舉出例子，承認有些憲法修改是沒有按照前一部憲法所規定的修改程序來完成的。前面提到的德國著名憲法學家施米特便是這樣認為的，他對憲法修改所進行的分類中，甚至以是否依據前一部憲法規定的修改程序來進行，將憲法修改分為“無視憲法的憲法修改”和“尊重憲法的憲法修改”。

　　在實質上，憲法修改是憲法變動的一種主要形式。這是通說觀點所忽略的。我們說，隨著時代的發展、政治形勢的變化，憲法也是有可能發生變動的，但其變動有各種各樣形式，修改只是其中一種形式。施米特曾提出憲法變動有五種形式，即憲法的廢棄、憲法的廢止、憲法的修改、憲法的打破、憲法的臨時停止。憲法的廢棄是指憲法被廢除而且制憲權的主體也被改變。憲法的廢止是指憲法被廢除但制憲權主體沒有改變。這二者都是屬於憲法的全盤變動。舉個例子，新中國成立之前中國共產黨廢除了六法全書，其中包括國民黨的 1946 年憲法，這就屬於憲法的廢棄。憲法的修改、憲法的打破、憲法的臨時停止都是憲法的部分變動。憲法修改是對憲法部分內容進行改變。憲法的打破指統治者或者部分的憲法關係主體有意識地違背憲法當中的某些條文，公開違憲。比如我國 1955 年的胡風事件、1957 年反右派鬥爭擴大化都可以看作憲法的打破。憲法明文規定了言論自由，但有人卻因為政治上的言論被公權力剝奪了人身自由，憲法被公然地違反，這就是憲法的打破。憲法的臨時停止主要發生在國家處於緊急狀態之時，憲法當中的一部分條文被暫時停止。比如，一般情況下公民有人身自由、言論自由，但在緊急狀態下面實行宵禁，言論也受到控制，這都屬於憲法的臨時停止。

　　施米特這五種憲法變動形式有很多是不正常的，或說是非常態的，其中常態的只有一種，就是憲法修改。但在今日的理論上，常態的憲法變動一般包括三種，即憲法修改、具有憲法淵源地位的憲法解釋（有的國家通常是通過憲法判例來實現）、憲法變遷（這是耶利內克提出的觀點）。這樣我們可以看到，憲法修改屬於憲法部分變動的一種形式。當然，也有人說，在目前我國，憲法修改成了憲法變動的“獨木橋”。也就是說，在我國憲法要想發展、變化，好像只有一條道路，那就是修改憲法。這種說法是否正確呢？這個說法有一定道理，因為除了憲法修改，憲法解釋在我國迄今幾乎處於不毛狀態，但值得注意的是，我國還存在憲法變遷現象。

　　什麼是憲法變遷呢？憲法變遷是指憲法條文不變，但憲法條文的內容實際上在發生變化。在學術上，有人認為這其實也是一種憲法修改的特別形式，即"無形修改"。所以我們等下講到憲法修改的形式時具體講這個。這種憲法變遷，在我國也有出現，但作為憲法變動的方式，並不典型，憲法解釋更不典型，只有憲法修改是最活躍的。可以説，如果沒有憲法修改，我國憲法就可能成為一部靜止的憲法，就無法適應在急劇轉型的時代變化了的社會實際的需要。從這點意義上講，説憲法修改是我國憲法變動的"獨木橋"也未嘗不可。

2. 憲法修改的必要性

有一種關於憲法的理想認為，憲法可以是"永久憲法"（也門 1970 年憲法、蘇丹 1973 年憲法均自我標榜是"永久憲法"）或"萬世不磨之大典"（日本 1889 年《明治憲法》，在"二戰"後即被廢止），這些都是空想。要知道，時代的變化使得憲法必須跟著變，否則就會束縛時代發展的腳步，因此憲法的修改就十分必要。

憲法修改的必要性表現在：（1）為了使憲法的規定更符合社會實際的發展和變化；（2）彌補憲法規範在實施過程中出現的漏洞，因為有些憲法制定當時沒有發現什麼問題，但在實踐中一用，卻發現問題多多。通説認為社會實際總是處於發展變化之中的，因此憲法規範需要通過修改與社會實際相適應。並且制憲者或修憲者對社會實際的認知和判斷存在局限性，使得憲法存在缺漏，這也使得修改憲法變得必要。

（二）憲法修改的界限

憲法修改有沒有界限呢？這是一個重要且理論性很強的問題。為了回答這個問題，我們就必須學習有關限制憲法修改的理論。

1. 限制憲法修改的理論

世界上有一些憲法，它自己就規定某些條文不得修改，這就是所謂的"禁止修正規定"。例如，《意大利憲法》第 139 條規定："共和政體不能成為修改對象。"又如，法國現行《憲法》第 89 條也規定："任何有損於領土完整之修改，不得著手進行。"再如，《德國基本法》第 79 條規定禁止修改"聯邦制以及人的尊嚴"（第 1 條）、"民主的社會的聯邦國家"（第 20 條）等基本原則。為什麼會出現這些條文呢？

主觀方面的原因就在於：存在憲法修改具有界限的觀念或學說。

其實，關於憲法修改是否具有界限的問題，存在兩種對立的學說：

一是修正無界限說。該說認為只要按照憲法修改的程序，任何條款均可修改，即使有禁止修正規定，但其本身就可修改，最終等於均可修改。具體理由包括三點：(1) 憲法服務於人類的社會生活；(2) 修憲權為最高的法定權力，制憲權只是一種理念，修憲權才是國家最高的法定權力，為此不可能為其之行使設定界限；(3) 憲法規範之間地位平等，理論上，同一部憲法中不存在可修改的規範和不可修改的規範的效力差別。

二是修正有界限說。該說的主要理由是：修憲權有別於制憲權，是制憲權所設定的一種權力，為此不能變更制憲權之所在以及作為制憲權之根基的價值原理（憲法的基本原理），否則，就超越了憲法修改，而等於革命或重新制定憲法。該說的主要代表人物是施米特，其後被確定為通說。

2. 限制憲法修改的表現

綜觀各國立法例，限制憲法修改的表現主要有：

(1) 內容上的限制。前面我們也講到，比如意大利、法國和德國憲法中的"禁止修正規定"。

(2) 時間上的限制。a. 消極限制，不得修改的時間；b. 積極限制，應當定期修改。

(3) 形式上的限制。比如有些國家憲法明文規定要修改憲法必須通過決議的形式或者憲法修正案的形式。

需要思考的是：我國憲法並未規定哪些內容不得修改，那麼，我國憲法是否有不可修改的內容？如有，是什麼？

從理論上說，憲法修改是有界限的，有些東西可以改，有些不可以改。所謂不可以改，是指這些內容不能在憲法修改的框架中修改。從根上說，其實任何東西都可以改變，即便是民主制、共和制這樣的體制也是可以改變的。假如有一天，美國人民決定把社會主義作為國家性質寫進他們的憲法之中，是否可以呢？當然是可以的，那時美國的各個政黨必須尊重人民的選擇。但問題在於，這樣的變動還是憲法修改嗎？這就可能不是了，而屬於施米特所說的憲法廢棄了，即需要重新制定憲法。

而我們討論的要點正是，憲法能改什麼，不能改什麼。在這個意義上，我們問：我國的憲法修改有沒有界限呢？回答是：當然有。

首先，我國憲法中的根本規範不能改，如人的尊嚴、人權保障原理、人民主權原理，這三項內容不能改。一旦改掉，就屬於"變天"了。其次，也有人會認為，四項基本原則以及堅持改革開放的原則不能改。也就是說，憲法序言第七段裏面的這些內容不能改變，否則也就不叫憲法修改了，而可能需要重新制定憲法了。尤其是國體不能修改。那政體能不能修改呢？我們的政體是人民代表大會制度。有人認為國體不可以修改，但是政體可以修改。這是清末民國時期的學說。時至今日，政體的修改也是很謹慎的，所以我們經常強調堅持和發展人民代表人會制度。

以上我們講的憲法的制定與憲法的修改，它們之間的界限是什麼樣的？憲法制定和憲法修改之間的界限，在一些例外的情況下是模糊的。其實我們剛才講哪些部分不能修改的時候也涉及這個問題。比如，有些憲法的制定採取了憲法修改的名稱與形式；但是反過來，有些憲法的修改，卻被稱為是憲法的制定。在前面的情況下，明明是憲法制定，憲法中的根本性原理都發生變化了，本應該公開重新制定一部憲法，但是為了維護政治局面的穩定，宣稱還是憲法的修改，而且也採用了憲法修改的程序。日本現行憲法就是如此。"二戰"後制定日本憲法的時候，那是變天了，從天皇主權原理切換為國民主權原理，這意味著發生了革命。日本學術界就有一種"八月革命說"，就是說當年日本憲法制定意味著一場革命。因為主權歸屬於天皇這個原理改為主權歸屬於國民了，所以它等於廢棄了"明治憲法"，重新制定出一部日本國憲法。但有趣的是，當時盟軍司令部主導修憲，居然讓這次憲法制定按照"明治憲法"的憲法修改程序來完成。這看上去就好像是憲法修改，實際上是憲法制定。而反過來，有些憲法修改卻被稱為憲法制定。有哪些例子呢？中國就是這樣的。1982 年憲法明明是憲法修改，但很多人說這是憲法制定。實際上從學理來講，那只是憲法修改，因為採用了一種憲法修改的形式。那麼憲法修改有哪些形式呢？這就是接下來我們講的第三大點：憲法修改的形式。

（三）憲法修改的形式

這個問題就比較簡單了。通說認為憲法修改主要有全面修改和部分修改兩種方式。其中，全面修改，又稱"整體修改"，指的是在制憲權歸屬主體及國體不變的前提下，憲法修正機關依據憲法修正程序對憲法的大部分內容進行變動、並重新頒佈的活動。我國 1975 年憲法、1978 年憲法、1982 年憲法，就屬於對前一部憲法實行了全面修改的結果。而憲法的部分修改則指的是憲法修正機關依據憲法修正程序對整部憲法中的部分內容進行變動的活動。我國自 1978 年憲法頒佈後，就先後於 1979 年和 1980 年做過兩次部分修改，不久後乾脆作了一次全面修改，由此誕生了 1982 年憲法，而 1982 年憲法又先後經歷了 1988 年、1993 年、1999 年、2004 年以及 2018 年的五次部分修改。

2018 年的憲法修改，雖然屬於部分修改，但也算比較重大。因為這次修憲確立了習近平新時代中國特色社會主義思想在國家政治和社會生活中的指導地位，將"中國共產黨領導是中國特色社會主義最本質的特徵"寫入《憲法》第 1 條第 2 款，調整了國家主席、副主席任職規定，也就是刪除了其原有的有關連任限制的規定，並賦予監察委員會憲法地位，還將全國人大"法律委員會"更名為"憲法和法律委員會"，等等。由此可見其變動內容之重大，而且修正案的數量也不少，多達 21 條，為我國憲法歷次部分修改之最。

前面說了，憲法的部分修改是憲法修改的一種形式，但它本身也有兩種不同的具體形式：一種是修憲機關以通過修憲決議的形式對憲法內容進行的修改，如前面說的我國 1978 年憲法的兩次修改，就採用了這種具體形式；第二種則是修憲機關以修正案的方式對憲法內容進行的修改。第二種具體而言，就是在形式上對憲法典的原文不加任何變動，而將憲法修改的內容按照其通過時間以及在原有憲法典中的先後順序以條文的形式附加於憲法典之後，使之成為憲法的有機構成部分。美國憲法的修改一直採取這種方式。我國現行憲法自 1988 年第一次部分修改起就引進了這種方式，用到如今，已共修改了五次，產生出五個修正案，共計 52 條。

那麼，上述這兩種具體方式何種更好呢？一般認為是各有利弊。以決議方式修憲，所修改的內容一目了然，但修改時需要重新頒佈憲法；而修正案方式則能在形式上保持憲法的穩定性和延續性，缺點是需要將憲法典後面的各條修正案與憲法典原文相對照才能知道實際上有效的憲法規定是什麼，一旦修正案數量多起來，就比較麻煩。目前，這種具體方式的局限性在我國現行憲法修改中已經開始呈現了。應對的方式是：索性根據修正案的內容，將憲法典的原文改寫了一遍，重新整理出憲法典文本，以供人們在學習或實務中使用。

講到憲法修改的形式，除了將憲法修改分為全面修改與部分修改之外，還有一種分類方式，是將憲法修改分為有形修改和無形修改。有形修改即正式的憲法修改，包括前面說的全面修改和部分修改；而無形修改則比較獨特，在德國、日本憲法學上稱為"憲法變遷"。

"憲法變遷"這個詞在當今的中國學術界已被用濫了，人們幾乎把所有的憲法變化都稱為"憲法變遷"。美國也講憲法變遷，指的也是憲法變動。反正憲法必然隨著時代的變動而變動。但我們這裏講的"憲法變遷"，是有特定內涵的。其理論來源於德國，日本人也在使用這個概念。其含義與我們通常講的不同，一般指的是：憲法明文規定沒有修改，但出現了不符合憲法條文的實例，使憲法在沒有正式修改的情況下其部分條文的規範意涵發生變更。但其中更重要的問題是，如果已出現了從正面違反了憲法規範的現實，並經過了一定階段，此時，是否可以將其理解為已產生了與修改規範具有同樣的法律效果，這種意義上的"憲法變遷"是否可以認同。

換言之，憲法變遷指的是由於不符合憲法條文的憲法實例的出現，導致在沒有明文修改的情況下，憲法規範發生變更的情形。在國外，也可能通過憲法解釋、憲法慣例出現而產生憲法變遷。那麼這種憲法變遷的現象應該怎麼看呢？具體而言，理論上有如下幾種不同的看法：第一種是事實說，即認為憲法變遷現象僅僅是一種事實，它無規範力。第二種是慣例說，認為這種憲法變遷會形成一種慣例，具有一定規範力，但不具有改廢憲法的效力。第三種是規範說，認為憲法變遷在一定要件下會引起憲法規範的變更，這些要件主要包括：

延伸閱讀：憲法變遷的一個典型例子

（1）不違反憲法的根本規範；（2）長期反覆出現；（3）為國民法意識所廣泛認可。

　　我國也存在類似這樣的憲法變遷的違憲爭議，其中有關土地轉讓的規定較為典型。1982 年《憲法》第 10 條第 4 款原來規定："任何組織或者個人不得侵佔、買賣、出租或者以其他形式非法轉讓土地。"可是，隨著 1980 年初改革開放形勢的發展，外資被紛紛引進來了，於是出現了一個問題，外資需要土地來蓋工廠，那怎麼辦？我們領導腦袋一拍："給地啊，租給它。"當時真的就這樣做了，算是很務實了，而沒有考慮或討論先修改憲法第 10 條第 4 款。改革開放初期制定的《中外合資企業法》、《土地管理法》等一系列法律，其中就明確規定了土地有償使用。1987 年，國家土地管理局決定在上海、天津、深圳、廣州、福州、廈門和海南島進行國有土地有償使用的試點。其中深圳、福州當即付諸實施，引起爭議。為此到了 1988 年通過的《憲法修正案》第 2 條，將《憲法》原第 10 條第 4 款修改為："任何組織或者個人不得侵佔、買賣或者以其他形式非法轉讓土地。土地的使用權可以依照法律的規定轉讓。"

　　類似的情況另外還有一些，為此，我國學術界就曾經發生了一場爭論，其中存在兩種具有代表性的觀點。一種觀點認為，這些違憲現象雖然不是完全正確的，但畢竟是良性的，屬於可以接受的"良性違憲"。而與此相反，以童之偉教授為代表的另一種觀點認為，良性違憲也是違憲，這就像良性腫瘤也是腫瘤一樣。

　　基於規範憲法學的立場，我們提出如下觀點：第一，"良性違憲"說的爭論涉及政治性的價值判斷，主觀性太強；第二，良性違憲有效說不利於維護憲法秩序；第三，應從憲法變遷理論來分析，其中，我個人認同這樣的主張，即由於我國正處於改革與轉型的時期，所以類似的憲法現象不可避免，但這種憲法現象只有滿足前述的一定要件，才能引起憲法規範的變更，即才算相當於有效的、可確認的憲法變遷。

（四）憲法修改的程序

　　這個問題"馬工程"教材裏面寫得很詳細，我們就簡略地介紹一下。

　　"馬工程"教材介紹了一種較複雜的憲法修改程序，包括五個步驟：提案、先決投票、公告、議決、公佈。通說認為提案的主體主要有代議機關、國家元首或行

政機關、混合主體三種形式。先決投票是指有些國家規定在提議之後，送交決議機
關議決之前，就憲法修正案進行先決投票程序。公告是指在動議成立後，議決機關
議決前，要將憲法修正案草案予以公告。憲法修正案草案的議決機關主要有立法機
關、特設機關、混合機關和行政機關四種。通常要求議決機關以高於通過其他普通
法案的出席及同意人數表決通過。公佈即憲法修改草案通過之後，須由法定主體以
一定的方式予以公佈。

至於我國憲法修改程序，主要包括如下三道程序：

第一道程序是：如前所述，中共中央向全國人大常委會提出《關於修改憲法部
分內容的建議》。當然中共中央在提出這個建議之前和之後，都會在相當廣泛的範
圍上徵求各部門、各地區、各方面的意見，其中也包括各民主黨派、人民團體以及
專家學者的意見，先形成《關於修改憲法部分內容的建議（草案）》，並經過中共
中央全體會議審議和通過，再將正式的《關於修改憲法部分內容的建議》向全國人
大常委會提出。大家知道，這第一道程序，憲法和法律沒有規定，所以我把它稱為
"慣行性的前置加接程序"。

第二道程序是：全國人大常委會在討論中共中央《關於修改憲法部分內容的建
議》的基礎上，正式進入《憲法》第 64 條所規定的修憲程序，由此形成《憲法修正
案（草案）》，審議和通過後再向全國人大提出。當然，這個草案主要也是根據中共
中央的建議的內容而形成的。根據現行《憲法》第 64 條的規定，憲法修正案的提案
權主體還包括五分之一以上的全國人大代表，但迄今為止很少行使過這種提案方式。

第三道程序：根據我國現行《憲法》第 62 條第（1）項的規定，全國人大是修
憲權主體，或曰修憲機關，為此最後一道法定程序就是全國人大審議並通過全國人
大常委會提請審議的憲法修正案（草案）或者五分之一以上的全國人大代表有關修
憲的提議。按現行《憲法》第 64 條規定，全國人大需要以其全體代表的三分之二以
上的多數通過憲法修正案。有人問：全國人大是否真正審議憲法修改草案？答案是
肯定的。比如現行《憲法》第 13 條第 3 款規定："國家為了公共利益的需要，可以
依照法律規定對公民的私有財產實行徵收或者徵用並給予補償。"在 2004 年中共中
央所提的修改建議中，原先的表述是"……可以依照法律規定對公民的私有財產實

行徵收或者徵用，並給予補償。”全國人大審議之後，刪除了中間的那個逗號。別看這個改動只是一個逗號，其實很重要，因為刪除那個逗號之後，補償就同樣必須“依照法律規定”而進行。

第四章　憲法的解釋與運用

　　學到現在，許多同學感覺已經漸入憲法學的"佳境"了。

　　今天的內容也非常重要，它涉及憲法學的方法論問題，這就是"憲法的解釋與運用"。我們會在講授理論的同時，列舉一些相關事例案例，包括外國的一些著名案例，來幫助大家理解。

　　另外需要說明的是：有關這一章，"馬工程"教材只涉及憲法的解釋，我增加了"憲法的運用"這個內容。為什麼這麼做呢？原因在於：憲法解釋不僅和憲法運用密切相關，而且憲法運用這個問題本身也十分重要，因此將其補充進去。這樣，我們要學習的內容就多了。按照"馬工程"《憲法學》原有的體系，它主要包括以下要點：第一是憲法解釋的概念；第二是憲法解釋機關和憲法解釋體制；第三是憲法解釋的種類；第四是憲法解釋的原則；第五是我國的憲法解釋。我們在尊重該體系的基礎上對講授要點作了一些變動，列為六點：第一是憲法解釋的含義；第二是憲法解釋的功能；第三是憲法解釋的分類（同時涉及憲法解釋的方法）；第四是憲法解釋的原則；第五是憲法解釋與運用；第六是我國的憲法解釋與憲法運用。在進入今天的主體內容前，我們提出如下五個章前導引問題：第一，2014 年 10 月底中共十八屆四中全會提出要"健全憲法解釋程序機制"，請問，什麼人或什麼機關可以作憲法解釋？第二，如何進行憲法解釋？第三，什麼是憲法運用？它與憲法適用有何區別？第四，憲法解釋與憲法運用有什麼關係？第五，憲法運用、憲法適用與憲法實施，是否是同一個意思？三者之間的關係如何？

希望大家帶著這些問題，接下去聽講。

一、憲法解釋的含義

前面我們曾經講說了，憲法學最重要的方法是法教義學，而法教義學最重要的方法則是解釋，從這個意義上講，憲法解釋無比重要。法律這門學科，無論是民法、刑法抑或其他部門法，其最重要的方法無疑就是解釋。這也是憲法學有別於其他學科的最重要的方法，比如憲法學與政治學的區別主要就在於：憲法學重在解釋，政治學重在解明。

那麼，何謂憲法解釋？"馬工程"《憲法學》是這樣定義的：憲法解釋是指憲法解釋機關根據憲法的理念、基本精神和基本原則對憲法規範的含義、界限及其相互關係所作的具有法律效力的說明。對這個定義鄙人便不太贊同。疑問在於以下兩點：其一，憲法解釋是否僅限於憲法解釋機關才能作出？其二，是否任何憲法解釋均具有法律效力？這兩個疑問值得我們認真考慮。我曾經說過，一般而言，下定義是有風險的。在維特根斯坦等人的語言分析哲學興起之後，人們就注意儘量不直接給某一事物下定義，特別是具有終極性的定義，則更為慎重。法律裏面當然要注重定義。比如故意殺人，其中的"故意"指什麼？過失致人死亡，其中的"過失"又指什麼？這樣的定義當然很重要，而且必須給出一個定義。但是終極意義上的定義，帶有哲學意味的定義，則必須謹慎小心。像"何謂法律解釋"的問題，實際上就超越了法教義學的內容，屬於哲學問題，或涉及哲學問題。在哲學上，有對於解釋的研究，一般稱為"哲學解釋學"，是比憲法解釋、法律解釋更高層次的解釋學，更為一般性的解釋理論。於是，給"憲法解釋"這樣的概念下定義就必須小心翼翼，否則就容易出現漏洞。适才所提到的"馬工程"教材中的定義就存在這樣的問題，其無法解答那兩點疑問。

那為什麼說"馬工程"教材裏的這個定義存在問題？原因在於，事實上還可能存在另外一種解釋，即無權解釋。根據該教材的說法，無權解釋指法學上的學理解釋，或稱"非正式解釋"，它是憲法解釋機關之外的組織或個人對憲法所作的解釋，其不具有法律效力。這一說法基本上是正確的。但是，我們卻可以由此看出"馬工程"教材的矛盾：一方面說憲法解釋是憲法解釋機關作出的有法律效力的解釋；另一方面又說還存在一種無權解釋。

因此，我們必須首先澄清究竟何謂憲法解釋，即要對憲法解釋再進行解釋。當然，此處的解釋是一種說明，不下定義，只進行說明，儘管這樣做也是有風險的。我們姑且認定，憲法解釋屬於一種法律解釋，或者說法解釋。對法解釋的定義過去是存在的，但不同時代有不同的定義。

最傳統的一種說法，即近代的定義，認為法解釋是立法者原意的再現或者復原。提出該觀點的是德國著名民法學家薩維尼（Friedrich Carl von Savigny），他認為解釋者要受法律文本裏所蘊含的立法者的原意的限制。所以，薩維尼才說：法官是法律的嘴巴，是立法者的傳聲筒。這可能是最傳統的對法解釋的理解。按照這種說法，憲法解釋其實就是立憲者原意的再現或者復原，所以解釋憲法時很重視查閱歷史文獻，比如解釋美國憲法要查閱《聯邦黨人文集》。

到了現代之後，情形就不一樣了。同樣是德國的法解釋理論，到了現代就有了新的發展。因為解釋學在德國是非常發達的，比如其中的哲學解釋學，德國哲學家開展了精深的研究。在法學領域，法解釋學的發展也同樣令人矚目。德國著名民法學家同時也是一位法理學家的拉倫茨，就曾經指出，法解釋實際上是一種"媒介行為"，是對法條之意義的闡明與精確化。而憲法解釋就是通過對憲法條文之意義的理解和說明，把握蘊含在其中的憲法規範。此處所講的意義，簡單說指的就是"內涵"或"含義"。但這種"意義"是動態的、活的，是具有主體間性的一種含義。主體間性是指什麼呢？簡單說就是不同主體之間相互影響的一種關係。例如現在我們對憲法解釋概念的理解便存在主體間性，不同的主體都在對憲法解釋下定義，甚至都在進行憲法解釋，那麼不同主體之間就會發生互相影響，共同作用於定義的內容。比如最明顯的是，憲法主要由憲法解釋機關進行解釋，但是他們的解釋往往會受到學者對憲法解釋的影響。法官也會看書，看到精彩之處，他會運用到裁判之中。在美國，如果哪位學者的著作能夠被聯邦最高法院判決援引，那就很厲害，一般可以挺著胸脯在路上走幾天。這在我國也差不多這樣，但我國憲法解釋機關發揮的作用比較小，我們等下再說。上述是我們對"意義"的理解，這種意義是活的，具有主體間性的。那麼憲法解釋就是把握蘊含在憲法條文中的規範，把憲法規範從憲法條文中引申出來。如何引申？這就類似從洞中抓泥鰍，憲法條文只是"洞"，規範是藏在"洞"中的"泥鰍"，我們通過憲法解釋把"泥鰍"抓出來。也就是說，我們藉助於解釋來理解文本，而且解釋者還可能參與文本的塑造。這是拉倫茨在其名著《法學方法論》中所談到的觀點。該書中專設一章講"法律的解釋"，其中也談到憲法的解釋。

拉倫茨是現代的學者，但他又秉承了傳統的許多思想。後來，又出現了後現代主義的解釋學思想。在哲學解釋學上有一個重要觀點，形象地概括為一句話就是"文本一誕生，作者就死亡"。文藝作品或者法律等一切應當解釋的對象都稱為"文本"，這些文本一旦誕生，那麼它的作者就死掉了。大家別誤解，所謂的"死了"絕不是指作者在肉體上消亡了，而是指對於文本的解釋和理解而言，作者的意志不再重要了。那這下誰的意志重要呢？解釋者的意志！解釋者可以對文本裏的意義進行"隨心所欲"的重構。持有這種觀點的是巴爾特、福柯等西方理論家。該觀點對法學界也產生了影響，導致了後現代法學甚至批判法學的某些分支的出現。它們基本上認同上述解釋立場，認為法律文本一誕生，立法者到底是什麼意思就不用去考慮了，我們自行按照我們自己的要求或者時代的要求來解釋就行了。無疑，這是一種較為激進的學術立場。

面對許多不同觀點，我們應該何去何從呢？應該選擇哪一種觀點呢？這確實是值得我們深思的。年輕人討論問題或者寫論文，喜歡引用外國人的觀點，看外國人在這個問題上是怎麼說的。其實你找的只是某一個外國人所持的觀點，或者是外國人的諸多觀點中的一種，其他不同的觀點多的是，於是你就經常需要回答：為什麼選擇這一種？鄙人以為，真正的學問或許就在此處：你在眾多的觀點中選擇了何種觀點，並且告訴讀者，你為什麼作出這樣的選擇。這就要求同時具備梳理資料的能力和論證觀點的能力。

回到我們的問題：何謂"憲法解釋"？何謂"法解釋"？要對它們作出解答，並解決上述的理論選擇問題，對我們而言，就必須考慮中國憲法所面臨的問題以及中國憲法自身所存在的問題。正是在這樣的背景下，鄙人認為，我們應採用現代解釋理論為宜，但是又應適當參考近代和後現代法解釋學的觀點。

由此，我認為，法解釋就是法規範的探求，是一種有約束的意義重構。前面講過，法規範存在於規範性語句之中。規範性語句是什麼呢？簡單地說就是法條。也就是可以說，法規範就在法條裏。重構什麼呢？重構法規範的內涵。當然這種重構並不是像後現代法解釋學所認為的那樣是沒有約束的，愛怎麼折騰就怎麼折騰，而是必須受到約束：首先受規範性語句的約束，同時還要受到規範原理的約束。但是必須承認，"重構"的立場實際上受到了後現代法解釋學的影響，較為強調法解釋針對立法者意志的獨立性，但是它又是有約束的。此種有約束的重構，我曾經在《從憲法規範到規範憲法——規範憲法學的一種前言》一書裏用"戴著規範的鐐銬跳舞"來形象地描述，以突出規範憲法學的一個特色。聞一多曾經在他的詩論中主張，中國的新詩仍然應該"戴著鐐銬跳舞"。其所謂的"鐐銬"實際上指詩歌的韻律。我借用來說明：法解釋絕非隨意地進行。如果不戴"鐐銬"，我相信這個"舞"誰都可以跳。一名舞者的高明之處就在於他能夠"戴著鐐銬跳舞"，而且跳得好，這就是學問。所以，在規範憲法學的視野中，憲法解釋就是"戴著憲法規範的鐐銬跳舞"，受到憲法規範的約束：一方面受到憲法中的規範性語句（條文）約束，另一方面受到憲法規範原理約束。這是我對憲法解釋的理解，其立場是比較中庸的，接近於採納現代解釋論，但是又吸收了一些後現代法解釋學的思考。

為什麼採用這樣的立場？首先為何憲法的意義需要（或可以）重構？原因有三。

第一個原因，在我們看來，立法原意是擬制的，是模擬創造出來的，立法者也是如此。比如說立憲者在理論上應該是人民，但實際上，綜觀各國憲法，即使是最成熟的立憲主義國家的憲法，其實都不是人民直接制定出來的。以美國為例，美國憲法受到許多人的推崇，但上次我們講了，它也主要是由 55 個精英分子制定出來的，其中 34 名是律師，8 名是法官，其他包括種植園主、將軍、銀行家，都是有身份的人，制定出來之後再通過各種會議讓人民承認它，或者讓人民代表承認。美國憲法開頭即用"我們人民，為了⋯⋯制定本憲法"，這種表述實際上也是借用了人民的名義。文辭如此表達，說明在理論上人民是立法者，是立憲者，但事實上這裏的人民也是模擬出來的。或者說憲法、法律由一部分人制定出來，而這部分人被視為人民的代表。也可以說，憲法、法律體現了人民的意志，但實際上首先直接體現的還是現實當中立法者的意志，而立法者的意志又被模擬為人民的意志。所以從終極意義上來說，立法者的意志都是擬制的，既然如此，我們又何必要受立法者意志的嚴格約束呢？因此我們可以"跳舞"，當然是"戴著規範的鐐銬跳舞"，適當地尊重立法者的意志。

　　第二個原因，是立法者的意志往往落後於時代。如果我們要尊重立法原意，嚴格按立法原意解釋憲法，也會出現問題。尤其是在急劇轉型的時代，更是如此。而當下中國正處於這樣一個急劇轉型的時代，在此時代，如果我們嚴格接受立法者意志的約束，那麼我們將無法推動社會向前發展，憲法也是如此。比如，我們現行的1982 年憲法，1982 年和今天的社會情況，包括政治、經濟、文化等社會情況已發生了全方位的變化。我 20 世紀 80 年代第一次到國外，那種感覺簡直就是"劉姥姥進大觀園"。到了大街上，一看，電話機怎麼隨便就掛在外面，弄了一個小亭子罩著，但卻不上鎖，心裏就有疑問：這東西晚上會不會被人抱回家裏去？去買東西，進店後隨便拿，沒有人看著，拿完了到出口算錢，於是總是想：這肯定會被人偷偷塞到口袋裏不付錢帶出去吧。當時，還真的著實為商店的老闆擔心。而到了現在，這些新鮮的事物，我們中國都有了，這樣的變化是我當年出國時所無法想象的。當時和我一起出去的青年人，有的還捶胸頓足，說我們搞了幾十年的社會主義，還不如人家，說不定在我們有生之年，中國都根本沒有辦法達到這樣的程度。可是誰都沒有想到，在短短的幾十年，中國就發生了翻天覆地的變化，像萬花筒一般讓你眼花繚亂、心驚肉跳。為什麼心驚肉跳？因為我們老是擔心中國的政治體制、法律體制是否能夠承受得住如此巨大的變化。總之，這就是典型的急劇轉型的時代。如果在這樣的一個時代，我們仍然受 1980 年代初的立憲者原意的嚴格約束，那自然是不完全妥當的。因此就需要憲法修改。但是憲法修改也受到很多約束，許多東西來不及改，或者根本改不了。因此，我們要尊重憲法文本，可是也要適當地進行憲法規範的意義重構，根據時代發展的要求來解讀、解釋憲法。

第三個原因，我國現行憲法文本本身也可能隱含著一些問題。憲法文本我們當然要重視，因為它是現在中國人民"權利的保障書"，但我們也要看到其本身並不是非常完美的。我這樣說，很多熱愛憲法文本的人會感到痛心疾首，他們一向主張：憲法文本已經夠完美的了。面對這樣的主張，我們可以問他們：既然已經夠完美了，為什麼我們還需要那麼多修正案呢？而且將來或許還會出現更多的修正案呢？所以必須承認，我們的憲法文本本身還是存在一些問題的。在這個意義上，我們不能完全受憲法文本約束。於是，既受憲法約束，又不完全受憲法的約束，這二者之間就存在一定的矛盾，要拿捏清楚。一方面我們要有意義的重構，另一方面要接受約束，借用馬克思主義的術語來說就是，二者要達到辯證的統一。

現在我們回過頭來談談憲法解釋的受限性。剛才的三點理由都是側重論證我們可以進行意義的重構，可以適當擺脫立法者的原意進行意義重構。可是，我們也要注意，憲法解釋必須受到一定的限制。這就使得憲法解釋區別於一般意義上的文字解釋。

憲法解釋與民間"測字"不同，它受法條文字的約束，但絕非文字遊戲。憲法解釋對規範意義的重構還要受規範原理的約束。關於憲法解釋如何在受法條文字的約束的同時又不是文字遊戲，在受規範原理拘束的同時還能進行規範意義的重構，我們也通過曾經提過的一個例子來說明。

小貼士：有關文字解釋的一個著名民間故事

我國現行《憲法》第 39 條規定："中華人民共和國公民的住宅不受侵犯，禁止非法搜查或者非法侵入公民的住宅。"我們曾經講過，這個條文放在那裏，就需要解釋。有的人會說，這有什麼可解釋的，不是很明白嗎？這就是外行話，事實上仔細推敲起來這裏面需要解釋的問題多得很。我梳理幾個出來給你們看：

第一，這句話是事實命題還是規範命題？它說出的是一種事實，還是一種應該怎樣或者不應該怎麼樣的規範？

第二，如果是規範性命題，那麼誰不能侵犯公民的住宅？是公民不能侵犯公民的住宅，還是指國家不能侵犯公民的住宅？又或是二者皆不能侵犯？這一解釋受制於相應的憲法規範原理。

第三，中華人民共和國公民的住宅不受侵犯，那麼，外國人在中國境內擁有住宅，是不是就可以侵犯呢？外國人的住宅是否也受憲法保護？

第四，住宅是指什麼？是否專指買來的房子？自己買不起房子，租借他人的房子是否屬於住宅的範疇？你到外地出差，在賓館下榻的房間是否屬於住宅？還有，你們目前在學校裏所居住的學生宿舍，是否也屬於住宅？這樣的問題好像是多餘的，但是在法解釋學上是有意義的。

第五，"侵犯"是什麼意思？肆意踢開你家的門闖進去任意妄為，是對你的住宅的侵犯。但如果不這麼做，而是在你房子前面用望遠鏡監視，甚至安裝竊聽器、攝像頭記錄屋內動態，這算不算對住宅的侵犯？比如，我們某個男生，為了一刻不停地看到自己心愛的人，他用自製的望遠鏡24小時全天候觀察他所追求的那個女生的宿舍生活，你是否可以基於憲法這個條文制止他？而如果一個警察這樣做，也採用這種方法監督某一個公民，又怎麼樣呢？

第六，"禁止非法搜查或者非法侵入公民的住宅"，這意味著存在合法的搜查或侵入住宅的情形。那麼，什麼情況下搜查和侵入住宅是合法的？合法與非法的界限在哪裏？

這些都是問題，都需要解釋。但是這麼多問題今天是講不完的，等待今後講到基本權利各論時會專門講。今天我們只是著重選擇其中的部分問題進行講解，以幫助大家理解什麼是憲法解釋。

第一個問題，"中華人民共和國公民的住宅不受侵犯"，這是事實命題還是規範命題？事實命題和規範命題的區分，在前面課堂上我們已經講過，這是學法律的基本功，從這裏可以看出法學與其他學科的不同，也可以看到法學的魅力。前面學過，規範性語句包括應然語句和直述句。何謂直述句？比如"國家一切權力屬於人民"，這就屬於直述句。應然語句，往往含有應然助詞，比如"應當"、"允許"、"禁止"等，這三個詞也是最典型的應然助詞。含有這三個詞或者類似詞語的一句話往往就是應然語句。直述句或者應然語句都可能屬於規範性語句。應然語句一般都是規範性語句，而直述句中的一部分也屬於規範性語句。作為規範性語句的這部分直述句必然可以轉換為應然語句，而且也必須轉換。比如"中華人民共和國的一切權力屬於人民”，這並不是在表達中華人民共和國的一切權力事實上屬於人民，而應被轉換為應然語句“中華人民共和國的一切權力應當屬於人民”來理解。但新中國成立時，毛澤東在天安門城樓上所宣告的“中國人民從此站起來了”，這就是一個事實命題了，它是力圖描述中國人民翻身做主人的一個事實。再說“中華人民共和國公民的住宅不受侵犯”這個條款，其本身並沒有含有應然助詞，但這絕不是一個陳述事實的事實命題，而是一個規範命題，只不過是一個直述句，但可以被轉換為一個應然語句而已，比如可以轉換為“中華人民共和國公民的住宅不應當受到侵犯”。

第二個問題，到底誰不能侵犯？當我們說“任何人都不得侵犯任何人的住宅”，這可能是民法甚至刑法中的規定。一般而言，憲法不會如此規定。憲法只會規定國家不得侵犯公民的基本權利，也就是說，其主要被用來防禦國家對公民權利的侵犯。而公民對公民權利的侵犯可以由民法、刑法等部門法來調整。憲法是近代才產生的，國家在近代以來作為唯一壟斷合法暴力的機器，異常強大，人民就認識到必須制定憲法來約束國家權力，避免國家以強大的力量來侵犯個人。因此憲法所規定的基本人權實質上乃是為了防禦國家權力。這一規範原理便是防禦權理論，這一規範原理會影響到憲法解釋。對於上述條文的解釋，就要受到這一規範原理的約束，在解釋過程中接受這一規範原理的引導。因此，可以說，上述條文的含義應當是：國家不應當侵犯公民的住宅。這種解釋的規範原理基礎就在於：憲法所規定的“公民住宅不受侵犯”是一種防禦國家的權利。近代以來，主流的憲法學對人權的解釋就到此為止，也就是說，主流的憲法學均採防禦權理論。但是發展到現代，就出現了新的理論，比如在德國就出現了國家保護義務理論。根據該理論，對該條文就會有新的解釋，規範的內涵也增加了新的內容。按照該理論，除了國家不應當侵犯公民住宅之外，國家還有一種積極的義務，應努力去實現包括去保護公民的住宅不受他人侵犯這類權利；而對於個人來說，公民住宅不受侵犯既是一種防禦權，同時也是一種保護請求權，即可以向國家提出請求予以保護的權利。

由此我們可以認識到，憲法解釋絕非一件簡單的事情，而是受到規範原理約束的。我們需要學習憲法學的理論方可進行憲法解釋。而古代測字一般不需要理論支持，不需要學習規範性原理，只要掌握一些技巧，同時具備臨場應變的能力即可。當然，必須承認，好的測字先生都很有天分，比如像宋獻策這樣的人物，特別有想象力，或許非常適合招收到我們法學院來學習憲法學。但是這種能力和憲法解釋所需要的能力不同。憲法解釋需要理論知識，因為它不僅僅是一種技術，而更是一門學問。憲法解釋者必須在憲法學理論的背景下，把規範原理融貫到憲法解釋當中去，才能提出有說服力的解釋方案。在當代中國很多人看不起法解釋，根子在於他們誤解了法解釋，以為它就像測字一樣，或者只是像中學語文那樣，是對法律條文的含義進行語文式的解讀。事實上並非如此。法解釋不是對條文字詞句的含義的單純的解釋，而是需要運用法律原理、規範原理來做成的。那麼，規範原理從何處來呢？從法律理論中來的。因此，學習並把握這些理論顯得分外重要，有時還需要在諸多理論中就某具體個案而言何者最為適當進行選擇。就像剛才那個條文的解釋，許多國家就只承認防禦權理論，即國家不應當侵犯公民的住宅，而對國家保護義務理論則存在爭議，我也持謹慎態度。就這一條文而言，根據我的理解，把它解釋到保護義務理論也是可以的，然而有幾點必須注意：

第一點：上述兩個理論中的防禦權理論最重要，這是憲法規定的基本權利的最核心的要點。因為任何憲法上的權利主要都是針對國家權力，而不是針對私人。

第二點："國家保護公民的住宅不受他人侵犯"確實也應當是該憲法條文的一部分含義，但應具體化為：國家確實應該保護公民的住宅不受其他私人侵犯，然其保護方式則主要是通過制定和執行法律如民法、刑法來保護。

再說第三個問題：什麼是住宅？是否包含下榻的賓館和入住的宿舍？這些問題涉及價值判斷。此時要解釋"住宅"，首先就必須理解：為什麼憲法要保護公民的住宅不受侵犯？這一規範裏面蘊涵著什麼樣的價值取向？通過仔細的分析，我們會發現，它主要是為了強調：公權力不能肆意地介入私自治的領域。"私自治"有很多含義，有時指私人個人自治，有時指市民社會自治，有時還指私人組織自治，這些自治都需要國家法律的保護，其中的法律原理便是"私法自治"。民法就是體現私法自治精神的最重要的法律，用以保護私自治。為什麼要保護私自治？因為私自治的領域是一個國家興旺發達的根基，是民主法治的基礎。當一個社會當中的大部分成員都能夠自立、自主、自律的時候，這個社會才可能確立法治，實現民主。為此，我們應該從私自治原理的視角，來分析為什麼憲法要保護住宅。其原因在於，住宅是個人自治的一個重要空間，或者說最後的堡壘，乃為一個人私生活展開的最終基地。住宅也是一個人自我感覺最為安全的空間，而且一般來說，對國家社會而言，一個人在其住宅裏是最不具有攻擊性和最脆弱的，因此國家必須保護。大家通過艷照門事件可以看到，那些當事人在其住宅裏解除掉了所有的“盔甲”和“面具”，去除了明星的光環，人性的弱點也會展露無遺，他們的防備心理也降到了最低點，這時人是最脆弱的，這些都建立在對自己住宅的安全信賴的基礎之上，所以憲法需要格外保護公民的住宅。

在這樣的背景下，我們應當如何理解上述條文中的“住宅”概念呢？這涉及解釋的技法。解釋的技法有很多，其中最典型的有擴大解釋和限制解釋。如前所述，國家保護住宅是為了保護私自治領域，那麼憲法中的“住宅”概念就不應該被理解為建築學意義上的住宅。在這裏，大家要注意，法律上的概念和日常生活中的用語是不同的，法律概念的背後一般都蘊涵著價值觀念。於是，這裏的“住宅”就涉及了“住宅”的法的性質的判斷。在這一點上，我認為，“住宅”不僅是權利主體的私生活空間，而且是公權力不能肆意介入的私自治的領域。這可以上升為一種規範原理，也就是說憲法第 39 條所說的“住宅”就不得被理解為單純的由建築材料組合而成的物理空間，而應當擴展為終極意義上的私自治空間。這裏就運用了擴大解釋。因此，當我們進一步追問“你所下榻的賓館和入住的宿舍是否屬於憲法上的住宅”的時候，答案就比較明晰了。世界上大多數國家也都作如是解釋。

我們費了這麼多口舌來講什麼是“住宅不受侵犯”，是因為這個問題在中國真的很重要，也是有爭議的，曾經就有一個很轟動的案件：

那就是 2002 年在陝西省發生的“延安黃碟案”。具體的案情是這樣的：本案當事人 Z 租了一個房子，作為私人醫療診所，每天都開放，即便是晚上有人敲門就診，也會開放營業。同時，該診所又是 Z 夫婦二人新婚的住所。年輕人小本經營，為了節約成本，一屋二用，既作診所，又作住所。這種情況大家將來畢業後就可能遇到。Z 將房子隔開，前半間作診所，後半部作臥室。有一天晚上，兩個人愛“學習"，就播放黃色錄像來看，也許電視裏的聲音放得太大了，而兩人又比較投入，沒有覺察到，被某個鄰居聽到了，竟然去報案。警方接到報案，非常重視，緊急出動，一口氣派出 4 名民警趕往現場。到了現場之後，也沒有表明身份，而是直接破門而入，強行進入該房間後部作為臥室的地帶。而本案的當事人 Z 在不明就裏的情況下實施反擊，雙方發生搏鬥，最終寡不敵眾，Z 被制服，並遭受毆打。之後民警搜出黃碟若干張，還帶走了"犯罪"工具——影碟機，並將 Z 抓走。幾天後情況升級了，警方以"涉嫌妨害公務"為由，對 Z 進行了刑拘。大家知道，這是典型的法治未發達狀態的一種狀況，面對這一狀況，任何人都沒有理由感到輕鬆，因為每個生活在法治未發達狀態中的人都隨時有可能遭遇到這種情況。幸運的是，後來陝西的一家媒體報道了此案，全國各地傳媒紛紛轉載，引起了法學界的廣泛關注，後來在大家積極呼籲下，延安警方受到了壓力，最後釋放了當事人 Z。

在此過程中，此案也引發了一些有關學理問題的爭議，其中一個問題就是：在該案中，警察是否侵犯了公民的住宅？派出所的所長認為，他們進入的建築物不是"住宅"，而是當事人開辦的診所，本來就隨時開放。法學界也有非常大牌的教授持有類似的觀點，認為當事人當時所在的診所不能看作"住宅"，比如北大的朱蘇力教授在一次演講中就公開表明了這個看法。但大多數對法解釋學有些認識的學者還是認為，警察當時侵犯了當事人受《憲法》第 39 條所保障的"住宅不受侵犯"的基本權利。

鄙人也認為那屬於住宅。當年，為了這個案件，我接受了《法學家》雜誌的約稿，就寫了一篇文章，題為《臥室裏的憲法權利》，其中核心部分的分析如下：

> 即使警察所進入的場所是以診所的功能為主的，而且即使作為診所具有隨時開放的性能，但當他們進入的那一刻，Z 夫婦是將其作為私生活的空間加以使用的，更何況警方長驅直入其中的，是不具有診所功能的後屋地帶，即這對新婚夫婦的臥室。

順便說一下，因為標題的緣故，這篇文章在網絡上的點擊率很高，可見不少

國人或許跟延安群眾一樣，都對人家的"臥室"感興趣。如果你
對相關問題也有興趣，包括學術上的興趣，那麼也可以讀一讀全
文，它的最後一句說的是：臥室裏佈滿了立憲主義的敏感神經。

延伸閱讀：臥室裏
的憲法權利

下面讓我們再看看美國憲法上關於住宅是怎麼解釋的。

我們在課堂上會經常講到一些外國的法律制度和案例，雖然
外國的法律不一定可以照抄照搬到中國來，但是它們對我們理解
和完善中國的法律制度具有一定的啟發意義。請大家理解這一點。

接下來讓我們看看美國憲法。美國憲法所列舉的基本權利類型比較少，歸納起
來大致有五個：一是表達自由；二是信教自由；三是財產權；四是平等保護；五是
正當程序（或稱正當法律程序）。其他權利憲法並未列舉，沒有列舉怎麼辦呢？不
要緊，美國人不傻，他們在《憲法》第 9 條修正案中特別規定："不得以本憲法中列
舉了特定權利的事實，作出否定或輕視人民所保有的其他各種權利的解釋。"也就
是說，其他權利雖然未被憲法所列舉，但是仍然受到憲法的保護，在理論上這可稱
為"非完全列舉主義"。而那些權利在美國則被稱為"憲法未列舉權利"。那麼未列
舉權利有哪些？在哪裏？這就需要通過憲法解釋去推斷，當然，具有最終效力的推
斷應當屬於聯邦最高法院。

美國憲法沒有直接規定"住宅不受侵犯"，只是規定了"軍隊不得隨便進入平
民的住宅"。後來就發生了一個案件，與住宅有關，那就是 1965 年的"格里斯沃爾
德訴康涅狄格州"案（Griswold v. Connecticut）。案情如下：

當時康州有一部反避孕的法律，1879 年制定施行，其中明文禁止夫妻使用避孕
工具，違者罰金 50 美元以上或處 60 天至 1 年監禁；而提供幫助或建議的，也將作
為主犯論處。大家不要對這部法律感到很驚訝，其實這反映了當時美國社會主流的
意志，因為美國的主流觀念是基督教價值觀。而基督教認為：生命的誕生或死亡都
是上帝的安排，不應該由人力加以改變。所以你看西方歷史，基督教一直以來反對
避孕，也反對自殺。這部法律頒佈七八十年之後，一名醫生和一名耶魯大學的醫學
教授因提供避孕的建議和幫助而被判處罰金 100 美元，他們不服上訴，但州上訴法
院維持原判，最後本案一直上訴到聯邦最高法院，上訴理由是：該部州法侵犯了人

民在憲法上的一種權利，即避孕自由，為此違反憲法，應屬無效，當事人無罪。但是問題在於，美國憲法沒有明文規定避孕自由。不過，聯邦最高法院最後還是判定康州該部法律違憲，理由是：如果執行這部法律，那政府就得干涉人家夫妻在臥室裏的事，這就侵犯了憲法所保障的隱私權。其實，美國人所說的"隱私權"是一個比較大的概念，也可翻譯為"私生活的自由"，包含了自我決定權。但是問題在於，美國憲法也沒有明文規定隱私權。怎麼辦呢？這就需要解釋憲法了。為此，聯邦最高法院提出這樣一個理論，叫"伴影理論"（the Penumbra Theory）。在判決書中，聯邦最高法院論述道：憲法中明文規定的權利體系擁有一種"伴影"（penumbra），這種伴影是由那些被保障的部分"放射"（emanate）出來的，而一些重要的但沒有被明示規定的權利類型，就處在這個伴影圈之中，為此也必須予以保障。道格拉斯大法官還在判決書中對這個理論作了如下描述，"權利法案所開列的保證書有自己的伴影圈，它的形成來自支撐權利法案存在與主旨的保證條款的放射，而在那種'伴影'之中，則存在'隱私環帶'（zone of privacy）"。至於所謂的"伴影"和"隱私環帶"究竟體現在哪些憲法條款中呢？為了從實證的意義上證明這一點，他就列舉出了憲法修正案第 9 條以及第 14 條。

圖15　道格拉斯（William O. Douglas），美國歷史上著名的大法官之一

那我們將目光轉到《美國憲法》第 14 條修正案。這是一條很重要的修正案，其中包括平等保護條款和正當法律程序條款。正當法律程序的規定是："任何州，未經正當法律程序（due process of law），不得剝奪任何人的生命、自由或財產（life，liberty，or property）"。這裏面涉及三個概念：生命、自由和財產。生命、財產都比較明確，而自由這個概念則比較抽象，解釋空間很大。美國人就認為"自由"的概念裏面就包含了隱私權，於是推論出：警察如果沒有經過正當法律程序，就不能去侵犯夫妻的隱私權，而是否避孕則明顯屬於個人隱私的範疇，所以政府不能侵入住宅去檢查是否避孕。

在本案之後，對於"自由"的解釋還進一步擴大了。除了上述案例中所說的避孕權之外，還被解釋為包括墮胎權、同性戀者的自由（以上並稱隱私權），許多人主張，其中還應該包含安樂死和尊嚴死等憲法上未列舉的權利。

通過以上分析，我們可以看到憲法解釋是怎麼樣的，以及它有多麼重要。

二、憲法解釋的功能

那麼究竟憲法解釋有哪些作用呢？我根據"馬工程"教材重新組合成五點：第一，使憲法條文的意義更加明確化，實現憲法規範之析出。第二，可以補充憲法中的漏洞。其實，任何立法都可能存在漏洞，或隨著時代的推移可能出現漏洞，但漏洞是可以填補的，最通常的填補方式是重新修訂立法，但此種做法成本較高，而通過解釋的方式去填補乃是最為經濟的方法。憲法解釋也是如此。第三，憲法解釋往往是憲法運用的必要條件。第四，憲法解釋可以推動憲法發展，是憲法規範繼續形成的重要途徑。隨著時代的發展，制定之初的憲法需要不斷進行發展，憲法解釋可使得這種發展穩步進行，由此促進憲法的繼續形成，憲法的內涵不斷豐富。第五，可以促進憲法解釋學的發展。

這就涉及憲法解釋對憲法學的作用了。這一點應該如何理解呢？主要看憲法解釋與憲法學的關係。我們說過，憲法學包括理論憲法學和實用憲法學，實用憲法學又包括了憲法教義學（又稱憲法解釋學）和憲法政策學，而其中最重要的就是憲法教義學。憲法解釋實際上會促進憲法解釋學的發展，進而促進實用憲法學發展，最終促進憲法學發展。其中，憲法解釋學（憲法教義學）是最為重要的，也是最實用的。我們解決實際的憲法問題，往往需要憲法教義學的資源。即使憲法政策學，也需要以憲法解釋學為基礎。理論憲法學與政治學類似，在憲法實踐中有指導意義，但是它一般不能直接用來解決實踐問題。憲法解釋與憲法學可以形成一種良性循環。這種循環的情形是這樣的：憲法解釋的發展推動憲法學發展，憲法學的發展反過來有助於憲法解釋的進一步發展，而憲法解釋發展又會推動憲法在社會生活中發揮重要作用。

二、憲法解釋的類型與方法

法解釋的分類很重要。憲法解釋有多種分類方法，根據"馬工程"教材的說法，主要有以下幾種：

第一種是以憲法解釋的效力為標準分為有權解釋和學理解釋。

有權解釋又稱法定解釋、正式解釋。"馬工程"教材上說，有權解釋指憲法規定的解釋機關對憲法所作的具有憲法效力的解釋。這個定義還是存在一定問題，因為很多國家的憲法都沒有規定哪個機關可以解釋憲法。實際上，有權解釋一般可以理解為公權機關對憲法的解釋，既包括法定憲法解釋機關的解釋，也包括其他公權機關對憲法的解釋。而這裏所謂的公權機關不僅可能包括立法機關，也可能包括司法機關和行政機關。比如在實踐中，日本內閣長期以來都對其憲法進行解釋，被稱為"公定解釋"，最典型的例子就是前面所講到的對《日本憲法》第9條的解釋。當然，並非所有公權機關，尤其是行政機關的憲法解釋，都具有終局性，並因此具有憲法效力。根據憲法規定或精神，在這些公權機關中，有一個機關屬於對憲法擁有法定最終解釋權的機關，一般是該國家最高的合憲性審查機關，其所做的憲法解釋是法定最終憲法解釋。

從嚴格的意義上說，與有權解釋相對應的，不是"馬工程"教材所說的學理解釋，而是無權解釋，它指的是公權機關之外的其他組織或個人對憲法所作的解釋。

比如某公民有一天靈感來了，對憲法的某一條作出解釋，這就屬於無權解釋。而
"馬工程"教材第一版中曾說"無權解釋又稱為學理解釋"，到了第二版，則不採用
"無權解釋"這一概念，只承認"學理解釋"。這些說法都是值得商榷的。應該說，
學理解釋只是無權解釋中的一種，是最典型、最具影響力的無權解釋，它具有學理
性強、體系化的特點。但不應該將無權解釋和學理解釋二者等同。學理解釋往往
由學者作出，但不能排除一般老百姓也可以作出。總之，無權解釋的特點是沒有效
力，但是其中的學理解釋則也有一定影響力，而且這種解釋可以被體系化。有權解
釋往往是為了解決一個一個的現實問題而一條一條地解釋憲法。學者的學理解釋則
可能體系化地全面解釋憲法，消除矛盾，促進解釋命題的融貫。

　　按照"馬工程"教材的說法，以憲法解釋的目的為標準，憲法解釋還可以分
為合憲解釋和補充解釋；其中，合憲解釋是"指合憲性審查機關在審查法律等規範
性文件，既可以作出合憲也可以作出違憲的解釋時，作出其符合憲法的解釋。"而
補充解釋，則指的是"憲法解釋機關在憲法規定存在缺漏的情況下所作的補充性說
明，以使憲法更適應社會實際的需要"。

　　但"馬工程"教材對"合憲解釋"的定位還需要推敲一下。我認為：首先，
合憲解釋實際上主要指的不是憲法解釋的類型，換言之，它雖然也可能涉及憲法解
釋，但主要涉及的是法律解釋主體（如法官）對普通法律等規範性文件所進行的符
合憲法的解釋。其次，合憲解釋具體又可分為兩種：一種是一般意義上的合憲解
釋，即法律解釋主體按照憲法的精神與規範對法律等規範性文件所進行的解釋，如
法官對民法某個條文所作的符合憲法精神的解釋；另一種則是合憲性限定解釋，具
體是指當普通法律等規範性文件的違憲性發生爭議時，合憲性審查機關從狹廣兩義
的解釋中選擇狹義的解釋，從而使法律免予被認定為違憲的一種解釋方法。"馬工
程"教材所說的"合憲解釋"，只屬於後面這一種。

　　這個合憲性限定解釋，可能有些難以理解。我們可以舉個例子來說明。1985
年，日本發生了一起案件，被稱為"少年淫行案"。這個案件的來龍去脈是這樣的：

　　福岡縣的縣議會制定了一個《青少年保護培養條例》。請注意，由於日本是實
行地方自治的，所以縣議會有權制定條例規定罰則，甚至規定刑事罰則，這在中國

是不可以的。在當時的日本，20 週歲以上是成年人——現在改為 18 週歲了，受法律保護，但不受法律特別保護，而 14 週歲以下則是幼年，就需要特別保護，比如一旦與 14 週歲以下的女性發生性關係，不管對方同意與否，都可能構成強姦幼女罪；而 14 週歲以上 20 週歲以下這個年齡段，雖然屬於"青少年"，但不上不下的，也需要一定程度的特別保護，《福岡縣青少年保護培養條例》這類立法的立法目的就在這裏，其實各地都有。該條例在第 10 條第 1 款規定：對 14 到 20 週歲的青少年實施"淫行"，就構成刑事犯罪，判兩年以下有期徒刑，或罰金十萬日元以下。

後來發生了一個案件。有一名被告，男，26 歲，跟一個 16 歲的女孩談戀愛，兩個人進入情人旅館，做了那種"可愛的"事情。結果案發，警方介入，將男的逮捕，送上法庭，一審判決有罪，罰金 5 萬日元。5 萬日元不是很多，大致相當於人民幣三四千元的樣子。有人可能會說："這麼點錢，小菜一碟，我出，我不夠就我爸出。"但要注意，在法治國家裏，一旦被判有罪，哪怕只交一千塊錢，案底留在那裏，是終身的，且聲譽將受到重大的影響。不像在我國，被關進去幾年，在裏面還自學法律，出來以後又是一條好漢。為此，那個日本男青年就不服，一級一級地上訴，一直上訴到日本的最高裁判所。其上訴理由立足於憲法學上的一個理論，稱作"不明確、寬泛理論"，其具體內涵是：如果刑事法則的含義不明確或者寬泛的話，就會違反憲法上的罪刑法定原則，屬於違憲無效。據此，上訴方就認為，雖然這個男青年的行為違反了《福岡縣青少年保護培養條例》所規定的那一條，但該條例所規定的"淫行"就是不明確且寬泛的，具有"該當性"，因此該條文違憲無效。

但是從法院角度來看，如果判決這一條文違憲無效，就會出現兩個後果：一個是：非民選的法官，要將代表大多數人的民意機關所制定的一個法律條文加以廢除。這在現代憲制國家是有風險的，容易陷入一個問題之中，美國人把這個問題叫作"反多數難題"。另一個問題是，如果判定該條文違憲無效，那麼這個多次以戀愛為名欺騙未成年少女的被告人，現在又利用憲法上的一個原理來為自己洗脫罪名，這是不公平的。

日本最高裁判所還是很厲害的，它通過審理，最後作出一個比較經典的判決。這個判決典型地體現了法律人的思維，它的語言也是法律人的語言。這個判決的核心部分這麼寫道：

> 此 "淫行"，不應被廣泛理解為是對青少年所實施的一般性行為，而應該理解為是通過採用誘惑、脅迫、矇騙等乘其未成熟而為的不正當之手段所實行的性交或與性交類似行為，或其他將青少年 "單純作為滿足自己性慾望之手段加以對待" 而實行的性交或與性交類似行為。（最大判昭和 60、10、23）

該解釋就屬於典型的 "合憲性限定解釋"。大家可以看，它主要不是對憲法條文進行解釋，而是對普通法律文件中的 "淫行" 這個詞進行解釋。它也沒有直接認為上述 "淫行" 是違憲的，而是對 "淫行" 的內涵進行限定解釋，認為其不是指所有的性行為，而是僅指兩種情形的性行為。通過該解釋，使得 "淫行" 這一概念也被明確化了，為此不再屬於 "不明確且寬泛"，從而使上述條例合憲。這就是 "合憲性限定解釋"。它是一種非常高明的憲法解釋方法，其中也體現了最典型的法律人思維。

這個案例中我們還可以看出幾點：第一，本案的合憲性爭訴具有典型性，體現在：案中當事人提出在本案所適用的條例違憲了，由此產生了合憲性爭議。進而言之，我們說的違憲，往往不是某個人的行為違憲了，而是某部法律違憲了。第二，採用了合憲性限定解釋的方法，對 "淫行" 概念進行了合憲性限定解釋。第三，本案雖然含有憲法解釋，但實際上主要是以憲法作為標準的法律解釋。所以我們說，合憲性限定解釋，甚至是合憲性解釋，往往不一定是憲法解釋，而可能是在憲法的指引下對普通法律進行解釋。至此，我們可以得出一個結論，合憲解釋不適宜作為憲法解釋的分類。

"馬工程" 教材又以憲法解釋的方法為標準，將憲法解釋分為語法解釋、邏輯解釋、歷史解釋、系統解釋和目的解釋。其實，這裏有幾種解釋屬於傳統的憲法解釋方法：第一個一般稱 "語義解釋"，這是最基本的，是以修辭學意義上的解釋為基礎的解釋方式；第二是邏輯解釋，即從邏輯的角度開展的解釋；第三是體系解釋，即從整個法規範體系的脈絡出發來解釋某個規範；第四是歷史解釋，即從歷史的角度，同時考慮立法的歷史材料、立法者的意志等方面的解釋。以上這四種是由德國著名法學家薩維尼總結出來的普遍適用於各種部門法的解釋方法。此外，還有目的論意義上的解釋和社會學意義上的解釋，則是新的解釋方法。

但是，上述六種並非憲法解釋所獨有，其他部門法的解釋中也存在，因此，它們作為憲法解釋分類的意義並不大，其意義僅在於它們作為憲法解釋方法的各種類型。其中，前四種傳統的解釋方法我們應該很熟悉，在法理學課堂上都可能學到。下面我們著重談談後面兩種新的解釋方法。

目的論意義上的解釋是由德國著名法學家耶林（Rudolph von Jhering）提出來的，其指的是：解釋法律的時候要從法律的目的出發來進行解釋。在現代法律解釋中，目的論解釋方法很重要。日本的蘆部信喜教授就很推崇對憲法做目的論解釋，認為使用嚴格語義解釋會阻礙憲法的發展。目的論解釋應該如何進行呢？重要的是，我們解釋憲法規範時，需要牢記憲法最重要的價值目標，那就是保障人的尊嚴和基本權利。比如說，有公園規定機動車不得入內，但公園裏如果有人突發急病，救護車能不能進入呢？機械的執法者可能斷然否定這種可能。但通過目的解釋，可以得出這樣結論：禁止機動車不得入內的目的是為了保護人的安全，而救護車入內救人也是為了救治人的生命，所以與規定並不衝突，可以作為合理的例外。

社會學意義上的解釋則將社會學的方法引入法律解釋當中，重視立法事實和社會效果。舉個例子，美國 1937 年的"西岸賓館訴帕里什"案（West Coast Hotel Co. v. Parrish）。這在美國是一個具有里程碑意義的判例。案情大致如下：羅斯福新政時期，華盛頓州制定了一部《婦女最低工資法》，其中規定：以不足維持生計的低工資僱用婦女從事勞動的行為違法。本案的當事人帕里什（Parrish）是一家名為西岸賓館（West Coast Hotel）的旅店的一名婦女僱員，因為實際所得的工資低於上述法律所規定的有關標準，向法院提起訴訟，要求僱主補回差額。起初法院判決僱主敗訴，老闆不服，也提起上訴，認為這部法律違反憲法中所規定的"合同自由"，應為無效。於是，這個案件經過層層訴訟，最終打到聯邦最高法院。

聯邦最高法院在 1937 年作出判決，判決指出：上述州法合憲，因為美國憲法雖然保護自由，但沒有明言是否保護合同自由，即使保護，合同自由也有界限。

那麼合同自由怎麼會有界限呢？判決書中提供了如下的一種論證：

　　從晚近的經驗中所明白的另一個無論如何均必須加以考慮的事實是：榨取那些在交涉能力上處於不平等的地位，而且連僅夠維持生計的工資也相對無力抗拒其誘惑的勞工階層，不但有害於他們的健康和福利，而且還因為要扶助他們而對社會造成直接的負擔，導致納稅人必須補償這些勞工在工資上的虧損。

　　這段論述，實際上就是對社會事實進行描述，然後用這種事實描述反過來對憲法中的合同自由進行解釋，得出"合同自由有界限"的結論。這就是社會學意義上的解釋。

　　說了這麼多，我們給一個小結：

　　（1）在各種憲法解釋的類型中，有權解釋和無權解釋的分類是最重要的。

　　（2）合憲解釋、補充解釋的分類法，難以作為憲法解釋的分類。因為合憲解釋實際上主要不是對憲法進行解釋，而是對其他普通法律等規範性文件進行的解釋。

　　（3）憲法的解釋方法與普通法律的解釋方法，在類型上無多差別，故以解釋方法為標準對憲法解釋進行分類意義不大。但憲法的解釋方法本身倒是具有獨立的意義。

四、憲法解釋的原則

"馬工程"《憲法學》教材歸納了憲法解釋的四項基本原則：第一，符合憲法的基本原則和基本精神；第二，符合憲法規定的國家根本任務和目的；第三，協調憲法的基本原則和內容；第四，協調憲法規範與社會實際的關係。

其實，在談到憲法解釋應該遵循什麼原則時，我們要看到一個重要問題，即憲法解釋比其他的法律解釋更具有一定的主觀性，更容易涉及價值判斷的糾紛。從上述"西岸賓館訴帕里什"案件中我們就可以看得出來：憲法解釋就有主觀性，蘊涵一定的價值觀。美國聯邦最高法院所秉持的價值觀是主張對弱勢群體進行特殊保護，這是現代社會福利國家的一種價值觀。而西岸賓館老闆的價值觀是傳統的自由主義的價值觀，傳統自由主義主張合同自由。兩種不同解釋的衝突實際上體現了不同價值觀的衝突。所以憲法解釋具有主觀性，此種主觀性受到人的價值觀和情感的影響。《日本憲法》第 9 條也是如此，學術界主流和政府對其的解釋全然不同，也是價值觀不同引起的。因此我們在解釋憲法的時候就必須確立一些基本原則，只有堅持這些基本原則，才能儘可能克服憲法解釋的主觀性和隨意性。

進一步說明一下，為什麼憲法解釋會更具有一定的主觀性、會受到價值觀的影響呢？主要有幾點原因：

第一，憲法條文及其用語往往是高度抽象的，語義空間較大，因此可以填補進一些主觀的價值情感等意向。

第二，憲法解釋顯著存在哈特（Herbert Lionel Adolphus Hart）所説的語義的"空缺結構"，或拉倫茨所謂的"語義脈絡的波段寬度"。所謂的"語義的空缺結構"指的是，某個語言的中心部分的含義是明確的，但是邊緣部分的含義卻是不明確的，這個不明確的部分就是該語言的空缺結構。以"住宅"這個概念為例，其中心部分的含義我們都理解，但是邊緣地帶則比較模糊，這就要靠價值觀來判斷。而拉倫茨所謂的"語義脈絡的波段寬度"指的是，語言的含義並不是平穩的，而是像波濤一樣，其波段寬度越大，説明該語言的含義越不穩定，對其理解會因人而異。憲法條文用語中特別顯著地存在這兩種情況。

第三，容易受到解釋者的價值觀、政治意識形態、政治動機以及一國政策的影響。

因此憲法解釋會存在主觀性的側面。

同時，我們也要承認憲法解釋還具有超科學性的特徵。這是由其主觀性延伸出來的。憲法解釋並非一種完全的科學，起碼不像自然科學那樣只有一種必然的結論。憲法解釋可能有多種結論，這也是由其主觀性和受價值觀影響所決定的。而人類的價值問題則是無法完全用科學來解決的，科學往往無法判斷某個價值觀是對是錯。比如美國攻打伊拉克，美國發達的科學技術能夠支撐它強大的軍事力量在數天之內攻佔伊拉克，卻無法告訴我們：美國攻打伊拉克的行為到底是不是正義的？持有不同價值觀的人對這個問題有不同回答，這種價值觀的分歧，科學無法解決。這種狀況憲法解釋也會遇到，同一個憲法條文存在不同解釋，我們無法在終極意義上判斷其中何種是絕對正確的，何種是絕對錯誤的。因此我們說憲法解釋不完全是科學的問題，而是具有超科學性。對此，日本著名法社會學家川島武宜在《作為科學的法律學》中指出：法解釋學與神學一樣只是一種"學問"（教義學），而非"科學"。

那麼，如何解決憲法解釋的主觀性和超科學性的問題呢？我認為首先要堅持憲法解釋的基本原則，除此之外，還必須在理論高度上認識到以下幾點：

第一，認識並承認憲法解釋的主觀性和超科學性，防止以客觀性和科學性之名實行解釋的專斷。

第二，不應當放任這種主觀性，而應當力求克服或者超越這種主觀性。

第三，要努力追求解釋的公正性、合理性和可被接受性。

總之，憲法解釋應該怎麼做？我認為也可以總結為這樣一句話："改變不能接受的，接受不能改變的。"

五、憲法解釋與憲法運用

（一）何謂憲法運用？

憲法運用指的是什麼？顧名思義，指的是公權力擔當者或私主體，將憲法運用於現實的具體實踐中的一切活動。

還有一個概念叫憲法適用。一般來說，憲法運用包括憲法適用，但憲法適用也有狹廣兩義。

狹義的憲法適用主要指的是合憲性審查機關將憲法適用於個案之中並作出判斷的活動，而且這種判斷主要是憲法判斷，即涉及憲法問題的判斷。為此簡單地說，狹義的憲法適用也就是用憲法斷案。

　　狹義的憲法適用有一些特徵。在形式上，它存在引用憲法條款並解釋憲法條款的現象。但這只是形式性特徵，而非實質性特徵。其實質性特徵在於：將係爭案件（即發生爭議的案件）中所適用的下位法規範或者其他行為與憲法條款的解釋命題相比照，作出是否違憲的判斷。

　　中國的實務界和學術界都曾用過一個概念，叫"憲法司法化"，它指的是憲法進入司法程序，被司法機構所運用。但我對"憲法的司法化"這個概念保持疑問。為什麼呢？從語文角度來講，"憲法司法化"這個構詞法就有些不通順，憲法怎麼會"司法化"呢？憲法怎麼變成"司法"了呢？"憲法審查的司法化"倒是可以成立，至少應該說是"憲法的司法適用"。然而，這種"憲法的司法適用"，很接近於我們所說的"狹義的憲法適用"了，只不過有兩點仍值得澄清：一是它將合憲性審查機關限定於司法機關，即法院，這個是以美國的合憲性審查制度為模式的。二是，說是"憲法的司法適用"，但很多時候只是法院引用了憲法的某些條文，而未必根據憲法對什麼法律法規作出是否違憲的判斷。關於"憲法的司法適用"，我們這裏不多談了，等下再專門分析它的條件。

　　廣義的憲法適用則幾乎就等於憲法實施的所有具體形態，為此幾乎接近於憲法運用，指的是任何主體將憲法的規範內容運用於某個具體地域、具體場合、具體個案等一切活動，如問我國現行憲法是否可以適用於港澳特區，在這種語境中所使用的就是廣義的憲法適用這個概念。此外，它還包括：（1）將憲法適用於個人的權利救濟，比如公民為了捍衛自己的權利，援引憲法相關條款去和國家機關交涉，就是一種廣義的憲法適用；（2）將憲法適用於國家機構的組織與運作，比如政府要設立某個機構，就必須研究憲法，看誰有權設立、怎麼運作，等等；（3）將憲法適用於國家和社會基本制度的運作；（4）將憲法適用於作為立法和政策制定的依據，等等。

　　廣義的憲法適用雖然接近於憲法運用，但因為憲法適用主要是限於憲法內容的適用，為此，其範圍不如憲法運用廣。比如舉行憲法宣誓時，根據有關規定，也要用到憲法，其中，單獨宣誓時，宣誓人應用左手撫按憲法；集體宣誓時，領誓人左手撫按憲法，這也屬於憲法運用。

這幾個概念在現實中常常會搞混，所以我們來討論一下以下幾種行為是憲法運用、憲法適用還是憲法實施。

第一，根據憲法規定，建立各級法院。

第二，法院根據憲法規定對某個案件作出判決。

第三，法官就職時，左手撫按憲法，進行憲法宣誓。

我們來討論一下答案，第一個，根據憲法規定建立各級法院，屬於憲法運用、廣義的憲法適用，也是憲法實施。第二個，法院根據憲法規定對某個案件作出判決，這個是憲法運用，也是憲法實施，同時又是憲法的司法適用，或者說狹義的憲法適用。第三個，法官左手撫按憲法進行憲法宣誓，其中，法官左手撫按憲法的行為，是憲法運用；而法官進行憲法宣誓的行為，同時也是憲法實施。因為 2018 年修憲後，我國現行《憲法》第 27 條第 3 款規定，國家工作人員就職時應該進行憲法宣誓，所以也算憲法實施。

這幾個概念容易搞混，需要好好理解。

（二）憲法解釋和憲法運用的關係

憲法解釋和憲法運用存在密不可分的關係。憲法運用一般都需要憲法解釋，憲法解釋是憲法運用的前提。憲法運用的過程中就包含憲法解釋，離不開憲法解釋。此種密不可分的關係尤其典型體現在憲法適用過程當中。拉倫茨老先生曾經指出：法的適用就是事實與法條之間對向交流、相互穿透的"一種思想過程"，這個過程一方面是通過應照法條，將原始的案件事實加工轉化為法律意義上的案件事實；另一方面是通過解釋法條，將其轉化為具體的、適宜對當下個案的案件事實作出判斷的規範形式。這就是"詮釋學意義上的循環"。由此可以看到法的適用和法的解釋的密切關係。這裏所說的是狹義的法的適用，但廣義的憲法適用也需要憲法解釋。

那麼狹義的憲法適用的一般方式是什麼樣的？這個問題如果不說清楚往往會引起認識上的混亂。狹義的憲法適用主要是通過對特定憲法條文的解釋，判斷適用於個案中的某部立法是否違反了憲法的該項規範。比如在刑事案件中，主要通過對憲法條文的解釋，然後去判斷適用於這個案件的刑事立法是否違反了憲法。它往往需要兩頭進行解釋：一方面解釋憲法上可能被違反的相關條款，另一方面解釋普通法律裏被主張違憲的條款。然後合憲性審查機關作出判斷，這個判斷往往不是一般的法律判斷，而是憲法判斷。這個方式，叫作狹義的憲法適用的方式。它的特點在於有內在的動力機制，因為有個案帶動它運作，為此比較活潑，從而可以促進憲法解釋甚至合憲性審查的活性化。

前述"格里斯沃爾德訴康涅狄格州"案，就是通過對憲法第 14 條修正案的解釋來判斷適用於爭議案件的康州反避孕法是否違反憲法。另外在少量案件中，可以解釋並引用憲法條文對個案中的行為進行司法判斷，如在部分行政訴訟或者民事案件中，並非判斷某部立法是否違憲，而是判斷某一個行為是否違憲。比如日本前首相小泉純一郎曾多次參拜靖國神社，刺激了亞洲各國人民的神經，甚至招致日本左派人士、進步人士包括我的導師的強烈反對。於是就有日本進步人士對小泉的參拜行為提起控告，控告他的行為違反了日本憲法上的政教分離條款。小泉作為公職人員明確以公職身份參拜靖國神社，是違憲的。大家要注意，參拜只是一個行為，不是一部立法，但也可以根據憲法來判斷該行為是否違反憲法規範。不過，在成熟的法治國家，由於大多數公權行為都是於法有據的，為此類似這樣的只是少數情況，更為多見的情況則是判斷某部立法是否違憲。

（三）憲法司法適用的條件

憲法的司法適用，是狹義的憲法適用的一種，其方式就是將合憲性審查交給普通法院去做。在過去出現的"憲法司法化"動態中，有人受到美國合憲性審查制度模式的啟發，很推崇這個模式，但實際上，憲法的司法適用在制度上要得以確立，需要兩個條件：

第一，相關的憲法規範可以作為裁判規範。所謂"裁判規範"，就是能夠在司法審判中作為判決準據的規範。比如，憲法序言開頭的"中國是世界上歷史最悠久的國家之一"，就很難作為裁判規範，因為它是事實命題。但是，憲法本文第 37 條第 1 款"中華人民共和國公民的人身自由不受侵犯"就有這個能力，能夠作為裁判規範。這種能力在英文中叫作"justiciability"，很多人把它翻譯為憲法的"可訴性"，我覺得這個翻譯是失敗的，應該翻譯為憲法的"司法上的可適用性"，這樣似乎更為妥當。應該説，憲法的許多條文太概括、太抽象，而且還具有高度的政治性，所以很難像刑法、民法那樣作為裁判規範。但是，經過應用憲法解釋，大多數國家的憲法中的大多數條款，還是可以作為裁判規範適用於爭議個案的。因此，關鍵就看憲法解釋學是否發達，是否有能力完成對憲法條文的解釋任務。

第二，還必須存在相應的特定制度，允許司法機關或類似司法機關的機關將憲法規範適用於個案。這種特定的制度在相當部分的國家中是存在的，這就是合憲性司法審查制度，或者叫憲法訴訟。要注意的是，憲法審查並非必然是由法院來進行的，只有一些國家是這樣，比如美國、日本。我國當下主要是由全國人大常委會來審查的。所以，我國不存在憲法訴訟。所謂憲法訴訟，實際上便是憲法審查的司法化。也就是説，在理論上，狹義的憲法適用在我國是不存在的。在現實中曾經出現過一兩起，但總體上批評意見比較多。

我國憲法與司法適用關係怎麼樣呢？應該説我國憲法司法適用的條件不足。第一個條件尚可具備，也就是説，將憲法通過解釋後作為司法裁判的規範，這個沒問題。但第二個條件明顯缺少，而且很難補上，因為目前憲法上不存在合憲性司法審查制度，法律層面上也沒有這個制度。有人説，那修改一下憲法或法律，引進這個制度不就行了嗎？答案是沒那麼簡單。在我國現行憲法體制下，將合憲性審查權交給法院系統，幾乎是不可能的。

六、我國的憲法解釋與憲法運用

（一）我國的憲法解釋

在我國，有權解釋方面採用了法定解釋機關的體制：《憲法》第 67 條第（1）項明定全國人大常委會有權解釋憲法。除全國人大常委會之外，其他機關是否有權解釋憲法？憲法當中沒有規定，不過學術界認為，在邏輯上，全國人大也應屬於有權解釋機關。我認為這是對的。如果全國人大也有權解釋憲法，那麼終局性的憲法解釋權應該屬於全國人大。

　　除全國人大及其常委會之外，其他的國家機關，比如政府、法院，能不能解釋憲法呢？我認為，理論上它們也具有解釋權，但它們並非法定解釋機關，因此其解釋之效力低於全國人大及其常委會之解釋。

　　我們曾經說過，在許多國家，政府和司法機關都有權解釋憲法。最典型的案例就是日本內閣對日本現行《憲法》第 9 條的解釋。日本現行《憲法》第 9 條被認為是具有高度政治性，司法機關最好不要隨便加以解釋，而是要讓人民或者人民選出來的政治機關來做主，所以日本最高裁判所很少對這個條款進行解釋，甚至刻意迴避對這個條款作出解釋。但是，日本政府也就是日本的內閣則多次對第 9 條作出了解釋，如果撇開內容不論，其解釋還是有　點兒專業水平的。

　　我國這一憲法解釋機制的特點以及現況如何呢？對此，可概括為以下六點：

　　第一，我國的憲法解釋體制在當今世界上是相當少見的，當今，只有極少數國家規定由立法機關進行憲法解釋。

　　第二，該制度在近代歐陸國家倒存在先例，我們曾經說過，1875 年法國的第三共和國憲法雖然沒有明確規定，但在學者學說上被認為就採用了這種體制。

　　第三，理念上，以人民代表機關的意志擬制人民的公意，如薩維尼所言的 "立法者意志的再現"。但是薩維尼本身又反對立法解釋，認為立法機關對於法律進行解釋，在學理上是不成立的。

　　第四，目前，全國人大常委會的有權解釋尚未得到具體的制度化：解釋的方式、程序、效力等不明。雖然 2014 年十八屆四中全會就已經提出要 "健全憲法解釋程序機制"，但是全國人大還是沒有輕易做過正式的憲法解釋。有學者認為其實已經做過了解釋，例如人大的胡錦光教授等學者認為有些法律制定其實就體現了憲法解釋。我個人認為這個觀點有待斟酌。誠然，從實質意義上講，有些立法可能體現了憲法規範內容的具體化，體現了憲法解釋，但為了維護憲法解釋的權威性，憲法解釋需要採用要式主義，簡單說，它至少必須採取一定的格式，這種格式不但要明確，而且要嚴格。迄今為止，全國人大常委會對《香港基本法》的五次解釋就做到了這一點，基本上符合要式主義的要求。

第五，現實中尚未做出明確的專門的憲法解釋。

第六，僅存在有關憲法性法律的解釋例。前面曾經講到，香港基本法 158 條明確規定，其解釋權歸全國人大常委會，而到目前為止，全國人大常委會對香港基本法進行了五次解釋，分別是：1999 年，經香港特區政府請求，對港人內地所生子女居港權問題進行解釋；2004 年，對 2007—2008 年行政長官及立法會產生辦法問題，全國人大常委會自行釋法；2005 年，經香港特區政府請求，對行政長官呈辭後繼任人任期問題進行解釋；2011 年，經香港特區終審法院請求，對香港絕對外交豁免權問題進行解釋；2016 年：全國人大常委會自行對基本法第 104 條有關香港公職人員宣誓效忠條款進行解釋。其中只有 2011 年那次解釋包含了憲法解釋。

小貼士：香港基本法解釋中的憲法解釋

香港基本法解釋比較多的原因在於，香港存在以司法審查為制度框架的基本法訴訟制度，有活潑化的個案在推動基本法解釋，而中國內地則不存在同樣的制度及推動力。

那麼，無權解釋方面情況如何呢？也不是很樂觀。過去是有一些解說性的學理解釋，但傾向於對憲法條文的文字、含義、立法原意的解說，學理性程度不高。這樣的憲法解釋學，我們給它一個概念，叫作"政治教義憲法學"，它主要是為政治服務，帶有意識形態宣傳的特點，比如在解釋人民代表大會制度的時候，往往會說人民代表大會制度具有無比的優越性。"無比的優越性"，便可能不是學術表述。所以我們把它叫作政治教義憲法學，它的教義未必是憲法的文本，而是憲法文本背後的政治。總體來看，憲法解釋學在我國還不發達，其重要性也未被充分認識。最近又興起了社會學意義上的憲法學，即社會憲法學。這是因為一批年輕學者看中了德國社會學家盧曼（Niklas Luhmann）的社會系統理論，試圖引到中國，用社會系統理論認識憲法現象。當然，有一部分學者開始重視憲法解釋學，包括韓大元教授及其弟子都很重視憲法解釋。但我國學界也存在對憲法解釋學的質疑，其中政治憲法學就認為當今中國不存在司法合憲性審查制度，所以憲法解釋學根本無用。對此，規範憲法學持如下態度：（1）承認憲法解釋學的重要性及其在方法上的核心地位；

(2) 在中國憲法問題的思考中，不排斥哲學、政治學、社會學等其他方法的應用。

（二）我國的憲法運用

前面講過，我國存在憲法運用，大部分的國家機構條款都在用，大部分的總綱部分內容也在用，國旗、國歌、國徽、首都的條款也都在用，比如說憲法規定"中華人民共和國一切權力屬於人民"，為此立法機關叫"全國人民代表大會"，政府叫"人民政府"，司法機關叫"人民法院"或"人民檢察院"，這些國家機關全部是按照憲法產生的，即依據憲法建立的，這就是一種憲法運用。但是憲法條文中的有一部分沒有用，或用得不明顯，比如有關基本權利保障條款就是這樣。我國憲法運用的不顯在，還出於在司法方面不存在制度化的憲法司法適用。我國存在將憲法作為部分立法的依據以及全國人大及其常委會進行合憲性審查的依據的情況，也存在少量個別性的狹義的憲法適用的實例，號稱"憲法司法化"，但這種做法沒有被制度化，而且爭議很大。

這裏有一個重要的問題，即：即使反對"憲法司法化"，也不能認為憲法與法院是無關的。也就是說，我國法院與憲法還是有關的，主要是這樣的：

(1) 法院是根據憲法進行建制的，也是根據憲法進行運作的，包括根據憲法來組織各級法院、產生法官、獨立行使審判權，等等。

(2) 法院與其他國家機關以及公民的關係，也應當適用憲法加以調整。

(3) 那麼，法院可否適用或引用憲法對普通案件作出司法判斷呢？我覺得這裏有兩種情況：在目前的制度下，如果在民法、刑法或行政法上有其他直接依據，而再將憲法作為主要直接依據，那制度上是不允許的；如果是將憲法作為輔助性依據，補強其他規範依據，則是允許的。

總體而言，我國司法機關目前不能夠直接適用憲法對案件作出判決，尤其不得適用憲法對普通案件中所適用的法律法規作出是否違憲的判斷。

在實踐中，情況是這樣的。1955 年，最高人民法院在給當時的新疆省高級人民法院《關於在刑事判決中不宜援引憲法作論罪科刑的依據的覆函》中這樣寫道：

……中華人民共和國憲法是我國國家的根本法，也是一切法律的"母法"……對刑事方面，它並不規定如何論罪科刑的問題，據此……在刑事判決中，憲法不宜引為論罪科刑的依據。

這種說法對不對呢？當然是對的，憲法當然不宜直接被引用作為論處刑事罪刑的裁判規範。這個解釋也沒有完全排除憲法的司法適用，但卻被廣泛理解為憲法不能適用於司法裁判中，這就有偏差了。

1986 年，最高人民法院在給江蘇省高級人民法院《關於人民法院製作法律文書如何引用法律規範性文件的批覆》中表明了如下態度：

人民法院在依法審理民事和經濟糾紛案件製作法律文書時，對於全國人民代表大會及其常務委員會制定的法律，國務院制訂的行政法規，均可引用。各省、直轄市人民代表大會及其常務委員會制定的與憲法、法律和行政法規不相抵觸的地方性法規，民族自治地方的人民代表大會依照當地政治、經濟和文化特點制定的自治條例和單行條例，人民法院在依法審理當事人雙方屬於本行政區域內的民事和經濟糾紛案件製作法律文書時，也可引用。國務院各部委發佈的命令、指示和規章，各縣、市人民代表大會通過和發佈的決定、決議，地方各級人民政府發佈的決定、命令和規章，凡與憲法、法律、行政法規不相抵觸的，可在辦案時參照執行，但不要引用。最高人民法院提出的貫徹執行各種法律的意見以及批覆等，應當貫徹執行，但也不宜直接引用。

這個批覆很重要，因為它的實務性很強。但值得注意的是：它列明了人民法院在製作法律文書時可以引用哪些規範性法律文件作為裁判依據，其中唯獨沒有列舉憲法。這從理論上，也沒有完全排除在司法審判中引用憲法的可能性，但在詳細列舉法院可以直接援引的各種規範性法律文件中，唯獨沒有憲法，而這一點又被廣泛理解為司法實務中不能引用憲法，並進而被理解為不能適用憲法。

這個巧妙的做法進一步被沿襲了下來。2009 年，最高人民法院頒佈了一項新的有關規定，即《關於裁判文書引用法律、法規等規範性法律文件的規定》（以下簡稱《規定》），一共 8 條，其中增加了"可直接引用"的規範性文件，它的範圍包括：司法解釋、行政法規解釋、部門規章。在這裏所擴大列舉的範圍中，照樣唯獨沒有憲法。

當然，該《規定》寫道：其他規範性文件"經審查認定為合法有效的，可以作為裁判說理的依據"。這裏的"其他規範性文件"是否包含憲法呢？

非也！因為該《規定》第 7 條就明確規定："需引用的規範性法律文件之間存在衝突，根據立法等有關法律規定無法選擇適用的，應當依法提請有決定權的機關做出裁決。"這實際上就排除了法院可以獨立對規範性法律文件之間的衝突，其中包括下位法與憲法之間的衝突作出獨立判斷，一句話，它排除了憲法司法審查。

所以，在目前的中國，憲法審查和司法機關沒有緣分。不過，有時似乎也有例外。

在 2001 年，發生了著名的齊玉苓案。因該案中開始引用憲法，由此被稱為"中國憲法（司法化）第一案"。我給大家介紹一下案件情況：

山東省一個女孩子叫齊玉苓，她於 17 歲時（1990 年）通過了中專預選考試，取得了報考統招及委培的資格，但其錄取通知書則被一個名叫陳曉琪的人領走。此後，陳曉琪以齊玉苓的名義到山東濟寧市商業學校報到就讀，而齊玉苓則長期沒有正式工作，靠賣早點、快餐維持生計，而冒用其姓名的陳曉琪畢業後卻在中國銀行有一份固定的工作。1999 年，齊玉苓得知真相後，以自己的姓名權、受教育權受到侵害為由，將陳曉琪、山東濟寧市商業學校、山東省滕州市教育委員會及山東省滕州市第八中學等當事人訴至法院，要求被告停止侵害、賠償經濟和精神損失。

由於案情複雜，下級法院經省高級人民法院向最高人民法院提出請示，2001 年最高人民法院作出了批覆（最高院法釋〔2001〕25 號），內容如下：

　　　　山東省高級人民法院：你院 1999 魯民終字第 258 號《關於齊玉苓與陳曉琪、陳克政、山東省濟寧市商業學校、山東省滕州市第八中學、山東省滕州市教育委員會姓名權糾紛一案的請示》收悉。經研究，我們認為，根據本案事實，陳曉琪等以侵犯姓名權的手段，侵犯了齊玉苓依據憲法規定所享有的受教育的基本權利，並造成了具體的損害後果，應承擔相應的民事責任。

我們看到，這個批覆引用了憲法，但卻不是引用憲法對某部法律是否違憲作出判斷，而是適用（引用）憲法作為直接依據，對普通案件作出司法判斷，而沒有典型的合憲性審查之實質。同時，該批覆適用憲法來調整公民與公民之間的民事侵權關係，而不主要是審查公權力對公民基本權利的侵犯。然而，它在延伸的意義上，涉及法院是否有權解釋憲法以及是否可以行使合憲性審查權的問題，為此備受爭議。

後來，最高人民法院下達文件，要求下級法院不要再審理類似案件了。2008 年 12 月，最高人民法院發佈公告廢止 27 項司法解釋，其中就包含了 2001 年齊玉苓案的司法解釋。由此，“憲法司法化”的路也就基本上行不通了。

這裏順便交代一下：在中國，類似“齊玉苓案”的案件過去還不少，2020 年 6 月，山東就又曝光了一起，被稱為“陳春秀被冒名頂替上大學案”。同年 12 月，十三屆全國人大常委會二十四次會議表決通過的《刑法修正案（十一）》，將冒名頂替他人高等教育入學資格、公務員錄用資格和就業安置待遇認定為刑事犯罪。

然而，憲法的解釋和適用，在我國還有很多值得探討、值得研究的問題，有待我們今後繼續思考。

至此為止，我們把“憲法總論”這一編講完了。

國家組織

今天開始講第二編：國家組織。

“國家組織”這個概念，突出了 constitution 這個詞的原初含義。大家都知道，我們現在將 constitution 翻譯成“憲法”。但是從西語詞源來説，它最初含有“組織、構成、建構”的含義，“國家組織”就反映了這種原初含義。

當今，政治憲法學的學者就抓住這一點，提出 constitution 著重講的就是“構成”，言下之意，憲法中的人權保障等其他內容不重要。對這點，我也不敢苟同。我們應該看到，如果真的要從西文的語源學説事，那也應該看到，constitution 一詞雖然其原初含義指的是構成、建構、組織，但在其概念史的發展過程中，則慢慢演變出一種新的內涵，即含有限制專斷性權力、保障人的起碼的尊嚴及基本權利這一層含義。這一點，政治憲法學沒有看到，可謂知其一而不知其二。只不過我們不否認，“國家組織”是 constitution 的題中應有之義。

那麼，“國家組織”是什麼意思呢？

國家組織不等同於憲法條文上的國家機構，國家機構的範圍顯然小於國家組織。國家組織在政治學上講就叫“國家建構”，簡單來說，它指的是將國家組織成為一個在公法（包括國際法）上可被認定為主體的統一整體。我們組織一個沙龍比較容易，組織一個家庭也不難，大家可能都有這個準備，甚至也有這個期待。但是，組織一個國家，這事可大了，這屬於野心家的事業，但更多地屬於人民的偉業。

從世界各國看，憲法往往包含國家組織法和人權保障法兩塊重要內容。這兩個塊都很重要，而從規範憲法學的立場來看，人權保障法是更加重要的。國家組織法為人權保障法服務，但也正因如此，我們也有必要好好研究它。

憲法學中涉及國家組織的內容很多。以我國現行憲法為例：序言部分就開始涉及國家組織的內容；第一章“總綱”部分中許多條款涉及國家組織；第二章“公民的基本權利和義務"部分直接與國家組織相關的條款較少，但也涉及國家的價值目標與目的；第三章"國家機構"，這是主要規定國家組織的；第四章"國旗、國歌、國徽、首都"，這也是有關國家組織的。由此看來，在我國現行憲法中，包括第二章在內，各章都與國家組織相關。

我對這一部分的講授內容有比較大的調整，定為講授如下四章，即：

第五章　國家的諸觀念

第六章　國家類型學：國體與政體

第七章　國家機構原理

第八章　國家機構體系

第五章　國家的諸觀念

在講解本章之前，我們先舉出三個章前導引問題：第一，綜觀古今中外，所謂國家，究竟是什麼？或者說，國家的本質是什麼？這個問題涉及國家組織或國家建構的重要前提。第二，我們中國人對國家的認識有什麼傾向？這個問題也很重要。今天我們就會分析中國人的國家觀，並反思我們對國家的認識，在此基礎上去解決一個問題，即第三，什麼樣的國家治理制度才是有正當性的？

應當承認，這些問題當中，很多是涉及政治學，尤其是政治哲學的問題，但是，我們憲法學也不可迴避這樣的思考，因為這些問題本身對人類歷史上的憲法規範的形成與理解也具有一定意義。這就體現了規範憲法學研究方法的特點，即：我們是以規範分析為核心的，但在研究對象上並不排除政治現象，甚至也並不拒絕其他研究方法，當有必要運用其他研究方法時，我們就應該運用其他研究方法，與規範分析方法結合起來，對憲法現象進行分析與把握。

今天的講授內容就比較明顯地體現了規範憲法學的這種研究取向。

一、關於國家的本質

這個問題，其實就涉及國家觀，或者說國家本質觀，即對國家的本質到底是什麼的思考。然而，在這裏，我們與其要直接回答“國家究竟是什麼”，倒不如先來看一看到底人類歷史上最聰明、最有思想的那批人是怎麼看國家的。看完之後，如果你還能得出自己的結論，那你厲害了。

馬克思主義往往把國家的本質看作 to be 的問題，看作客觀的問題，這個很重要。另外，我們需要進一步了解，人們是怎麼看國家的本質這個問題的。這就涉及國家觀了。關於國家觀，古今中外有很多學問在研究它，其中包括政治（哲）學、社會學、經濟學、法學等。在近代歐洲，德、法等國還興起一種學問，叫一般國家學。既然有一般國家學，就有特殊國家學，前者研究的是歷史上所有國家的本質是什麼、形態怎樣、國家機構是怎麼建立的，是對國家的一種綜合性的、一般性的研究；而特殊國家學則具體研究某個國家的本質是什麼、形態怎樣、國家機構是怎麼建立的，由此發展出憲法學，即教義學意義上的憲法學。因此，每個國家的憲法學都研究自己的國家體制，就是從這裏來的，這是特殊國家學的使命。但是，特殊國家學又有賴於一般國家學的發展；而國家的本質是什麼，恰恰是一般國家學最初研究的問題之一。

有關國家觀，在人類思想的歷史長河中曾出現過很多思想的洪峰。我們這裏只選取其中最為經典的幾種學說，提示給大家。

二、幾種經典的國家觀

（一）政治學的國家觀

政治學的國家學說有很多，具有代表性的理論之一就是近代英國的霍布斯（Thomas Hobbes）的思想。如果你是學人文社會科學的，這個人的名字一定要記住。千萬不要出現這樣的情況：當別人和你聊起霍布斯的時候，你想了半天，撓撓頭說，我們大學好像沒有這個姓霍的教授，甚至反問人家：他是霍元甲的後人吧？

霍布斯生於 1588 年，是 17 世紀英國著名的政治學者，被認為是自由主義的開山鼻祖，其代表性著作是《利維坦》一書。他的國家觀概括起來說就是：國家是人民之間為擺脫野蠻的自然狀態通過契約建立起來的，國家就是"利維坦"。何為"利維坦"呢？其英文為"Leviathan"，字意為"裂縫"，是《聖經》中一個力大無比的怪獸。也就是說，在霍布斯看來，國家是一個力大無比的、多少帶有邪惡力量的怪獸，即一種巨大的強制力，一種具有震懾力量的絕對權威，否則就不足以有效約束人們的野心、貪婪、易怒和其他類似的激情，不能避免人們由於其惡的本性重返前國家的"戰爭狀態"。

在這裏我們可以看出，霍布斯所講的國家和中國人心目中的國家不太一樣：中國人往往是從"人性善"的角度出發來建構國家想象的，為此我們心目中的國家往往比較美好，由此我們產生了對於國家的信賴與期待。其實，西方人在這之前，差不多也是這樣設想人類政治共同體的，只不過到了霍布斯，才發生了重大轉折，霍布斯是將他的國家觀建立在人性惡觀念的基礎之上的，而且在他看來，人性惡是正常的，為此國家就應該是一種"以惡制惡"的強大裝置。這對此後西方人的國家觀產生了極大的影響。

西方有關國家形象的古典畫像，可見下圖。

這幅圖源於霍布斯1651年出版的《利維坦》一書的封面，據說出自霍布斯的手筆，它展現了近代西方人對國家形象的一種想象。從中，我們可以看出許多要素來：首先，我們看到的是一個"巨人"，他手中握有劍與權杖。這些都是國家的要素：這個"巨人"象徵著主權者，他是一個自然人的形象，意味著人們最初所認識的國家多為君主制國家；他手中的劍象徵暴力，權杖象徵權力及其合法性。這說明，這幅圖的作者已經認識到：所謂國家，就是擁有合法性的暴力組織。那麼主

圖16　早期西方人所描繪的國家形象圖，類似於**Leviathan**（利維坦）

權者是如何構成的呢？細看就知道，它身上穿的不是毛衣，而是由密密麻麻的人構成其身體，即國家由人構成。國家建立在什麼基礎之上呢？這幅圖展現了，它是建立在一片有山河的領土之上，古代中國人稱為"江山"。所以，正如後面我們將講到的那樣，主權、人民和土地，就是現代社會學所認識的國家三要素。但是，霍布斯在此強調的是國家的巨大威力，而且帶有一種惡，後來的政治學認為，這是一種"必要的惡"——這是西方政治學家對國家的一種深刻洞見。

霍布斯的國家觀有很深刻的內涵。我們說，人類作為一種有靈性的高級動物，自誕生以來，形成了人與人關係，而人與人構成各種關係，其中最重要的關係是什麼呢？那就是支配關係，即人支配人的一種關係。這種支配是具有強制性的，表現在政治上，用馬克思的話來說，那就是統治關係、壓迫關係。當然，有些支配也可能含有溫情的一面，正當的一面，如父母對子女的關愛、老師對學生的關心、統治者對臣民的保護，但其中無法排除強制性的要素。人類貴為萬物之靈長，但仍然無法克服人對人的支配，無法擺脫這種強制性的支配關係，正如盧梭在《社會契約論》開篇中所言："人生而自由，但卻無不在枷鎖之中。"而國家就是將一種強制性的支配關係加以制度化和正當化的一種人間組織。

（二）哲 學 的 國 家 觀

接下來，我們看看哲學家如何考慮國家的本質問題。在這個領域，也有很多有關國家的學說，從古希臘柏拉圖（Plato）、亞里士多德（Aristotle）開始，就不斷有人做這樣的研究。我們舉一個最有代表性的人物，那就是黑格爾（Hegel）。

黑格爾的學說是比較晦澀的，其所提供的國家觀卻是非常美好的。他認為國家是"倫理理念的最高現實體"，認為國家不僅會維護人的權利與生命，還以追求至善和正義為目標。具體而言，黑格爾認為自由在法中才能實現，這種法的發展分為抽象法、道德、倫理三個環節，其中倫理的發展又經歷了家庭、市民社會和國家三個階段。國家，則是倫理理念的最終實現，國家高於個人，個人在國家中才是自由的。黑格爾傾向於把國家描述為一種理想國，一種善的統一體，為此具有國家主義的思想傾向。這種思想，或多或少反映了他所處時代的德國人對國家統一的渴望，因為當時的德國是分裂的，並因此給人們帶來了深重的苦難，為此當時的人們都或多或少把國家看成是一個美好的東西，而黑格爾將其昇華為一種理論了。他的哲學意義上的國家觀，顯然與霍布斯的觀點相去甚遠。

（三）近代政治哲學的國家觀

到近代後，政治哲學對國家觀也有新的認識，而且產生了重要影響。其中一種重要的立場認為，國家是人們之間基於一種契約而產生的政治社會組織體。這就是所謂契約論的國家觀。它不僅涉及國家的本質，還涉及國家的起源以及合理依據或正當性的學說，可以說是近代之後西方最有影響力的國家觀。

1. 發展歷程

契約論的國家觀有一個漫長的發展過程。有人追溯，它起源於古希臘（伊壁鳩魯，Epicurus），復興於 15 至 16 世紀部分國家的反專制的貴族思想家之間，盛行於 17 至 18 世紀，代表性的思想家有前面的霍布斯，此外還有英國的洛克與法國的盧梭等人；19 世紀，實證主義在西方興起，契約論國家觀受到了批評，曾一度趨於式微；但到 20 世紀它又再度復興，美國哈佛大學著名政治哲學家羅爾斯（John Bordley Rawls）在 20 世紀六七十年代重構政治正義理論，推動了契約論國家觀的再度復興，迄今仍在發揮重要影響。

當然，我們在這裏著重介紹的是近代三位思想家的契約論國家觀，因為他們對近代國家組織、憲法建構產生了重大影響。

2. 三個具體概念

近代的契約論國家觀一般都包含三個基本概念：

第一，自然狀態（state of nature），指國家成立之前人類所生活的一種無政府、無法律的狀態。三位思想家都提到這個概念並作出不同的描述。

第二，社會契約（social contract），這種契約的當事人是複數的，很多人參與簽訂契約，但對於雙方締約者為誰，不同思想家有不同觀點。

第三，對國家的授權。為了締約，並成立國家，人們把自己權利的一部分或者全部授予或出讓給國家。但到底是出讓一部分還是全部呢？出讓的後果如何呢？對此，不同的思想家也有不同的認識，這些也影響到此後近代國家的建構。下面我們具體來看。

3. 三位思想家的比較

我製作了一個簡明的表格，大家可以通過如下這個表格來看。

表1　三位思想家有關社會契約論的不同見解的比較

思想家	自然狀態	締約者	授權情形
霍布斯	野蠻殘酷	人民與人民	出讓一切權利
洛克	自由，但不安全	人民與統治者	出讓部分權利
盧梭	自由幸福，難以為繼	人民與人民	出讓一切權利

首先是霍布斯的觀點：在他看來，自然狀態是野蠻殘酷的，他有一句話，有人將其翻譯成“人對人是豺狼”，說的就是這種境況。因此人們在這個狀態裏無法保護自己的自由、生命和財產。人類注定是貧窮、孤獨、骯髒、殘忍和短命的。所以到了最後，自然狀態中的人民與人民決定簽署契約，成立一個國家；所有人把一切權利都出讓給國家，由國家統一掌控，但也正是因為如此，人民須要無條件服從國家，以保護自己的生命和安全。他在這裏提出了利維坦的觀點，認為國家在獲得人民出讓的所有的權利後成為強大的統一體，具有至高無上的地位與權威。為了實現這一點，霍布斯所講的國家採取了君主制的形態，可以對人民進行強權性的支配。這也是由於霍布斯看到人類的弱點，為此傾向於主張實行君主制。當然，霍布斯開啟了一種國家正當性的論證模式，即：經過人民的締約與授權，國家對人的支配也被正當化了。

洛克的社會契約論，與霍布斯的有所不同。洛克是近代英國最偉大的思想家之一。他所描述的自然狀態是自由、快樂但不安全的，這比霍布斯的要美好多了。但因為不安全，人民與統治者締結一個契約。洛克對契約簽訂雙方的這種想象有可能受到 1215 年《大憲章》的影響。人民向統治者出讓部分權利，但有一部分仍適度留在人民手中，其中最重要的是三種不可或缺的權利，此即生命、自由和財產，這就成為後來的近代憲法所必須保護的人的最基本的權利。他的思想對後來英國、美國乃至其他國家的政治發展產生了重要影響。

　　到盧梭的社會契約論，內容又不同了。盧梭看到的自然狀態更為陽光，簡直就是一幅田園牧歌式的情景。他認為自然狀態是自由幸福的、快樂的，但問題在於人類繁衍太快，導致幸福狀態難以為繼，因此，人民與人民不得不簽訂一個契約，主要內容也是出讓一切的權利。但盧梭與霍布斯不同的是，他認為締約的後果是很好的。霍布斯認為人民出讓一切權利之後，只得完全服從國家的支配，而盧梭則認為，出讓一切權利之後，國家會更有效地保護人民的權利，會成倍地將權利回報給人民，由此人民成為更大的受益者。質言之，人民出讓一切權利給國家後，人民就成為國家的主人；國家則成為為人民服務的主體。人民可以隨時出場更換統治者，國家完全為人民所掌控。這種國家觀像抹了　點蜜糖似的，很接近我們中國人的以人性善為基礎的國家想象，為此很容易被中國人所接受，但在西方，則是一種石破天驚的觀念。當然它此後對西方社會也產生了重大影響，並通過影響馬克思，進而使我國也深受其影響。因此，2013 年初我訪問法國時，特地參拜了巴黎的先賢祠，而且在同一天之內兩次參拜那個地方──上午去了一次，意猶未盡，下午又去了一次，在盧梭的靈柩前流連忘返，感慨萬千。

　　但應該承認，在這三個人中，對西方影響最大的，既不是霍布斯，也不是盧梭，而是洛克。洛克的思想被西方學界認為是契約論的正統。盧梭的思想對 18 世紀的法國產生了重大影響，但在法國大革命爆發後，人們要建構國家之時，發現盧梭的思想無法為其所用，因為其思想太激進而無法操作。盧梭曾經認為不需要代議

圖17　法國先賢祠地宮下盧梭的靈柩。本書作者所攝

制，人民直接出場，而且可以隨時出場，隨時建構憲法秩序，相當於不斷"繼續革命"，這就讓任何一個國家都受不了。更重要的是，盧梭所說的"人民"是一個一個現實的人構成的一群大規模的有意志能力和行為能力的人，本身就很難自組織化，也很難安頓在廣場之上或國家的架構之內。正是在盧梭思想的影響下，當時的法國動盪不已：1789 年大革命開始，一直到 1875 年第三共和國為止，法國可謂是"伏屍百萬，流血漂櫓"，社會持續動盪不安。所以，無論在當時，還是在現代西方，盧梭的思想都受到很大的批判。

當年我了解到西方思想這一動向之後，真是感慨不已！應該冷靜地認識到，盧梭對中國影響太大了，其中一些是不利的影響，特別是不利於國家的長治久安。所以當年我在巴黎參拜先賢祠時，就在盧梭的靈柩前默唸道：你很偉大，但你也害苦了我們。

（四）　社 會 學 的 國 家 觀

社會學的國家觀也比較豐富，其中有一個非常具有代表性的經典學說，影響力非常大，那就是前面所提及的國家三要素理論。這個理論的影響不僅在社會學內部，而且對政治學、法學都有深刻的影響，影響大到許多人都誤認為國家三要素論是政治學或法學的理論。這一理論認為，國家由三個要素構成，即：領土、人民和主權。其中，"領土"這個概念有點不夠用了，現實中還包括領海、領空，這些合稱"領域"，當然，現在還講網絡主權。這個三要素理論是社會學的貢獻。當今，國際法就是按照這三個要素來認定一個國家的。例如，有些地區因為擁有一片土地和一批人民，就聲稱自己是國家，怎麼辦呢？就看有多少國家與你建交，承認你的主權。

（五）　政 治 經 濟 學 的 國 家 觀

經濟學的國家觀往往出現在政治經濟學領域，而在西方思想史中最主要的，而且影響力最大的學說是馬克思主義的國家理論。馬克思考慮國家的本質問題是和階級放在一起的，提出了"階級國家論"。大家注意，經濟學的一個特點，就是試圖把人類社會的一切現象，包括政治現象，都還原為經濟現象來認識和把握，追究它的經濟原因。為什麼男人和女人會談戀愛、會結婚？經濟學家會說：出於經濟原因的考慮，因為兩個人合作，這樣效益最大化。但實際上，我們計算一下，相對於單身，可能戀愛結婚的成本更高，特別是男性。但是，經濟學家又敏銳地抓住這一點，來分析都市裏面出現的剩女現象。為什麼會出現剩女呢？經濟學家說，因為在婚姻當中男性付出的成本太高了，所以很多男性不願意結婚，女性就被剩下來了。這是經濟學的一種解釋。

　　馬克思的階級國家論也採取了經濟分析。國家是什麼呢？馬克思認為，國家就是剝削階級的暴力工具。這種理論認為，人類社會裏面必然出現經濟上強大的階級和經濟上弱小的階級，強大的階級因為掌握了生產資料，在生產關係中佔據了有利地位，成了剝削階級，而弱小的階級成了被剝削階級，因為它幾乎沒有生產資料；進而，掌握了生產資料的剝削階級往往成為統治階級，這是因為他們為了維持有利於自己剝削地位的生產關係，就會建立一種強制的暴力機構，這個強制的暴力機構就是國家機器。應該說，這個理論很尖銳，也是很深刻的。但這麼尖銳的理論竟然沒有被資產階級國家完全禁止，這似乎也是一件奇怪的事。其實是因為馬克思生活的時代已經有了憲法，言論自由多少有了保障，所以他才有可能發表自己的觀點。

圖18　英國倫敦北郊海格特墓園裏的馬克思墓。本書作者攝

這就是卡爾·馬克思，大家都很熟悉。這是一位在世時並不得志的學者。可是後來他的學說對人類社會進程產生了重大的影響，被奉為許多國家的精神領袖。

馬克思思想的一個難得的地方在於，他同情弱者。這與傳統的中國人的思想或士大夫的心靈結構是完全相通的，因此它一下子就為中國人所接受；尤其是近代受到西方國家欺凌的時候，中國人非常快就接受了馬克思主義。所以，至少在學說史上，它是一個偉大的學說，這點是毫無疑問的。但是，如果我們將其加以機械地理解，在這點上可能出現問題。如果不去發展它，而把它看成是金科玉律，看成是真理的終結，看成是可以統治人們思想的工具，這就會有問題的。然而，作為一個學說、一個經典的理論，那是非常偉大的，在這一點上，我也深受馬克思主義學說的影響。

（六）法學的國家觀

法學有沒有自己獨立的國家觀呢？肯定有，只不過很多中國知識人不知道而已。獨立意義上的法學國家觀是近代才產生的，當然是在同其他學科的相互交流和相互借鑒中產生並確立起來的。法學國家觀的巨大的獨特性是由法學思維的獨特性決定的。但是，有關法學的國家觀，中國介紹甚少，更沒有自主產生，幾乎形成了一塊不毛之地，因為連法理學家都不關注，所以只好由我們憲法學來填補這個空白。接下來，我們逐一介紹四種經典的法學的國家觀。這些理論都盛行於近現代德國等大陸法系國家。

1. 國家有機體說

近代很多思想受到生物學（達爾文的進化論）的影響，這裏說的國家有機體說也是受到生物學影響的。這種學說對契約論國家觀的擬制性抱有懷疑，但同樣也是一種將國家作為保障公民自由的合理統一體加以建構的學說。它認為國家是一個有機體，像生物學所講的有機體一樣，是一種自主發生、發展、消亡的有機體，獨立於人類的意志，而非人類可以建構的。

國家有機體說的最主要代表人物之一就是伯倫知理，現在又翻譯成布倫奇利，我們前面曾提到。他是一個瑞士人，後來在德國教書。這位看起來像是個胖大叔的學者，曾經在近代對中國影響很大。他眼中的國家有七個特點，體現了他的國家觀。我通過日文版資料把它翻譯過來了，這七點包括：（1）國家是統一的多數人；（2）國家裏面有領土、國民與大地之間的永久關係；（3）國家還是由機關組成的單一整體——請注意："機關"這個概念在這個學說裏已經出現了；（4）國家裏存在統治與被統治之別，其實也就是說分為統治者與被統治者；（5）國家具有有機性，會自然地發生、發展、消亡，人類干預不了；（6）國家具有人格性，也就是可以作為法律主體；（7）國家還具有男性特徵，國家是 male。

2. 國家權利客體說

國家權利客體說與國家權利主體說相對立，但都是從西方近代法學中最基本的概念、即從權利關係概念出發去理解國家的。其中，前者認為國家是一種權利客體，是某種主體所擁有的對象；反之，後者認為國家即是權利主體本身。

國家權利客體說主張，國家是特定權利主體所擁有的對象，即一種權利客體。那誰是國家的權利主體呢？君主，如德國威廉大帝即是一種；國民也是一種。所以，這種理論產生的邏輯後果是，將管理國家的人（君主或國民）作為權利主體，國家則成為被擁有的對象。而如果君主成為主體，就是君主制國家，它也有可能出現絕對主義，出現馬克斯·韋伯（Max Weber）所說的家產制國家，即把國家看成是君主個人的私產，並且用支配家庭的原理與方式來支配國家，即國家治理方式是家長式的；而如果國民成為主體，就會產生共和國，排除了個人的專制。

但耶利內克對此持批判態度。他認為國民成為國家的權利主體，在邏輯上是不可能的，因為這樣的話，就等於是權利客體（國家）將權利主體（國民）承認為權利主體，這在邏輯上是說不通的。根據他的法律實證主義觀點，國家是先於國民存在的，國家本身就是一個實體，有國家才有國民；如果我們說國家是客體、國民是主體，那就反過來了，等於說客體承認主體為主體。因此，耶利內克主張的是國家權利主體說。

3. 國家權利主體說

國家權利主體說包含了多種學說，其中最具有代表性的學說是國家法人說。以耶利內克為代表的眾多西方公法學家主張國家法人說。這是一種承認國家的法人格，從而將統治權歸屬於國家法人格的學說。

國家法人說的其他重要觀點還包括：第一，統治權雖屬於國家，但行使統治權的意志表示（如法律的制定、行政處分、判決、宣戰等），則由國家的機關實行。第二，所謂機關，本指的是表示法人格之意志的地位，但何者如何獲得這種地位，由憲法規定。在法學中，法人是法律所認定的具有獨立意志的擬制的人。因此，說國家是法人，也就是說國家擁有獨立的意志和行為能力；作為一個法人的國家有許多組成部分，設置許多的機關，各機關裏面還有許多官員，但作為國家法人的一個組成部分的機關和官員的行為雖然很多，然而他們的每一個行為都視為是這個國家、即作為法人的國家的行為，由國家統一來承擔責任。打個比方說，你的右手打了人家，你不能主張說這是我的右手幹的，與我沒有關係。為什麼不能這麼主張呢？因為就打人這個行為而言只有一個意志主體，那就是你，你的右手沒有獨立的意志，它是受你控制的。國家法人說的一個道理就在於，某行政機關的行為侵犯了你的權利，這時就不應單單看作是這個行政機關侵犯了你的權利，而要看成是國家在侵犯。那麼你提起訴訟，好像是針對行政機關提起的，但其實是針對國家提起訴訟，要求它賠償，所以把這種賠償稱為"國家賠償"。國家的公務員在履行職務的時候侵犯了你的權利，就是這個國家侵犯了你的權利。國家不能主張：這是公務員個人的行為，與我無關。國家必須承擔責任，然後可能再追究這個公務員的內部責任。

這就是國家法人說。其核心思想是，國家本身成為一個法人，成為權利的主體。

也就是說，國家是屬於誰的？在國家權利主體說看來，國家不屬於任何人，它就是屬於它自己的。這其實是有深意的。為什麼法學上出現這樣一個學說呢？因為它便於迴避一個問題，即：國家究竟屬於具體的誰的問題。人類很聰明，當有些問題解決不了，或沒有必要解決時，就可能發明一個理論來迴避這個問題。中國人也學會了這點，但我們說得直白了一些，所謂姓"資"姓"社"我們"不爭論"，就是一個顯例，但憑什麼不爭論，這本需要說清楚卻沒有說清楚。國家法人說則不然，它有一個內在的邏輯結構，為此迴避了問題的鋒芒，即迴避了國家到底屬於誰的問題，因為有些國家在特定時期是沒有能力，也沒有必要解決國家屬於誰這個重大問題的，即沒有能力，也沒有必要發動一場革命，來解決國家是屬於君主的，還是屬於人民的。近代德國實際上就是這樣，為此這個理論在近代德國產生。由此可見，國家法人說是一個偉大的理論，是一種能夠"化干戈為玉帛"的理論。它產生於近代德國，由此"節約"了一場無謂的革命。在這一點上，我國有觀點認為德國近代資產階級革命是不成功的，但實際上，人家是成功迴避了一場內戰，轉而大力發展市民經濟，使德國從近代初期西方的一個後進國家迅速成為一個先進國家。

　　當然，在國家法人說中，我們也要認清國民的地位。一般認為，共和國中國民是權利的主體，即國家主權的歸屬主體，而在國家法人說裏，權利主體、主權主體變成國家自己，國家既不屬於君主也不屬於國民。那麼，君主好說，可以下台，可國民或人民擺在什麼位置呢？國家法人說必須給出一個說法。對此，耶利內克很高明地指出，國民具有雙重功能（地位），既是國家社團的一個要素，即主體性的國民；又是國家行為的對象，即作為客體、服從國家管理的國民。

4. 國家法秩序自同說

　　國家並不是一個實體，而是一種看不見摸不著的秩序，這個秩序是由不同位階的法律構成的：最高有憲法，下面有法律，還有行政法規、地方性法規等，這樣就構成了一個整體。質言之，國家作為一種秩序，是法秩序及其統一體的體現而已。

圖19　提出了"國家法秩序自同說"的現代著名公法學家凱爾森

提出這種主張的學説被稱為"國家法秩序自同説"。

　　凱爾森是這個學説的代表人。學過法理學的人都知道，凱爾森是純粹法學的代表人。他是奧地利人，納粹時期逃亡到美國。在凱爾森看來，耶利內克是非常偉大的，但還是提出與其不同的國家觀。他認為，國家形態是法秩序確定出來的，主要理由有兩點：第一，在國家的概念中所成立的特殊的統一體，即所謂國家這個東西，並不存在於自然現象界。第二，國家的存在領域是法的通用，談不上因果意義上的實效性，而是一種應然關係。

　　國家法秩序自同説，對於中國人勢必很難理解，因為我們首先就習慣於把國家理解成有邊界、有實體的地域，比如山河、江山。可在凱爾森看來，國家是由法律來確定的，不是因果關係支配下的自然現象。這是法學裏面另外一種著名的國家觀。

　　通過以上介紹，大家可以很明顯地看到，法律人考慮問題的時候和其他學科都很不相同，法學的思考特別抽象，而且顯得有些彆扭。但是，這對法學本身異常重要。我當年學到這裏的時候就感到特別震撼，只不過有一點不及你們幸福：我不是在本科階段學到的，而是在讀碩士期間才看到法學的國家觀。看到這個以後感到特別震撼：法學這麼有創意，太有創意了！不過説實話，當時有點兒不理解。為什麼不理解？因為在讀碩士以前，不謙虛地説，我對馬克思主義的理解把握還是有點深刻的，認識到國家就是剝削階級的暴力工具，這一理論深入骨髓，自己覺得這才是偉大的理論，偉大不説，還深刻！後來，學到法學的國家觀，就震撼了，但也冷靜了。

　　言歸正傳。以上是我們講述的人類歷史上各種經典的國家觀。但是，中國的國家觀沒有登場，這不是因為中國的國家觀不經典，而是我們的國家觀有特別之處。作為中國憲法學的課程，我們應當專門加以講授。且聽下回分解。

三 、 中 國 的 國 家 觀

　　談中國人的國家觀，其實也殊不容易，因為很多時候我們並沒有認真對待我國的國家觀。這個問題是有待於進一步研究的，今天我在這裏只是拋磚引玉而已。

（一）中國古代的國家觀

　　首先談古代中國的國家觀，它對當今仍然有很大影響。古代中國的國家觀是什麼呢，或曰古代中國人把國家看成什麼樣子的呢？我們可以說，中國古代實際上沒有典型意義上的國家觀，而有天下觀。這個觀點是值得我們注意的：雖然中國古代沒有國家的觀念，但是，我們有非常偉大的天下思想。在這一點上，其實中國比歐洲人或西方人更早認識到國家這個東西，稱為"天下"。關於天下的概念，日本人有專門研究，其中一名學者叫渡邊信一郎，他通過專門研究指出：中國人所講的"天下"即"以州、郡、縣、鄉、里、戶、個人為具體結合體，以中國＝九州＝禹跡為核心，為天子的實際支配領域，是區別於夷狄未開化社會的文明社會"。在這裏，其實成立了類似於國家的觀念。中國人是非常早熟的，當然早熟也會引發身體的異常變化。我們需要認識到，天下思想是西方人還沒有形成國家觀時就產生的一種偉大思想。

　　天下觀念中有兩個重要觀念：天下為公和天下為家。所謂天下為公，《禮記》曰："大道之行也，天下為公。選賢與能，講信修睦"。在天下為公的時代，國家是大家的，當時選擇天子採用禪讓、公推的形式，選擇賢人擔此大任，共同治理天下，堯、舜、禹都是這樣產生的。然而，到了禹傳位給他的兒子啟，"今大道既隱，天下為家"，就出現"天下為家"的觀念，天下變成個人的私產，並且按照治理家庭的方式治理國家。所以韋伯講，中國古代社會就是一種家產制國家，說的就是這種意思。"天下為家"就派生出"江山、社稷"這樣的觀念，這相當於天下為家時期中國人的國家形象了，實際上國家是皇帝個人的家國，與老百姓無關。老百姓不認為"江山、社稷"是他們個人的，充其量只認為它與他們個人的生命、財產密切相關而已，也就是一旦"江山、社稷"不保，小民性命也可能不保，可謂是一種城門失火、殃及池魚的關係。

　　或許有人會認為，似乎中國在近代早期就已經開始認識國家了，比如林則徐即曾經寫到"苟利國家生死以，豈因禍福避趨之"，其中就不僅有"國家"的用語，而且有"國家至上"的觀念。中學老師在愛國主義教育時可能就採用了這個說法。

其實非也！因為，實際上，這句話只是林則徐的一個對子，在這裏很難説林則徐已經有了近代意義上的國家觀，他或許只是為了押韻，將當時一般人所言的"家國"改為"國家"，而在林則徐所處的時代，類似於西方近代意義上的國家觀並沒有在中國確立，還是家產制國家裏的"江山、社稷"。

當然，天下與家國、或曰江山社稷之間，是有區別的。早在清初，中國著名思想家顧炎武在《日知錄》中指出："有亡國，有亡天下。亡國與亡天下奚以辨？曰：易姓改號，謂之亡國；仁義充塞，而至於率獸食人，人之相食，謂之亡天下"。這就是説，易姓改號，滅亡的只是江山、社稷；但一旦淪落到人像禽獸一樣生活著，文明規則一概被推翻，區別於狄夷未開發社會的文明社會被滅掉了，這就是"亡天下"。即便天下為家，仍然有聖人道德存在，這時人類還是有規則、禮義、綱紀存在，還是文明社會；如果天下為家的根本倫理規範也被毀滅掉了，那就是亡天下。顧炎武把"亡國"與"亡天下"區別開來，顯示明清時期中國最有思想的人物實際上講的"國"仍然是"江山、社稷"，而"天下"則具有更大的輻射性，是一個文明體系。

這樣一種思想觀念一直延續到清末，人們都沒有樹立起類似於西方近代的國家觀。在近代的時候，尤其在威斯特伐利亞體系（Westphalian System）成立之後，西方的國家觀發達起來了，中國還沒有。中國人要麼把國家看成天下，要麼把國家看成江山社稷。

一個案例是：1907 年，62 名中國留學生在日本早稻田大學填寫《鴻跡帖》，這相當於畢業紀念題名冊，在其中的"國籍"一欄中：填"支那"的，有 18 人；支那來自西語，相當於 CHINA，原為中性詞，到甲午戰爭之後，在日本逐漸變成貶義詞，為此有人填"清國"，填清國的有 12 人；填"中華"、"中國"的，有 7 人；其餘 25 人未填，或許是因為不知國籍為何意，或許不知自己國家的名稱。當時中國人尚未樹立國家觀，由此可見一斑。

當然，中國人不乏江山、社稷、天下的觀念，只是沒有西方近代國家觀念而已。"而已"一詞有輕描淡寫之嫌，但確實如此。當時的中國已經需要國家觀，世界上許多先進國家都已經開始確立國家觀；當大多數國家逐漸確立近代國家觀之時，一旦落伍，後果極為嚴重。英法聯軍火燒圓明園之時，有個很重要的歷史細節：英法聯軍進入圓明園搶東西時，有些拿不動，就僱圓明園周圍的老百姓用牛車運走。老百姓非常高興提供這種服務。為什麼會這樣呢？他們不感覺圓明園是我們國家的，覺得是皇家的，你搶皇家的東西，關我什麼事，給我錢，就幫你用牛車拉走。

　　還有一例：甲午戰爭時期，中國人實際上還未確立國家觀。當時，中國海軍力量在國際上排名第八位，而日本排名僅在第十一位，但中國還是戰敗了。時至今日，一百多年過去了，現在看來其失敗還是必然的。當今有人說，最重要的原因是我們當時沒有立憲，沒有實行憲政。但也有人認為這個說法很扯，相當於憲政萬能論。我認為，日本之所以勝利，原因是多樣的，但立憲確實是一個關鍵因素，正是當時日本成功實行了君主立憲，就將國家有力地統合起來，國家被組織成為一種近代國家，民心歸一，民族精神為之大振。而中國人當時仍然是一盤散沙。甲午戰爭失敗一個重要的直接原因就在於很多人把這場戰爭理解為李鴻章的北洋軍隊與日本人之間的一場戰爭，很多人還等待李鴻章失敗、倒台，以騰出許多位子讓他們的人上去，甚至許多人還在等待大清國失敗，以便讓江山易幟。你說這場戰爭能不敗嗎？打敗後，南洋軍隊甚至還對日本說："你們與北洋軍打，為什麼把我的船也拖去呢？請求你還給我吧。"居然有這樣的想法！可見當時中國人完全沒有近代國家觀，而當時所有先進國家都有了。我們主要就是敗在這裏！並不在於我們古代沒有偉大的思想。中國古代的天下觀比同時代的西方國家的類似觀念更加偉大，比如我們強調用文明去統合一個組織體，而不是主要靠西方近代的暴力來統合，但這個偉大的思想在近代行不通了，而我們又沒有及時形成一個足以對抗西方的國家觀，或像日本那樣，索性直接及時地吸收西方的國家觀。

（二）中國近代的國家觀

　　自 19 世紀末開始，中國人也逐漸接觸到西方的近代國家觀，並受到其影響。這裏我們可以舉梁啟超這個極有代表性的例子。梁啟超是那時代中國人當中最早接受包括法學國家觀在內的諸種西方國家觀的思想家之一。他在戊戌變法之後流亡日本，在此期間就接觸各種翻譯過來的西方書籍、西方思想，其中包括國家的思想。他當時先後受到三種國家觀的影響。首先受到盧梭的契約論國家觀的影響，但很快他就拋棄了盧梭。他看了一本書，是吾妻兵治譯的《國家論》，這本書實際上是國家有機體說代表人物伯倫知理《一般國家學》的翻譯，而且這本書是漢譯的。梁啟超看了之後對伯倫知理的學說大為讚賞，就拋棄了盧梭的大部分學說，他馬上寫了一篇文章叫《政治學大家伯倫知理之學說》，在這裏接受了國家有機體說。後來梁啟超又改變了，他受到了日本憲法學家美濃部達吉思想的影響，又接受了國家法人說。他自己也承認，自己的思想"流質多變"。

這三種有關國家的思想，哪一個對梁啟超的影響最深呢？還是國家有機體說的影響最深，而且對中國影響很大。中國人正是在類似國家有機體說的國家觀念影響下，接受了馬克思主義學說的。因為國家有機體說與天演論、馬克思主義都有較大的相通性。馬克思主義也強調國家是客觀存在的，會自己產生、發展和消亡，為什麼會消亡呢？因為有客觀規律在起作用，這種想法與國家有機體說很類似。天演論也是，移到社會領域就是社會進化論。嚴復翻譯天演論時，實際上把自己所認同的社會達爾文主義思想也糅合了進去，強調國家之間的弱肉強食，是近代中國人在面臨民族危機、國家危機的一種強烈反應，這是極為重要的，這個思想的特點是從生物學的角度理解國家，把國家看作有機體。

總之，反思中國人在近代的國家觀很重要。我們發現，中國人在那時候遲遲沒有確立起近代國家觀，後來開始吸收西方的近代國家觀，準備通過君主立憲建立國家了，但是這裏面也存在著先天的缺陷。

（三）當今中國人的國家觀及其窘境

那麼，當今中國的國家觀如何呢？這很複雜。百年來，隨著我們先後建立了中華民國與中華人民共和國，中國人慢慢形成了國家觀，但這一過程非常痛苦。一方面，古代的天下觀受到嚴峻挑戰，但它又以各種形式殘留下來，影響著當今的中國人；另一方面，又受到西方國家觀的影響，逐漸有選擇地形成了中國主流意識形態領域的國家觀。

在諸多選擇中，應該說，上述黑格爾的那種國家觀是很動人的，至少對中國人很有吸引力，因為自古以來，中國人就對國家寄託了美好的期望，而自近代以來，中國人更是遍嚐了因國家的百年積弱所產生的種種苦難。但中國人最終沒有完全接受黑格爾的國家觀，而是接受了馬克思的國家觀。有趣的是，馬克思也是德國人，這說明，中國人似乎注定是要接受德國人的國家觀的。為什麼呢？因為從近代開始，德國人就積極思考國家理論，乃至形成了一般國家學，與此不同，中國人對國家的理論思考很不足，而且還往往受到國家本身的控制，所以最終沒有形成完全自主性的近現代國家觀念。

那麼，當今中國的國家觀是什麼樣的呢？

如前所述，首先，最主流的國家觀就是馬克思主義的國家觀，即階級國家觀。它是具有強烈抗議性質的，也是我們中國人在對剝削階級，乃至對西方列強的一種抗議情緒中選擇的一種國家觀，充滿了抗議的性質，甚至鬥爭的性質。從這種意義上來說，它是一種激進的國家觀。其次，在當今中國，國家三要素說還處於比較重要的地位，對憲法學有重要影響。可是，我們沒有形成中國人獨特的國家觀，一種類似於天下觀、能夠與西方的國家觀（包括階級國家論）相抗衡的國家觀。

所以，我們中國人期待一個強大的國家，而且我們的國家也確實正在崛起，但仍沒有自己獨立的國家觀。

當今中國人國家觀所出現的情況是，主流意識形態的國家主義與民間存在的國家觀念淡薄傾向構成了兩個極端，構成當今中國人有關國家觀念的窘境。國家主義傾向，往往是將國家看成比個人更重要的價值載體，在其看來，國家可以超越個人的理想，甚至可以正當地壓迫個人；民族主義則往往與國家主義相伴而行，是國家主義的一個情緒化的"紅顏知己"，對民間也有一定的滲透。可是另一方面，民間也存在國家觀念淡薄的傾向。

2014年年底香港發生"佔中"運動，他們中有的人主張"香港獨立"，而且舉英國的旗幟。這個行為注定會深深地傷害內地人民的感情。但是，這就是真實的事情——即使香港回歸到中國，仍然存在這樣的"港獨"思想，部分香港人居然喊"中國人滾回去"，雖然在當今香港，這種主張及運動的公開支持者比例仍然很小，但它的存在代表了一種現象。雖然香港有獨特的殖民歷史，但從一個近現代史的視角來看，它仍反映了傳統國家觀向現代國家觀轉型的艱難，反映了當今中國並未完成現代國家觀建設。

為什麼普通民眾國家觀念淡薄？其原因是複雜的。

首先，是傳統的天下觀在起作用。如前所述，我們傳統的共同體具有重文化統合的國家觀傳統，文化認同被認為是天下的一個精髓；由此組成的共同體是鬆散的，沒有足夠的由強制力保障的凝聚力。

其次，現代國民國家的建設課題尚未充分完成。近代開始受到西方列強衝擊時，我們面對一個課題，要把古代由文化統合凝聚起來的鬆散的天下，轉變為近代式的國民國家。但是，從嚴格意義上說，直到當下，國民國家建設的課題仍然沒有完成。比如，我們承認，我們有很多民族，但這些民族還沒有形成具有整體意義的"國民"。"國民國家"的英文是 national state，其實也可以翻譯成"民族國家"；當翻譯成"民族國家"時，主要指的就是由一個民族組成的國家，這體現了西方近代一種國家觀念。那麼，由多民族組織國家時怎麼辦呢？那就把多民族都變成一個民族，即把所有人全部培養成為"國民"，最終轉變成為"國民"。為此，national state 就也可以翻譯成"國民國家"。這個過程我們顯然還沒有徹底完成。

再次，國家規模巨大，民族眾多，離心力強大。在許多思想家看來，國家規模多大為好呢？亞里士多德認為，大致一萬人為好；盧梭認為，兩到三萬人，相當於我國古代所說的小國寡民的狀態。相較之下，現今中國內地就有 14 億人，這當然屬於超大了。

最後，我們甚至還存在農耕社會的"生民"的傳統觀念。先秦《擊壤歌》唱道："日出而作。日入而息。鑿井而飲。耕田而食。帝力於我何有哉？"這種"帝力於我何有哉"的觀念與"江山、社稷"的觀念是遙相呼應的。許多老百姓感覺，如果國家不來找我，我就高興了，因為可以不要納稅。這就是一種"生民"的觀念，在當今中國仍然有很大影響。

這樣一種普通民眾國家觀念淡薄的傾向，也產生了一些反彈性的後果，即刺激了精英與主流意識形態中的國家主義觀念的產生與強化，尤其是主流意識形態裏就需要建立一種國家主義傾向的國家觀。自近代以來一貫如此。如梁啟超認識到，建立國民國家必須先造出"新民"，即將人民改造成"新民"。孫中山痛呼中國人是"一盤散沙"，過於"自由"了——那種游離於國家之外的處於生民狀態的自由，讓如此柔弱的民眾對抗西方是不可能的，因此他提出要建立強有力的國家，所以孫中山實際上也是一個集權主義者。到如今，我們所秉持的階級國家論實際上也是具有國家主義傾向的。

四、當今中國人國家觀之反思：憲法學的立場

首先，我們要反思的是當今中國人自己的國家觀，其次，再以此間接反思西方的國家觀。

（一）法學國家觀極為不足

我們可以看到，在當今中國，由政治精英所支撐的主流意識形態領域裏，法學國家觀非常不足。而政治學意義上的國家觀，尤其是階級國家論的國家觀非常發達，它主要把國家看成是政治現象，而把國家看成是法學現象並加以把握的理論卻嚴重匱乏。這也是政治憲法學興起的原因，他們藉助政治學的國家觀來確立自己的國家觀，甚至直接作為法學的國家觀。

法學國家觀的嚴重缺位，也可能是目前中國全面推進依法治國過程中將會遇到的一個重大問題。因為依法治國，本身就內在地需要從法學的角度對國家進行認識與把握，從而將治理規則法律化、法理化。

（二）階級國家論忽視了正當性要素

我們持有的階級國家論也存在一些問題。由於受到維辛斯基主義的影響，其中最大問題就在於忽視（但不是無視）國家的正當性的要素。韋伯是繼馬克思之後德國出現的另一個最有體系性的思想家。他曾經說過一個觀點，彌補了階級國家觀的一個缺陷，這個觀點認為：國家是正統的暴力手段所支撐的人對人的支配關係。在他看來，所謂政治，就是人對人的支配關係；但支配要靠兩種條件，或者說，國家的成立要靠兩個條件：一是具有強制力，二是具有正當性。關於第一點，馬克思

主義認識得十分透徹，甚至認為國家就是由暴力機構組成的；但是作為馬克思主義者，維辛斯基沒有看到或沒有完全看到第二點，即國家還需要正當性要素。什麼是正當性呢？簡單說就是獲得人們的同意、獲得人們的認同。是的，人類無法擺脫人與人之間的支配關係，但是，關鍵在於，這種支配關係是否得到人們的廣泛同意：如果得到了廣泛同意，那麼這種支配就有正當性；如果沒有得到廣泛同意，那麼這樣的支配就是不正當的，就像黑社會收取保護費，我是不同意的，我只是一時沒辦法，所以只得向你交保護費而已，一旦我有能力把你放倒，那我會伺機放倒你小樣的。韋伯認識到，正當性是現代國家成立的兩個條件之一。而當今我們中國人所持有的階級國家論只看到國家暴力性，不重視正當性要求。

1. 與契約國家論的比較

我們將階級國家論與契約論國家觀比較，發現契約論國家觀的優點就在於意識到"同意"的重大意義：人民簽訂契約，同意將一部分或全部權利授予國家，從而國家獲得了正當性。當然，契約論國家觀也受到批判，尤其是在19世紀實證主義興起之後。批判的觀點主要有如下幾種：第一，契約論國家是虛構的，歷史上不存在這樣的事實，即人們聚集在一起簽訂契約，建立國家。第二，契約論國家觀的描述是有問題的，因為出沒於"自然狀態"的人們毫無政治經驗，怎麼簽訂社會契約呢？

這些批判有一定道理，但不完全有道理。因為它忘記了，契約論國家觀並不是提供"to be"的理論，而是提供"ought to be"的理論。再說，即使要尋求歷史事實，也不是完全沒有有關"社會契約論"的故事。

當然，契約論國家觀主要提供的是一種"ought to be"的理論，即"應當是什麼"的理論，具體講就是一種國家何以建立才算是正當的理論。在這一點上，它根據人的理性、理念、精神以及人類道義上的約束力等要素，得出必須得到人民同意才具有正當性的結論，用我們的話來說，只有這樣的國家才會得到人民的

小貼士："五月花號"的故事

真心擁護，才可能長治久安。而階級國家論顯然沒有認識到這一點，至少是沒有深刻認識到這一點，它傾向於只用暴力搞定國家。

2. 對階級國家觀的全面審視

當然，階級國家論也非一無是處，它在一定程度上也含有"同意"的要素。例如，它也強調對人民實行民主，實際上就含有對支配的同意。當然，階級國家論所理解的支配，主要不是指國家對人民的支配，因為這個國家觀最終把人民看成國家主人，無法理解國家對人民的支配，它沒有解決這樣一個問題。若要將這個問題變成法的技術，需要法律上解決：為什麼人民成為國家主人之時，法律還要管束人民、把人民當成治理對象呢？

更有甚者，階級國家論所講的支配，主要是用暴力手段處理與敵人的關係。這種暴力手段必然遭到敵人抵抗。那麼，這裏是否存在正當性觀念呢？我認為，它也具有一種正當性觀念，此即一種報應正義的觀念。簡單地說，就是以牙還牙、以眼還眼，最簡單的就是同態復仇，體現在國家中的支配關係上，那就是：因為資產階級、剝削階級曾經統治過、壓迫過我們，那好！等到我們無產階級掌握政權後，也要反過來去統治、壓迫你資產階級，這就是正當的。

報應正義的觀念，本來應當體現在刑法當中，而我們將它體現在憲法中，因為它已滲透到國家觀中，這就可能影響國家的建構，成為我們立國的基礎。它的問題在於，一旦機械地加以理解，就會形成一種注定無法完全克服動盪焦慮的國家觀，質言之，這種國家觀充滿了危機意識，而且很容易被一些野心家所利用。野心家總是需要敵人的，他們需要尋找敵人，甚至樹立敵人，來確立他們自己的政治地位和政治任務。也就是說，在政治上，敵人或許是存在的，但其實，敵人也往往出於人們的需要，尤其是出於野心家的需要。機械的階級國家論往往就需要樹立敵人，沒有敵人，其觀念秩序就很難維持下去了。它時常讓人們提防著敵人，而在這裏，對敵人的定義手段是非常落後的，往往採用政治上的鬥爭來定義，只要在政治鬥爭中失敗的，都有可能被劃入敵人陣營。

3. 中國國家觀的轉型

中國共產黨在 2014 年召開了十八屆四中全會，在歷史上第一次將全面推進依法治國作為中共中央全會的議題，其意義之重大，可視為中國共產黨或中國人在國家觀發展史上的一個里程碑。

　　為何這樣説呢？原因是這樣的：根據階級國家論確定的國體內涵，包括了對人民實行民主和對敵人實行專政。其中的專政指的是什麼呢？對此，列寧曾有過明確的界説：專政就是不受一切法律的約束，無論是奪取政權還是維護政權，都是如此。但時至當代，正如有的研究者指出的那樣，這個觀念實際上已在科學社會主義發展史中被揚棄了，至少已經在中國的社會主義實踐中被揚棄了，因為 1999 年現行憲法修改時，就把"中華人民共和國實行依法治國，建設社會主義法治國家"寫進了《憲法》第 5 條第 1 款。這説明法治與專政可以並立，專政的內涵因憲法上的法治國家條款而發生變化和發展，認識到對敵人實行專政依然要根據法律來進行。而中國共產黨強調全面推進依法治國，其意義就在於更進一步明確告別了列寧式的傳統專政國家理論；更重要的是，這個轉變，意味著中國共產黨人進一步重視國家的正當性要素，意味著其國家觀的升級轉型。

　　為何這樣説呢？我們也可以從韋伯的一個理論談起。

　　關於國家支配的正當性，韋伯做過經典分析。在《以政治為業》一書中，他指出人類歷史上至少有三種正當性支配模式的理論：第一種是傳統支配型，主要是通過習俗不斷沿襲來確立國家支配的正當性，比如世襲的王位繼承就是如此。第二種是卡里斯瑪（charisma）支配型，即統治者靠自己的人格魅力、政治信念等來支配，並且被人民所認可。第三種則是合法性支配型，這是最為完美的支配模式，即"立足於對明定的法律規範之妥當性的信念，以及依據由合理地被制定出來的規則而確立的客觀性的權限所實行的支配，質言之，那裏的服從是以履行法定義務的形式作出的"。簡單地説，合法性支配模式就是依法治國、依法執政。

　　中國共產黨現在強調依法治國，實際上就將支配模式提升到第三種了。過去我們不太重視合法性，當然有時也用到了一些傳統型和卡里斯瑪型的支配模式，但現在，中國共產黨力圖全面推進依法治國，説明已經高度意識到應該確立執政的正當性，並將其正當性模式升級轉型為合法性模式。倘若這一點能夠得以落實，無疑將是一個巨大的歷史進步。

（三）國家統合的原理：國家三要素説的盲點

接下來，我們講第三點，即側重於反思"國家三要素説"。

"國家三要素説"在當今中國是一種比較重要的國家觀，它看到了人民、主權和領土這三要素。但是如何把這三個靜態的要素整合起來成為一個動態的國家，則沒有深究。也就是説，"國家三要素説"忽視了一個重要的問題，此即國家統合的問題。

1. 國家統合原理的含義

什麼叫"國家統合"呢？簡單説，所謂國家統合，其實就是將國家組織起來，使之作為一個整體得以存立和運行的過程。德國學者斯門德（Rudolf Smend）也曾提出一個類似的理論，叫"國家整合"。在他看來，國家不是靜態的，而是動態的，國家就是一種過程，其核心本體即為一種整合（Integration）；國家存在於各種政治生活（法律、判決、行政管理、外交活動等）的不斷更新和重新體驗之中。

國家統合是人類最為艱辛的事業之一，有時需要經過殘酷的鬥爭過程才能實現，"伏屍百萬、流血漂櫓"都不只是傳説。中華民族在整合成一個國家的歷程中也是如此。自盤古開天地一直到近現代，整個歷程都非常艱辛，甚至可以説也有許多血腥的片段。所以，如何將國家有效統合起來，並且最低限度地減少其中的代價，是一個非常重大的憲法課題。

與國家三要素説一樣，上面論及的階級國家論也忽視了國家統合的原理。傳統的階級國家論重視國家的階級鬥爭，把國家看成階級矛盾不可調和的產物。它把不能統合的社會成員看成是敵人，然後對它進行專政，或者加以鎮壓，而沒有預備把敵人化為自己的朋友，或與敵人共享最低限度的政治共識，然後一起在一個國家裏生存發展。這是否是傳統階級國家論的一種局限性，值得我們思考。

國家統合的要素雖然被忽視，但其實仍然在國家運行過程中長期存在，並或多或少地體現出來。體現得越完備，國家統合就做得越好；體現得不完備的、沒有抓住要點的，這個國家往往就會出問題。

2. 國家統合原理的體現

國家統合原理體現在哪裏呢？我們要看到國家統合原理具有歷史性，即在不同的歷史時期，國家統合原理體現的方式各不相同。

（1）傳統上的國家統合原理

首先，我們講君主制。君主制在當今中國名聲不好，我們將廢除了帝制作為辛亥革命的一項功勞，現行憲法序言就是採用了這種歷史敘事方式的。但為什麼當年梁啟超的政治立場雖然翻來覆去，卻還是要堅持君主立憲呢？其原因很複雜，其中一個原因就是他很睿智地看到了一點：如果推翻了帝制，當時的中國就可能分裂，陷入"武人政治"。也就是説，君主制至少也具有一定的國家統合的功能。尤其是英明有為的君主，產生的國家統合的力量就非常強大。在傳統中國，人們期待明君賢相，原因之一就在於此。所以，各國歷史上大都存在君主制。當今英國依然捨不得廢除君主制，部分原因是這個君主制存在國家統合的功能，是國家統合的象徵。在現代日本，天皇制也難以廢除，日本現行憲法第一條就明確規定："天皇是日本國的象徵，是日本國民統合的象徵"。

其次，在西方，基督教也具有國家統合的功能。在中世紀，西方幾乎是沒有國家的，它只有社會，而這個社會是靠基督教統合起來的。西方出現近代國家之後，基督教依然存在，並仍然發揮著國家統合的功能。日本著名的政治學家丸山真男認為，歐洲三千年文化的基軸，就是基督教文明。

有關此點的影響，我們以日本明治立憲為例，予以説明。我第一次去參觀日本國會的時候，發現其國會大廈旁邊矗立著日本著名政治家伊藤博文的巨型雕像。這個巨型雕像比真人高好多倍，也比其他歷史上的政治人物的雕像高出很多。説明伊藤博文在日本的影響也太大了！他對日本非常重要的歷史貢獻之一就是：他是明治憲法的主要設計者。在立憲之前，他曾經去歐洲考察憲政。考察期間，他曾經求教於當時德國的公法學權威斯坦因（Lorenz von Stein，1815—1890）。斯坦因曾寫過一本書，闡述國家怎麼組織起來的理論，叫《國家組織理論》。這也是為有雄心或野心的人提供的理論，絕對是煌煌正論。當伊藤博文移樽就教時，斯坦因見其英氣逼人，很是欣賞，因此有意傾囊相授。於是，他問伊藤博文：我們西方人推行憲政的時候，首先有一個條件，使得立憲之後不會出現亂象，那就是我們有基督教；請問，你們日本人想要推行憲政，有類似的條件嗎？據說伊藤博文聽罷此言，猛然驚醒，誠所謂“一語驚醒夢中人”。他想了想，能與西方基督教文明相當的，日本基本上沒有；如果有的話，那就是天皇的皇統。伊藤博文回到日本後，力主日本的皇統應成為“國家之基軸”，然後再實行立憲。因此，這個立憲注定是一個君主立憲，而且是比西方君主立憲更加保守的、具有國家主義傾向的立憲。在這裏，西方式的憲政與傳統東方式的君主制結合了起來。

以上主要講的是國外古代的國家統合原理的體現，那麼我們古代中國的情況如何呢？

我們說，其實古代中國也存在國家統合的原理。

首先，是儒教。當然，在這個過程中，中國也採取了“罷黜百家，獨尊儒術”的方式。這是因為“百家”的存在，雖然思想活躍了，但是對於國家統合不利。所以，在漢代大一統國家秩序穩定之後，董仲舒所提出的“罷黜百家，獨尊儒術”的主張就為統治者所接受。當然，我們不得不說“罷黜百家”是不好的，因為它限制了中國人的思考能力，中國的思想此後基本上一落千丈，到了宋代才恢復一次高峰。而歷史上百家爭鳴時代的思想洪峰，此後所有時代都無法再次超越，這是中國人精神史上的極大悲哀。

其次，靠中華文明體系，即一種體系化的文明觀念來實現國家統合。我們之前講過，古代中國有“亡國”和“亡天下”的不同。“天下”就是靠文化力量統合起來的。這個是何等偉大！許多西方國家做不到，它們雖然靠基督教，但更多的時候要靠武力統合。

最後，士大夫集團與鄉紳也有統合國家的力量。中國古代士大夫集團是一個統治階層。但它不是由一般人組成的統治階層，而主要是由有一定政治理念的、有道統精神的、有民本主義思想傾向的、以天下為己任的精英組成的階層。這也是非常獨特的。在民間，鄉紳也起到統合社會底層的作用。

以上這些要素都在辛亥革命之後受到嚴峻的挑戰，為此國家迅速陷入混亂。到袁世凱去世的時候，中國馬上陷入軍閥混戰，國家統合的各種要素在這裏基本上灰飛煙滅了。

(2) 近現代各國的國家統合原理

第一個是憲法本身。縱觀世界各國，憲法本身就是國家統合的一種法寶。所以要建立國家，就要先制定一部憲法。這成為各國的通例。

第二個就是國民國家或者君主制。有些國家通過君主制實現國家統合，如英國、日本。近代許多國家都是如此。中國在晚清也曾努力要成為一個立憲君主國家，但失敗了。像我們這樣用君主制統合國家卻不幸失敗了的國家最好應該怎麼辦呢？那就只能按照國民國家這個原理來統合國家了。可是國民國家的統合是非常艱難的，如前所述，中國迄今為止還有待徹底完成國民國家的歷史課題。

第三個是政黨政治和代表制度。用政黨制度來實現國家的統合，各國在這個過程中有不同的做法。一些國家因為擁有成熟的市民社會，所以用多黨制來全面地汲取國民的意志，促進國家統合；一些國家的統合狀態比較脆弱，則只能傾向於用一黨制來統合，或者用一黨領導的多黨合作制來進行國家統合，比如當今中國就是這樣的。在代表制度方面，人民必須感覺到被代表了，才有利於國家統合。

第四個是單一制或者聯邦制。有些國家用單一制來統合國家，例如英國、日本、中國等國家。這些國家不適合用聯邦制來統合，用聯邦制就可能四分五裂。可是，有些國家只能用聯邦制來統合。一旦用單一制，它的人民就感覺非常不舒服。比如，美國人就是如此，德國人也是如此。德國人甚至把聯邦制看作憲法的根本秩序，即使用憲法修改，也不能改變它。

第五個是國旗、國歌、國徽。這些東西都挺重要的，都是國家統合的象徵。千萬不要輕易侮辱自己國家的國旗、國歌、國徽或者其他國家的國旗、國歌、國徽。你侮辱了它，就相當於侵害了那個國家的國家統合。

3. 中國的國家統合原理及其特點

當今我國國家統合做得怎麼樣呢？在理論上，國家統合原理的研究極為不足，但在實際操作當中，則做得較為切實。

第一，我們也以憲法作為國家統合的象徵。第二，國體制度方面強調中國共產黨的領導。中國共產黨的領導，是對各個方面、各項事業的全面領導，用現在的話講，是"統領全局、協調各方"，發揮著國家統合的功能。第三，實行民主集中制，排除三權分立制度。有關這個方面，我們下一次課會專門分析。第四，實行人民代表大會制。第五，實行黨領導的軍隊國家化。你很難説我們軍隊沒有國家化，因為根據我們憲法規定，中央軍事委員會作為一個國家機關，統領軍事力量。當然，實際上，中國共產黨的中央軍事委員會和國家的中央軍事委員會是"兩塊牌子，一套人馬"。但這種體制是否有利於國家統合，無須多言。第六，實行共產黨領導的多黨合作制。請大家注意，它不是典型的一黨制。中國共產黨確立的政黨制度，既不是西方的多黨制，也不是權威國家的一黨制，而是"共產黨領導的多黨合作制"，其他黨服膺於中國共產黨的領導。這樣一個制度確實有利於國家的統合。第七，秉承"大一統"的傳統，實行單一制的國家結構。第八，採取主導性的國家意識形態。中國社會從漢代"獨尊儒術"以來，基本上就採用這樣的做法，即確立一個主流的意識形態體系，目前還專門設置一種意識形態管理機關來建構、維護、宣傳、推行這樣一套意識形態，規制和克服其他對立的意識形態。第九，確立國旗、國歌、國徽。這些都是中國國家統合原理的體現。

圖20　體現了"大規模一致性美學"的細節安排

　　以上國家統合原理在圖 20 當中得到映現。圖片反映了全國人大會議前的準備工作情況。我們可以看到,第一,所有服務員的服飾都是統一的;第二,所有代表們用的杯子,也是統一的;第三,更有甚者,杯子擺放的位置,都是由服務員拉綫來安放的。我把它所追求的精神叫作"大規模一致性美學"。它之所以能夠成立,就在於國家統合原理在起作用。

　　那麼,我國在運用國家統合原理的過程中有什麼特點呢?特點如下:

　　第一,國家統合的優先性。這個非常明顯。國家統合在實踐當中具有明顯的優先性。

　　第二,以執政黨為主導力量實現國家統合。中國共產黨起到的重要作用就是國家統合。從某種意義上而言,中國共產黨把國家像木桶一樣箍住。

　　第三,強調權力的適度集中。這本身往往被理解為也是大規模國家的一種內在要求。而且由於國家幅員遼闊,疆域極大,難免這裏出現問題、那裏出現問題,甚至出現災害,有時甚至是應急性的大規模救災需求。這都需要權力的適度集中。

　　以上這些國家統合的特點已經在國家的建制當中存在,但缺乏在國家論當中得到有力的闡述和論證。也就是説,實踐中有了,但我們的國家論沒有跟上,研究國家統合的學説非常少,基本上不存在。這是值得我們反思的地方。

　　最後想説的是:國家統合是國家組織過程中的一種重要因素,但其作用方式往往是很弔詭的,比如,有些國家通過民主化實現了國家統合,而有些國家則因為引進了西方式的民主制度,導致國家政治的劇烈動盪,即導致國家統合的失敗,曾幾何時,伊拉克、利比亞、埃及等國家就是如此。不過,國家統合原理的作用本身則是必要的,為此也是客觀的,生活在國家之中的人們,其命運也很難擺脫其影響,可以説,當今中國的很多問題,均起因於國家統合原理的作用。但國家統合本身也是一把"雙刃劍",最為典型的例子就是像中國這樣確立主導性的國家意識形態,這種方式具有悠久的傳統,但如果意識形態管理機關主要是旨在控制人民的思想,那麼這也有可能導致民族精神的委頓、國民創造力的萎縮。這就涉及國家統合應該採取何種方式,以及其界限何在的問題,確實需要深入研究。進而言之,如何在立憲主義的框架之內確立與運用國家統合的原理,更是值得深入探討的重大課題。

五、國家的目的

最後我們要講一下國家的目的這個問題。這也是一種有關國家的重要觀念，主要認識國家的目的是什麼。國家的目的是什麼，從憲法學的角度講，其實講的是國家的目的應該是什麼。這個問題很重要，因為確立什麼樣的國家目的，決定了我們賦予國家什麼樣的職能。

傳統學說認為，國家有兩種目的。

第一種是社會秩序的維持。這也是最低必要限度的國家目的，但非常重要，國家最基本的職能就是從這裏產生的。我們說有社會即可能有爭鬥；有爭鬥，如果沒有國家，那麼人們就會處於“自然狀態”中，用霍布斯的說法，那就是“人對人是豺狼”了。當然，自然狀態究竟是否如此，也有不同看法，我們說過，洛克和盧梭的描述就好了很多。但如果沒有國家，大家肯定有很多不便，被人欺負只能靠私力救濟，即使被殺，也告訴無門，只能靠親人去跟兇手搏鬥，實施復仇。如果兇手去了東海上的桃花島，那麼你的親人只好千里追兇。但是追到了桃花島，發現那兇手是武功蓋世的黃藥師，那只好乾瞪眼了，或者上去打不到一回合，自己又飲恨而死了。而有了國家之後，情況就大為不同了。被害人的親人可以去報警，然後警察負責尋找犯罪嫌疑人，檢察院起訴，法院審判，監獄關押罪犯，更重要的是這一套法律制度預先存在，如果健全的話，其本身就具有強大的社會防禦功能，連黃藥師也不敢隨便殺人。

而從理論上說，上述這第一種國家目的和國家職能又具體包括兩個方面，一個方面是對內建立和平公正秩序；另一個方面是對外防止外敵侵略。而國家為了履行這方面的職能，可以採用暴力手段，而且暴力手段是必不可少的，但是如前所述，暴力手段必須被正當化、必須被認可，而且要依照憲法法律來才能實行。

國家的第二種目的，則是人民福祉的增進，主要是大力提供公共服務，其發展形態是建立給付型的福利國家。與此相應，也形成了國家的第二種職能。尤其是到了現代，國家職能不斷地擴大，在公共服務、社會保障、社會事務管理各方面都發揮著更為強大的職能，特別是在基礎教育、醫療衛生、社會福利、生存照顧、生態建設、環境保護等方面，國家的職能得到了發展。

那麼國家的兩種目的和職能之間的關係如何呢？這方面是有爭議的。總體上看，彼此因時代、制度、歷史的不同而消長。

一般來說，近現代國家主要以第一種目的和職能為基本，第二種目的和職能只是副次性目的，這就是近代西方的“夜警國家”、自由放任國家。

這裏要記住一點：夜警國家是一個重要的公法概念，但和“警察國家”不同。夜警國家指的是國家好像夜晚的警察一樣，白天不管，夜晚出來管，即主要管治安，維持公共秩序。這是西方近代最早出現的國家，又叫自由放任國家，國家只維持秩序，不提供其他公共服務。警察國家則是國家裏佈滿了警察，什麼事情都由警察來管，什麼事情國家都干預，一般是專制國家。

然而，發展中國家，比如從殖民統治獨立之後的印度，則比較重視上述第二種國家目的，社會主義國家一般也如此，主要是認為要保護人民的生存權，為人民提供服務。還有西方現代福利國家也是如此，認為國家除了維持公共秩序之外，還要提供公共服務，尤其是人民的生存照顧。

值得注意的是：中國是個災害多發型的大國，民間社會的自組織化程度又一向較低，由此，國家職能的履行具有重要性，真正所謂的“小政府”模式並不適合中國。但另一方面也要看到：畢竟“羊毛出在羊身上”，從終極意義上而言，國家目的的實現，國家職能的發揮，對於社會成員來說都不是“免費”的。如果國家職能過大，也可能侵害社會和個體的生機，甚至壓制社會和個體的健全發展。

第六章　國家類型學：國體與政體

　　國家類型學涉及國體、政體等概念和理論，非常重要。歷史學家錢穆曾經指出，中國古代思想家黃宗羲、顧炎武等只研究治道，不研究政道，終究跳不出"封建‧郡縣"，"公天下‧私天下"等固有概念的缺陷，不像歐美先賢拿出了明晰的國家藍圖。他所說的"政道"、"國家藍圖"，其實就是政體。這或許是中國人思維的一個缺陷吧。像黃宗羲已經很厲害了，提出了諸如將學校作為代議機關等許多思想，但是依然無法從政體方面對國家進行進一步設計。這正是我們中國思想與近代西方思想的差距所在。所以今天我們嘗試一下如何跳出中國傳統治道思考的歷史局限，學一學國家類型學的理論。

　　我們今天講的第一個內容是國家類型學的源流，第二個內容是從國體到國家性質，第三個內容則是從政體到國家形態。這一章的名稱就是"國家類型學：國體與政體"。顧名思義，我們主要就是從國體和政體的視角出發，去探究到底國家有哪些類型，或者說國家政治體制應該是怎麼樣的。顯然，今天我們所講的內容將大幅度地超過"馬工程"教材的範圍。

　　在講授本章之前，我們照例提出幾個章前導引問題：第一，古今中外有各種各樣的國家，這些國家該如何分類？第二，民國時期，有人稱"共和"是國體，但也有"共和政體"一說。請問：共和到底屬於"國體"，還是屬於"政體"呢？第三，辛亥革命後，孫中山主張採用總統制，但他的戰友，即另外一個著名政治家宋教仁，則主張採用內閣制。你認為應該採用何者才適合於當時的中國呢？第四，有人說當今中國已經形成了“黨國體制”。如何從憲法學的角度正確認識中國特色的政體？第五，當今中國國體是什麼呢？是共和，是人民民主專政，還是社會主義國家？第六，根據研究，中國共產黨執政的合法性已經巧妙地體現在憲法的許多地方。你知道體現在哪裏嗎？有人認為主要是序言，真是如此嗎？如果是，那是序言的哪些部分呢？以上問題，在學習完本次課程之前，不可能得到完滿的回答。且聽我們下面的講解。

一、國家類型學的源流

我認為，要認識國體、政體這些重要概念，必須從國家類型學這個角度去認識。如果不從這個角度去認識，就很難說清楚這些概念。很多學者差不多也認識到了這一點。比如英國著名政治學家海伍德（Andrew Heywood）就認為，要認識“政體”這個概念，必須進行比較研究。我非常贊同這個觀點。其實，從亞里士多德開始，就對政體進行比較分析，國家類型學就是這樣發展起來的。也就是說，對政體的研究自古以來就有了。而“國體”、“政體”正是國家類型學當中的重要概念，或者說，“國體”、“政體”就是國家類型學上對國家分類的兩個標準。今日看來，“國體”的概念更加重要，但從其發展脈絡來看，最早出現的是類似於“政體”這樣的一種概念，而“國體”的概念是後來出現的，是從政體概念中分化並衍生出來的，而這個過程正是在東方人的學說中完成的。

以下，我們來看國家類型學歷史上有關國家類型的幾種經典分類學說。

（一）政治哲學的經典分類

1. 亞里士多德的分類

首先，不得不說亞里士多德。雖然亞里士多德的老師柏拉圖也有國家類型學上的分類，但很多人從亞里士多德的學說講起，因為後者更為經典。

當我們說亞里士多德有關 constitution 的分類時，其中 constitution 是古代希臘

文裏面 πολιτεία 的英文翻譯，意譯成中文就是"政治體制"，簡稱"政體"。大家都知道，亞里士多德對當時希臘很多城邦都進行了分類，其中，有著名的雅典與斯巴達。你知道他分析了多少個城邦嗎？158 個城邦。最後歸納出六種政治體制。至於這是實際上存在的，還是應該存在的六種政體，在亞里士多德那裏是混合的，因為在那個時代，應然和實然基本上是沒有分開的。

對他的歸納，我們藉助一個表格來表示。

表2　亞里士多德對政治體制的分類

統治者\\統治目的	一人	少數人	多數人
為所有人（正體）	君主政體	貴族政體	共和政體
為統治者（變體）	僭主政體	寡頭政體	democracy

亞里士多德根據兩個標準對城邦的政治體制進行區分。首先，根據統治者多寡，可以分為三個類型，即：君主政體、貴族政體、共和政體。這三個都是"正體"，其共同點是為所有人服務。但是，這三種體制會產生"變體"，用亞里士多德的話來講就是"墮落形態"，變成為統治者本身服務的政體，其中，一個人統治的君主政體變成僭主政體，少數人統治的貴族政體變成寡頭政體，多數人統治的共和政體則變成 Democracy，其現代英文翻譯是"民主政體"，但是由於在當時Democracy 還是貶義詞，在這裏應該翻譯成"暴民政治"或"眾愚政治"。

亞里士多德自己推崇哪種政體呢？他沒有明確表示，有人說他比較推崇共和政體，也有人說他推崇混合政體。應該説，後面這三種變體肯定不是他所推崇的。而在前面三種中，他認為君主政體和貴族政體基本上不可能穩定存在，因為這兩種政體中的統治者太有良心了，就像神一樣，居然還能為所有人服務，在這個意義上他寄希望於共和政體。亞里士多德特別睿智地反對 Democracy 政體。Democracy 雖然是多數人統治，但它有很大的弊端。他認為：如果多數人統治是為自己服務的話，大多數人就會嫉恨那些有錢人，因此這個政體注定是不安定的。在亞里士多德看來，國家權力既不能交給最有錢的那部分人，但也不能交給最貧窮的那部分人，否則都注定是不安定的。國家的權力應該交給誰呢？交給中產階級是最好的，這就是共和政體。我認識到這一點時，非常振奮。亞里士多德不愧是人類的先知！他的這個學說至今仍然是振聾發聵的。只要你理解其真髓，就知道這一點。這裏順便說一個觀點，我認為：如果學法學的人適合參與國家治理的話，那麼道理也是一樣的：太窮的人不宜學法學，因為他容易偏激；太富的人也不宜學法學，因為他可能缺少對人類苦難的理解。

諸君請記住，好好去讀亞里士多德的《政治學》！

2. 馬基雅維利的分類

在亞里士多德之後，馬基雅維利（Niccolò Machiavelli，1469—1527）提出了國家類型學的又一個經典分類學說。他不用 constitution，而採用 government。當然，這是意大利語翻譯過來的。1513 年，馬基雅維利在《君主論》中提出一個很簡明的政體分類，即分為君主制和共和制兩種。其中，君主制就是一人統治，共和制就是多人統治。馬基雅維利處於意大利分裂的時代，他認為在當時分裂的意大利，共和制不可能實現——因此只能實行君主制，通過君主制實現國家的統一。所以，他用的是"一元二分法"。"一元"，指的就是"統治者是誰"的標準；"二分"就是分為兩種形態。按照這個道理，剛才我們所講的亞里士多德的分類是幾元幾分法呢？是"二元三分法"。

3. 博丹的分類

在馬基雅維利之後，法國學者博丹（Jean Bodin，1530—1596）提出了有關國家形態的分類。博丹提出了國家形態這一概念，法語是 formes de la République，我們大致可以從英語中推測出其含義，只不過詞序與英語有些不同罷了。博丹還同時提出了主權概念。他認為，主權是至高無上的、不可分割的、不受限制的權力。正是根據主權之所在，博丹將國家形態分為三種，即：君主制、貴族制、民主制，而他本人力主君主制，理由是君主制最為穩定。博丹另外根據國家權力來源和行使方式，將國家分為：合法國家、僭主國家和叛亂國家。博丹的分類方法有點類似於亞里士多德，也是屬於二元三分法。

4. 孟德斯鳩的分類

博丹之後，我們所熟悉的法國思想家孟德斯鳩（Charles de Secondat, Baron de Montesquieu，1689-1755）也提出了一種政體分類學說。他將政體分為三種：首先是共和政體，指的是全民或部分人民的統治，這裏面又分為民主政治和貴族政治。第二種是君主政體，是一個人統治，但和亞里士多德不同，孟德斯鳩不講這個統治是為誰服務的，而是將這個統治理解為是依法而治的，即君主權力受到法律約束，君主本身也依法治國的，這種體制就叫君主制。如果君主不按照法律，而是按照人治的方式來治理國家的話，那在孟德斯鳩看來就屬於是第三種政體，叫專制政體。這個分類學說將政體分類的形式標準與實質標準混合起來，應該說在邏輯上有點不夠周延，但也很著名，為此也進入了國家類型學的學說史。

（二）一般國家學的經典分類

應該說，以上都是政治哲學對國家的分類。但如前所述，到了近代，德國出現了一種學問，叫作一般國家學。其實，在法國等其他大陸法國家也都存在。一般國家學當中有一個理論，可叫作"國家形態理論"。國家形態，用德語講就是Staatsform。在德國的一般國家學的國家形態理論當中，亞里士多德的 constitution、馬基雅維利的 government 和博丹的 formes de la République 一律統稱為 Staatsform。也就是說，在那個時代，國家形態的概念確立了。

當時最著名的國家形態論，可舉近代德國一般國家學的集大成者耶利內克的分類學說。這個分類你看完之後，會嘆為觀止。為什麼呢？因為它太精細了！耶利內克採用的也是一元二分法，標準就是國家意志構成的種類的可能性。他認為，根據這一標準，國家可以分為君主國和共和國。分到這裏還是很粗疏的，但是耶利內克學說的特點在於，接下去是極為細緻的下級分類。有關這點，我們後面會講到，這裏姑且先按下不表。

以耶利內克為代表的一般國家學對國家形態的分類，有什麼特點呢？它具有高度的形式性，不再進行價值判斷，不像亞里士多德那樣做類似於"正體"、"變體"的價值判斷。總之，它具有高度形式性，也具有可操作性。而這也是法學的特徵。

（三）法學的經典分類

1. 穗積八束的國家形態論

傳統的國家類型學中其實曾存在好壞的價值判斷，但發展到近代的國家形態論時，就只看國家形態，不看國家實質了。因此，當時 Staatsform 這個詞被翻譯到明治時期的日本的時候，就翻譯成"國家之體裁"或"國家形體"，有人索性把它簡稱為"國體"。憲法學上的國體概念，就是這樣來的。

採用這個概念的最有代表性的憲法學者是東京大學的穗積八束。他是中國人所熟悉的日本近代著名法學家穗積陳重的胞弟，"中華法系"這個概念就是穗積陳重提出的，而穗積八束確立了"國體"的概念，他的學說被概括為"國體憲法學"。穗積八束可謂是國體憲法學的代表，並為此成為明治時期日本官憲憲法學的權威。他原本是留德出身的，曾師從拉班德。拉班德是當時德國公法學的巨擘。穗積八束雖然師從他，也沒有好好學習。根據研究，他其實也就學了一些而已。但他發展出了有日本特色的理論體系，形成了國體憲法學。他回日本那年是 1889 年，當年就要公佈《明治憲法》了。因此，穗積八束一回到日本，就被稱為"憲法學王子"。確實，他還比較年輕，當時才 28 歲，回到東大，他馬上就當正教授了。過了幾年，他就變成官憲憲法學的權威了。據說，由於研究憲法學，這個人在校園裏也把臉板得像憲法一樣嚴肅。

穗積八束最早將國體概念作為憲法學基礎概念，或者說，他是最早將 Staatsform 翻譯成日文"國體"、並且作了精細論證的人。當一個學者具有他自己的理論體系的時候，他才能夠成為一個重要的學者。體系對於一個學者來說是非常重要的，而穗積八束是有理論體系的。穗積八束的國家形態論是什麼樣的呢？他將 Staatsform 翻譯成了東方式的"國體"，但區分了國體和政體的概念。這就出現了二元的分析方法。什麼是國體呢？他認為國體"因主權之所在而異"，這基本上是吸收了博丹的國家形態學說。他把國體分為君主國體和民主（共和）國體，這與德國一般國家學的主流也比較一致。大家注意，我國清末民初許多人把共和看成是國體，就來自於穗積八束的這一分類。那麼，政體是什麼呢？這是國家分類的另一個標準，即“由統治權行使之形式而分”。穗積八束把它分為專制政體和立憲政體。專制政體，指的就是統治者的權力不受任何法律約束；而立憲政體，就是統治者的權力受到約束。立憲政體簡稱“憲政”。大家注意，中文“憲政”的概念，其源流就在這裏。我們曾經説過，它最初就是“立憲政體”的簡稱而已。這是一個抽象的、形式意義上的説法，表明這個政治體制並非是無法無天、不受任何法律約束的。

　　穗積八束整個體系當中，國體的概念最有特色，且最為重要。國體概念是怎麼建構起來的呢？他主要是用二元二分法。也可以説是：用東方的酒瓶，裝上西方的酒，再賣給東方。東方的酒瓶是什麼呢？就是“國體”的概念。因為從語源學上講，“國體”這個用語是來自東方的，是日本在古代從中國引進過去的。中國古代許多經典都出現過“國體”的概念，比如《管子》、《漢書》上面都反覆出現過“國體”的用語，指的是“構成國家的最重要的要素”，或“國家的體面”這些含義。到了日本之後，“國體”一語起先也是採用這些含義的，但慢慢地出現了含義的變遷，尤其是江戶時代（1603—1868年），“國體”一詞就成為國家觀念當中的一種概念。到

了明治初期，它被看成是某種源自於日本自身無與倫比的歷史、傳統與習俗的一種結晶，集中體現在天皇制之上。因為據説延至明治天皇，日本天皇的皇統一共延承了122世。這在世界上是極為罕見的，所以日本人從中獲得一種驕傲。我2014年去日本開會時，順便參觀了東京的皇居，仍然感覺到日本對待天皇的一種態度，即他們把其看作一種文化的結晶。在日本，倫理、文化意義上的“國體”概念，指的就是這種結晶。

延伸閱讀：穗積八束的貢獻

　　穗積八束就利用已經在日本形成的那種倫理、文化意義上的國體概念，去轉譯西方的Staatsform，為此把它建構為一種合二而一的概念，既有法政的含義，也有倫理文化的內涵。

2. 美濃部達吉的國體概念無用論

　　美濃部達吉是與穗積八束差不多同時代的一位新鋭學者，也是其最主要的一個論敵。他針對穗積八束的國體學説，提出另外一種學説，可稱為“國體概念無用説”。但美濃部達吉也承認歷史文化意義上的國體以及它對憲法解釋的意義，只是

反對把它作為法學概念，理由是從國家法人説看來，無論任何國家，其主權之所在都在國家那邊，因此，穗積八束所説的國體概念就沒有意義。那麼國家形態應該怎麼分類呢？美濃部達吉採用一元二分法，他只承認"政體"的概念，政體就分為兩種，一種是君主政體，另一種是共和政體。這個學説在民國時期也被引進到中國。所以我們民國時期會出現有人説共和是國體，比如説"擁護共和國體"；有人則説共和是政體。這是因為前者受穗積八束的影響，後者是受美濃部達吉的影響。

穗積八束的國體論，其命運很曲折。它被提出來之後不久，就成為主流學説。但是到了 1911 年，發生了國體爭論，美濃部達吉突然在《憲法講話》一書當中對穗積八束的國體學説提出猛烈批判，主要觀點就是上面講的。這個批判確實非常有力。那些年穗積八束正在生病，老先生也愛面子，沒有親自出場，就叫他的弟子上杉慎吉出場領戰，因為上杉慎吉和美濃部達吉是同年齡段的，穗積八束在後邊不斷寫信給他援戰。但是，上杉慎吉的理論水平略遜，幾個回合就敗陣下來了，這使得穗積的國體論受到嚴重的挫折。此後，明治天皇 1912 年駕崩，穗積老先生抱病參加了葬禮，受了風寒，不久之後也去世了。穗積八束去世之後，上杉慎吉就在學術界陷入了孤立，國體憲法學派一度受到重大挫折。在接下去的整個大正時期，美濃部達吉的學説就成為主流學説。但是，從三十年代起，由於日本法西斯主義抬頭，國體學説又居於通説地位，因為它被日本法西斯主義所利用，作為國家主義的一個學説，重新雄踞主流地位。然而到了戰後，日本新憲法確立了國民主權和象徵天皇制，國體概念終成"死語"，穗積的學説遭到了蔑棄。這就是它曲折的命運。

以上是本堂課的第一部分——國家類型學的源流。

二、從國體到國家性質

（一）國家性質與國家本質

在當今中國，我們把國體概念叫作國家性質，指的是國家的階級性質，它體現為社會各階級在國家當中的地位。這裏所講的國家性質與國家本質又是不同的。上一次課我們講國家及其正當性，裏面講到國家的本質。對國家本質的不同認識，形成不同的國家觀。那裏所講的國家本質指的是什麼？指的是古今中外所有國家的性質。而我們這裏所講的國體意義上的國家性質，指的則是特定國家的性質，比如當今中國，它的國家性質是什麼呢？它是工人階級領導的、以工農聯盟為基礎的人民民主專政的社會主義國家。這是我們國家的性質。當今我國的通說認為，國家的性質就是國體。

（二）國體概念的源流

那麼，我國這個通說的源流是怎樣的呢？之前我們講到，國體這個概念在我國古代經典裏面就存在了，後來被古代日本引入，最後又從日本傳入進來。這個叫作"字僑"或"詞僑"現象。在當今中國，法學、社會學、政治學領域大量的詞彙都是這麼來的。當從古代中國出去又回到中國時，字或詞的含義已經發生了變遷。國體概念就非常典型。

1. 晚清時期的移植

晚清的高官達壽把國體概念從日本引進來。他是第二批被派到日本考察憲政的大臣，在日本當面聽過穗積八束的課，受到穗積氏的影響，把穗積的國體政體二元論這個學說整體引進來了。雖然穗積學說在日本曾居主流，但他培養的弟子很少。上杉慎吉因理論水平有限，後來在學術爭論中被批倒，最終鬱鬱而終。但可以說，中國人達壽則延續了穗積學說的墜緒，使得國體概念史在此後的中國得以續寫。而達壽是怎麼延續的呢？第一，他承認並引進了"國體"這個用詞；第二，他吸收了國體、政體二元論。

另外一個源流是由梁啟超引領的。梁啟超的國體說有一個不斷發展變化的過程，但主要是受到美濃部達吉的影響。不過，美濃部達吉在法學上不採用國體的概念，但梁啟超並沒有照抄照搬這一點，而是承認國體的概念，只不過他把國體概念理解為美濃部達吉所說的政體，認為國體就是國家最高機關之所在。也就是說，這本來是美濃部達吉對於政體的分類標準，梁啟超把它作為國體概念的內涵而保留下來了。還有一些著名的人物，比如張知本，他更加直接地受到美濃部達吉的影響，比梁啟超更甚，曾經不承認國體概念。

2. 新中國時期的通説

20 世紀 40 年代，毛澤東對國體、政體提出了一個顛覆性的論斷。1940 年 1 月，他在延安發表《新民主主義論》，指出："這個國體問題，從前清末年起，鬧了幾十年還沒有鬧清楚。其實，它只是指的一個問題，就是社會各階級在國家中的地位"。這是一個非常重要的論斷。其意義就在於，國家類型學得到了實質化。過去的國家類型學發展為形式化的，國家類型學變成國家形態論。可是到了毛澤東這裏，這個就被顛覆了，國體概念被重用，且把國體概念稱為國家的性質。國家類型學在這裏重新回到實質性的判斷。這成為新中國法政學界的通説，後來體現在憲法當中。

（三）我國現行憲法中的國體條款

當今我國的國家性質是什麼呢？根據主流學説，答案很明快，那就是我國現行《憲法》第 1 條第 1 款所規定的："中華人民共和國是工人階級領導的、以工農聯盟為基礎的人民民主專政的社會主義國家。"同條第 2 款規定："社會主義制度是中華人民共和國的根本制度。中國共產黨領導是中國特色社會主義最本質的特徵。禁止任何組織或者個人破壞社會主義制度。"

1. 迄今的主流學説

根據這個條文，有學者將其具體化地解讀為如下五點內容。

第一，人民民主專政。從國體概念來看，我國的國體是人民民主專政。

第二，社會主義。從國家性質來看，我國屬於社會主義國家，社會主義制度被認定為是我們"國家的根本制度"。

第三，新型政黨制度。主流學説認為我國的政黨制度既非一黨制，也不是兩黨制或多黨制，而是中國共產黨領導的多黨合作和政治協商制度。2021 年 6 月國務院白皮書《中國新型政黨制度》指出，這是中國的一項基本政治制度，是一種新型政黨制度。在這裏，我們要注意區分多黨制和多黨合作制的不同：多黨制其實就是多黨競爭制，所謂"政黨政治"，一般指的主要就是這種制度的運作機制；而我國新型政黨制度則是實現了執政與參政、領導與合作、協商與監督的有機統一。這從哪裏解讀出來呢？首先可以從憲法序言中解讀出來。憲法序言第 7 自然段講到堅持四項基本原則，其中就有堅持中國共產黨的領導。其次，序言第 10 自然段規定了政治協商制度，1993 年修憲時本段最後增加了一個表述，即"中國共產黨領導的多黨合作和政治協商制度將長期存在和發展"。再次，2018 年修憲，在憲法第 1 條第 2 款中加入了一句，即："中國共產黨領導是中國特色社會主義最本質的特徵。"為此，中國共產黨的領導在憲法上更加明確了。

　　第四，經濟制度。對經濟制度加以規定，這在世界上大多數憲法裏是較少見的，但歐盟例外。也就是說，多數成熟的立憲國家的憲法都不太規定經濟制度，最多只規定私有財產不受侵犯，而這種規定實際也是作為一種基本人權來保障，而不是作為制度來規定的，儘管有些國家的某些憲法學說也將這種私有財產權的保障理解為是一種"制度性保障"。但我國情況不同，因為根據馬克思主義的理論，經濟基礎決定上層建築，為此它是國家性質的基礎，必須加以確定。那我國的經濟制度是如何的呢？憲法總綱部分有很多規定，包括從第 6 條到第 18 條，一共 13 條。當然，由於我國這幾十年來一直處於經濟改革和社會轉型之中，這部分內容也是現行憲法中變動最頻繁的，經歷了多次修改，所以可以把這部分稱為我國憲法中的"動感地帶"！

　　就目前而言，我國經濟制度的內容很豐富，但最重要的如下：（1）生產資料的社會主義公有制是基礎。根據馬克思主義的看法，過去在剝削階級社會裏面，生產資料都是私人擁有的，因此擁有生產資料的階級便成為剝削階級，而社會主義革命的目標就是要消滅剝削，為此就要消滅生產資料的私有制，建立生產資料的公有制；至於生產資料的社會主義公有制，又有兩種形式：一種是全民所有制，另一種是勞動群眾集體所有制。（2）非公有制經濟，其在理論上被定位為社會主義市場經濟的重要組成部分。（3）保護社會主義公有財產和公民合法的私有財產。但根據憲法的明確規定：社會主義公有財產神聖不可侵犯，而公民合法的私有財產只是"不受侵犯"。這裏面自然有程度的差別。2018 年修憲之際，有人主張應在現行《憲法》第 11 條中寫上非公有制經濟依法享有與公有制經濟平等的權利，但沒有被採納。

第五，主流學説還認為，作為一個人民民主專政的社會主義國家，我們還需要各種文明協調發展。哪些文明呢？現行《憲法》序言第 7 自然段原本列舉了三大文明，即"物質文明、政治文明和精神文明"，經過 2018 年修憲之後，修改為五大文明，即："物質文明、政治文明、精神文明、社會文明、生態文明。"

延伸閱讀：國體條款有何特色

以上是主流學説所認定的我國國家性質的內容。這種説法顯然屬於一種擴大解釋，但也不是空穴來風的，而是有憲法條文依據的，基本上反映了現行憲法總綱部分的有關內容。然而前面我們也提到了，從比較憲法的角度看，這些憲法條文都很有特色。

以上我們所講述的是，我國憲法學迄今為止的主流學説根據現行憲法的規定對我國的國家性質所作的理解。我們承認，這是很重要的。接下來我們要討論的是：關於我國的國家性質，在憲法學上是否還可以作出一種新的理解呢？我認為是可以的，而且這種新的理解模式同樣也有憲法上的依據。

2. 有關國體條款的規範分析

這個國體的條款，我們分析起來，會發現裏面隱含著許多政治的密碼。

（1）國體條款所蘊含的內涵

第一，中國共產黨領導。

我國現行憲法上的國體條款本來就隱含了中國共產黨領導。這從哪裏可以分析出來呢？從《憲法》第 1 條第 1 款中的"工人階級領導"與第 1、2 款中的"社會主義"，這兩點都可以分析出"中國共產黨領導"。這是因為：中國共產黨本身就是工人階級先鋒隊，"工人階級領導"就意味著中國共產黨領導；中國共產黨又是社會主義政黨，所以堅持社會主義，就必須堅持中國共產黨領導。而 2018 年修憲，在現行《憲法》第 1 條第 2 款中加入了"中國共產黨領導是中國特色社會主義最本質的特徵"一句，使得這一內涵在憲法文本上明確了起來。

當然，共產黨執政的合法性並不僅僅體現在這個國體的條款當中，也體現在其他方面。在本章導引問題中我們曾經問道，關於中國共產黨的領導或執政，憲法上有哪些規範依據呢？正確的答案是：至少有四處。第一處：《憲法》序言第 4 到第 6

自然段。我們講過，這裏記述了 20 世紀的四件大事。這個歷史敘事就隱含了一個推論，即中國共產黨的領導地位是歷史地形成的。第二處在《憲法》序言第 7 自然段，其中明確地提出"中國各族人民將繼續在中國共產黨領導下"這一原則。第三處在《憲法》序言第 10 自然段，其中宣明"中國共產黨領導的多黨合作和政治協商制度將長期存在和發展。"第四處就是這裏所説的國體條款，其中《憲法》第 1 條第 1 款原先已暗含了中國共產黨領導地位的合法性論證。通過 2018 年修憲，現在第 1 條第 2 款中明確加入了一句："中國共產黨領導是中國特色社會主義最本質的特徵。"這裏順便説一下：有人説，我國憲法序言最重要，因為序言蘊含了中國共產黨領導。政治憲法學的部分學者就持這種認識。我認為這個説法還不夠準確，因為按照其論據，總綱也非常重要。

第二，對人民的民主與對敵人的專政。

國體條款既包括了對待人民的原則，同時也隱含了對待敵人的原則。對待人民的原則就是實行民主，對敵人的原則則是實行專政。二者辯證統一在一起。關於對人民的民主，這一點好理解，問題在於何謂"專政"呢？

"專政"這個概念，英文為 Dictatorship，但 Dictatorship 翻譯成中文可有兩種含義：一種叫獨裁，另一種叫專政。近代乃至 20 世紀 30 年代的時候，"獨裁"這個中文用語曾經是中性的，後來才成為貶義的，變為貶義之後，中國共產黨和其他民主黨派就把"獨裁"這個詞送給國民黨了，而"專政"一詞則傾向屬於中性詞，為此，工人階級領導的、以工農聯盟為基礎的人民民主統治形式，就稱為"專政"。但實際上，在現代英語中，Dictatorship 沒有上述的兩義之分，只有一種含義，即相當於"獨裁"，具有貶義性質。為此，當今我們將"人民民主專政"翻譯成為 the people's democratic dictatorship，西方人就説，你瞧，中國自己也承認自己是一個"獨裁國家"。對於這一點，不知道國內的意識形態管理機關是否注意到。當然，不管怎麼説，Dictatorship 這個詞好歹要比 Despotism 與 Autocracy 好一些，後兩者具有更明顯的貶義色彩，可直譯為"專制"，它們與"專政"（Dictatorship）是有微妙不同的。不同之處就包括，"專制"含有不受任何法律約束的含義，而"專政"基本上已沒有這一含義了，至少在我國當今是這樣的。

這得從古羅馬談起了。"專政"（Dictatorship）這個用語，應該來源於古羅馬的專政官制度。古羅馬共和時期實行一種特殊的政治體制，即有兩個執政官共同執政，對於一個事項，兩個執政官意見一致的就予以實施，如果意見不一致就不予實施。這個制度有一定合理性，但有一個致命缺陷，即一旦遇到緊急狀態，比如戰爭、災難，兩個執政官意見如果有分歧，就會導致無法迅速做出決定，甚至無法做出決定，共和國就會面臨巨大危機。那怎麼辦呢？針對這一點，古羅馬共和國又設計一種"專政官"制度，專政官叫 dictatura，民國時期又翻譯成"獨裁官"，或者音譯為"狄克維多"。根據這個制度，如果國家遇到緊急狀態，就選出一個人作為專政官，來管理國家，他可以做任何決定，共和國都要執行，而且專政官可以超越法律，不受法律約束。

古羅馬時期的這個制度，對後來的專政概念產生了深遠的影響。1918 年，列寧在論述專政概念時，即曾指出："無產階級的革命專政是由無產階級對資產階級採用暴力手段來獲得和維持的政權，是不受任何法律約束的政權。"

但是，應該看到的是，這種傳統的專政概念的內涵，在當今社會已經發生了一定變化，尤其是在社會主義制度的實踐中已經發生了重要變化。在早期社會主義制度實踐中，確實也主張專政不受法律約束，但這在後來斯大林執政時期導致了根本的錯誤，產生了很大的災難，因此，專政這個概念的含義已經發生了變化，人們認識到應該拋棄了"不受法律約束"這層內涵。在中國，這一點更加明顯。我國現行憲法規定"人民民主專政"，同時，第五條也規定"建設社會主義法治國家"，任何人、任何組織都必須在憲法和法律的範圍內活動，沒有超越憲法和法律的特權。在這種語境下，我們所講的"專政"，就已經不再是不受法律約束的那種專斷性權力了。

那麼，這個"專政"指的是什麼呢？在我看來，從規範憲法學的立場說，它指的就是人民對國家權力的排他性佔有，即不讓敵人成為主權者的構成部分，分享國家的政治權力。其在法律上配套的技術手段就是剝奪這部分人的政治權利，所以，比如現行《憲法》第 34 條在規定了年滿 18 週歲的公民普遍享有選舉權與被選舉權時，就設了一個但書，明確規定"但是依照法律被剝奪政治權利的人除外"。這個規定也顯示，這種排他性佔有並不意味著可以超越法律。

之所以應該將我國現行《憲法》第 1 條第 1 款中"人民民主專政"中的"專政"理解為人民對國家權力的排他性佔有，而非"不受任何法律約束"，這從國體概念史中也可以得到有力的驗證。從國體概念史的角度來看，我國歷部憲法，但凡有國體條款的，該條款所要確定的內容，都涉及"主權之所在"這一根本問題，而"不受任何法律約束"不能說明這一點，只有前面所說的"人民對政治權力的排他性佔有"這一點，才能回應"主權之所在"的根本問題，為此才適合理解為"專政"的內涵。

不僅如此，中國的社會主義實踐實際上也已經揚棄了人民民主專政可以"不受任何法律約束"這個觀念，也就是說，即使作為"專政"的一種特點，它也已不復存在了。這是因為在這一點上中國有過極為嚴重的教訓，"文化大革命"就是在這種情況下發生的。當時人民對所謂"敵人"的專政不受法律約束，但在這個過程中，人民自己的成員也常常被劃分為"敵人"，受到殘酷的打擊和迫害。有些人曾經批鬥過"敵人"，但最後自己反過來受到了批鬥，像劉少奇、羅瑞卿等都受到殘酷的批鬥。所以，"文化大革命"後，大家認識到這一點，強調必須實行法治，專政觀念開始發生變遷，即認為即使對敵人實行專政，也必須納入法律的框架當中，其標誌性的歷史事件就是對"四人幫"集團的公開審判。

總之，將中國現行憲法國體條款中的"專政"概念理解為不受法律約束是不對的，而應理解為對政治權力的排他性佔有。這種理解本身更符合"人民民主專政"這一概念的規範性內涵。

（2）國體條款的特殊性

說起國體，我們也可以看一下我國台灣地區的"憲法"。它是我國歷史上的1946 年憲法延續下去的，其第 1 條裏面也有國體條款，規定："中華民國基於三民主義，為民有民治民享之民主共和國。"這裏有個特點，被稱之為"以主義冠國體"。這在"五五憲草"時期就曾受過批判。有人指出，你用一黨之主義放到國體之前，成何體統啊？針對這種批判，後來它改了，雖然也寫入了三民主義，但直接代之以林肯的"民有、民治、民享"去冠"民主共和國"這個國體的表述，這個用心良苦的條款終於得到了接納。

新中國憲法則做得更巧妙了。新中國憲法中的國體和主義也產生了一種關係，比如現行《憲法》第 1 條第 1 款規定："中華人民共和國是工人階級領導的、以工農聯盟為基礎的人民民主專政的社會主義國家。"在這裏，採用的句式不再是"以主義冠國體"了，如果說有何特點，那麼則可概括為"以國體冠主義，使主義成國體"了。這本身是因為國體具有了實質性內容，主義也已經被制度化了，即社會主義成為一個根本制度。由此，國體就發展成為"國家性質"。

這裏還有一個延伸的問題，即我國現行《憲法》第 2 條第 1 款（國家的一切權力屬於人民）是否也屬於國體條款？據我分析，我國的國體條款有一個"雙重倒置結構"。這種結構是有其歷史淵源的，可以說是歷史地形成的，中華民國的歷部憲法都採用了這樣的結構。具體而言，這個結構的第一重是傳統的國體條款，體現國體、主義、國家性質等複雜要素；而第二重則是人民主權條款。一般的憲法會把人民主權條款放在第 1 條，我們卻把它放在第 2 條，所以說是規範形式上的倒置結構。對這種倒置結構的合理說明就是："人民"的範圍和結構是由國體決定的。

3."國家性質"新解

這個國家性質到底應該如何理解呢？我們說過，毛澤東的理解非常經典，國體就是"社會各階級在國家中的地位"。具體而言，在當今中國，工人階級居於領導地位，農民階級是同盟軍；其他階級在國家中的地位如何呢？答案是：作為剝削階級的階級已經被消滅了，但還存在一些敵人。這是傳統的理解。

這個理解當然是毋庸置疑的，但它傾向於是一種政治性的理解，而非規範意義上的理解。如果從規範角度解讀國體，即國家性質，我們也可以將其理解為國法秩序的本質特徵，其體現於一個國家憲法所確立的國法秩序的根本原理（或曰根本原則）之中，為此構成國法秩序綱領的核心。所以，在我國，這些內容就被寫在憲法總綱部分，並以原理或是原則的形式體現出來。而這樣一種國家性質的內涵，還是具有歷史性的。也就是說，同一個國家的國家性質也可能隨著歷史的發展而產生微妙的變遷。

如果按照這樣一種"國家性質"的概念來理解，並依據我國憲法中的相關條款來分析，就我國的國家性質其實也可以從如下三個方面來把握，這三個方面，可以稱為我國國法秩序的根本原理：

首先是 "人民民主"。這個性質體現在現行《憲法》第 1 條第 1 款以及第 2 條之中。誠然，第 1 條第 1 款中規定的是 "人民民主專政"，但在 "民主" 和 "專政" 這兩個方面中，民主這一方面無疑是更重要的，也就是說，我國主要實行的是人民民主，而非主要實行專政。而且，專政也已經內化於這三個根本原理之中了。這一點在第 2 條整個條款中也得到了直接的映照和具體化。該條兩個條款規定的都是人民民主的制度化。

其次是 "社會主義"。這體現在現行憲法的許多條款之中，其中最重要的是第 1 條第 1 款，其明確規定我國是一個 "社會主義國家"。對此，2014 年中共十八屆四中全會說得非常明確：中國特色社會主義的最本質特徵就是堅持黨的領導。這個表述經過 2018 年修憲被寫入了憲法，現行《憲法》第 1 條第 2 款如今是這樣規定的："社會主義制度是中華人民共和國的根本制度。中國共產黨領導是中國特色社會主義最本質的特徵。禁止任何組織或個人破壞社會主義制度。" 至於上述主流學說所列舉的經濟制度、政黨制度等獨特的內容，其實也可納入這個範疇加以理解。總之，"社會主義" 作為我們新中國的國家性質的內容之一，是不能否認的。當然，如果從政治憲法學、憲法社會學的角度來看，同樣難以否認的是：隨著社會的急劇轉型和時代的變遷發展，作為憲法所規定的 "社會主義"，其具體的規範性內涵在當下正處於一種繼續形成狀態之中，為此，究竟應如何把握，以及何去何從，則有賴於主權者人民的意志以及歷史發展的結局。而從規範憲法學角度看，現行憲法第 1 條第 2 款中有關 "中國共產黨領導是中國特色社會主義最本質的特徵" 的表述，實際上已為 "社會主義" 的定義給出了明晰的、穩定的內涵。

最後則是 "法治國家"。這體現在《憲法》文本第 5 條，包括 1999 年修憲時增設的該條的第 1 款："中華人民共和國實行依法治國，建設社會主義法治國家。" 中共十八屆四中全會進一步強化了這一條內容的意義。

以上三點共同構成了我們新中國的國家性質。質言之，我們新中國的國家性質體現在三條基本原則之中，也就是人民主權原則、社會主義原則和法治國家原則。

這三個原則，也可理解為我們國家國法秩序的三大基本原理。而經過這樣的界定，我國的國家性質雖然在具體內容上具有中國特色，但在當今世界的立憲主義潮流中也並非是完全孤立的、不可理解的；相反，即使與世界上某些主流的立憲國家也具有一定的可比性，比如較為接近的國家可能是德國，如前所述，根據其《基本法》所規定的國法秩序綱領，德國是一個民主的、社會的法治國家。這是通過《德國基本法》第 20 條、第 28 條體現出來的。首先，這裏的"民主"相當於人民民主。其次，這裏的"社會"是說這個國家具有一定的社會性，會採納一些社會主義政策，並將其部分制度化。而我們不僅採納社會主義政策，更是將社會主義作為"根本制度"。這既有程度的區別，也有性質的區別。最後，德國人強調"法治國"。這個"法治國"，德文稱為 Rechtsstaat，與英美的"法治"（rule of law）在發展歷程以及具體內涵上也有所不同，我們《憲法》第 5 條中所說的"法治國家"，與其說較為接近於英美的"法治"，倒不如說更接近於德國的"法治國"。

　　總之，我們的國法秩序的根本原理和西方國家也具有一定的可比性，而且只要我們擁有足夠的定力，這種對比也是有益無害的。我們可以強調中國特色，但不必把"中國特色"詮釋為西方人無法理解的內容。這是沒有必要的。我們應該在世界上推介自己的國家，不要把自己的國家詮釋成是根本無法和對方比較的古怪的國家，從而遭到無謂的排斥。而這個關於國體的新說，就有助於我們在國際社會確立自己國家的形象，說清自己國家的類型。

　　另外，我們這個國體新說和國體條款的關係是什麼樣的呢？我們這個國體新說超越了國體條款，但是我們也承認國體條款本身也在發展。它在內涵上具有一種自我演進的機理，這與我們這個學說是一致的。比如，之前我們談到，這個國體內涵中蘊含了共產黨的領導。為什麼共產黨具有領導地位呢？我們可以推斷，共產黨具有國家統合的重大功能，是國家統合的主導力量，而共產黨執政所具有的合法性，就蘊含在國體概念之中。但這在邏輯上可以這樣理解：因為中國共產黨是國家統合的主導力量，所以中國必須堅持中國共產黨的領導；而既然中國共產黨是國家統合的重要力量，那就必須聽從人民的意志，不斷改進自己的執政方式，實行依法治國，推動中國民主法治的發展。只有這樣，才能提高自己執政的合法性，才能實現國家的長治久安，乃至實現中華民族的偉大復興。

以上是我們講的第二個大點。

三、從政體到國家形態

前面已提到，政體其實是屬於國家形態之一種，國家形態的另一種則是上述的國體，所以說國體與政體是相對稱的。但國體概念實質化之後，政體的概念就主要用來指稱國家形態了，同時，國體與政體的關係也被理解為是內容和形式的關係了。

但是，政體這個概念有狹廣兩義之分，尤其是在新中國，狹義的政體概念用得較多，但從國家類型學角度來看，要全面深入地理解政體，不如重新返回"國家形態"這個傳統的概念中去，因為這個概念具有豐富的內容，可謂廣義的政體，包括三個方面：第一方面是國家權力組織形態，在新中國憲法學稱之為"國家政權組織形式"，這就是狹義的政體概念；第二方面是國家結合形態，新中國憲法學稱之為"國家結構形式"，但在傳統憲法學中，也是作為政體的一個方面來把握的，美濃部達吉就是這樣做的；第三方面是國家象徵形態，這也是國家形態的一種。

以下，我們逐一講這三個方面。

（一）國家權力組織形態

如前所述，國家權力組織形態，實際上就是當今我國憲法學界通常所使用的狹義的政體概念，一般稱為"政權組織形式"，其實主要講的是國家權力的橫向分配及其運用。但使用"政權組織形式"這個概念，就會將司法權也定性為一種政治權力（"政權"），這在學理上可能引發爭議。為此我們採用更為中性的概念，即"國家權力組織形態"。

那麼，國家權力組織形態、或者說狹義的政體可分為幾種呢？

1. 狹義政體的分類

（1）耶利內克的分類

有關狹義政體，比較經典、同時也比較精細的分類可見之於耶利內克的學說。

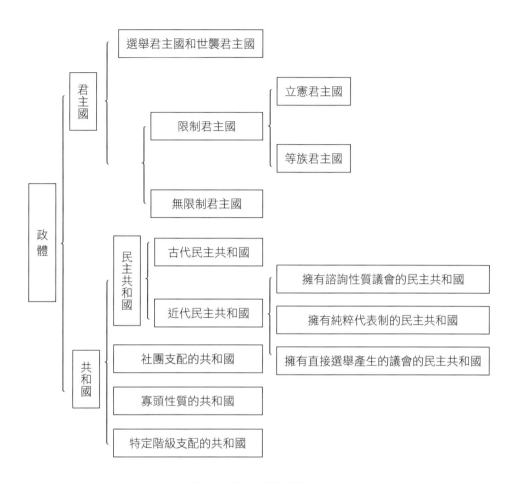

圖21　耶利內克對政體的分類

這一點前面曾交代過，說耶利內克把狹義的政體分為君主國和共和國，但他又接著
細分，把君主國分為兩大類：第一類是選舉君主國和世襲君主國，這是歷史上都真
實存在過的；第二類為限制君主國和無限制君主國。根據通過等族會議或立憲來限
制君主的不同，他又將限制君主國又分為等族君主國和立憲君主國。而共和國主要
分為四類：第一類，由社團支配的共和國，主要指的是政治團體支配的共和國；第
二類，寡頭性質的共和國，指的是少數人控制住的共和國；第三類，由特定階級
（如貴族）支配的共和國；第四類，民主共和國。其中，民主共和國又進一步細分為
兩類：古代民主共和國（古希臘雅典為典型）和近代民主共和國。近代民主共和國

又分為三類：擁有諮詢性質議會的民主共和國、擁有純粹代表制的民主共和國、擁有直接選舉產生的議會的民主共和國。

這是我迄今所接觸的最為精細的政體分類學說了，幾乎令人嘆為觀止。而且請注意：這些都是形式化的分類，沒有進行好壞的評判。但琢磨一下這一分類的內容，感覺頗有回味，對思考當今許多國家的政治體制，仍不乏啟迪意義。

（2）現代學說的分類

現代學說對狹義政體怎麼分類的呢？

第一種類型在憲法制度上可以稱為君主立憲制。它主要是以世襲的君主為國家元首，但其權力又根據憲法的規定受到不同程度限制的政體。如果君主的權力不受憲法的限制，那就屬於傳統的君主專制了，這就根本無法納入憲政體制來論述。而君主立憲制又有兩種不同形式：一種叫二元君主制，另一種叫議會君主制。在二元君主制裏，君主的權力很大，他既是行政機關的掌握者，同時又可能對立法產生重大影響，甚至有時他自身就是立法機關的一部分，也就是說他橫跨立法權與行政權，往往既是國家元首又是政府的掌控者，所以叫二元君主制。典型的例子就是近代普魯士憲法、俾斯麥憲法以及日本明治憲法確立的體制。這種體制現在已經比較少了，現代世界上比較常見的君主立憲制是議會君主制。在採用這種議會君主制的國家中，君主和議會實現了分權，其中，君主是國家元首，但只是名義或象徵意義上的，對議會影響力極小，而且也不享有實質意義上的行政權。典型的代表是英國，當今的日本亦然。

在我國近代，以梁啟超先生為代表的一些人也曾主張我國建立君主立憲制，但眾所周知，這種主張受到以孫中山先生為首的革命派的堅決反對。堅決到什麼程度呢？據說，當年梁啟超流亡到日本，有一次在早稻田大學演講時，宣揚他的君主立憲主張，他先講君主立憲的原理，又講立憲的性質以及國會的好處，正講得帶勁，突然台下有一個中國留學生站起來，大聲喊："馬屁！""打！"一隻草鞋就飛了過來，"啪"的一聲打到梁先生的臉上，連他的眼鏡都掉到了地上，會場上頓時亂作一團。那個喊打的中國留學生名叫張繼，後來成為國民黨的元老級人物之一。這個故事也恰好說明了君主立憲主義在當年中國的遭遇。其實，君主立憲制本身也是一個理性的憲政制度，只不過在清末，許多中國人已經難以接受了，而且當時即使要想實行君主立憲制，君主的合適人選也很難找到了。

狹義政體的第二種類型稱為共和制。共和制主要指的是國家代表機關和國家元首都由選舉產生，依據憲法行使職權，並有一定任期的政體。它具體又可分為多種不同的形態，我們這裏主要介紹四種。此外的人民代表大會制，有待專門講解。

第一種叫總統制。總統制的特點就是總統作為國家元首，是一國的行政首長，其一般是由選民直接或間接選舉出來的，並獨立於國會，代表性的國家就是美國。德國、意大利也有總統，但是它們的總統是由議會選舉出來的，屬於廣義上的總統制的範疇，不屬於狹義上的、嚴格意義的總統制。

第二種可稱為議會內閣制，也稱內閣制，甚至又稱議會制，主要特點是內閣是從議會裏面產生出來的，並向議會負責；至於內閣的組成方式，一般由議會中的最大黨組閣，如果最大黨實力不夠，那就聯合幾個政黨一起組閣。當今德國和意大利所採政體即共和制下的議會內閣制。

第三種是法國的半總統制，又叫半總統半議會制，這種政體比較特殊一點，它保留了議會內閣制的一些形態，但實質上則傾向屬於總統制，故被稱為半總統制。然而，半總統制下的總統，其在國內法上的權力往往大於總統制下的總統。這種總統，一般也都是由全國直接選舉產生的，也掌握最高行政權，但相比總統制下的總統，這種總統擁有議會解散權，還可以提議舉行公民投票，甚至可以在國家出現緊急狀態時行使一定的非常權力。這些權力，一般都是總統制下的總統所沒有的。當今法國、俄羅斯、韓國都採取半總統制。

第四種則是委員會制，即由若干享有大致相等權力的委員組成一個委員會，作為國家的最高權力機關。採用這個體制的比較少，有代表性的國家是瑞士。

政體的選擇，關係到建立一個什麼樣的國家的重大問題，但這個重大的選擇究竟是由什麼決定的呢？漢密爾頓曾經在《聯邦黨人文集》中開宗明義地指出：〝人類是否真正能夠通過深思熟慮和自由選擇來建立一個良好的政府，還是他們永遠注定要靠機遇和強力來決定他們的政治組織。〞對此，美國立憲先賢們傾向於認同深思熟慮的自由選擇。這當然是一種偉大的理想。但我們也要看到，在現實中，許多國家政體的選擇往往是由當時的政治情勢決定的，而不取決於人們冷靜的合理性判斷。即使能讓人們冷靜地合理選擇，一個國家究竟適合採用何種政體，也是一個極為具體的問題，必須放在這個國家當時具體的政治社會經濟文化背景中去考量，絕不能抽象地一概而論，比如很難一口斷言總統制就比議會內閣制好，反之亦然。因為它們實在是各有利弊。一個國家在面臨類似這樣的政體選擇的關頭，往往都是處於政局大變動時期，或者說是政治轉型期的關鍵時候，不少國家在這個時候都會受美國的影響採用總統制。但根據以研究政體問題而著稱的當代美國學者林茨（Juan J. Linz）的見解，在這種政治轉型期，議會內閣制往往優於總統制，因為總統制有許多缺點，比如在總統制之下，行政機關與立法機關之間的衝突難以解決，而且總統選舉往往存在〝贏者通吃〞的傾向，本身就不利於統合各種政治力量以及不同的種族、宗教勢力。

　　林茨說的只是一個方面。其實，議會內閣制也存在很嚴重的缺點，其中最大的問題就是由於受多黨派政治競爭的影響，如果形不成一個有責任的大黨，而存在小黨林立的〝泡沫政黨〞現象，那麼內閣勢必很不穩定，政局往往動盪不安。大家都知道，法國大革命之後就曾長期動盪不安，到了 1875 年建立第三共和國才相對安定下來。主要原因就是由於當時採用了議會內閣制。有人算了一下，自 1879 年到 1940 年期間，法國竟然一共更迭了 100 個內閣；第四共和國期間也是如此，從 1946 年到 1958 年期間，也更迭了 25 個政府。到了第五共和國期間採用半總統制，政局才總算真正安定下來。

　　如前所述，中國在辛亥革命之後，曾經發生過總統制和內閣制之爭。孫中山因為受美國影響，自己也想當總統，為此主張採行總統制，其實當時他所考慮的總統是由議會選舉出來的，並非嚴格意義上的總統制。而宋教仁則主張採用內閣制，因為他認識到當時的中國，皇帝被推翻了之後，政黨就變得非常重要，否則，我們所說的國家統合就成大問題。應該說，宋教仁這個想法也是很有政治敏銳性的。他本人也很有政治才華，甚至傳說宋教仁曾經算過命，算命人告訴他可以做太平宰輔。他在日本研究過政黨政治。政黨政治怎麼運作呢？應該在議會裏面運作，為此他主張要用議會內閣制。

但是，大家都知道，武昌起義之後，宋教仁的這個主張沒有被採納，孫中山等革命黨人選擇了總統制，然而到了孫中山不當臨時大總統，要讓給袁世凱來擔任的時候，大家都主張改採內閣制。《臨時約法》就採用了內閣制，因為用內閣制可以限制袁世凱的權力。而且，《臨時約法》設計的議會內閣制也很特別：臨時參議院有權彈劾臨時大總統，但是臨時大總統沒有權力制約臨時參議院。而一般來說，議會內閣制中的權力分配是有制衡機制的，議會有權對內閣提出不信任的決議案，一旦通過，可以倒閣，也可以彈劾行政長官，但行政長官也有權反制它，體現在他有議會解散權。然而，當時的《臨時約法》所設定的權力制約是單向性的，臨時參議院鬧得很過分時，臨時大總統也無法通過法定程序解散它，除非用武力解散。袁世凱被逼急了，後來就這樣做了。這個事情變成一個歷史公案。當時就有人評論："因人立法，無可諱言。"但近代以來，中國在設定政治制度的時候，往往是因人立法。

那麼，如果可以冷靜地進行合理性選擇，當時中國是適合內閣制還是總統制呢？對於這個問題我琢磨了很久。平心而論，我認為，在當時的總統制與內閣制這兩種選擇之間，我認為總統制更適合當時中國，當然，這種總統制實際上屬於廣義上的總統制，即由議會選舉出來的總統任國家元首，而且最好是總統權力得到適當加強。因為百年積弱的中國，亟須完成國家統合的課題，組織強有力的政府引領國家的發展，而且幾千年的帝制被廢除了，突然沒有一個人來擔任國家元首，並作為政治權力的核心，老百姓確實會感覺到很不踏實，這本身有違國家統合的原理。從這一意義上說，我個人斗膽認為，其實，1914 年袁世凱的《中華民國約法》所確立的政體，除了立法機關權限太小了之外，在當時的國勢之下還是有可取之處的，可惜後來將總統變成變相的終身制，袁世凱進而稱帝，最終落得個歷史悲劇。

2. 當今我國政體概述

那麼，當今我國的政體是什麼呢？準確地說：大類是屬於共和制，細類則屬於人民代表大會制。

人民代表大會制，從理論上說，也是有共和制的正統血統的。它應該屬於議會內閣制的轉化形態，其源流可以追溯到歐洲歷史上的大會政府制（assembly government），最初發源於法國 1793 年憲法的國民大會；後來巴黎公社差不多就採用了這種體制；再後來，蘇聯繼承了這種體制，建立了蘇維埃制度，由它產生議行合一的體制；最後為我們新中國以及其他社會主義國家所接受。

這種體制有兩個主要特點：第一是大會與政府的密切結合，有的甚至實行“議行合一”，即在意志機關內部設立執行機關，意志機關與執行機關同體合一；第二個特點是一切權力歸於大會，曾經有“一切權力歸蘇維埃”的說法，行政機關、審判機關都由大會產生，並受其監督，而且是大會可以監督別的機關，別的機關不能監督大會。

我國的人民代表大會制已經揚棄了傳統的“議行合一”模式，在組織和運行原理上採用民主集中制。具體而言是這樣的：由選舉產生的代表機關被定立為國家權力機關，擁有至高無上的地位和權力，尤其是成為行政機關、監察機關、司法機關等其他國家機關的母體，其他國家機關都由其產生，對其負責，並受其監督。這是一種單向度的監督，即它可以監督別的國家機關，反過來其他國家機關不能監督人大。當然，在現實中，人大行使監督權往往會涉及一個政治體制的重大問題，即人大與執政黨的關係問題，這就使得各級人大行使監督權時十分謹慎。這也是因為各級黨委和政府的關係十分密切，政府的決定往往是和黨委一起研究的，人大如果行使監督權，那麼就好像變成監督黨委。這是從國家機關組織體系的橫向結構看的。

而從縱向結構來看，國家權力最後集中在全國人民代表大會及其常務委員會，為此說全國人大是最高國家權力機關，全國人大常委會是最高國家權力機關的常設機關。與資本主義國家有所不同的是，後者往往實行權力分立，各種權力之間相互制約，即使是議會制，議會的權力也不能說是至高無上的；而在採用人民代表制的國家，人民代表機關則是獨大的，其他國家機關都從屬於它。當然，在實際上，人民代表機關接受共產黨的領導。但至少在理論上，它被賦予極高的地位以及極高的職權。

以上是憲法規範上所確立的我國政體。但是，從許多國家的經驗來看，尤其是從採用議會內閣制的國家的憲法實踐來看，由於到了現代，議會中心主義趨於式微，所以議會內閣制往往在實踐中會產生一些形態的變遷。我國的人民代表大會制不同於議會內閣制，但如前所述，它與議會中心主義有些淵源，為此也存在這樣的一些情況。

那麼，我們的政體當下的實踐形態是怎麼樣的呢？有政治憲法學的學者認為：在實踐中，憲法所規定的人民代表大會制只是憲法規定的，真正的體制應該可以描述為“黨國體制”，並且認為這是規範憲法學沒辦法說明的。2018 年修憲之後，政治學者鄭永年教授認為，本次修憲是一次深度的變革，總體上體現了中國政治體制從“黨政分開”向“黨政一體”的思路轉變。另外，清華大學的胡鞍鋼教授曾在 2013 年出版的《中國集體領導體制》一本書中提出了一個見解，認為當今我國實際上形成的政體形態是集體領導體制，這個又被稱為“集體總統制”，也就是中國共產黨的中央政治局常委這一體制形成的“集體總統制”。

相對於憲法學而言，以上觀點大多屬於政治學的觀點，它們在我國國家權力組織形態的外部現象及其功能的描述上頗為生動，但沒有在政體類型學上提供有力的學理分析，也沒有為其未來的發展方向提供學理的啟示。

鄙人堅持認為，如果從憲法學的政體類型學的角度而言，我國應屬於共和制，具體而言，即屬於人民代表大會制；但作為當今我國政體的實踐形態，則是屬於一種比較複雜的二元複合型政體，具體地說，就是：人民代表大會制與執政黨領導體制相互結合所構成的二元複合型政體。

二元複合型政體是一種相當有特色的體制。日本歷史上的幕府時期就是天皇制與軍事幕府體制相結合的二元複合型政體。不過，也有日本學者對日本歷史上的這種體制曾給予較高的評價，認為採用這種體制是當時日本人的幸運。這是由於在這種體制下，幕府雖然實際上控制了國家政權，但由於政治正統性歸於天皇，為此畢竟受到了約束，在一定程度上不敢肆意妄為。

當今我國的二元複合型政體，本身也有一種自洽的內在機理，即：二元之間相互成為自己的必要。如前所述，人民代表大會制在政體類型學上源自於歷史上的大會政府制，大會政府制的優點在於具有廣泛的代表性，民主性程度很高，可以說僅次於直接民主制。所以羅文斯坦在《現代憲法論》一書裏在給各種體制的民主程度排序時，第一個排的是直接民主制，第二個排的就是大會政府制。但大會政府制在理論上也存在兩種潛在風險：第一種是如果意志機關內部沒有形成一種強大的主導力量的話，意志機關內部成員的意志就可能趨於高度分散，難以形成統一的國家意志；第二種是按照意志機關本身所擁有的強大職權，一旦它形成了有偏頗的國家意志，或者實行所謂的"議會專制"的話，那麼在國家機構內部就沒有一種力量可以約束它，中國在民國初年就曾經有過這方面的教訓。為了克服這兩大潛在風險，加之在國家規模特別巨大，國家統合面臨嚴峻挑戰的現實背景下，從政體本身的內在要求來說，中國共產黨領導就成為一種必要的選擇。

時至今日，二元複合型政體至少已有這麼幾個比較突出的特點：第一，執政黨領導體制原先具有一些委員會制的特點，自中共十八大，尤其是十九大之後，雖然保留了委員會制（集體領導）的形式，現已逐步向領袖制的實質發展；第二，在現實中已形成了"三位一體"的國家主席為國家元首的慣行性機制；第三，執政黨的領導是全面且強有力的，尤其是直接與行政機關相互結合。而就其功能來說，通過執政黨的領導，尤其是在現實中形成了"三位一體"的國家主席為國家元首的慣行性機制後，人民代表大會制作為一種大會制所可能存在的內部意志分散的潛在風險，確實得到了有效的克服，國家意志的集中性形成機制得到了補完，甚至有可能由此形成新的傾向。

上述二元複合型政體，是在新中國成立以來長期實踐中逐步形成的，其間也有過探索性的試行，20世紀80年代還曾嘗試過適度的轉向。2018年修憲後，這個政體的實踐形態得到了進一步的強化，並且在它的框架之內出現了"一府一委兩院"（政府、監察委、法院和檢察院）這樣的新的權力組織與權力分配結構。它們之間存在執政黨統一領導下的職能分工，有人把它稱為"內部三權分工"。而且這裏的"三權"也是新的，不是傳統的立法權、行政權與司法權，而是決策權、執行權與監察權。其中，決策權是由各級黨組織與人大共同承擔的，執行權則包括了行政權與兩院的司法權，而監察權則由監察委承擔。這種說法從功能性角度來說有一定道理，但在憲法規範意義上是否可以成立，則有待於進一步加以綜合性的考察與分析。

以上只是對我國現行政體的概述。而要具體了解我國國家權力組織形態，則應接下來了解——

3. 人民代表大會制度的概念和特徵

作為社會主義國家，我國的政權組織形式或曰國家權力組織形態自然也採用人民代表制。我國的人民代表制，被具體地稱為"人民代表大會制度"，現行《憲法》第 2 條第 2 款規定：人民行使國家權力的機關是全國人民代表大會和地方各級人民代表大會。從解釋學上來說，這個條文的意涵非常鮮明：我們知道，第 2 條第 1 款是規定國家的一切權力都屬於人民，而人民範圍那麼廣，該怎麼行使國家權力呢？第 2 款規定：人民可以通過一種機關去行使國家權力，這種機關就是人民代表大會。在此，這種人民代表大會就稱為"國家權力機關"，也就是說：它本來就是"人民行使國家權力的機關"，也可以理解為"代表人民行使國家權力的機關"。

那麼，這個人民代表大會是怎麼產生的呢？《憲法》第 3 條規定了民主集中制原則。根據這個原則，由人民選舉出代表，組成全國人民代表大會和地方各級人民代表大會，作為國家權力機關，再由人民代表大會產生和監督其他國家機關，實現人民管理國家權力的制度，就是人民代表大會制度。人民代表大會制度是我國的根本政治制度。這裏有一個知識點請大家務必記清楚：憲法上有兩個根本制度，一個叫根本制度，是社會主義；另一個就是根本政治制度，是人民代表大會制度。也就是說，"社會主義"不僅包括政治上的根本制度，還包括經濟、社會等各方面的根本制度，而人民代表大會制度，則是根本的政治制度。

另外，同學們也要注意區分此處所講的人民代表大會制度和作為一個國家機關的人民代表大會。前者指的是將人民代表大會作為我國的國家權力機關，並且在制度框架內把它置於最高的地位上，以產生並監督其他各種國家機關的制度，為此屬於一種政權組織形式。而在整個的人民代表大會制度框架內，存在複數的國家機關，作為國家機關的人民代表大會只是其中的一種。

為了方便，我們經常把人民代表大會制度簡稱為人大制度。主流學說認為，人大制度主要有這麼幾項特徵：第一，以民主集中制為組織與活動的基本原則；第二，由民主選舉產生的全國和地方各級人民代表大會構成國家權力機關體系；第三，全國和縣以上地方各級人民代表大會設立常務委員會；第四，人民代表大會產生和監督其他國家機關；第五，在人民代表大會統一行使國家權力的基礎上，確立權力的分工與監督機制。凡此種種，大家從中學就開始學習了，這裏就不多説了。

4. 堅持和完善人民代表大會制度

無論在學術界，還是在實務界，很多人都認為，對於人民代表大會制度，我們應該保持如下態度：一方面應該堅持；另一方面也要不斷加以完善。前面曾經説過，過去曾有一個有一定權威的學者認為：國體不可變，政體才可變。這個見解源遠流長。梁啟超就曾經提出過類似的見解。但值得注意的是，時至今日的中國，我們時常會看到，由政治意識形態主導的理論界有時也會推出許多政論，在強調要堅持人民代表大會制度的時候，認為人民代表大會制度也不可動搖。如果這説的是人民代表大會制度的根本不可動搖，那是可以理解的。但如果認為人民代表大會制度一點也不能改革，那就值得斟酌了。我們説，堅持這個制度的根本是一個方面，進一步完善這個制度的具體方面也勢在必行。

晚近，人大制度確實也出現了一些改革新動向。其中，部分地方人大常委會為人大代表設立聯繫群眾的工作站、配備有助於提高履職能力的助理人員等舉措，就值得關注。

應該看到，人民代表大會制度是人民行使國家權力的基本形式。當然，除了這個基本形式之外還可以通過其他形式來行使國家權力。《憲法》第 2 條第 3 款就規定：人民還可以依照法律規定，通過其他的途徑和形式，去管理國家事務和社會事務，管理經濟和文化事業，開展民主生活。但是其中最基本、最重要的形式還是通過人民代表大會制度去行使國家權力。

至於為什麼要堅持這樣一個制度呢？"馬工程"教材從四個方面論述了其優越性：第一，人民代表大會制度使國家一切權力屬於人民的原則得到充分落實。這是由於人民代表大會是在民主選舉的基礎上產生的，具有廣泛的代表性，而且選民或選舉單位擁有對代表的監督權和罷免權。這些都保證了人民能真正地享有國家權力。第二，由於人民代表大會制度實行民主集中制原則，為此保證了人民權力的統一性。第三，人民代表大會制度是我國歷史發展的產物，是在我國的具體歷史條件下，從人民革命的實踐中產生的，適合我國的國情。第四，人民代表大會制既能保證中央的統一領導，又能發揮地方的主動性和積極性。

（二）國家結合形態

1. 國家結合形態概述

國家結合形態，國內一般稱為“國家結構形式”，它被定義為國家所採取的、按一定原則劃分國家內部區域、調整國家整體和組成部分、中央和地方之間相互關係的總體形式。實際上，這個定義只說明了一個國家內部不同地區之間的結合形式，而不能說明國家外部之間的結合形式，比如很難涵蓋邦聯制，這也是由於“國家結構形式”這個用語本身是比較狹窄的，而要完整說明這兩個方面的內涵，則應改用“國家結合形態”這一概念。我們在這裏就大膽採用這個概念。

其實，民國時期的中國憲法學就曾用過這個概念，甚至早在 1910 年梁啓超所寫的《憲政淺說》一文中，就曾經借用了當時日本憲法學界的說法，採用過“國家結合形態”這一用語。當然，由於受到當時日本學說的影響，梁啓超將“國家結合形態”也作為一種“國體”，因為當時日本學說就是這樣說的，也就是說，當時的“國體”概念，除了指國家主權之所在，還指國家的結合形態。而在美濃部達吉的政體學說中，所謂單一制還是聯邦制的問題，同樣也屬於政體的一個方面。

既然“國家結構形式”只能說明國家內部的組成，無法說明國家之間的結合形式，那麼，我們還是採用“國家結合形態”這個傳統的概念比較好。而根據傳統的理論，它分為“單一國”和“複雜國”兩種，用我們現代的話來說，就是單一制和複雜制，其中複雜制中又可分為聯邦制和邦聯制。

所謂單一制，就是統治權集中於中央政府，地方政府的存在與權力均依存於中央政府的國家結合形式，一般而言，典型的單一制國家，是由若干普通行政單位或自治單位組成的單一主權國家；國家內只有一部憲法，由統一的中央立法機關根據憲法制定法律；整個國家只有一個最高立法機關、一個中央政府和一套完整的司法體系；在中央與地方的權力劃分方面，地方受中央的統一領導，地方政府的權力往往由中央政府授予；在對外關係上，國家是一個獨立的主體，公民具有統一的國籍。法國、日本等國家就是比較典型的單一制國家。中國也屬於單一制，但不太典型。為何這樣說？這個等下再專門闡述。

與單一制相比，複雜制就複雜多了，涉及國家與國家之間基於共同的政治或經濟等方面的利害關係而進行相互的結合，其中，不同的主權國家能完全結合為一個新的主權國家的，稱之為"聯邦制"；不能完全結合為一個新的主權國家，只是屬於不同主權國家之間較為鬆散的聯合的，則是"邦聯制"。也就是説，聯邦制屬於國內法的國家結合形態，邦聯制屬於國際法上的國家結合形態。

大家都知道，美國這個國家的英文全稱叫 The United States of America，譯為中文就是"美利堅合眾國"，但 State 被我們中國人譯成"州"，它原意為國家，至少應該譯為"邦國"的邦，所以 United States 聽起來有點像是國家聯合，即我們説的"邦聯"。實際上，獨立戰爭之後北美 13 州之間最初所建立的，就是一種邦聯，而 1787 年美國憲法則將各個 State 完全結合為一個新的主權國家了，所以就不是邦聯，而是聯邦了。

當今英國由英格蘭、蘇格蘭、威爾士和北愛爾蘭組成，四個地區都叫 country，而英國的全稱叫"大不列顛及北愛爾蘭聯合王國"，英語為 The United Kingdom of Great Britain and Northern Ireland，簡稱 United Kingdom 或 UK，中文譯為"聯合王國"，聽上去也像邦聯，實際上不是邦聯，也不是聯邦，而是一個單一制國家，因為它們之間已經組成一個國內法意義上的主權國家了。當然，自 20 世紀後半葉開始，英國向地方下放權力，比如給蘇格蘭特別大的自治權，也有人認為英國的國家結合形態開始轉向"非對稱聯邦制"，但這只是一種説法。

英國除了"聯合王國"之外，還有一個"英聯邦國家"，這是怎麼回事呢？這個"英聯邦國家"，英語叫 Commonwealth of Nations，原稱 British Commonwealth of Nations，其前身就是大英帝國，但自從"一戰"之後世界各地民族解放運動高漲，作為日不落帝國的英國也開始衰弱了，最後只好形成一個以英國為主導的五十多個主權國家（含附屬國的）聯合體，它在中文上號稱"英聯邦國家"，實際上屬於一種邦聯。

2. 我國的國家結合形態

那麼，我國的國家結合形態是什麼樣的呢？

關於這一點，我們都説中國國家結構是單一制，其實憲法裏面沒有明文規定。

而有些國家把國家結合形態用憲法明確規定下來，而且規定是憲法修改不能觸及的對象。但是從憲法解釋當中，我們可以分析出來，我國確實是採用單一制。

其實，新中國成立之初，我們很多制度都學蘇聯。但在國家結合形態上，蘇聯採用聯邦制，我國卻沒有採用蘇聯的這種模式，而是採用了單一制。這裏面有很多原因，值得研究。

傳統學說認為，這是由我國歷史和民族的具體情形來決定的，並具體歸納出四點理由：第一，這是我國歷史發展的必然趨勢，是全國各族人民長期奮鬥的結果；第二，符合我國民族成分和民族分佈的具體特點；第三，適應了全國各民族共同發展與繁榮，建設社會主義現代化的需要；第四，反映了維護國家統一和加強各民族團結的客觀要求。

此外，還應該注意的是，雖然我們這個國家在歷史上存在"分久必合、合久必分"的現象，可是我們中國人的觀念當中還是存在根深蒂固的"大一統"觀念的。而從歷史經驗來看，的確，國家的分裂往往伴隨著戰亂，而國家的統一則帶來和平。當然，聯邦制並不等於分裂，但人們畢竟會擔心聯邦制是否擁有足夠的緩解多民族社會之間的張力、維持國家穩定等方面的能力，而我們的社會心理、民族心理的承受力到底是否可以勝任採用聯邦制，也值得考慮。總之，我們採用單一制，同樣與國家統合原理的作用有關。

時至今日，我國也有一些學者，曾傾向於認為中國應該採用聯邦制。對此我個人還是持謹慎的態度。這是因為，從某種意義上說，中國是否應該採用聯邦制並不只屬於憲法學研究的問題，而是政治學、社會學等許多學科研究的共同課題，需要通過大量的實證考察和測算，才能夠獲得一個可靠的結論。

不過，從現行憲法有關的規範加以分析，我們確實會發現，我國所採用的單一制，不是一種簡單的單一制，而是複雜的單一制，幾乎介於單一制和複雜制之間的形態，因為我們有少數民族聚居區實行的民族區域自治制度，甚至還有港澳地區的高度自治、"一國兩制"。基於此，西方有學者把中國這種形態叫作"非對稱聯邦制"。

"非對稱聯邦制"上面提到過，它確切的含義是什麼呢？是指在一個國家內部，中央政府單方面向某些地區下放比其他地區更大的自治權，而其他區域和中央政府的關係保持不變的一種新型聯邦制。有些國家就屬於這種非對稱的聯邦制，如前所述，英國在 20 世紀後半期之後，對蘇格蘭地區下放了大幅度的自治權，就被認為屬於非對稱聯邦制，它還產生了一些後果，包括 2014 年蘇格蘭實行公投決定是否獨立。為此有人說，當今中國對港澳地區實行特別的高度自治，有點類似"非對稱聯邦制"。中國政府堅決否認這一點，2014 年一國兩制白皮書仍然強調這個。我個人認為，當今中國確非"非對稱聯邦制"，但可以說是屬於"非對稱單一制"。這是因為，在中央對各個地區授權的關係當中確實存在一種非對稱結構，這一點無法否定。而這種"非對稱單一制"也是一種"複雜單一制"。

3. 我國的行政區劃

行政區劃是指國家按照一定的原則和程序，將其領土劃分成若干不同層次的區域，並分級建立相應的地方國家機關，以實現國家職能的法律制度。

那麼，行政區劃是根據什麼樣的原則來劃分的呢？主流學說認為主要有四項：第一，便於人民群眾行使國家權力，也就是要發揮人民群眾當家做主的作用，以利於人民群眾分級管理國家；第二，有利於各民族之間團結，這需要充分考慮各民族成分、聚居情況、民族傳統等；第三，有利於經濟社會發展和國防建設，即劃分行政區域既要考慮各地區的經濟社會發展狀況，又要考慮自然資源的合理開發和利用，同時有利於鞏固國防；第四，尊重歷史沿革和文化傳統，我們是歷史悠久、文化多元的國家，因此劃分行政區域就需要尊重歷史文化狀況。

至於我國現行的行政區域是如何劃分的呢？《憲法》第 30 條和第 31 條作出了規定。

4. 民族區域自治制度

所謂民族區域自治制度是指在國家的統一領導下，少數民族聚居的地方實行區域自治，設立自治機關行使自治權，管理本自治區域內的事務。這是我國解決民族問題的基本制度。前面已經說過，我國是一個統一的多民族國家，國內存在 56 個民族，這些民族在歷史上都共同繁衍生息在中華大地上，從而成為中華民族不可分割的部分，長久的經濟文化交流以及相互通婚，已經使得各民族血脈相融、難以分割。但是民族之間的區別還是存在的，於是如何在國家的結構形式當中解決民族問題，就需要政治智慧。

通過總結歷史上的經驗教訓，新中國採用了這樣一個制度，就是民族區域自治制度。同學們記住，它不叫"民族自治制度"，而是"民族區域自治制度"，是民族自治和區域自治的結合。如果是民族自治，各民族各自搞各自的，就會產生一種離心力。但是，少數民族又要尊重，要給他們一定的自治權，於是就加入區域自治的限制條件，在少數民族聚居的地方實行民族區域自治。

民族區域自治制度的主要特徵有這麼幾個。首先，它是以少數民族聚居區為基礎建立的；其次，各民族自治地方是國家統一領導下的地方行政區，是不可分離的部分；最後，在自治地方設立自治機關，行使自治權。自治權是指民族自治地方的自治機關依據憲法和法律規定的權限，從本民族地方的實際情況出發，貫徹執行國家的法律和政策，管理本民族地方內部事務的自主權。應該說這種自治權是比較大的。

按照行政地位劃分，民族區域自治地方有自治區、自治州、自治縣（旗）三級。如果按照自治地方的民族組成，又可分為三種情況。第一種是以一個少數民族聚居區為基礎建立的民族自治地方。第二種是以一個人口較多的少數民族聚居區為基礎，同時又包括一個或幾個人口較少的其他少數民族聚居區所建立的自治地方。第三種是以兩個或兩個以上的少數民族聚居區為基礎聯合建立的自治地方。

前面我們也講到了民族區域自治制度的優越性。主流學說是這樣表述的：一是它保障了少數民族當家做主，管理本民族地方內部事務的權利；二是它有利於促進民族地方的繁榮和國家的富強；三是加強了民族的團結和國家的統一。

5. 我國的特別行政區制度

我國雖然是單一制國家，但前面我也說了，它是屬於一種非典型性的單一制，可謂"非對稱單一制"。也就是說這種單一制並不是那麼單純，主要是由於我們國家目前存在三種不同的行政區域：第一種是一般的行政區域；第二種就是剛才我們所講的民族區域自治地方；第三種則是特別行政區。所以也可以說，我國是一個具有複合結構的單一制國家。

　　大家都知道，目前我們已經有了兩個特別行政區：香港和澳門。當國者和許多老百姓都期望將來能出現第三個特別行政區，也就是台灣特別行政區。

　　那麼究竟什麼是特別行政區呢？一般是這樣界定的：它是指在中華人民共和國領域內，根據憲法和法律的規定，專門設立的具有特殊法律地位，實行特別的社會、政治和經濟制度的行政區域。確立特別行政區制度的理論依據就是鄧小平所提出的"一國兩制"方針。在東西方政治意識形態高度對立的歷史背景下，這個"一國兩制"的構想應該說是很大膽、很高明的，也非常務實，有效地解決了港澳回歸祖國的歷史課題。

　　那麼，應該如何理解"一國兩制"呢？這是一個大問題。我們知道，"一國兩制"的英文翻譯是"One Country, Two Systems"。這個翻譯自然沒有錯，但如果我們僅僅把"一國兩制"中的"一國"理解為 One Country，那是不夠的，因為 Country 這個詞側重指的是疆域、故土意義上的國家。其實，它也有"構成國"的含義，為此英國人有時候把英格蘭、蘇格蘭、威爾士和北愛爾蘭這四個地區都分別視為 Country。所以，當我們把包括香港、澳門、台灣在內的整個中國稱之為 One Country 的時候，不知道英國人會不會暗自發笑。但現在後悔也來不及了，關鍵是我們應該從更多的維度全面地理解"一國兩制"中的"一國"。在此方面，英語對"國家"概念的多種表述反倒可以為我們提供較大的啟發。比如，英語中的 State，也是指國家，但它側重於指稱政治屬性的國家；英語中還有 Nation 一詞，同樣也可以指國家，但它側重於指擁有共同的歷史、文化、語言等民族共同體意義上的國家，雖然美國學者安德森（Benedict Anderson）認為 Nation 只是一種"想象的共同體"（Imagined Communities），但不是說它是虛構的，只要人們確信它存在，那就具有意義。這樣看來，除了把"一國兩制"中的"一國"理解為 One Country 之外，我們還要把它理解為 One Nation、One State。換言之，"一國"不僅可以理解為一個疆域、故土意義上的國家（One Country），而且還應理解為一個追求主權統一的政治國家（One State），同時也應該理解為一個作為民族命運共同體的國家（One Nation）。香港回歸之後，我們正是沒有這樣完整地理解"一國"，才出現了很多問題，包括民族認同、國家認同的問題。

特別行政區制度具有重要的意義。主流學説認為：首先，它開創了在一個社會主義國家裏，允許局部地區保留資本主義制度，同時又堅持社會主義道路的先例；其次，它突破了傳統的單一制國家結構形式的模式，豐富了國家結構形式的內涵；最後，它有助於形成一種帶有某些複雜制特徵的單一制結構形式。

任何一種政治制度都要有憲法依據。那麼，設立特別行政區的憲法依據在哪裏呢？主要就是現行《憲法》第 31 條。它規定："國家在必要時得設立特別行政區。在特別行政區內實行的制度按照具體情況由全國人民代表大會以法律規定"。這個條款是一個特別條款，相當於憲法中"國法秩序綱領"的但書，它確立了特別行政區在所實行的制度上的特殊性；它同時也是一個授權條款，授權全國人大按照具體情況，通過法律規定特別行政區的制度。這種法律就是後來的港澳兩部《基本法》。

特別行政區是實行高度自治的地方行政區域，但也是中華人民共和國不可分離的部分，在國家結構的制度框架內，直轄於中央人民政府。以香港為例，中央對特別行政區擁有十項管治權：第一是防務權；第二是人事權，比如行政長官、主要官員的任免權；第三是向行政長官發出指令權，如香港基本法第 48 條第（8）項就這樣規定；第四是外交權；第五是全國性法律適用於特區的決定權；第六是立法監督權，即特區立法要送全國人大常委會備案；第七是決定對行政長官產生辦法和立法會產生辦法的修改權；第八是香港進入戰爭狀態或者緊急狀態的決定權；第九是基本法的解釋權；第十是基本法的修改權。這十項都是基本法明確規定的。因為非常全面，也被稱為中央的"全面管治權"。其實，十項中任何一項都是法定的，而且也是有邊界的，為此也可理解為中央的"法定管治權"。

但特別行政區在憲法框架內獲得了特殊的法律地位。從大的方面説，相對於一般的行政區域，它的特殊性體現在四個方面：第一，依法保持原有的社會、經濟制度和生活方式，長期不變；第二，擁有高度自治權，實行高度自治；第三，實行"港人治港"，特別行政區的行政機關和立法機關由當地人組成，但條件是"愛國者治港"；第四，特別行政區可以使用區旗、區徽。

這四方面都是具有實質性內容的，尤其是其中的第二方面，至少包括了以下幾項權限：

　　第一，立法權。特別行政區立法機關有權依據基本法的規定，制定、修改和廢止法律。特別行政區立法機關制定的法律，須報全國人大常委會備案，但備案不影響該法律的生效。所以，在特別行政區適用的法律就有四種：基本法、原有法律、少量必要的全國性法律、特別行政區立法機關制定的法律。其實，法官也有造法權，尤其是香港特區法官，在這方面權力很大，但卻免於向全國人大常委會報備。

　　第二，行政管理權。特別行政區政府依照基本法的有關規定，自行處理本行政區的行政事務。除外交、防務以及其他基本法規定由中央政府管理的行政事務外，均由其自行管理，尤其是可以設立海關，發行特區的貨幣。特別行政區實行的是行政主導體制，如果能按照基本法行使起來的話，行政權是比較強大的。行政長官既是特區行政機關的首腦，也是特區的首長，被俗稱為"特首"，是特區的象徵。

　　第三，獨立的司法權和終審權。特別行政區各級法院行使特別行政區的審判權，法院獨立進行審判，不受任何干涉。特別行政區的終審法院還享有終審權，有權對訴訟案件作出最終判決。這個權力很大。當年內地立法者在制定香港基本法時，似乎是基於自身的經驗，以為司法權最弱小，不重要，所以比較大度地、幾乎全部授予了特別行政區，司法機關的原班人馬幾乎也全部留下來繼續當法官。這一安排不能説是一個失誤。然而，應該充分意識到，根據普通法，法院是享有司法覆核權的。所謂司法覆核權，包含了法官可以判斷立法機關所制定的法律和行政機關所做出的行政行為是否違反了基本法，如果認為違反了，就可以推翻它。這是一項很大的權力。剛一回歸，香港法官就用上了這種權力，其中在居港權案件中也行使了這項權限，甚至宣佈香港特區法院有權判決全國人大常委會制定的法律是否違背了基本法。這下，連內地許多學者都大吃一驚，這個事件形成了風波，幾經折騰，最後還是通過全國人大常委會解釋香港基本法來解決的。

　　第四，特別行政區享有的高度自治權，還包括自行處理有關對外事務的權力。

　　總之，從港澳的特區制度來看，特別行政區的自治權是很大的。它有獨立的貨幣、獨立的海關、獨立的法律體系，獨立的立法、行政、司法機關，獨立的警察，僅僅沒有獨立的軍隊。凡此種種，都説明，特別行政區所享有的高度自治權，連許多聯邦制國家的州或邦都難以望其項背。比如，美國各州也有自己獨立的法律體系，但是聯邦的法律，尤其是憲法，對各州影響很大，比我國的憲法以及全國性法律對香港、澳門的影響大多了；還有，美國各州也沒有自己的貨幣，也沒有自己獨立的海關，而我國港澳特區則有。可以說，我國特別行政區的自治程度，是當今世界上有代表性的聯邦制國家的成員國所未必能夠企及的。

（三）國家象徵形態

通過一些象徵物，把國家形態表達出來，這就是國家的象徵形態。它指的是國家以憲法或專門法律所規定的象徵國家主權、代表國家尊嚴的標誌物，主要有國旗、國歌、國徽、首都。

國旗是象徵一個主權國家的旗幟。它通過一定的式樣、色彩和圖案反映一個國家政治特色和歷史文化傳統。根據我國現行《憲法》第 141 條第 1 款的規定，我國的國旗是五星紅旗。

國歌是代表國家的歌曲，也是國家的象徵和標誌。我國的國歌是 2004 年修憲時才正式確定的，即新民主主義革命時期著名歌曲《義勇軍進行曲》，它是由田漢作詞，聶耳作曲的。2017 年制定的《國歌法》，進一步明確了我國國歌是《義勇軍進行曲》。國歌往往表現著一個國家或民族的精神。世界上著名的國歌有很多，比如英國國歌《天佑吾王》、法國國歌《馬賽曲》、美國國歌《星條旗永不落》，其中許多國家國歌的旋律都比較舒緩，而我們的國歌則相當慷慨激昂。

國徽也是國家的象徵和標誌。它常常表現一國的歷史與傳統，以及一國的政治體制、民族精神和意識形態。國徽的圖案、式樣、使用都有特別的嚴格規定，國徽的圖案也具有特殊的象徵意義。我國的國徽是現行《憲法》第 142 條規定的："中間是五星照耀下的天安門，周圍是穀穗和齒輪。"

首都也稱國都，它是一個國家中央國家機關和國家首腦所在地，往往也是一個國家的政治、經濟和文化中心。我國的首都是北京。首都也是國家象徵，我們經常聽到外電說 "北京"、"北京政府"，這裏說的 "北京" 其實就是指中國。當然，據說美國新聞把 "北京" 叫多了，於是就有一些美國人以為：中國是北京的首都。

第七章　國家機構原理

今天講第七章：國家機構原理。

圍繞今天的內容，我們先推出一些章前導引問題：

第一，一個國家一般要設立哪些國家機關？這些機關應該按照什麼樣的原理組織起來並加以運行呢？這就是我們要講的主要內容。要解決這個問題很不簡單，因為各國有不同的做法，可能認同不同的道理。

第二，在歷史上，三權分立的思想是由誰最早提出來的？如今的西方國家還施行三權分立嗎？這個問題也是一個重要的問題，因為這個問題在中國被高度政治化，沒有說清楚。今天就讓我們從學理的角度，澄清和反思這個原理。

第三，從一個故事講起：我國民國時期著名外交官顧維鈞早年留學美國，就讀於哥倫比亞大學，恰好在辛亥革命後不久畢業回國，畢業前參加博士論文答辯。在答辯中，他的老師古德諾教授問：從中華民族的利益和需要看，美國憲法有哪些內容適合於中國？古德諾這個人不一般，是哥倫比亞大學大牌公法教授，而且聲望很高，如果後來沒有袁世凱連累了他，他可能在美國總統競選中勝出呢。我想當時古德諾對顧維鈞的這個提問是真誠的，與今天我們所說的美國人想搞"和平演變"不一樣，因為當時中國已經通過辛亥革命從君主制演變為共和國了。根據顧維鈞的回憶，針對古德諾的問題，他回答說：對於一個剛剛踏上民主道路的國家來說，能起好作用的基本原理應該是權力分散，也就是我們今天所說的三權分立原理。顧維鈞的博士論文當然通過了，不久後回國，工作找得很好，擔任袁世凱的外文秘書，還推薦古德諾來中國擔任袁世凱的憲法顧問。古德諾來到中國一看，終於明白了中國到底需要不需要三權分立。古德諾的最終觀點我們暫且按下不表，我們且問一個問題：顧維鈞當時在博士論文答辯時所說出的見解，你們覺得怎麼樣呢？

有關這些問題，都是我們今天要解決的。請大家帶著這些問題，進入以下內容的學習。

一、國家機構的基礎理論

（一）國家機構的定義

"國家機構"是專門寫到我們憲法裏面的一個用語，現行憲法第三章的章名就叫"國家機構"。什麼叫國家機構呢？國家機構指的是為了實現國家職能而建立起來的國家機關的總稱。這與日常用法不同。在現實中，"機構"這個詞往往指的是某個單位。

那"國家機關"怎麼理解？"國家機關"這個概念主要是來源於德國近代國法學當中所出現的"國家法人說"，當然國家有機體說也用過"國家機關"這個概念。

關於國家法人說，我們前面已經講到過。這裏稍微複習一下：在近代德國的國法學當中，有一種關於國家在法上的性質的理論，其觀點簡單說就是認為國家也是一種法人，而且屬於公法人；作為一個法人，國家也有意志，而且只有一個意志，但是國家下面有許多機關，由這些機關組成了國家機構體系；這些國家機關，分別行使國家的各個部分的職能，因此是職權獨立的機關，但由於是一個法人，一個意志主體，為此各個機關各自所做出的行為，都被視為是國家這個法人整體的行為，由國家整體來承擔責任。

這裏談一下國家機關的分類。

國家機關首先可以分為憲法上的機關與法律上的機關。這個很好理解，憲法上機關就是憲法上直接規定了的機關，法律上機關則是憲法上沒有規定，只在普通法律中規定的機關。憲法機關的地位一般高於法律機關。

其次，還可以將國家機關分為直接機關與間接機關。其中，直接機關指的是構成國家組織的根本、其作為機關的地位直接由憲法授予的機關；而間接機關則是指其地位乃基於直接機關個別性的委任的機關。比如說，在當今我國，全國人大就是直接機關，而國務院則是間接機關。

最後，還有一種分類是將國家機關分為政治機關和司法機關。其中，政治機關又稱政治部門，指的是具有政治性質、即按照民主原則組織起來並運行的機關，主要包括立法機關和行政機關；而司法機關是政治機關的對稱，又稱法律原理機關，它在一定程度上獨立於政治部門，直接服從於法治原理而不直接適用民主政治原則，主要指法院，在我國，還包括檢察院。那麼，監察機關屬於何種機關呢？在討論國家監察制度改革的時候，就有人強調說它是政治機關。這對不對呢？有關這一點，我們下一章會講到。

如前所述，"國家法人說"是大陸法系國家公法學裏面的一種重要學說，迄今仍佔有一定的地位，要完全推翻它，是很不容易的。一般來說，英美國家的公法中不太用"國家法人說"這樣一個理論，因此，它們的憲法學裏也沒有"國家機構"、"國家機關"這樣的概念，而是一般採用 government 這個說法，我們將其翻譯為"政府"。

（二）國家機構的原理

國家機構的原理，指的是國家機構的組織原理和組織起來後的運行原理，這兩個原理可以是合一的，因此統稱為國家機構的原理。

1. 我國國家機構的組織活動原則

關於中國國家機構在組織活動上所適用的原理這一點，"馬工程"教材列舉得比較多，其中第一個是黨的領導原則，第二個是民主集中制原則，第三個是為人民服務原則，第四個是權責統一原則，第五個是精簡和效率原則，第六個是法治原則。有些教材對這部分寫得更豐富詳備，除了上述原則外，還有尊重和保障人權原則以及權力監督和制約原則等。

那麼這麼多原則中哪一種原則最典型呢？這可能見仁見智。但其中憲法有直接明確規定的，是民主集中制原則。現行憲法第三條明確規定了這個原則。這也是中國國家機構最主要的組織活動原則之一。

說到民主集中制，主流學說上有一個對比：西方發達國家或說成熟的法治國家採用的是什麼原則呢？是否也採用民主集中制原則呢？非也！主流觀點認為，社會主義立憲國家採用的是民主集中制原則，而西方立憲國家多採用三權分立原則，而且在不同的國家，三權分立原則的表現形式也是不同的，最為典型的採用三權分立原則的國家是美國。

2. 三權分立原理

(1) 發展脈絡

三權分立學說最早是由法國近代思想家孟德斯鳩在 18 世紀上半葉提出來的。孟德斯鳩是貴族出身，生活比較富裕，有時間和精力坐在那裏思考這樣重大的問題。當然，他主要是通過考察英國的憲政，才提出了三權分立理論的。不過，也有學者認為最早提出三權分立的是英國自己的政治思想家洛克。我們說，洛克的權力劃分學說是更早一些，但實際上主要是劃為兩權，即立法權和執行權，外加一種外交權。但從今日的角度看，外交權並非獨立的，也可以歸入執行權。但不管是誰最早提出這一學說，我們都應該承認：到了孟德斯鳩這裏，三權分立的思想才比較成熟了。而且，孟德斯鳩的三權分立思想，對後世影響很大，特別是對美國，可謂影響甚巨。

有學者經過研究曾得出這樣的結論：對於美國的憲政史，法國人作出了重大貢獻。這些法國人主要是誰呢？一般可以認為：與其說是盧梭，倒不如說是孟德斯鳩，即真正影響美國憲政的法國人應當首推孟德斯鳩。那麼英國人對美國憲政史有沒有影響呢？有，洛克的影響就很大。洛克有關“同意”的政治理論，以及有關“生命、自由和財產”的自然權學說等，都對美國憲法產生了重大影響，而孟德斯鳩對美國產生不朽影響的，則是他的三權分立學說。

(2) 對我國認識現狀的反思

那麼我國的主流觀點對三權分立學說的認識現狀是怎樣的呢？總結起來，主要有以下四個方面：第一，“三權分立”被不少人誤認為是西方所有立憲國家之國家機構的組織以及活動的原則；第二，也有人用三權分立來指稱美國的現行政體，比如鄧小平就曾經說過中國不能搞“三權分立”，現在也有領導在香港問題上講，香港不搞“三權分立”，所指的都是美國式的政體；第三，“三權分立”被高度政治化，使其變成一個非常敏感的政治問題，被納入國家意識形態考量範圍之內；第四，“三權分立”在我國意識形態領域中已被完全否定。

我們需要承認，與孟德斯鳩所提的三權分立原則不同，從蘇聯到我們中國，社會主義國家採用的是民主集中制原則。這是一個非常重要的對比，並且已經在我國意識形態領域穩固化，變成了一種簡單的圖式。實際上，要想真正完成這個對比是需要進一步分析的。只有對二權分立原則進行深入分析，我們才能明白我們採用的民主集中制原則到底是什麼，以及為什麼要採用民主集中制原則。

於是，關於三權分立原則，我們在這裏有必要作出一點澄清：在西方各國憲法中，其國家機構的基本原理應統稱為“權力分立”原理，但未必能說都採用的是“三權分立”原理。因為，從嚴格的學術角度而言，所謂“三權分立”只是以美國為典型的立憲國家所採用的憲法原理，而這種原理只是“權力分立”模式的一種。

(3) 權力分立原理的含義

在近代西方，洛克、孟德斯鳩等人形成了權力分立的思想，而且後來被直接表述為一種憲法性的規範原理，1789 年法國《人權宣言》第 16 條即寫道：凡權利無保障和分權未確立的社會，就沒有憲法。

有關權力分立原理的經典要義，可以歸納為以下兩點：

第一，國家權力分為立法權、行政權與司法權，這三權不由一個機關統一行使。這被視為“立憲制”的兩大重要標誌之一。

孟德斯鳩在那部不朽的著作《論法的精神》中指出：

當立法權和行政權集中於一人之手，或者歸屬於同一機關，就失卻了自由。

如果同一個人或是由重要人物、貴族或平民組成的同一個機關行使這三種權力，即制定法律權、執行公共決議權和裁判私人犯罪或爭訟權，則一切便都完了。

第二，分權之後，各權之間彼此存在一定的制約和平衡的關係，但制衡的方式和程度在各國則不同。

（4）權力分立原理的現實範例

如前所述，權力分立的思想對美國建國產生了重要影響。從實踐來看，美國的三權分立制度也是最典型的，體現了經典（近代）的要義，即：一方面，立法、行政與司法這三權嚴格分開，互相制約；另一方面，三權的地位大致平等。這就是"制約與平衡"。對此，我們也許耳熟能詳了。

但實際上，美國的這一套做法是比較特別的，很多國家，包括西方其他國家也未必"消受"得起，因為美國之所以會採用這一原理，是有著獨特的社會傳統和歷史文化背景支撐的。

第一，美國人傳統上就表現出"對權力的不信任"，他們總是擔憂國家權力過大，威脅到個人利益或自由，這在憲法上就是以"人權"表達出來的內容。所以，為了保障個人的正當利益或自由免遭侵犯，才採用了讓三種權力互相制約，並大致取得平衡的組織架構。

麥迪遜在《聯邦黨人文集》中就曾經明確談道：

所有的權力，立法、行政和司法權集聚於同一人之手，無論是一個人、一些人還是許多人，無論是世襲的、自己任命的或是選舉的，都可正當地斷定這就是暴政。

他又談道：

必須以野心對抗野心。

　　第二，由於對民主也不信任，美國人沒有通過建立一個強大的民選代議機關來作為母體，由此產生行政權和司法權。那麼我們也許會這樣想：美國人的頭腦是不是少根筋呢？他們與其擔心國家權力過大會侵犯他們的權利，倒不如從源頭上解決問題，即將國家權力牢牢地控制在人民自己手中，這不就行了嗎？

　　這聽起來是很好的一種想法，我們中國目前的人民代表大會制，就是基於這樣的想法建構的。但是，美國人從立國立憲開始，就不相信這一點。麥迪遜在《聯邦黨人文集》中曾經明確談道：

　　　　如果人都是神，那麼政府就沒有必要存在了；如果能夠以神來統治人，那麼無論外部與內部的政府制約也就沒有必要存在了。要形成一個以人管理人的政府，其最大的困難在於你首先必須使政府能夠控制被統治者；其次必須迫使政府控制自己，對政府的首要控制乃是依賴人民，但經驗早已教導人類輔助防禦的必要性。

　　這段話對於理解美國的三權分立制度十分重要，尤其是最後一句。從中我們可以知道：美國人當時也明白了依靠人民去控制政府的必要，認為這是首要的，但他們認為，這還遠遠不夠，除此之外還需要某種“輔助防禦”的制度，這就是孟德斯鳩所倡導的“三權分立”原理了。

圖22　麥迪遜，美國國父之一，曾睿智地指出：“對政府的首要控制乃是依賴人民，但經驗早已教導人類輔助防禦的必要性。”

麥迪遜當年就認識到民主制度的局限，這是難能可貴的。而且，通過當年美國立憲資料，我們可以看到，不僅麥迪遜，甚至當時很多美國建國者，都存在對於民主的不信任或某種戒備的心理。

第三，因為有著深厚的 rule of law 的優良傳統。美國人對於法官特別地信任，這一點是與英國相同的，而與歐洲大陸則形成鮮明對照。比如在法國，法官在歷史上就曾不怎麼被民眾信任，原因就在於，在大革命發生前的時期，法國的法官曾經是政治權力中心——封建王權壓榨人民的幫兇。但是在英國，譬如以大法官愛德華·柯克（Edward Coke）為代表，法官則一直相對比較獨立，比較有職業精神，在品德上也多有良好的記錄，為此受到人民的信賴。正是在這種背景下，司法權在美國才會被賦予那麼重要的地位和那麼巨大的權力，比如合憲性審查權。

與美國不同，歐洲各國的"權力分立"狀況則另有一番風景，以至於從嚴格意義來說，我們很難將其稱為"三權分立"。是的，近代以來，歐洲各國也都依據國家權力的不同作用，將其主要區分為立法權、行政權和司法權。但是，這三權被賦予的地位卻是不同的，其中最明顯的一點就是，各老牌資本主義國家大多存在"議會中心主義"的傳統，比如英國和法國。有人說英國議會除了不能把男人變女人、把女人變男人外，其他無所不能。有人半開玩笑說其實那也行，只要議會通過一個立法把男人規定為"女人"，把女人規定為"男人"，事情就辦成了。這就是議會中心主義。雖然說三權之間存在權力的分工，但是三者之間互相"制約和平衡"的機制卻並不明顯。而且在傳統上，立法與行政的關係，也具有或多或少的從屬性，比如德國的內閣制、法國的半內閣制在權力的配置上都體現了這一點。另外，在司法權方面，除了英國之外，德、法等國家的司法機關的地位也明顯不如美國那麼高。總之，美國式的那種三權分立，在這些歐洲國家照樣難以完全成立。

（5）權力分立關係的現代變遷

到了現代，在西方各國，三權的關係也發生了重大的變遷。

首先，立法機關的權力普遍弱化。關於這一點，還是德國的那個施米特，早在其《現代議會主義的精神史地位》一文中，就做了非常經典的分析論證。

其次，行政權則不斷擴大化，甚至可以稱為肥大化。行政權中心主義的傾向在事實上逐漸呈現，所謂"行政國家"的時代似乎已經來臨。説到這裏，要插一句：當今我國香港特別行政區索性就直接採用所謂"以行政權為主導"的體制，雖然有其歷史傳統的影響和現實制度的需要，但足可作為行政權擴大的例證。

再次，在許多國家，傳統三權之中的第三權，即司法權，則被不斷強化，許多立憲國家都賦予司法機關強大的憲法審查權力。不少學者從司法權的強化中也看到了所謂"司法國家"的微光。而對於美國式三權分立模式而言，司法權的雄起確實也很重要，因為以此可以在一定程度上替補已經趨於弱化的立法機關的功能，去繼續牽制不斷肥大化了的行政權，以達至整個國家權力架構內部的新平衡。

最後，政黨政治的普及和發達，又使得權力分立與制約的形態得以不斷發展更新和活潑化，即權力不僅分散於不同機關之間，也分散於不同政黨之間，由此出現了權力分立的複合結構。

(6) 總結與反思

總結以上內容，我想提出以下觀點：

第一，我們要看到孟德斯鳩時代所提出的三權分立思想確實有利於制約公共權力，但因為存在彼此制衡的機制，所以難免效率較為低下，不完全適合於需要建立強有力政府的國家或時代，也不利於國家統合的需要。比如我國民國初年，袁世凱就任臨時大總統後，其實也想做一番事情，但是處處被臨時參議院牽制。因此，當古德諾來到中國後，就發現雖然袁世凱權耐很大，但一事無成，連借錢做事情也會受到臨時參議院的掣肘，於是感慨中國需要強有力的行政機關。當時袁世凱的另一位外籍憲法顧問，即日本的有賀長雄，以及中國的梁啟超，都有類似的見解。從這一點來說，前面我們講到的顧維鈞的博士論文答辯，其答案未必是妥當的，估計古德諾後來對此也只能暗自苦笑而已。

第二，由於中國長期面臨國家統合的歷史課題與壓力，並存在複雜的客觀國情，三權分立機制——尤其是美國式的三權分立機制——很難引入中國，而且也不必完全引入中國。這是我個人觀點。原因很簡單，中國國家規模之大、各地區發展之不平衡、各族群之間離心力之強，是無可諱言的，無怪乎三權分立這樣低效率的國家機構組織原理難以被引入。更何況自近代以來，中國百年積弱，民間社會一向也很脆弱，迄今一直在尋求快速發展的歷史機遇，卻反覆被種種的歷史變亂事件所阻斷，直至 20 世紀 80 年代開始才獲得較好的時代機遇，人們傾向於建立一個強有力的政府，引領社會向前快速發展。在這樣的國家要引入三權分立機制，自然是有阻力的。

第三，中國也將國家權力加以分立，但一般不存在彼此制衡機制，而用權力分工來表達。我國的"一府一委兩院"均由人大產生、對人大負責、受人大監督，這種牽制都是單方面的。但現在有兩個例外，我國憲法引入了分立制衡原理。一個是《憲法》第 127 條第 2 款，這是 2018 年修憲新加入進去的，它規定：監察機關辦理職務違法和職務犯罪案件，應當與審判機關、檢察機關、執法部門互相配合，互相制約。另一個在《憲法》第 140 條，它規定：人民法院、人民檢察院和公安機關辦理刑事案件，應當分工負責，互相配合，互相制約，以保證準確有效地執行法律。

總之，如果從國家權力內部的關係來看，各國存在不同的模式。西方國家採用的是權力分立，但也不完全都是傳統的三權分立。中國跟它們就更加不同了。為了更好地比較，我們設了幾個指標：一個是各種國家權力之間有沒有分工。其次是權力之間是否存在牽制，若有的話，是什麼樣的牽制？是交互的牽制，即你牽制著我、我牽制著你？還是單向度的牽制，即只有我牽制你，你不能牽制我？第三個指標則是權力之間是否平衡。有些國家是互相牽制並達到均衡了；有些國家雖然也是互相牽制，但沒有達到均衡；有些是單向牽制，一般不可能達到均衡。比較的結果發現：美國最為嚴格地採用了傳統三權分立的原理，國家權力之間有嚴格分工，並且三權之間互相牽制達到均衡；歐陸國家（這裏主要指德、法、意等國家）也是有分立的權力，並且權力間也是互相牽制，但並沒有達到明顯的均衡，在近代實行的是議會中心主義，到了現代則是行政主導，稱行政中心主義；中國與前面兩者又不同：我們也有國家權力的分工，而且如果細究起來還不只分成三種，它們之中也有牽制機制，但卻是單向性的牽制，即主要是由人大牽制其他各個機關，至少在憲法規範上是這樣的。各國的具體情形，如表 3 所示：

表3　各國權力架構模式對比

	權力之間的分工	權力之間的牽制		權力之間的均衡
		互相牽制	單向牽制	
美國	√	√	×	√
歐陸	√	√	×	×
中國	√	×	√	×

第四，在當今中國，儘管根據憲法，國家權力之間存在分工，但缺乏彼此制衡機制，然而在現實的政治實踐中，國家權力結構之中其實也形成了一種內部自我調整型的權力平衡機制，表現為：某種權力一旦在某些方面過大了，則會在其他方面受到制約；相反，某種權力一旦在某些方面過弱了，則在其他方面得到補強。

比如，人大是憲法規定的國家權力機關，法定職權極大，接近於西方議會中心主義時代的理想形態。但在現實中，執政黨也具有很強的民意收集、整合與表達的功能，以致有人提出了"二元代表制"的説法，説的是在中國一個是法律上的人大代表，另一個是政治上的中國共產黨的代表。這個説法還需要學理化，但如前所述，我國在實踐中確實形成了二元複合型政體，執政黨的領導在國家政治中發揮著重大功能，而各級人大自身長期以來則採取自我謙抑主義的政治路綫。其實，政協亦分享了其部分的諮詢性、民意代表的功能。

再接下來看國家主席。根據憲法規定，其地位尊榮，實權很小，但現實中則形成了"三位一體"機制，使之趨於強大。

再看政府。這是最有實權的國家機關，存在行政權的肥大化現象，但在現實中形成了黨政聯合運作的體制，各級政府往往受到了同級執政黨組織的直接領導，正如人們所言，在地方，拍板的都是市委或縣委書記，"埋單"的都是市長縣長。

那法院又怎樣呢？法院似乎注定在現實中較為弱小，在《聯邦黨人文集》裏被表述為"最小危險的部門"，中國的法院同樣是"最小危險的部門"，它既不管錢袋也沒有槍，但是，在中國，長期以來粗放型的立法體制也給法院帶來了寬泛的自由裁量權。而西方成熟法治國家單是一部民法的條款就可以達到上千條，判例更是不計其數，所以法官每判一個案件其實都落入由細密的法條和判例所編織而成的牢籠之中。相比之下，中國的法條則頗為粗疏了，判例制度也未完全確立起來。此外，法院還確立了一種全面的概括性司法解釋權，甚至於可以將人大立法完全架空，其中包括刑法和民法這樣的大法，此為成熟法治國家所鮮見；此外，諸如 21 世紀初，法院還在大調解、能動司法路綫下出現了自由裁量權的自我擴張。

最後我們看一下檢察院。檢察院在憲法上被規定為"法律監督機關"，名義上權力很大，實際上也不小，行政機關內部曾經存在行政監察部門（現已不存在），黨組織內部亦存在強有力的紀律檢查機關，曾經分享了這種權力，現在又成立國家監察機關，將紀律檢查權力納入國家機構的框架。

上面說到的我國國家權力結構中的這種內部自我調整型的權力平衡機制，是迄今為止在現實中慢慢形成的，但設立監察機關這種強力機關之後，是否會打破這種平衡機制，又或者在總體上還會修復這種平衡機制，目前不好斷言，只能拭目以待了。

回到權力制約的話題上來，我們應該認識到：不管你採用什麼制度，一旦對權力的制約並不到位，權力的腐敗就在所難免，所謂"權力必然腐敗，絕對的權力絕對腐敗"，說的就是這個道理。麥迪遜曾說，如果人都是神，那就不需要政府了。我覺得還可以加上這麼一句：如果政府也是神，那我們就不需要憲法了。尤其要看到的是，中國存在根深蒂固的宗族文化，在傳統文化的源頭上本來就容易生成"民俗學意義上的腐敗"。為此，批判性地借鑒歐洲各國憲法中的權力分立原理，也是必要的，而且也沒什麼了不起的。

那麼，當今我們到底應該如何借鑒"非美國式"的各國憲法中的權力分立原理呢？這是一個複雜的大問題，有待於今後思考研究。就此而言，你們首先要把握的，當然是我們國家所採用的民主集中制原則。

3. 民主集中制原理

民主集中制在法條上具體體現為現行《憲法》第 3 條，來源於執政黨的組織原理（最初來自布爾什維克黨）。作為對抗三權分立原理的原理，其側重點在權力集中，但其理論基礎同樣也是人民主權原理與人民代表制原理。除此之外，還應該有其他政治理論值得探討。

（1）民主集中制的內容

關於民主集中制的內容，主流學說是這樣陳述的：民主集中制是在民主基礎上的集中和在集中指導下的民主相結合的方式和制度，它是社會主義民主制的一種獨特運用方式，其實質就是社會主義民主制。這可能是大家中學階段就學習過的內容。但鄙人還是認為，這樣的陳述方式，幾乎是一種空洞的、具體內容模糊的政治話語。而憲法學，特別是規範憲法學，則要求對民主集中制作出更具有規範性的陳述，也就是說，這種陳述必須是法學性的。

我認為，以我國為典型，在憲法的規範意義上，民主集中制的內容，大致可以作如下概括：

第一，由人民選舉產生的代表，組成人民代表機關，作為"人民行使國家權力的機關"，去行使國家權力。

在此，就需要具體理解兩點：首先，雖然我們也以"人民主權"原理為憲法原則，現行《憲法》第2條第1款就明確規定"中華人民共和國的一切權力屬於人民"。但是，我們跟世界上絕大部分國家，包括西方民主國家一樣，也採用間接民主制，西方稱為"代議制"，我們也可叫"人民代表制"。為此，人民一般不直接行使《憲法》第2條第1款所規定的國家的"一切權力"，而是通過代表機關，間接地去行使這個國家權力。這種代表機關，在我國包括全國人民代表大會和地方各級人民代表大會。質言之，人民通過全國人民代表大會和地方各級人民代表大會間接行使國家權力。

對此，憲法條文的表述很巧妙，第2條第2款就表述為："人民行使國家權力的機關是全國人民代表大會和地方各級人民代表大會。"那為什麼要這樣表述呢？也就是說，這個《憲法》第2條第2款為什麼不直截了當地寫上"人民必須通過全國人民代表大會和地方各級人民代表大會間接行使國家權力"，而是要倒過來寫，繞著表述為："人民行使國家權力的機關是全國人民代表大會和地方各級人民代表大會"呢？從規範意義上說，這種表述，實際上也體現了傳統代表制的一種理念，即雖然是通過代表機關行使國家權力，但代表機關行使權力的行為，就被直接擬制成人民在行使國家權力。為此才有"人民行使國家權力的機關是全國人民代表大會和地方各級人民代表大會"這樣的表述。

　　那麼，這種擬制的正當性，乃至代表機關本身行使國家權力的正當性究竟在哪裏呢？這就涉及第二點了，即這種正當性就在於，人民代表大會這種機關，最終是由人民選舉產生出來的，因此它認為代表了人民，或者說其意志體現了民意。值得注意的是，這裏雖然說是"選舉產生"，但在縣級以上（不含縣級）的人民代表大會代表的選舉中，不採用直接選舉，而是間接選舉，也就是由人民選舉產生的代表組成的機關再選舉上級代表機關的代表，這樣逐級選上去，但其最初的源頭，即在鄉鎮一級和縣一級，採用直接選舉。質言之，在我國，直接選舉只到縣級和鄉級人大，其他各級人大都實行間接選舉，直到全國人民代表大會。

　　以上說的是民主集中制的第一點內容。

　　第二，以這種國家權力機關，作為所有國家機關，即整個國家機構的"權力母體"，由其自下而上地，再逐級對應性地選舉產生其他所有的國家機關，而後者的這類機關，對於其各自產生的母體，均須向其負責，受其監督。也就是說，除國家權力機關之外的這些國家機關，包括行政機關、監察機關、司法機關等，在全國一級還另外包括國家主席、中央軍事委員會，這些機關，其產生的方式，全部也是實行間接的選舉制，有的上級機關，則可能採用多層級的間接選舉制。

　　第三，不同的國家機關之間存在一定的權力分工，由此分出各種國家機關，比如立法機關、行政機關、監察機關、司法機關。但除了公檢法和監察機關這幾個機關內部之間的監督和制約之外，不存在明顯的彼此交互性的監督和制約機制，而是均接受上位的國家機關，即國家權力機關的監督和制約。而國家權力機關最終又受到人民的監督和制約。

　　第四，中央與地方之間，遵循在中央統一領導下，充分發揮地方的主動性和積極性的原則，但權力劃分邊界並不穩定。

　　（2）對民主集中制的分析

　　民主集中制就是這樣一種原則，這樣一種制度。那麼，我們來分析一下，在規範意義上，民主集中制之中所說的民主性和集中性，分別體現在哪裏呢？

首先，在民主性方面：一方面，人民有權選舉人民代表，而國家權力機關則是由人民代表組成的，體現和代表的是人民的意志和利益；另一方面，作為人民意志和利益的代表的國家權力機關又產生和監督其他國家機關，這樣，其他國家機關也就間接地體現了人民的意志。

其次，民主集中制還有“集中”的機制。一方面，人民集中授權給國家權力機關，國家權力最終又集中於最高國家權力機關；另一方面，其他國家機關則由國家權力機關產生，並對其負責、受其監督，於此，“人民民主”又進一步具有了間接性。

但是，能不能講，在所有的國家機關裏，上級都領導下級？這樣說是不準確的。我們說，上級國家機關和下級國家機關之間存在領導關係的情況主要存在於行政機關、軍事機關裏。而在國家權力機關和司法機關中，情況則未必是這樣的。上級人大的職權一般比下級的大，特別是到了全國人大，其職權在國家權力機關系統中是最大的，比如全國人大常委會就有權撤銷省級人大制定的同憲法、法律和行政法規相抵觸的地方性法規和決議。這倒是憲法上的事實。為什麼呢？因為我們採用民主集中制，包括權力往上集中這個機制。但上級人民代表大會則不能領導下級人大，反而因為上級人大代表是由下級人大選舉產生出來的，所以上級人大代表要受下級人大監督。而在法院系統裏，上級也不能對下級進行領導，只能是業務上的監督與指導，以及審級上的制度分工。

(3) 民主集中制與權力分立原則

好了，講到這裏，有必要讓大家思考一個問題：民主集中制和西方國家的權力分立原則，究竟有什麼區別呢？對這一問題的回答也涉及我們對社會主義以及立憲主義精神的理解。

民主集中制和權力分立在哪些方面上有重大的差別呢？不得不說，這個問題回答起來是很有風險的，可能會墜入“公說公有理、婆說婆有理”的泥淖。但是，有一點我們又必須承認，那就是這個問題無法迴避。

我們可以從幾個方面來認識這個問題。

首先，對權力集中的認識是不同的。社會主義立憲國家講民主集中制，它是否重視民主啊？也是重視的。而權力分立也強調民主。但是，民主集中制通過民主最後達到權力的集中，而權力分立的民主主要體現在權力的產生過程中，比如說立法機關是由民主選舉產生出來的，有代表性；行政權，在美國，也存在選舉；司法機關的產生則比較複雜，法官選舉方式很多，有的是選民投票產生，有的是通過議會產生，還有其他方式。也就是說，在美國，三權的產生都可能存在普通選舉和直接選舉的民主方式。而民主集中制，則是先以民主的方式產生出代表機關，作為國家權力機關，然後，再由它產生出其他的國家機關。在中國，這個上位的國家權力機關就是人民代表大會，然後再由它產生出行政機關、監察機關和司法機關。而美國就沒有這樣的一個權力集中，而是採取權力的分立與制衡。

有人認為，這種區別是與各國的社會經濟基礎或者說歷史背景有關係。這肯定是對的。比如說中國社會，就比較容易產生權力集中的制度。古代專制制度幾千年的傳統一直沉澱下來，即使中國已經通過辛亥革命推翻了這種專制制度，但推翻皇帝之後，我們這個民族還無法一下子就能適應沒有皇帝的生活，於是中國曾有混亂，各種政治勢力、武裝力量都想統一中國，把權力集中起來。在歷經了半個世紀的因失去皇帝的那種政治權力中心所帶來的政治動蕩之後，中國共產黨最後終於勝出了，建立了新的國制，將其從蘇聯那裏吸取來，並將本黨自身的組織原則的民主集中制，作為整個國家的政治組織原理。此後，這個國家進入政治統合的穩定時期，儘管歷史上一度也出現了"文革"那樣的動亂，但最終還是得到了反正。西方歷史傳統就與此不同。在西方各國的歷史上，在大部分的歷史時期中，權力都是分散的，甚至在很長的一段時間裏，教會與世俗政權就分享著權力。而且，除了政治權力之外，宗教信仰也同樣具有社會統合的功能。

其次，對權力本性的認識是不同的。從上述分析中，我們可以看到權力分立與民主集中制在權力集中的問題上是存在區別的。其實，這還是表層的區別，更為深層的差異則主要存在於對於權力的本性的認識之上。採用權力分立原則的國家，對權力之本性的認識，往往與採用民主集中制的國家不同。前者往往傾向於認為權力是惡的，因此需要制約。不管權力是怎樣產生出來的，是不是通過民主途徑產生的，都可能是惡的，因此都要制約。而如何制約權力呢？當然，民主是一種制約，但是這種制約還是不夠的。前面我們說的麥迪遜，就清醒地認識到這一點。而且，西方的一些政治理論家，比如法國的托克維爾（Tocqueville）、英國的密爾，還認識到民主也有可能產生弊害，即所謂的"多數者暴政"，它不但不會制約權力，反而可能助長權力肆無忌憚。所以，通過權力之間互相的制約達到權力的平衡，就被認為是制約權力的又一條有效的途徑。而採用民主集中制的國家，並不是像許多人所說的那樣，對權力的"性惡"認識不夠，而是對民主制度存在一種仰賴和期待，甚至達到膜拜的程度，"德先生"的美稱就是這樣形成的。為此，通過民主產生的權力自身便已經被正當化了，往往被認為就不需要制約了，哪怕這種民主制度是間接的，而且存在多層級的間接因素。在這裏，傳統的"仁政"和"善治"的政治觀念，究竟還是起了作用。因此，採用權力分立原則的國家更加注重各種性質權力的制約和平衡，而民主集中制的國家則傾向於容許權力的高度集中。

以上主要是鄙人的觀點，提出來供大家參考。

小貼士：什麼叫
"多數者暴政"

二、民主集中制的理論基礎：國家組織的基本原理

前面我們講到過，民主集中制的理論基礎中，也有人民主權原理和人民代表制原理。其彼此的關係是這樣的：人民主權原理是人民代表制原理的基礎，而人民代表大會制（民主集中制）又是人民代表制原理的具體衍生形態。因此，研究民主集中制，有必要順藤摸瓜，溯本追源，對人民代表制，乃至人民主權原理做一下較為深入的探究。而達到這個目的，首先我們就要來把握一下憲法學上有關主權原理以及代表制原理的理論。有關這一點，目前國內憲法學教材基本上很少涉獵，在此我們要補充講解一下。

（一）主權原理與代表制原理

1. 十種主權觀念

首先從"主權"這一用語談起。

　　根據我的統計，迄今為止，法學中至少出現過 10 種有關 "主權" 觀念或概念的學說，其中有些已經成為憲法原理，這 10 個分別是：

　　　　國家主權

　　　　君主主權

　　　　人民主權

　　　　國民主權

　　　　議會主權

　　　　法的主權（說）

　　　　人類主權（說）

　　　　個人主權（說）

　　　　主權概念無用（說）

　　　　主權概念死滅（說）

　　我們一個一個地給大家簡單地介紹一下："國家主權" 是博丹在《主權論》中提出的術語，現在已經成為重要的法政概念，它包括國家的 "對內主權" 和 "對外主權" 兩方面。"君主主權" "人民主權" 和 "國民主權"，就是國家的對內主權的不同形態，其中君主主權是人類社會大部分國家都經歷過的主權形態；"人民主權"則要歸功於法國的大思想家盧梭，是他提出來的一種帶有浪漫氣質的學說；"國民主權" 則是與 "人民主權" 不同的一種主權原理，是法國大革命之後出現的，有關這些，我們等一下再具體分析。"議會主權" 的典型代表是英國，主要是說在國家的憲政結構中，議會處於中心地位。而關於 "法的主權"，是法哲學上的一種學說，日本現代法哲學家尾高朝雄就曾經主張 "法的主權"。尾高朝雄是奧地利著名法學家凱爾森最為得意的弟子之一。就 "法的主權" 這個術語，他曾經在戰後初期，和當時日本憲法學的權威，也就是蘆部信喜教授的老師宮澤俊義教授，進行過一場激烈的學術論戰，最後以失敗而告終。但是，時隔半個世紀之後，日本法學界的許多學者開始認識到尾高氏理論所具有的深刻內涵。"人類主權" 的說法可見於托克維爾的著述中，較為少見。"個人主權"是英國的約翰·密爾所主張的學說，他認為在終極的意義上，只有個人才擁有主權。而"主權概念無用說"，在現代國際學術界較為活潑，認為在當今世界，主權概念作為憲法概念已經過時了，更為徹底的立場是"主權死滅"說。

上述諸種主權理論，我們只是簡單列舉一下，引起大家興趣，其內容則有待大家今後去深入研究，但這裏我們還是要稍微講解一下憲法上存在的三種主權原理，即君主主權、國民主權和人民主權三項。

憲法中的主權原理，可謂博大精深。日本有一位著名的憲法學家，名叫杉原泰雄，他一輩子的最主要工作，就是集中研究主權原理，而且主要還只限於研究國民主權和人民主權，研究完了他差不多也就退休了，而其最終的學術成就之高，也令人佩服。但是，當下我們國內憲法學界在這方面，研究是很不夠的，有待深入。

2. 三大主權原理

接下來，我們詳細介紹一下憲法歷史上的三大主權原理。

關於這三者的歷史，簡單說就是這樣的：最初出現的當然是"君主主權"，而"人民主權"和"國民主權"則是力圖取而代之的主權原理。但作為理論構想，先出現的還是"人民主權"理論，在它搞不下去的時候，"國民主權"才出現，真正取代了"君主主權"。這是前面說的杉原泰雄先生對法國立憲史研究的一個基本結論。為什麼要研究法國呢？因為法國在這方面很典型，有"議會制度的試驗田"之稱，各種主權思想和代表制理論，也是在這裏誕生的，而且幾乎被輪番試驗過。

"君主主權"的含義，大家都知道。我們這裏先說"國民主權"。"國民主權"的法文表達形式是 souverainetè nationale，其含義是指：國家意志的最高且最終的決定者是國民，其在憲法上的規範表述如"國家的一切權力屬於國民（或國民全體）"。那麼，什麼是"國民"呢？國民指的是一種抽象的、一般的整體，甚至被認為無實際上的意志能力的整體，而"國民全體"則更典型地表達了這種內涵。在這裏，大家要知道，在法的世界裏面，"意志能力"甚為重要。那麼，既然"國民"被認定是一種無意志能力的整體，它又該如何作為"國家意志的最高且最終的決定者"呢？這就成為一個問題。有關這一點，我們等一下再說。

　　接下來説一下"人民主權"。前面説了，"人民主權"是盧梭的理論產物，它在理論上比國民主權更早產生，最初源於盧梭的社會契約論，其法文原文是 souverainetè populaire，憲法上的規範性表述一般為："國家的一切權力屬於人民。"那麼，何謂"人民"呢？這裏的"人民"，是指各自具有意志能力的主體。進而，"人民主權"的具體含義是指：主權由各個的人民分有，並可以直接行使的。這就是盧梭的見解，為此，他曾一度排斥代議制，反對代表制，而主張全面實行直接民主制。

　　前面説了，這個構想也太浪漫了。要説人類在國家權力運作的方式上是否實行過直接民主制呢？那倒是有的：在古希臘的雅典城邦，一切重要事務就由人民在廣場中直接加以表決。據考，"人民"一詞源於拉丁語"populus"這個詞，與希臘文"pallo"同義，本義為"沙沙響"，引中義即指在廣場上大規模集聚於樹蔭下的人群。但請大家注意，此種直接民主制的主權者也是被限定的。奴隸被排斥，自由民中的女性、兒童也被排除出主權者的範圍，參加投票的，僅限於成年男性公民，組成所謂的"公民大會"，而且那個時候空調還沒有發明出來，到了夏天，大家都擠在廣場上，那就成了"臭汗淋漓的民主制"。為此，密爾曾經有力地分析過代議制的必然性，他論述道：

　　　　顯然能夠充分滿足社會所有要求的唯一政府是全體人民參加的政府；……但是，既然在面積和人口超過一個小市鎮的社會裏，除公共事務的某些極次要的部分外，所有的人親自參加公共事務是不可能的，從而就可以得出結論説，一個完善政府的理想類型一定是代議制政府了。（密爾：《代議制政府》，汪瑄譯，商務印書館 1982 年版，第 55 頁）

　　雅典民主的歷史經驗告訴我們：直接民主制大概只能在小市鎮裏實行，居民最好保持在一兩千人，而且討論的問題其實也不能太重要。如果討論非常重要的問題的話，也容易引起激烈衝突，那所謂的"廣場民主"，也是非常恐怖的。一到了廣場，人類的心理就非常容易發生變化。有些人就非常適合廣場，在廣場上他就變得異乎尋常的激動、活躍，甚至有煽動力；而有些人則可能在大規模的人群中很不安，為了克服不安的心理，則會產生隨大流的從眾心理傾向。這就是廣場民主，它也存在風險。再說，我們現代人怎麼能跟古希臘雅典學呢？人家家裏都養著奴隸，幫他幹活。我們每一分錢都要自己去掙，你整天積極參加廣場民主，挺興奮的，但到了晚上，回家一看，發現晚飯都還沒有著落呢。

總而言之，前面所介紹的密爾的觀點，是非常睿智的，並為後世大多數理論家所接受、認可。

3. 代表的觀念

代表制既然是必要的，那就必然會涉及代表的觀念。有什麼樣的代表觀念，就會有什麼樣的代表制。中國古代的文人或士大夫中，長期存在一種"使命代表"的觀念，其最典型的表述，就是末儒張載的"四為"說，即"為天地立心，為生民立命，為往聖繼絕學，為萬世開太平"。可以說，這極為典型地彰顯了中國古代士大夫強烈的使命意識，其中就存在"使命代表"的觀念：儘管實際上老百姓沒有委託他們，他們也認為自己有神聖的職責和使命去代表人民。質言之，這是不存在實際委託關係和程序的代表觀念。但這種觀念影響了一代又一代的中國讀書人，即使現代中國知識分子，多少也有這樣的思想，至少也會被這種觀念所感染，或所激勵。

我曾經一朗誦這幾句名言，鬍茬都會立起來。因為我鬍子比較多，每天都要剃，但國產的剃鬚刀不行，最好要用德國的剃鬚刀才好剃掉。後來發現了一個竅門，早上剃鬚時，一邊朗誦張載的這四句名言，一邊操刀剃鬚，就能讓鬍茬豎立起來，然後很容易就能將它們剃掉。你們現在也許還無法理解這種強烈的使命感給歷代中國讀書人所傳達的那種神奇力量，但這種力量在歷史上曾經激勵了許多人，比如你們耳熟能詳的文天祥，以及"為中華之崛起而讀書"的周恩來總理，等等。進而甚至可以說，在現時代，中國共產黨黨員一般來說都具有這種使命代表觀，集中體現為"三個代表"理論。

那麼，在我們憲法學上，代議制中的代表與這種使命式代表有什麼區別呢？下面我們來看一下。

4. 代表制原理

關於代議制，根據法國所形成和發展起來的憲法理論，主要有三種，即純（粹）

圖23　宋儒張載（世稱"張橫渠"）。其有關"為天地立心，為生民立命，
為往聖繼絕學，為萬世開太平"的名句，迄今仍對中國的代表觀念有一定影響

代表制、強制委任代表制和半代表制。

　　純（粹）代表制是與國民主權原理相結合的一種制度，也可稱"國民代表制"。
在此制度下，主權由國民代表所組成的議會統一行使，或只有通過後者才能行使，
而後者的意志可以不受國民的約束。如前所述，實際上"國民"本身也被認為是沒
有意志能力的，為此，代議機關所表達出來的意志，在憲法上就被直接擬制為國民
的意志。

　　前面所說的"國民主權"原理，就是這樣運作的。也就是說，被認定是無意志
能力的整體的"國民"，就是這樣才可以成為"國家意志的最高且最終的決定者"
的，因為有專門的代表機關替代它表達意志，作為國家意志。而從中我們也可以分
析出"代表"在傳統中的典型含義，它指的就是獨立於國民並替
代國民行使本屬於國民的主權的意志主體。

　　以上講的是純粹代表制。

　　與此不同，強制委任代表制又稱命令代表制。在這種代表制
下，代表必須接受強制性的委任，而且委任時還有具體的內容，
委任人也可以撤回委任。這種代表制，最初源於歐洲歷史上的等
級會議，比如法國的三級會議，但近代之後曾一度與人民主權原

延伸閱讀：憲法上的
"代表"與民法上的
"代理"的比較

理相結合，為此也可稱 "人民代表制"，如 1871 年巴黎公社體制，就屬於這種。其特點是各個選民或母體可以對自己所選的代表發出指令，後者的意志受前者的約束，前者甚至可以對後者實行罷免。但在歷史上，這種制度只是曇花一現，除了巴黎公社，還曾在蘇聯早期採用過，後來就遇到困難了，為此，作為代表制，其本身不具有 "代表性"。

半代表制是法國的著名憲法學家狄驥（Leon Duguit，1859—1928）在 19 世紀末首倡的。這是一種處於純粹代表制與強制委任代表制之間的代表制度，該種代表制理論，認為議會必須在制度上儘可能正確地反映民意，而且並不排除與直接民主制相結合，後來成為許多西方國家採行的理論形態。那為什麼叫作 "半代表制" 呢？意思它只剩下一半的內涵是屬於傳統的純粹代表制的，另一半則可以說有點屬於直接民主制等其他要素了。

關於代表制就講到這裏，我們現在還得回到憲法中的主權原理。

5. 主權原理的歷史發展脈絡

這裏簡要地梳理一下主權原理的歷史發展脈絡。

在西方許多立憲國家的歷史上，君主主權被廢棄後，並沒有普遍地直接過渡到人民主權。在近代許多西方國家，只是過渡到國民主權（甚至在有些國家，像 "二戰" 之前的日本那樣，君主主權和國民主權之間還存在 "君主機關說" 這樣的過渡形態的理論），而且迄今仍沒有完全過渡到人民主權。當然，到了現代，在許多君主制國家裏，實際上也實行國民主權和純粹代表制，因為君主已經成為 "虛君"，典型的有英國和日本；還有部分成熟的立憲國家，在主權原理上不管採用什麼樣的表述，如果套用法國的概念，基本上大多屬於國民主權原理與純粹代表制相結合，所不同的是：或適當採行直接民主制的要素，或採行半代表制，或在憲法解釋學上力圖引入 "人民主權" 原理對 "國民主權" 條款進行理解和運用。

與資本主義國家不同，以我國為代表的社會主義國家，前面也講到一些，一般都比較信賴通過民主制度或非制度化的某種方式去控制公共權力，而不太相信以權力控制權力（如權力分立）的機制。為此，社會主義各國均普遍宣明實行 "人民主權"，但其實，在憲法上主要採用的也是間接民主制，即代表制。如果具體分析，在主權原理和代表制原理上，還可能存在某種混沌結構。主要表現在：

第一，像我國這樣，由於"人民"的概念具有政治意義上的抽象性和整體性，為此，就不同於盧梭所説的那種"人民"，相反，在一定意義上，與西方傳統的"國民"的概念倒是比較接近。當然，這只是規範的實際狀況，並不排除我們可以按照"人民主權"原理的規範性內涵，去解釋或理解"人民"以及"人民主權"的規範，並加以運用。

第二，代表機關被定位為"人民行使國家權力的機關"，即以代表制為主，輔之以直接民主制。我國存在直接民主制的一些要素，如我國現行《憲法》第 2 條第 3 款規定：人民依照法律規定，可以通過各種途徑和形式，管理國家事務，管理經濟和文化事業，管理社會事務。但在總體上，主要實行的還是間接民主制，即以代表制為主，而且像我國現行《憲法》第 2 條第 2 款那樣，宣明"人民行使國家權力的機關"是各級人民代表大會，顯示了某種可以説是屬於傳統的、類似於國民代表制的那種憲法觀念。

第三，人民代表被要求反映民意，受人民監督，但在選舉制度上，存在多層級的間接選舉制，為此選舉母體對代表的拘束力相對有限；雖然存在代表罷免制度，但這種制度在現實中的運作並不活潑，一般僅限於對那些有刑事犯罪嫌疑的代表，才實行罷免，這與民意的具體內容也相對脱離。

在上述這樣的情況下，民主集中制運作是否成功的關鍵是什麼呢？第一，人民是否能有效制約（控制）國家機關？具體包括：首先，是否能有效控制國家權力機關；其次，是否能有效控制其他國家機關。第二，國家權力機關能否有效制約（控制）其他國家機關？具體包括：首先，是否可控制行政機關等國家機關；其次，是否可有效並妥當控制司法機關。

（二）黨的領導與國家機構的關係

在當今我國，執政黨的領導與國家機構的關係非常密切，這一點我們已論述過了。"二元複合型政體"其實就是這種關係在制度層面上的結晶。如前所述，我國的二元複合型政體，本身就有一種內在的邏輯構造，二元之間互相成為必要，即：堅持人民代表大會制度，就要求堅持中國共產黨領導。

如前所述，我國現行憲法多處寫到"中國共產黨領導"，其中序言第 7 自然段中寫到要堅持中國共產黨的領導，第 1 條第 2 款更是明確指出："中國共產黨領導是中國特色社會主義最本質的特徵。"在現實當中，中國共產黨跟國家機構的關係也是非常密切的，可以説，幾乎所有國家機構最終實際上都要服從黨的領導，在體制上，所有國家機構的內部也都設有黨的組織。執政黨的領導，在目前首先是組織上的領導，為此，在我國，除了國家有一套國家機構體系之外，執政黨的組織也形成一個體系或者説系統，與各級的國家機關存在密切關係，呈榫卯咬合結構。

1. 當今的具體實踐形態

那麼，有關黨的領導的具體實踐狀態如何呢？我分析了一下，主要可以作如下表述：

第一，中國共產黨本身擁有作為"人民代表"的高度政治自覺。這種自覺，類似於前面我們講到的"使命代表"觀念。也就是，從實證意義上説，人民代表本來應該是人民選舉出來的，人民代表大會裏的代表，包括黨員代表也是這樣的。但是，有一個政治現象很重要，就是：即使非經人民的選舉這個程序，中國共產黨本身也已經具有了一種高度的政治自覺，認為自己就是人民代表，應當為人民服務，替人民説話，而且真的在很大程度上也是這樣做的。這種高度的政治自覺在理論上以"三個代表"重要思想為一個發展高峰。

也許有人會認為，這種代表沒有民主基礎，因為不是民主選舉產生的，但是平心而論，問題沒那麼簡單。中國共產黨有一個重要的活動方式，就是"密切聯繫群眾"，被定位為其"三大作風"之一。這種活動方式的功能是很厲害的。當年國民黨那麼強大，是怎麼被共產黨打敗的？我認為其中一個主要原因就是輸在這裏。當時的國民黨精英意識太強了，自早就有孫中山所説的"先知先覺"的政治意識。而共產黨則不同，能夠跟普羅大眾打成一片，這就是"密切聯繫群眾"。是的，你可以説，中國共產黨自認為可以代表人民，這是沒有通過民主選舉獲得授權的，但如果你理性地分析，你不得不承認，如果這種"密切聯繫群眾"運用得當，而且確實能成為一種無處不在、無時不有的活動方式的話，那麼，它在功能上可以替代或者修補非經民主選舉的授權程序而失落的那種民主基礎，甚至可以說從中所獲得的民主性，有時也有可能是有過之而無不及的。只是，這種“密切聯繫群眾”的活動方式，是一種很獨特很具體的交往方式，與選舉相比，比較難以得到形式化和程序化，即較難像選舉那樣可以設計成一套固定的、可以調控的程序，並在一種法治化的層面上運行。正因為這樣，就只能靠中國共產黨時刻自覺地堅持“密切聯繫群眾”的這種活動方式，以此獲得必要的民意基礎。

第二，從各國的憲政體制看，代議機關是政黨政治的重要舞台，各個政黨一般都會力圖去控制代議機關，將自己的政策通過立法變為國家意志；此外，更重要的是，如果是議院內閣制，政黨還可以通過控制代議機關，而獲得組閣權，進而控制行政權。為此，代議機關就成為“政黨之家”。我國實行人民代表大會制，按理說，人大比西方的議會在國家機構的體系中更為重要，執政黨應該將其作為重要陣地。但就目前情況而言，情況不然。我們的執政黨即使不通過國家權力機關，也有能力決定國家意志的形成，並掌握行政權，甚至不通過國家權力機關，也有能力全面、直接、有效地實現對其他一切國家機關的領導和監督。

第三，國家機構的民主集中制原則，最終與執政黨內部組織制度的民主集中制原則相連接。同學們記住，民主集中制原則不僅是我們國家機構的組織和活動的原則，也是中國共產黨的黨章裏面所規定的黨的組織原則，而且二者最後匯合，並融為一體。因此在中國，國家的一切權力屬於人民，而通過民主集中制原則的連接機制，在權力集中的環節場合下，權力一般會集中到各級黨組織，直至最終高度集中到黨中央。

在現實當中，國家機關和黨組織之間的權力分配格局就和憲法的規定有所不同。在現實中，執政黨的組織擁有最大的權力，包括作為特別政治機關的監察機關，其地位都很高，第二位的是行政機關，第三位是人大，最後是法院、檢察院。這個跟憲法中規範意義上的排法有點不一樣。當然，在國家權力組織形態上，憲法規範上的規定與現實當中的情形不一樣，這在世界上許多國家裏面實際上都存在，的確值得具體研究。

2. 黨的組織與國家職能的實現

我們有必要探討一個可能性的問題。前面講過，"國家職能"主要包括管理公共事務、維護社會秩序、提供公共服務、抵禦外來侵略等，這些職能在現代憲法上主要是由"國家機構"來實現的。但從人類的歷史及現實經驗來看，除此之外，有能力總攬性地實現這些職能的，是否還有其他組織？

綜觀人類歷史，我們不得不說：有。即使沒有國家機構，也有其他組織實現這一點，或者它與其他組織和國家機構一起實現這些職能。有哪些組織呢？比如說，強大的家族，它就可能有能力在一定程度上履行上述國家職能。大家知道，孔子生活的時代，在魯國，季氏家族曾經最強大，它就實際上控制著魯國國君，統治著整個魯國。而在所謂的"封建"時期，國家其實也可以說就是靠一個大家族來統治的，這就是皇帝或者國王的家族，旁邊可能再加上外戚的輔助。《禮記》裏面說的"天下為家"就是這個意思。前面也講到：本來，夏禹之前是"大道之行也，天下為公"，但夏禹之後則是"大道既隱，天下為家"。這下，禪讓制搞不下去了，天子之位傳子不傳賢了，連整個國家都被統治者作為一家的私產，其國家的統治原理也是家族式的。韋伯就曾經指出古代中華帝國乃是一種"家產制國家"。什麼叫"家產制國家"呢？家產制國家指的就是將家族統治的規則擴大到整個國家的那種國家。

除家族之外，在西方，教會也曾經履行過現在已歸國家履行的某些職能。還有軍事集團。在某些特定的時期，軍事集團也會控制著國家機構，甚至把國家機構推翻，自己來履行國家職能。這在現代仍然存在一些例子。比如緬甸這個國家，曾長期由軍事集團控制著的。我國在辛亥革命之後的軍閥混戰時期，許多地區也是由軍事集團來控制的。比如，當時山東就處在韓復榘控制之下，但據說當時山東的經濟發展水平和人民生活水準都比較高呢。

總之，類似於當今那樣的國家的公共職能，並非只有國家機構能夠履行，實際上從歷史經驗來看，還有其他一些組織也可以勝任，或者與國家機構相互配合來履行。可以說，我國目前就是由執政黨的組織與國家機構相互結合來履行國家公共職能的。

那麼，對於這種狀況，有些學者也表示憂慮。自 20 世紀 80 年代開始，中國政界和學術界還曾經熱烈討論過黨政關係問題，並形成了"黨政分開"的觀點，認為黨和政府的權力應該分開，不能膠合在一起；執政黨應該通過各級人大實現對國家的領導，在機構和職能方面與各級政府分開。但這個觀點最終沒有獲得廣泛共識，也沒有得到有力的推行。2018 年 2 月，中國共產黨十九屆三中全會通過了《關於深化黨和國家機構改革的決定》，提出在完善執政黨的全面領導的前提下，統籌設置黨政機構，實行黨政職責分工。而自該時期開始，各級黨組織與國家機構的密切結合關係在總體上更趨明顯。

第八章　國家機構體系

上次我們講到國家機構原理，今天接下來講國家機構體系。

在進入正題之前，我們照例先提出幾個章前導引問題：第一，中國的國家機構體系是如何構成的？第二，各機關的性質、地位、任期、職權為何？第三，各機關的運行狀況如何？這部分內容很重要，各國在憲法上都有規定，但是在現實運行中或多或少都會出現變化，乃至現實和規範之間會出現一些微妙的偏離現象。當然變化太大，或變形走樣了那也不行。那麼，我國情況如何呢？第四，1982 年現行《憲法》修訂期間，憲法修改委員會秘書長胡喬木主張全國人大應將代表人數縮減至一千人左右，再分為兩院，一個是社會院，另一個是地方院，以擺脫“橡皮圖章”的狀況。胡喬木提出的這個改革方案，也頗有書生情懷，但最終還是被否決。那麼，從學理上看，應如何評價該方案呢？

一、國家機構的憲法地位

國家機構的憲法地位當然是非常重要的。各國憲法都會規定國家機構，而且分量很大。前面講了：我國現行《憲法》一共 143 條，第一章是總綱；第二章是公民的基本權利和義務；第三章就是國家機構；第四章是國旗、國歌、國徽、首都。從章節順序上也可以看出，基本權利比起國家機構更為重要。但是如果看看條文數量的比例，統計一下，你可能會嚇一跳：其中，國家機構部分的條款竟然有 84 條，超過整部憲法總條文數的一半，達到 58% 以上。可見國家機構這一部分的分量是非常重的。甚至有些國家在歷史上的某部憲法都沒有規定基本權利，只規定國家機構。《美國憲法》，其本文部分一共 7 條，每一條規定的都是國家機構，而沒有規定人權，人權條款是後來通過修正案加上去的。可見，"國家機構"的內容，在實證意義上也是很重要的。

但是，你不能由此認為國家機構比基本權利更重要，這是因為國家機構的存在有一個價值目標。在此，我們可以問：為什麼人類需要國家、需要國家機構呢？說到底，最終主要是為了保障我們每一個人的基本權利。人不是傻子，人類不會吃飽了沒事，納稅養活一些叫"國家機構"的組織，來平白無故地統治自己。人類還是很聰明的，設置"國家機構"這種東西，主要是為了讓它替我們服務，比如說提供公共服務、維護社會秩序、抵禦外來侵略等，而說到底，最終主要是為了保障我們每一個人的基本權利。這就是國家機構存在的價值目標，如果沒有這個價值目標，那麼國家機構在法的意義上就失去了存在的正當性，甚至沒有必要存在。

二、各國家機關

根據《憲法》規定，我國的國家機構體系是由八個部分構成的，依次是：全國人大（含全國人大常委會）、國家主席、國務院、中央軍事委員會、地方各級人大和地方各級人民政府、民族自治地方的自治機關、監察委員會、人民法院和檢察院。

這裏有三點需要注意：第一，地方各級人大，地方各級人民政府，地方各級監察委員會，地方各級人民法院、檢察院也包含在國家機構體系內。換言之，這些機關雖然是設在地方的，但也是國家機關。地方人大是地方的國家權力機關；地方人民政府是地方的國家權力機關的執行機關，也是地方的國家行政機關；地方法院亦不過是建在地方的國家審判機關。這樣制度設計背後的理念是單一制國家（這種理念傳統可以上溯至中國傳統的郡縣制）以及民主集中制。

第二，各級黨組織不是國家機關，憲法並未將各級黨組織寫入國家機構中，但是它們跟國家機關具有非常密切的關係，形成"黨政合一"的態勢。而且正如有學者總結的那樣，在國家機構的運行中有個規律，那就是一個國家機關跟黨組織結合得越密切，它在現實政治當中的地位就越高。其中，中央及地方各級人民政府與中央及地方各級黨組織非常密切。還有被稱為"政治機關"的全國各級監察委員會與各級黨組織的結合也相當密切。當然，還有中央軍事委員會，跟黨中央的結合就更加密切了。這些國家機關的地位都非常高。

　　第三，中國人民政治協商會議不屬於國家機關。《憲法》序言第 10 段中明確規定政協是"有廣泛代表性的統一戰綫組織"。政協由此獲得了憲法地位，但沒有進入國家機構體系。此外，作為基層群眾自治組織，居委會、村委會也沒有進入國家機構體系。

　　中央層級的國家機構體系，包含全國人民代表大會（及其常務委員會）、國家主席、國務院、國家中央軍委、國家監察委員會、最高人民法院、最高人民檢察院，其中編制最為龐大的是具有各部委的國務院，權力亦大。在地方層級的實務運作中，過去人們常會說的"五套班子"，屬於現實中國家組織形態的範疇，包含黨委、人大、政府、政協、紀檢委（注意：法院和檢察院沒有進入），現在要加監察委，可能要形成"六套班子"了。它們是地方的主要部門，彼此的關係可以用一個口訣來表述，即"黨委領導、人大監督、政府行政、政協參政、監察委監察、紀檢委黨內監督"。借用費孝通的概念，這六套班子在現實中形成一種有中心、有邊緣的"差序格局"。如前所述，有學者認為，這種格局是由執政黨政治資源的分配格局決定的，即：在這種格局中，執政黨居於中心地位，其他部門的地位端視執政黨將多少的政治資源分配給它，獲得越多政治資源的部門在現實中就往往越是具有重要地位。比如在現實中，執政黨非常重視行政，所以政府權力就比較大，從而形成了"黨政一體"的格局。

　　相形之下，人民法院和檢察院在現實中的地位會低一些。在地方層面，人民法院和檢察院甚至被地方黨政機關看作自己的"一個部門"。所以，在"民告官"的案件中，一些法院也不敢判定自己所在地區的地方政府敗訴，甚至不太願意立案。這也是我國家機構體系目前所存在的一個問題，對此我們必須了解。

我們還要知道：在地方，黨委書記是真正的一把手，權力最大；長期以來，黨的紀檢委權力逐漸增加，此後國家監察體制得以橫空出世。和西方國家的三權分立架構有所不同，人民法院並沒有和立法機關、行政機關居於並列地位。在現實中，人民法院、檢察院也被納入國家統一的一種"科層制"管理體系之中，但其各級的執掌者在職位等級上，通常也低於各級行政長官半級。正因為這樣，現行《憲法》第 133 條和第 138 條本來只是分別規定各級法院和各級檢察院向各級人大及其常委會負責，而沒有明確規定還要向其做工作報告，但法院、檢察院想提高自己的地位，曾要求比照行政部門，同樣採取向人大做工作報告的方法，以示與行政部門平起平坐，結果現在壓力很大，有時候出現了工作報告未獲得通過的情形。這一點稍後我們將會提到。

關於國家機構這部分，主要對應的憲法條文及法律包括《憲法》第 57-140 條、港澳《基本法》、《立法法》、《代表法》、《國務院組織法》、《監察法》、《地方各級人民代表大會及地方各級人民政府組織法》、《各級人民代表大會常務委員會監督法》、《人民法院組織法》、《法官法》、《人民檢察院組織法》、《檢察官法》、《監察官法》等。

（一）全國人民代表大會

從性質和地位上看，全國人民代表大會是最高國家權力機關，在整個國家機構體系中居於最高地位。它也是最高國家立法機關，行使國家立法權。全國人大常委會則是由全國人大從其代表中選舉產生的，是全國人大的常設機關，是最高國家權力機關的組成部分。

全國人大實行會議制，由省、自治區、直轄市、特別行政區和軍隊選出的代表組成。代表名額一般不超過 3000 人。全國人大每屆任期 5 年。全國人大一般每年舉行一次會議，於每年第一季度由全國人大常委會召集。作為全國人大的常設機關，全國人大常委會則是由委員長、副委員長若干人、秘書長、委員若干人組成，總體規模不大，一般一百多人，從第十屆（2003 年）開始名額穩定在 175 人；全國人大常委會每兩個月舉行一次會議，有特殊需要的，可以臨時召集會議。全國人大常委會的會議由全國人大常委會委員長召集。全國人大常委會每屆任期也是五年。

　　全國人大之下還有專門委員會，它們是全國人大的常設工作機構，其主要任務是在全國人大及其常委會的領導下，研究、審議和草擬有關議案。在 2018 年 3 月，全國人大設立的專門委員會由過去的 9 個增加到如下 10 個：民族委員會、憲法和法律委員會、監察和司法委員會、財政經濟委員會、教育科學文化衛生委員會、外事委員會、華僑委員會、環境和資源保護委員會、農業與農村委員會、社會建設委員會。

　　人們都習慣了用"最高國家權力機關"來表述全國人大的性質和地位。這一個說法，源自《憲法》第 2 條第 1 款和第 2 款的規定：中華人民共和國的一切權力屬於人民。人民行使國家權力的機關是全國人民代表大會和地方各級人民代表大會。"中華人民共和國的一切權力屬於人民"就意味著國家的一切權力屬於人民，那麼人民該如何行使權力呢？按照盧梭早期的觀點，人民應直接行使國家權力。在中國，這在技術上是完全不可能的，因為沒有一個廣場可以容得下這麼多人。為此，《憲法》接下去只好規定，人民行使國家權力的機關是全國人大和地方各級人大，說白了也就是要通過人大行使國家權力。這就屬於間接民主制，即人民必須通過代表機關，而非自己直接到廣場集合，對有關公共事務進行討論決定。

　　當然，《憲法》第 2 條第 3 款也規定了直接民主制的要素，即：人民依照法律規定，通過各種途徑和形式，管理國家事務，管理經濟和文化事業，管理社會事務。然而在權力行使上，我國主要還是間接民主制。

　　但是，"人民行使國家權力的機關是全國人民代表大會和地方各級人民代表大會"這句話還是有深意的，它不僅意味著人民必須通過人大行使國家權力，而且從其規範表述的修辭藝術上而言，也意味著人大在行使國家權力時就相當於人民在行使國家權力。其實，這種規範的表述方式以及背後的邏輯都在一定程度上蘊含了國民主權原理和純粹代表制原理，儘管在《憲法》的表述中，更接近採用人民主權原理。

　　在這裏需要注意的是，主流觀點認為：作為根本政治制度的人民代表大會制度是應該堅持的。這一點在中國是很難改變的，雖然按照傳統有關國體與政體關係的理論，國體是不能改變的，要改變那只能革命，但政體可以改變，屬於改良派關心的對象。為此梁啟超說他一向"只問政體，不問國體"。到了新中國，作為政體的人民代表大會制度也被神聖化了，很難改變。但是我認為，作為國家機關的全國人民代表大會及其常委會，其技術性的制度設計及運行狀況，該完善還是可以完善的。否則，真正意義上的政治體制改革就免談了。也就是說，從學術上而言，全國人大及其常委會的技術性制度設計及運行狀況的完善，將可以成為未來政治體制改革的突破口。以下我們著重談兩點。

1. 全國人大及其常委會的職權

接下來，我們看一下全國人大擁有哪些職權。《憲法》第 62 條規定了全國人大的 16 項職權，第 67 條對全國人大常委會的規定更為精細，達到 22 項。這些職權可歸納為四大類，即：立法權、決定權、任免權、監督權。要知道，作為全國人大的常設機關，全國人大常委會的立法權也是很大的，有權制定和修改除應當由全國人大制定的法律以外的其他法律；在全國人大閉會期間，在不抵觸法律的基本原則這一前提下，可以對全國人大制定的法律進行補充和修改。根據憲法的明確規定，除了有權解釋法律之外，全國人大常委會還擁有憲法解釋權，並有權監督憲法的實施。

這些職權有什麼特點呢？第 62 條、第 67 條都規定了相應的兜底條款，分別是："應當由最高國家權力機關行使的其他職權"、"全國人民代表大會授予的其他職權"。其特點就是全國人大及其常委會在國家機構中"一頭獨大"，是權力授予的起點，也是權力集中的終點。具體而言，其他國家機關都由它產生、受它監督、對它負責，而它則不受任何國家機關內部的反制。監察委員會能不能監督各級人大及其常委會呢？這是個學理問題，從規範意義來說，監察委員會只能監督人大及其常委會中個別的官員，而不能監督作為機關整體的人大及其常委會。

人大這樣一種機關，它的職權一旦真的全部行使起來，是非常之大的，從理論上說，在國家機構內部沒有一種力量可以約束它。這就引出中國共產黨領導的必要。有關這一點，前面已經講過了。那麼，如何保證它正確地按照人民的意志來行使職權呢？這需要依靠人民的監督。而人民怎麼監督它呢？有一個重要的制度化的途徑就是 5 年一度的定期選舉，因此我們必須考察一下人大的選舉制度。

2. 人大的選舉制度

請注意，這裏所說的人大選舉制度不限於全國人大及其常委會，而是由基層兩層級（鄉、縣）直接選舉與三層級（設區的市、省、全國）間接選舉結合組成的，同時還實行地域代表制與界別代表制相結合，即代表人數大致按地域進行分配，但也考慮了工人、農民、婦女、少數民族、軍隊、甚至華僑等各方面的比例。其中，地域代表制採用的原理是人格代表主義，即每一個人在人格上都是平等，為此一人一票，每票價值平等，這種平等是數學意義上的均衡；而界別代表制所採用的則是職能代表主義，即追求不同職能之間的平等，這種平等是幾何意義上的平等，更多考慮的是社會學意義上的均衡。"二戰"之前，職能代表主義曾一度受到許多學者的推崇，包括像法國的狄驥這樣的著名學者。"二戰"之後，人格代表主義則受到人們的尊崇，主流的觀點和制度是認同每一票價值都該是平等的，無論是窮人還是富人。這裏順便說一下，2014 年年底，香港出現了大規模佔領運動，其中爭執的一個焦點，就是構想中的行政長官候選人提名機制中準備採用類似於職能代表制的界別代表制。

那麼，人大選舉制度還有什麼特點呢？我認為：它與西方民主競選不同，帶有公共推選制的特點。公共推選制也具有公共性，它畢竟不是公共權力的私相授受。在運作過程中，它的關鍵環節在於候選人名單的確定，只要候選人確定下來了，並安排好，拿去投票，一般都能如願獲得結果。所以說只要把握了候選人名單就能把握選舉結果。那麼誰來把握這個名單呢？是在黨組織領導下各種力量充分協商、博弈的結果，因此具有很強的推選制的特色，所以中國式的選舉就是一種公共推選。它的背後仍有中國古代傳統的賢人政治文化傳統在起作用。《左傳》裏有四個字，即所謂"賢均從眾"，說的意思是：公共事務的決斷，首先應聽取賢人的意見，只有當賢人意見分歧，均勢不決，才由大多數人決定。總之，正如錢穆先生所言，中國政治上的傳統觀念，對一意見之從違抉擇，往往不首先取決於意見主體的數量，而是看意見主體的優質程度。這與西方民主選舉不同。

人大選舉也存在一些容易被批評之處。第一個是人大選舉中票的價值在數學上的不平等。比如根據《選舉法》，在全國人大選舉層面，過去農村與城市選民的票的價值就是 8：1，多次修改之後現在是 1：1 了，但仍然不平等，因為前面所說的界別代表制還在起作用。第二個是自由選舉受到高度規制，並且沒有確立這種規制的界限。當然話說回來，西方選舉的最大好處與最大弊端就在於競爭性選舉。競爭性選舉制度必然促使各候選人提出與他人不同的政治綱領，一旦彼此是同質性的話，就無法開展競爭，那想辦法也要區別開來，實行差異化競爭，甚至是對抗性競爭。因此，在一些國家統合較為薄弱的國家，尤其是在一個民間社會還不成熟的國家或社會矛盾和衝突紛繁複雜的國家，採取競爭性選舉也是具有高度風險的，有可能會在社會中產生一種深層次的對立，導致社會的分裂。港台用了更形象的詞，把這叫作“社會撕裂”。比如台灣地區民主化早期，國民黨與民進黨的競爭打出的就是“統”、“獨”的旗號，其對社會所產生的深遠的負面影響，迄今還未完全平復。國際上的伊拉克、利比亞、埃及、柬埔寨等國家，近年來都是因為引入西方式的競爭式民主選舉後出現政治動蕩的，甚至出現分裂的傾向。但是選舉如果太缺少競爭性，也會受到批評。第三個是選舉結果存在與現實中流動性的民意發生偏離的可能性，人民大眾不感覺自己得到了代表。這是由多層級間接選舉和公共推選機制造成的。

　　基於以上對選舉制度的分析，我們可以認識到人民對國家權力機關的監督是否具有實效。從現實上說，一個人民難以對其實行有效監督的權力機關，確實需要中國共產黨的領導。另外，也就靠其自我節制了，為此，在長期的政治生活中，人大採取了一種高度的自我謙抑主義立場。這算是一種明智的選擇了。

　　此外，在現實中，圍繞作為國家機關的人大，還形成了使其功能趨於弱化的三項技術性層面的制度設計。第一個是非專職化代表制。幾乎絕大部分代表都是兼職的，也就是說對於他們來說，擔任人大代表並不是主業，只有在全國人大常委會裏有一些為數不多的專職代表。第二個是超級大會制。比如，十三屆全國人大代表有2980 人，十四屆全國人大代表有 2977 人。雖然常委會制度和專委會制度克服了一些超級大會化所帶來的問題，但這樣的規模還是不利於討論問題。所以胡喬木當初才想縮小人數，分成兩院。國外議會人數一般 500 人左右，中國是將近 3000 人濟濟一堂，幸好有中國共產黨的強有力領導，否則不知會場秩序會將如何。第三個是極短會期制。近年，全國人大一次會一般是開 10 天到 12 天，遇到換屆選舉每次一般開 14 天到 15 天；全國人大常委會好一點兒，兩個月開一次會，但一次會一般也不超過 10 天，一年只有 55 天左右，兩者相加不過 70 天，而世界上成熟的法治國家的議會會期一般都在 200 天以上。以上三項技術性層面的制度設計進一步使得人大的功能受到弱化。

還有一些非制度性安排又可能進一步弱化了人大的功能。第一，人大成為"二綫養老"的部門；第二，人大代表成為榮譽職務；第三，人數可觀的黨政官員當選了人大代表，現在已有所下降，但 2013 年十二屆全國人大代表中黨政領導幹部代表仍佔代表總數的 35%，2018 年十三屆全國人大其比例進一步下降，仍接近 34%，2023 年十四屆全國人大代表中該比例繼續下降，接近 33%。黨政領導幹部代表過多，會使得政府工作報告比較容易獲得通過，但法院、檢察院的工作報告獲得的贊成票數則不一定多。曾經出現過這樣的情況：某些地方法院因為積極受理行政訴訟，到人大開會做工作報告時，得票就比較低，因為在人大代表中，出自行政機關的官員本來就不少。

基於以上的分析，我們可以知道作為國家機關之一的各級人大的基本運行狀況，也就能理解它為什麼長期採取一種高度自我謙抑主義的政治立場了。但是，從憲法的規範要求就不用說了，即使從時代發展的趨勢來看，人大在很多時候，也過於自我謙抑了。自我謙抑主義在西方多是司法機關所選擇的立場，號稱是"司法哲學立場"，實際上也是它的一種政治立場，因為體現了司法機關對人民直接選舉產生的民意機關、即議會的立法的一種尊重，所以才自我謙抑。但令人深思的是，在當今中國卻是民意機關採取自我謙抑路綫。

在中國，曾幾何時，官員腐敗現象比較嚴重，足以說明我們國家權力體制對公共權力的監督和制約在一定程度上出現了失控的情況。在這種情形之下，如何堅持和完善人大制度，尤其是如何進一步加強人大在現實政治生活中的作用和功能，已受到了廣泛的期待。

（二）國家主席

國家主席是我國憲法上一個重要的國家機關。現行憲法規定，國家主席、副主席由全國人民代表大會選舉產生；有選舉權和被選舉權的年滿四十五週歲的中華人民共和國公民才可以當選國家主席、副主席；國家主席、副主席每屆任期同全國人民代表大會每屆任期相同，1982 年《憲法》第 79 條第 3 款中曾規定，其"連續任職不得超過兩屆"。這就是人們通常所說的"國家主席任期限制規定"。其實更確切地說，是國家主席任屆限制規定。2018 年修憲刪除了這一任屆限制規定。

在現行憲法上，國家主席擁有公佈法律、發佈命令的職權，任免權，外事權和授予榮譽權等職權，其中大部分職權具有一定的形式性和禮儀性。但經 2004 年憲法修改，國家主席可代表中華人民共和國進行國事活動，而且現今已確立了國家主席與中共中央總書記、中央軍委主席這三個職位由同一人同時擔任的"三位一體"體制，國家主席在國家機構以及國家政治生活中已具有極為重要的地位，可理解為我國的國家元首。

要進一步理解國家主席這個國家機關，新中國國家主席這一國家機關的制度簡史，包括它的設立與運行所伴隨的一些政治風雲，也值得說一說。

新中國成立之初，根據《共同綱領》的規定，國家設中央人民政府，中央人民政府設主席，毛澤東獲選擔任主席職務，同時還擔任中共中央主席，所以稱"毛主席"。當時的中央人民政府接近於實行"議行合一"的體制，主席權力很大。1954 年憲法正式設置國家主席，這個國家主席也是有實權的，如統率全國武裝力量，甚至可以召開最高國務會議，並擔任最高國務會議主席。這個國家主席的職務開始也是由毛澤東擔任的，本來也沒有任屆限制。但毛主席生性豪放，不太喜歡其中那些形式性與禮儀性的事務，於 1958 年要求辭去這個職務，只擔任黨中央主席；1959—1966 年由劉少奇任第二任國家主席，在這個過程，毛澤東擔任黨中央主席，劉少奇擔任國家主席，中國就出了兩個主席，而因為國家主席也是有實權的，劉少奇實際上逐漸掌控了整個國家的權力系統，地位日隆，威望日高，有時使得毛主席感覺到在撇開他，比如不讓他參加一些重要的會議。久而久之，雙方的私人信賴關係破裂了，這在人治社會的權力高層是一大禁忌。但要讓劉少奇下台很不容易，因為他已經很有地位和實權了。在這種背景下，毛澤東就發動了“文化大革命”，釋放出人民群眾這個巨大的政治能源，在全國範圍內各個地方、各個領域，與劉少奇為代表的“當權派”展開激烈的鬥爭。應該說，“文化大革命”爆發的原因是頗為複雜的，有人認為那是路綫鬥爭，有人認為那是權力鬥爭，還有人認為也是當時各種社會矛盾激發所致。的確，由於那時新中國成立已經十多年了，最初的民主理想是非常高邁的，但現實中公共權力的制約體制並不完善，十幾年下來，也已滋生了一定程度的官僚主義現象，積累了各種各樣的社會矛盾。於是，一經政治動員，人民就變成一股狂野的政治力量，橫掃一切自己定義的“敵對勢力”，劉少奇很快就被打倒了。

劉少奇被打倒後，國家主席職位空缺。到了 1970 年盧山會議討論“文革”憲法草案時，毛澤東主張憲法中不再設國家主席，但林彪等人則堅持認為再設國家主席。這是因為當時林彪在黨內的地位很高，被確定為毛澤東的接班人，在這之前都寫進黨章了。但是，他在國家機構中職位相對比較低，擔任國務院副總理和國防部部長，排在周恩來總理之後。這當然不利於他未來順利接班，這種政治處境本身甚至是危險的。對當時的林彪而言，由他擔任國家主席，或哪怕是擔任國家副主席，都能解除危險，並便於將來在毛澤東去世之後可以名正言順地接班。應該說，林彪的這個小算盤打得並不過分，而且從憲法上講，當時設置國家主席，對於理順黨國一元化體制而言，也是不無裨益的。但可能是受到當年劉少奇擔任國家主席情形的刺激，毛澤東很警覺林彪的這個小算盤，堅決反對在憲法中繼續設置國家主席這個機關，自己也堅持不當國家主席。他老人家在這一點上與林彪就較上勁了，在此期間，兩人也沒有直接充分溝通。這多半是因為林彪有一定的“社恐症”，身體又不好，平時就深居簡出。而毛澤東作為一代領袖，心氣自然很高，心思也很深，沒有直接找林彪來溝通，兩人的私人信賴關係也開始破裂了。後來發生了林彪事件，1970 年憲法草案也就流產了。1972 年，董必武代任國家主席。

在這之後，設置國家主席的事幾乎成為政治上的一個禁忌，此後的 75 年、78 年憲法修改都不再設置國家主席這一機關。到了 1982 年憲法修改時，在鄧小平的建議下，又恢復了國家主席的設置，但實際上是將 1954 年憲法上的國家主席這個機關分解為兩個機關，一個是新型的國家主席；一個是中央軍事委員會。由中央軍事委員會行使"領導國家武裝力量"這一重要職權，而賦予國家主席職權則相對較小，其職位本身沒有獨立的決定權，只擁有一些形式性的、禮儀性的職權。1982 年憲法實施之後，最初由鄧小平擔任中央軍事委員會主席，國家主席則由李先念、楊尚昆先後擔任。這兩人擔任國家主席時，都十分低調，連國家主席的印章都放在全國人大常委會辦公廳那邊。到了江澤民，開始實行國家主席與中共中央總書記、中央軍委主席這三個職位由同一人擔任的"三位一體"體制，並在一定程度上提高了國家主席的職權，行使類似國家元首的權力。自 2012 年中共十八大之後，"三位一體"體制得到了強化，尤其是自 2018 年修憲之後，現行《憲法》第 79 條有關國家主席、副主席任屆限制規定已經刪除，該體制更可能進一步得到強化。

現行憲法有關國家主席、副主席任屆限制規定的刪除，也曾一度引起了國內外廣泛的關注。在 2018 年中共中央《關於修改憲法部分內容的建議》公佈之後的 3 月 1 日，《人民日報》上的一篇署名"軒理"的文章，對刪除理由作出了正面的說明。按照過去的常理，這個"軒理"，其諧音是"宣理"，可推斷是中共中央宣傳部理論局的化名，其署名文章的標題是《保證黨和國家長治久安的重大制度安排》。大家知道，在中國共產黨章程中，中共中央總書記、中央軍委主席是沒有任屆限制規定的，現行憲法對國家的中央軍委主席也沒有任屆限制規定。"軒理"即認為：刪除現行憲法中有關國家主席、副主席的任屆限制規定，"有利於保持中國共產黨、中華人民共和國、中國人民解放軍領導體制的一致性，使'三位一體'領導體制在憲法上得以貫徹和體現。"誠然，在現行憲法上，國家主席職位本身，總體上只相當於虛位元首，有沒有任屆限制，本來不具有極為重大意義。但如前所述，由於"三位一體"體制已經確立，國家主席的任屆限制規定在事實上便發生了超出現行《憲法》第 79 條之本來意義的限縮性功能，甚至在一定程度上具有了超實定憲法的輻射效力：先是輻射到現行憲法第 93 條有關中央軍事委員會的規定，再是輻射到中國共產黨章程，使其形成一種限縮性的意義空間；而這一意義空間，已經不能容納十八大之後整個國家新的政治格局，為此，刪除憲法上的這項規定，就成為一種必然的選擇。

值得注意的是，對於 2018 年憲法修改中有關國家主席任屆限制的修改，上述"軒理"的文章也引述了中國共產黨章程中的有關規定，明確指出："這一修改，不意味著改變黨和國家領導幹部退休制，也不意味著領導幹部終身制。"

（三）國務院

國務院是中央人民政府，是最高國家權力機關的執行機關，是最高國家行政機關。

國務院的機構體系十分龐大。現行憲法頒佈那一年，即 1982 年，國務院組成部門多達 100 個，也就是説差不多有 100 個部委，2013 年　度削減到 25 個。2018年年初我國推進執政黨和國家機構改革，國務院機構的改革也是其中的重點，據説這是改革開放以來第八次的國務院機構改革了。根據改革方案，改革之後的國務院，除了其辦公廳之外，仍有 26 個組成部門，其中包括 21 個部、3 個委員會，另加 1 行（中國人民銀行）、1 署（審計署）。2023 年初，中共中央、國務院印發了《黨和國家機構改革方案》，是國務院機構的第九次改革。此外改革後，國務院組成部門數量未變，但有一些重組。但國務院設置的機構還不止這些，此外還有國務院直屬特設機構、國務院直屬機構、國務院辦事機構、國務院組成部門管理的國家局、國務院議事協調機構、國務院直屬事業單位等。

作為行政機關，國務院在領導體制上實行首長負責制，即國務院整體實行總理負責制，各部委實行部長、主任負責制。

國務院的會議分為國務院全體會議和國務院常務會議。全體會議由國務院全體成員，包括總理、副總理、國務委員、各部部長、各委員會主任、審計長、秘書長參加，討論決定國務院工作中的重大事項，或部署國務院的重要工作。國務院常務會議是國務院日常領導工作機構，由總理、副總理、國務委員、秘書長參加，一般每週召開一次，討論決定國務院工作中的重要事項，還負責討論將提交給全國人大或者其常委會的法律草案，審議行政法規草案。

在權力運行體制中，執行權往往容易成為一種實權。這在我國也是一樣，國務院也是實權最大的機關。

　　根據憲法和法律規定，其職權主要有：規定行政措施，制定行政法規，發佈決定和命令；向全國人大或者常委會提出議案；規定各部委任務和職責，統一領導全國地方各級國家行政機關工作；領導和管理各項事業；保障少數民族的平等權利和民族自治地方的自治權利，保護華僑的正當權利和利益、歸僑和僑眷的合法權利和利益；改變或撤銷各部委發佈的不適當的命令、指示和規章，改變或撤銷地方各級國家行政機關的不適當的決定和命令；全國人大及其常委會授予的其他職權，等等。

（四）中央軍事委員會

　　憲法上所設置的中央軍事委員會，也是國家機關之一，而且這個機關也很重要，有關法條是《憲法》第 93、94 條。一般認為，1982 年憲法是鄧小平主導下訂立的，也被稱為"鄧小平憲法"，但據說鄧小平親自擬定的憲法條文，就是這兩條。其中第 93 條規定：中華人民共和國中央軍事委員會領導全國武裝力量。其具體的職權由《國防法》規定，如統一指揮全國武裝力量，等等。可以説，中央軍事委員會是國家最高軍事指揮機關，領導全國武裝力量，由主席一人、副主席若干人、委員若干人組成。這裏需要我們注意的是：雖然在形式上中央軍事委員會是一個集體組成的國家機關，但憲法明確規定："中央軍事委員會實行主席負責制。"還有，根據憲法上的規定，其特點之一是有任期，但沒有任屆限制。這一點與現在的國家主席相同。負責關係也很有特點，根據《憲法》第 94 條的規定，是由中央軍事委員會主席而非中央軍事委員會向全國人大及其常委會負責；並且只負責，不報告工作，因為軍事涉及國家機密，不宜作報告。

　　由於中央軍事委員會是憲法所設立的國家機關，由此也可以説，中國已經在憲法規範這一層意義上完成了軍隊國家化。誠然，在憲法規範的實際運作中，軍隊是由中國共產黨領導的，這一點無疑體現了鮮明的中國特色。具體的方式是：《憲法》所規定的中央軍事委員會與中共中央軍事委員會有著密切關係，簡單來説就是"一套人馬，兩塊牌子"。

小貼士：中央軍委主席

　　而中國共產黨之所以可以領導軍隊，原因很簡單：中國共產黨是軍隊的締造者，也是目前中國唯一擁有足夠強大的政治能力控制軍隊的主體。

　　而軍隊在政治上得到控制，不是一件簡單的事情，一旦控制不了，軍隊很可能要參與政治鬥爭，甚至介入司法判案，乃至橫行於市井，許多國家就是如此。在目前的我國，從現實效果來看，雖然軍人可以進入國家權力機關當代表，但多半具有榮譽性的意味，除了擁護執政黨以外，軍隊在政治上基本保持中立，並不干預行政與司法。

（五）地方各級人大和地方各級人民政府

　　根據《憲法》和《地方組織法》的規定，省、自治區、直轄市、自治州、設區的市、縣、自治縣、市、市轄區、鄉、民族鄉、鎮，都設立人大。它們合稱"地方人大"，其每屆任期也是五年。

　　地方人大是地方國家權力機關，在本級國家機構中處於樞要的憲法地位。其職權也很多，大致也可歸納為四大類，即：立法權、決定權、任免權、監督權。當然，這些職權都是地方性的，如所謂立法權，也只是有限的"地方立法權"，指的是省、自治區、直轄市以及所有設區的市的人大及其常委會，根據本行政區域的具體情況和實際需要，在不同憲法、法律、行政法規相抵觸的前提下，可制定地方性法規的職權。

　　全國人大和地方人大之間沒有隸屬關係，這一點大家要牢牢記住。上級人大只是依法監督、指導下級人大的工作而已。根據《憲法》和《地方組織法》規定，省、自治區、直轄市、自治州、設區的市的人民代表大會代表由下一級人民代表大會選舉產生；縣、自治縣、不設區的市、市轄區、鄉、民族鄉、鎮的人民代表大會代表由選民直接選舉。此外，縣及縣以上的地方各級人民代表大會設立常務委員會，地方各級人民代表大會常務委員會是本級人民代表大會的常設機關，對本級人民代表大會負責並報告工作。

　　地方各級人民政府則是地方各級國家權力機關的執行機關，是地方各級國家行政機關。其一方面對本級人大（閉會期間對其常委會）負責並報告工作，另一方面又對上一級國家行政機關負責並報告工作，接受和服從國務院統一領導。縣級以上地方各級人民政府的職權主要有執行本級人大及其常委會的決議以及上級國家行政機關的決定和命令，執行國民經濟和社會發展計劃、預算；規定行政措施，發佈決定和命令；領導所屬各工作部門和下級人民政府的工作、管理本行政區域內的各項事業；改變或撤銷所屬各工作部門的不適當的命令、指示和下級人民政府的不適當的決定、命令等。作為行政機關，地方各級人民政府也實行首長負責制。

（六）民族自治地方的自治機關

民族自治地方的自治機關是指在民族自治地方設立的，依法行使同級地方國家機關職權並同時行使自治權的一級地方政權機關。根據《憲法》第 30 條以及《民族區域自治法》的規定，民族自治地方分為自治區、自治州、自治縣三級。民族自治地方的自治機關是自治區、自治州和自治縣的人民代表大會和人民政府。

在這裏我們需要特別了解的要點是：

首先，我們的制度是民族區域自治制度，即以少數民族聚居區為基礎的區域自治，而非少數民族自治。也就是說它並不是讓每一個少數民族實行自治，而是讓少數民族聚居的區域實行自治，所以叫“民族區域自治制度”。這裏面有很深的講究。當然現在也出現一些問題，對這個問題的實證研究很不夠。根據我們初步的分析，民族區域自治的自治權的配置與運行可能出現了一些問題。這個還需要進行大量、深入研究才能做結論。

其次，民族自治地方是我國境內少數民族聚居並實行區域自治的行政區域，是實行民族區域自治的基礎。民族自治地方也比較特殊，它包括自治區、自治州和自治縣（旗），但民族鄉不是民族自治地方。民族自治地方的自治機關則是自治區、自治州和自治縣（旗）的人民代表大會和人民政府，但不包括設置在當地的法院和檢察院，這是由於司法機關不是政治機關，為此不能作為自治機關。而且為了維護國家法治秩序的統一，司法機關也不宜作為民族自治地方的自治機關。這一點也比較特殊，需要注意。

再次，作為民族區域自治的一種體現，自治機關的組成也有特殊之處：民族自治地方的人大常委會中應當有實行區域自治的民族的公民擔任主任或副主任；自治區主席、自治州州長、自治縣縣長這樣的重要職位，則由實行區域自治的民族的公民擔任；各自治機關中的其他人員均應配備適當比例的各民族人員。

最後，民族自治地方的自治機關的自治權，主要包括以下幾項：

第一，根據本地區的實際情況，貫徹執行國家的法律和政策。上級國家機關的決議、決定、命令和指示，如有不適合民族自治地方實際情況的，經過該上級國家機關批准可以變通執行或者停止執行。

第二，民族自治地方的人民代表大會有權依照當地民族的政治、經濟和文化的特點，制定自治條例和單行條例。

第三，民族自治地方的自治機關在國家計劃的指導下，可以自主地安排和管理地方性的經濟建設事業。

第四，民族自治地方的自治機關擁有管理地方財政的自治權。民族自治地方的財政收入，應當由民族自治地方的自治機關自主地安排使用。民族自治地方在全國統一的財政體制下，通過財政轉移支付制度，享受上級財政的照顧。

第五，民族自治地方的自治機關自主地管理教育、文化、科學技術、衛生、體育、計劃生育和環境保護事業。

第六，民族自治地方的自治機關依照國家的軍事制度和當地的實際需要，經國務院批准，可以組織本地方維護社會治安的公安部隊。

第七，民族自治地方的自治機關在執行職務時，依照本民族自治地方自治條例的規定，可以使用當地通用的一種或者幾種語言文字。同時使用幾種通用的語言文字執行職務的，可以以實行區域自治的民族的語言文字為主。

第八，民族自治地方的自治機關根據需要，可以採取各種措施從當地民族中大量培養各級幹部和各種專業技術人才；錄用各種人員時，對少數民族的人員應當給予適當照顧。

（七）監察委員會

眾所周知，監察委員會是通過 2018 年憲法修改所新設的國家機關。它的設立，意味著我國國家機構的一次重大改革，為此需要通過修憲來賦予其憲法上的地位。而為了實現這一點，2018 年修憲説是 "部分修改、不作大改"，但實際上不得不對現行憲法的文本作了較大的改動：首先，在現行《憲法》第三章國家機構第六節後增加一節，作為第七節 "監察委員會"，裏面有五條，就國家監察委員會和地方各級監察委員會的性質、地位、名稱、人員組成、任期任屆、領導體制、工作機制等作出規定，現行《憲法》原第 123 條之後的條文序號也跟著變了；其次，與此相適應，還對現行憲法中其他六處相關的條款作出了相應的修改。此外，全國人大還專門制定了《監察法》，在法的形式上具體細化憲法的這些規定，總之是落實新建立的國家監察制度。

這裏所説的監察委員會，是對全國各級監察委員會的統稱。從憲法上説，全國各級監察委員會是國家的監察機關，是行使國家監察職能的專責機關，它有三項職能：一是依法對所有行使公權力的公職人員進行監察；二是調查職務違法和職務犯罪；三是開展廉政建設和反腐敗工作。大家知道，中國自古監察制度就很發達，到近代，孫中山還提出了頗具中國特色的 "五權憲法" 理論，"五權" 中就包含了監察權。但新中國成立以來，我們在政體、具體而言即在國家權力組織形態上實行人民代表大會制度，監察權沒有由單獨的國家機關來專門行使，而是被納入行政機關內部，作為其行政職權的一個部分；另一方面，人民檢察院也承擔了查處貪污賄賂、失職瀆職以及預防職務犯罪等部門的相關職能。由於在急劇轉型時代，整個國家權力監督體制的功能沒有發揮到位，反腐作為現實課題頗為嚴峻，行政監察部門、檢察機關就與執政黨的各級紀檢機關形成了深度合作機制，但又因為這種合作沒有足夠的法律基礎，其工作也受到牽制，為此在有關方面的強力推動之下，最終快速地促成了國家監察體制的重大改革。

得力於執政黨政治資源的傾斜性分配，並整合了黨的紀檢機關、行政機關內部的監察部門、預防腐敗部門以及人民檢察院查處貪污賄賂、失職瀆職以及預防職務犯罪等部門的相關職能，新成立的監察委員會作為國家的監察機關，無疑是一種強勢的機關。這種機關在憲法上地位也很高。於是，有一種説法是它屬於 "政治機關"，而不是行政機關，也不是司法機關。這個我們上次講到。但我們在國家機關的分類時就曾講到：國家機關本來就可以分為政治機關和司法機關；按這種分類法，監察機關當然屬於政治機關了。只不過在現實中，主張它是政治機關的那種說法，主要想強調的是什麼呢？強調的是：這種監察機關是執政黨的部門（紀委）與國家機關（反腐工作部門）相互配合（合署辦公）形成的新型機關，它代表執政黨和國家行使監督權，為此不同於傳統的行政機關，也不同於司法機關。應該承認，在這種意義上，我們可以稱之為"特別政治機關"。

監察委員會的組織架構是這樣的：在中央一級設立國家監察委員會，作為最高國家監察機關；地方各級設立各級監察委員會。監察委員會由主任、副主任若干人、委員若干人組成。各級監察委員會主任每屆任期同本級人民代表大會每屆任期相同。其中，國家監察委員會主任連續任職不得超過兩屆。

在上下關係體制上：國家監察委員會領導地方各級監察委員會的工作，上級監察委員會領導下級監察委員會的工作。但國家監察委員會由全國人大產生，並對全國人大及其常委會負責；地方各級監察委員會由地方國家權力機關產生，也對產生它的國家權力機關和上一級監察委員會負責。從這裏也可以看出，這種監察體制的成立，沒有根本改變我國人民代表大會制度的核心原理。這意味著：監察委員會的監察對象，限於包括人大機關在內的個體的公職人員，而非包括人大機關在內的其他國家機關。也就是說，西方式的那種國家機關之間彼此牽制式的權力監督原理，仍然不適用於國家監察體制，但等下我們即將講到的《憲法》第 127 條第 2 款所規定的情形，則屬於必要的例外。

在工作機制上，監察委員會實行監察權行使的獨立原則。《憲法》第 127 條規定："監察委員會依照法律規定獨立行使監察權，不受行政機關、社會團體和個人的干涉。"其中，"不受行政機關、社會團體和個人的干涉"，從解釋學上理解，已將它與立法機關和執政黨的關係作為例外處理。這一點與憲法中有關法院獨立行使審判權、檢察院獨立行使檢察權的有關規定是相似的。

關於監察委員會的工作機制，還有一點很重要，那就是：根據《憲法》第 127 條第 2 款的規定，監察機關辦理職務違法和職務犯罪案件，應當與審判機關、檢察機關、執法部門互相配合，互相制約。這一點，與《憲法》第 140 條所規定的法院、檢察院、公安機關辦理刑事案件時的情形也差不多。

講到這裏，我們可以這樣説：如前所述，監察機關屬於政治機關，或者説是一種特別政治機關，但從憲法以及《監察法》為它所設定的工作機制來看，其實它在一定程度上也具有準司法機關的性質。有趣的是，在我國台灣地區，所謂"五權憲法"理念下所設立的"監察院"，原本屬於民意機關，但後來也演變為準司法機關了。

值得一提的是，在國家監察體制改革的快速推進中，也伴隨著一些具有學理意義的爭議，其中包括：監察委員會對涉嫌職務犯罪人員進行調查，可採取留置等剝奪人身自由的強制措施以及各種限制或剝奪財產權的強制處分措施，這已經具有了刑事偵查之實，為何可以不受刑事訴訟法的約束？監察委員會的調查過程，完全不允許律師介入，這是否剝奪了被追訴者有權獲得辯護的權利？監察委員會擁有巨大的權力，那麼該如何監督監督者，尤其是在憲法上確立對它進行有效監督的機制？等等。

（八）人民法院和人民檢察院

在中國，"司法機關"在狹義上專指人民法院，廣義上則包括人民檢察院，甚至還包括公安機關的刑事偵查部門和司法行政機關的刑罰執行部門。接下來就講人民法院和人民檢察院。

首先講人民法院。

人民法院是國家的審判機關，擁有依法審判刑事案件、民商事案件、行政案件和法律規定的其他案件等職權。

人民法院的組織依照《人民法院組織法》的規定設立；該法沒有規定的，根據全國人大常委會的決定設立。目前，人民法院的組織體系主要包括最高人民法院、地方各級人民法院和專門人民法院，其中地方各級人民法院又包括省級的高級人民法院、設區的市一級的中級人民法院和縣級的基層人民法院。也就是説，它們一般均根據行政區劃設置。這使得地方各級人民法院有可能與地方各級黨政機關的關係變得較為密切，陷入地方保護主義的泥潭，為此還出現了專門人民法院（包括軍事法院、海事法院、知識產權法院、金融法院等）以及應司法改革而誕生的跨行政區劃法院、互聯網法院等。

　　各級人民法院由本級人民代表大會產生，受本級人大及其常委會的監督，對本級人大負責並報告工作。同時，上級人民法院對下級人民法院的審判工作也有監督權。

　　置身於轉型時期的中國司法，一直承受著極大的壓力，但它本身的問題比較多，學術界認為主要有三大頑疾，即：司法腐敗、司法不公正、司法無權威。這三大頑疾使得中國司法處於十分尷尬的境地。原因出在哪裏呢？許多人認為主要是因為憲法所規定的審判權獨立行使沒有做好。

　　根據《憲法》第131條規定：人民法院依照法律規定獨立行使審判權，不受行政機關、社會團體和個人的干涉。這裏規定的是審判權行使的獨立，而非“司法獨立”。而且從規範上看，該條款暗含了例外，即人大和黨組織可以影響司法。

　　在現實當中，我們可以看到法院至少受制於六個方面：第一是黨組織，不僅是法院之外的黨組織，包括法院內部黨組對法院人事、政策、紀律的影響；第二是上級法院對下級法院的影響，如《憲法》第132條規定的上級法院對下級法院審判工作的監督，包括最高院的司法路綫對下級各級法院的影響；第三是人大，因為各級法院是由本行政區域內同級人大產生的，所以要對它負責、受它監督；第四是同級行政機關對法院的影響，這個影響可大了，因為行政機關擁有財政預算編制權，其中包括了同級法院的財政預算，法官的福利待遇等事關個人切身利益的事情，很大程度上都由同級行政機關掌握；第五是檢察機關對法院的干預，因為根據《憲法》規定檢察院是法律監督機關；第六是社會輿論對法院的影響，包括具有公共機關性質的各種傳媒機關、社會組織，與非公共性質的學者、網民等，都可以影響司法。以上幾個方面幾乎均是合法的，甚至存在合憲的空間。

　　此外，作為個人的法官也受制於四個方面。第一，法院內部級別更高的法官對下級法官的影響。庭長、分管副院長、院長讓你這樣判，你一點兒脾氣也沒有。第二，本院的審判委員會，那在本院算是權威，其影響力自然不小。第三，法院內部的黨組及其成員。第四，法院內部的其他同事或上級法院同行。

　　以上六個方面加四個方面一共十個方面，可謂是“十面埋伏”。由此可知，當今中國的法院，實際上是處於各種巨大力量和利益的交匯處之中，需要一種強有力的政治保障或制度上的保障。但"司法獨立"是免談的，對於司法機關本身而言，那在政治上是有風險的，僅僅提倡或真正實現了"司法獨立"，可能會導致"司法孤立"。

然而，鑒於司法機關存在的頑疾，當今中國司法改革勢在必行，迄今也進行過多輪的司法改革。最近一輪法院系統司法改革的基本目標就是要落實"依法獨立公正行使審判權"，其中重點做幾件事：第一是去行政化，建立司法責任制，主要內容是誰審理、誰判決、誰負責。由此，法官的權力得到加強，同時責任也有所加大，對自己審判的案件實行責任負責制。這也要求法官的待遇要提高，職業保障要做好，否則就會出現人才流失，也會造成優秀人才不願到法院工作的狀況。再有就是建立領導幹部干預個案的記錄、通報、責任追究制度，等等。第二是去地方化，十八屆三中全會和十八屆四中全會提出的一些重要方案得到了落實，其中包括地方法院實行人財物省級法院統一管理制度，最高院設立跨地域的巡迴法庭，設立其他跨行政區劃的法院等。

以上去行政化與去地方化這兩方面措施未必能夠全部解決法院獨立行使審判權的問題，而且即使解決了獨立行使審判權的問題也未必能夠全部解決法院的所有問題，但是，改革勢在必行，也仍須前行。

接下來講人民檢察院。

根據現行《憲法》第 134 條規定，"人民檢察院是國家的法律監督機關"。對此，馬工程教材認為，這一說法有三層含義：第一，人民檢察院是法律監督機關，是專門行使檢察權的檢察機關。第二，人民檢察院是國家的法律監督機關，即以國家名義進行法律監督，保障國家法治秩序的統一和法律的正確實施。第三，人民檢察院通過行使檢察權進行法律監督，依法對有關機關和人員的行為是否合法進行監督，這有別於其他形式的監督。

作為國家的法律監督機關，人民檢察院同時也是一種司法機關。根據現行《憲法》第 136 條的規定，"人民檢察院依照法律規定獨立行使檢察權，不受行政機關、社會團體和個人的干涉。"這一點與人民法院相類似。

當然，作為監督者，人民檢察院本身也接受監督，具體而言，與人民法院一樣，同樣是作為由同級人民代表大會產生的國家機關，各級人民檢察院也同樣接受同級人民代表大會及其常務委員會的監督。

那麼，下級人民檢察院是否還接受上級人民檢察院的監督呢？這一點與人民法院就有所不同了，根據規定，下級人民檢察院是接受上級人民檢察院的領導，而不是監督。具體而言，最高人民檢察院領導地方各級人民檢察院和專門人民檢察院，上級人民檢察院領導下級人民檢察院的工作。

說到各級人民檢察院，就涉及人民檢察院的組織體系。目前，人民檢察院的組織體系包括最高人民檢察院、地方各級人民檢察院以及軍事檢察院等專門人民檢察院。經全國人大常委會的決定，可以設立跨行政區劃的人民檢察院，辦理跨地區案件。

與人民法院一樣，多年來人民檢察院也在推行司法改革。但人民檢察院最重要的改變是，隨著我國監察制度重大改革的推行，人民檢察院原有的查處貪污賄賂、失職瀆職以及預防職務犯罪等相關職能，被切了出來，賦予了監察委員會。儘管如此，人民檢察院還擁有一定的重要職權，其中包括：對依照法律規定由其辦理的有關刑事案件行使偵查權；對刑事案件進行審查，批准或者決定是否逮捕犯罪嫌疑人；對刑事案件進行審查，決定是否提起公訴，對決定提起公訴的案件支持公訴；依照法律規定提起公益訴訟；對訴訟活動實行法律監督；對判決、裁定等生效法律文書的執行工作實行法律監督；對監獄、看守所的執法活動實行法律監督；法律規定的其他職權。

三、各機關之間的關係：案例分析

再接下來，我們就本章的內容，集中分析和思考一些真實的事案。我們主要講三個代表性的案例，它們都非常能說明各機關之間的關係，以及當今我國國家機構運作方面所存在的問題。

（一）黑龍江恢復強制婚檢事件

這個事件的情況是這樣的：2005 年 6 月，黑龍江省十屆人大常委會十五次會議通過了修改的《黑龍江省母嬰保健條例》，其中明確規定："黑龍江省實行婚前醫學檢查制度"，要求"準備結婚的男女雙方，應當接受婚前醫學檢查和婚前健康教育，憑婚前醫學檢查證明，到婚姻登記機關辦理結婚登記"，否則不予辦理結婚登記。

該條例的公佈施行，意味著我國自 2003 年 10 月 1 日實行自願婚檢以來，黑龍江省成為第一個恢復強制婚檢制度的省份。也就是説，本來在 2003 年 10 月 1 日之前，我國確實實行這種強制婚檢制度，但受到了批評。為此，2003 年 10 月 1 日，國務院頒佈了《婚姻登記條例》，在其中不再實行強制婚檢，而改為實行自願婚檢制度。但是問題在於，1994 年全國人大常委會制定的《母嬰保健法》則明確規定：準備結婚的男女雙方，應當接受婚前醫學檢查和婚前健康教育，憑婚前醫學檢查證明，到婚姻登記機關辦理結婚登記。

按照時間順序整理一下，我們可能會清楚一些：首先是在 1994 年全國人大常委會制定的《母嬰保健法》規定了強制婚檢制度；後來在 2003 年，國務院頒佈的《婚姻登記條例》廢除了過去的強制性婚檢；本案發生的 2005 年，《黑龍江省母嬰保健條例》作為地方性法規，又在本省範圍內恢復了強制性婚檢制度。這樣，這三種法律法規的規定就相互衝突起來了。這就出現了令人苦笑不已的問題：這些衝突應該如何解決？《黑龍江省母嬰保健條例》的那條規定是否有效？

這是中國法治只有在目前這個階段才可能出現的亂象。

我國現行《憲法》以及《立法法》明確規定：國家立法權屬於中央立法機關，即全國人大及其常務委員會；國務院也有制定行政法規的權力；而地方一定級別的人民代表大會及其常務委員會也有制定地方性法規的權限。這樣，如果沒有加強立法者的事先調適，那麼就有可能出現它們各自制定出來的法律規範互相衝突的情形。本案就出現了這種情況，而且非常嚴重。那該怎麼解決呢？

針對本案，我們説，涉及三個立法：第一個是作為地方性法規的《黑龍江省母嬰保健條例》；第二個是作為行政法規的國務院制定的《婚姻登記條例》；第三個是作為法律的全國人大常委會制定的《母嬰保健法》。它們之間的位階關係，即效力等級關係是怎麼樣的呢？根據《立法法》的規定，是這樣的：在三者之中，法律地位最高、效力最強，行政法規次之，地方性法規地位最低。如果僅僅從位階的角度來分析的話，本案的立法衝突是這樣的：《黑龍江省母嬰保健條例》抵觸了國務院的《婚姻登記條例》，因此無效；但是國務院的《婚姻登記條例》又抵觸了全國人大常委會的《母嬰保健法》，因此也無效。於是，按照"負負得正"的原理，是否可以這樣認定：黑龍江省條例中的相關規定，因抵觸國務院的條例而無效，卻因為抵觸了國務院條例中無效的相關規定而有效，或者說因為有全國人大常委會的法律作為依據而有效。

分析到這裏，我們可以做出如下的學理評判：

第一，國務院的條例不應該違背人大立法。也就是說，早在國務院制定《婚姻登記條例》的時候，就應當尊重全國人大常委會制定的《母嬰保健法》，不應該明顯地抵觸它。可是它卻抵觸了，有問題。儘管國務院的條例廢止了強制婚檢制度可能是一種進步，但畢竟有違憲法所期待的法治秩序以及合法正義。

第二，黑龍江省人大常委會也同樣如此。而且，根據《立法法》（2000 年）第64 條（現行《立法法》第 82 條）第（1）項，其在立法時應該論證執行全國人大常委會《母嬰保健法》需要根據的"本行政區域的實際情況"。從某種意義上說，本來它就未必有必要制定一個《黑龍江省母嬰保健條例》，因為已經有全國的《母嬰保健法》及其實施細則了，而它偏偏要制定一個條例出來，規定的強制婚檢制度和《母嬰保健法》也沒什麼區別。那麼，你有什麼特殊情況，以至於需要特別制定這個條例，就需要進行說明論證。

第三，全國人大常委會也有責任。首先，它是否應該考慮在國務院《婚姻登記條例》之前及早廢止《母嬰保健法》中的婚檢制度。因為如果強制婚檢制度存在弊端，並引起較大爭議，乃至於國務院不得不把它廢除，而作為人民的代議機關，全國人大常委會也應該考慮是否儘早廢除，即本來可以通過啟動法規備案審查機制，趕在國務院《婚姻登記條例》之前廢除，這樣就會出現比較好的局面，但它沒有這樣做。其次，更無爭議的是，在國務院及黑龍江省人大常委會各自將其《條例》報其備案時，全國人大常委會也應該及時作出審查。因為根據《立法法》的規定，行政法規和地方性法規制定出來之後，都要報全國人大常委會備案審查。這時，全國人大常委會就要作出判斷，是否應該宣佈它們因違法而無效。但是當時的全國人大常委會卻是不作為，乃至出現這種悖謬的情形。

所幸的是，這件事後來已經全國人大常委會備案審查：2021 年 12 月，第十三屆全國人民代表大會常務委員會第三十二次會議審議的《全國人民代表大會常務委員會法制工作委員會關於 2021 年備案審查工作情況的報告》提出："國務院《婚姻登記條例》規定的辦理結婚登記應出具的證明材料中，不包括婚前醫學檢查證明。有公民對此規定提出審查建議，認為該規定與母嬰保健法關於結婚登記應當持有婚前醫學檢查證明的規定不一致。我們審查認為，自 2003 年 10 月《婚姻登記條例》實施以來，婚前醫學檢查事實上已成為公民的自願行為；2021 年 1 月實施的《民法典》規定了婚前重大疾病的告知義務，將一方隱瞞重大疾病作為另一方可以請求撤銷婚姻的情形予以規定，沒有再將'患有醫學上認為不應當結婚的疾病'規定為禁止結婚的情形。我們與國務院有關部門溝通，推動根據民法典精神適時統籌修改完善有關法律法規制度。"

（二）李慧娟法官事件

這也是 21 世紀初一起非常著名的案例。介紹一下案情：2003 年 1 月，河南省洛陽市中級人民法院審判長李慧娟在一起種子收購糾紛案的判決意見書中寫道："《種子法》實施後，玉米種子的價格已由市場調節，《河南省農作物種子管理條例》作為法律位階較低的地方性法規，其與《種子法》相衝突的條（原文如此，估計漏掉一個'文'或'款'字）自然無效……"

為什麼這麼判呢？我們說說認定衝突的理由。本案中的《河南省農作物種子管理條例》第 36 條中規定："種子的收購和銷售必須嚴格執行省內統一價格，不得隨意提價。"但根據《中華人民共和國種子法》的立法精神，種子的價格應由市場決定。於是二者就發生了矛盾。那麼這個矛盾是否可以容忍呢？主要要看河南省這個條例是否有特殊的情形，也就是該區域是否存在特殊情況，需要對《種子法》作出例外規定。如果沒有，李慧娟作出的上述判斷，其內容本身，在法學理論上就是可以理解的，即下位法與上位法衝突，下位法這個條文自然無效。

但是本案涉及的問題不限於此，因為案情後來進一步展開了。即在該判決宣告約半年後的 7 月，洛陽市人大常委會向河南省人大常委會就該案種子經營價格問題發了一份請示。10 月，河南省人大常委會法制室對此發文明確答覆：《河南種子條例》第 36 條關於種子經營價格的規定與《種子法》沒有抵觸，繼續適用。同時，該答覆特別強調指出："（2003）洛民初字第 26 號民事判決書中宣告地方性法規有關內容無效，這種行為的實質是對省人大常委會通過的地方性法規的違法審查，違背了我國的人民代表大會制度，侵犯了權力機關的職權，是嚴重違法行為。"該答覆還責成洛陽市人人常委會"依法行使監督權，糾正洛陽市中級人民法院的違法行為，對直接負責人員和主管領導依法作出處理……"。

至此，問題就鬧大了！同年 10 月 18 日，河南省人大常委會辦公廳下發了《關於洛陽市中級人民法院在民事審判中違法宣告省人大常委會通過的地方性法規有關內容無效問題的通報》，要求河南省高院對洛陽市中院的"嚴重違法行為作出認真、嚴肅的處理，對直接責任人和主管領導依法作出處理"。可以看出，人大這邊生氣了，所以口氣非常強硬。但是大家注意：生氣的不是人民代表，實際上只是人民代表機關的輔助機關——河南省人大常委會的辦公廳，後者發出通告。河南省人大常委會的辦公廳雖然屬於河南省人大，但是它也有行政級別，而且在地方其行政級別算是很高的了。

問題越鬧越大了。於是，根據省市人大常委會提出的處理要求，洛陽中院黨組於 2003 年 11 月 7 日作出書面決定：撤銷判決書簽發人——民事庭趙廣雲法官的副庭長職務和李慧娟法官的審判長職務，並免去李慧娟的助理審判員資格。該決定只是一直未完成提請洛陽市人大常委會討論通過的法定程序。

但此後，在還沒有提請討論的時候，情況又發生了變化。在社會輿論和法學專家、學者以及法律界其他人士的密切關注下，李慧娟事件最後發生了戲劇性的轉變：提請洛陽市人大常委會討論的法定程序一直沒有進行，李慧娟也一直沒有收到自己所在的洛陽市中級人民法院的任何書面處理意見。次年 5 月，被迫賦閒在家、飽受長達 8 個月煎熬之苦的李慧娟，在洛陽中院的電話催告下，終於重返工作崗位。

這個案件涉及地方國家權力機關與司法機關的關係，涉及法律解釋權的分配，還涉及違法審查制度的運作，以及涉及黨對司法機關的領導方式等問題。在規範意義上，應該如何看待本案呢？我們也進行若干學理評判：

第一，河南省人大對其所制定的《種子條例》負有責任。如果《種子法》制定在先，它制定在後，它就要注意，不能在《種子條例》中設定明顯違背《種子法》的條款，除非本區域存在特殊情況，從而作出例外規定，並報全國人大常委會備案，且沒有被撤銷。

第二，本案還涉及法律解釋體制的問題。在我國憲法體制下面，法律解釋權歸屬於全國人大常委會，司法解釋權歸於最高人民法院等，而審理案件、適用法律的法官，卻被認為沒有解釋權。在這樣一種法律解釋體制下，李慧娟法官沒有法律解釋權，但她運用了這個解釋權，甚至也可以說是行使了合法性審查權，為此被洛陽市人大常委會以及河南省人大常委會等有關部門認為是侵犯了立法權。當然，違法審查也需要以法律解釋為基礎。但在現行解釋體制中，法官沒有法律解釋權。雖然我們說，實際上，法官在審理案件時必然會涉及法律解釋，但是，在現行體制下面，卻不能寫到判決書中。也就是說法官實際上必然會做，但不能寫出來。這就屬於法律體制本身的問題了。這個案件在當時之所以引起學界的關注和爭議，其焦點也在這裏。

第三，還有被各方面，包括學術界忽視的一個問題：河南省人大常委會法制室的答覆，以及辦公廳的《通報》明顯越權。從嚴格意義上說，它們沒有這個權力，因為不是國家權力機關本身，而只是地方國家權力機關的輔助機關，為此不能代表人民意志，去行使國家權力。但隨著國家權力機關的輔助機關在近十幾年來也出現"行政化"、"衙門化"的趨勢，這些機關就不知不覺地替代本身所服務的國家權力機關，直接或變相行使起國家權力來了，這也是要值得注意的。

第四，第三點中的有關機關的行為以及洛陽中院黨組的書面決定，是否也有可能涉嫌違背"審判權獨立"的憲法規定，也是一個值得討論的問題。只是我國現行《憲法》第 131 條規定：人民法院依照法律規定獨立行使審判權，不受行政機關、社會團體和個人的干涉。

我們看到，本案牽扯到的責任主體是很多的。國外許多憲法性案件出來之後，責任主體一般就一兩個。但是在中國，往往像本案這樣，會牽涉很多。為什麼會這樣？這是因為，在我國，只有等到問題堆積在一起，或爆發成一個公共事件，而不是一個簡單問題馬上就成為案件，及時得到解決。《種子法》和《種子條例》本身就有衝突，沒有解決；然後李慧娟作出的判決，又牽扯出新的問題；接著各級人大有關輔助機關介入，甚至上級法院介入，乃至本級法院黨組織也介入，亂成一鍋粥；最後輿論出來，解決了嗎？還是沒解決。雖然最終李慧娟法官重返工作崗位，但那是整個事件"拖"出來的結果。而且在實體上，這個案件中的許多問題根本沒有解決，裏頭存在的矛盾照樣還是存在的。只不過是迫於輿論的壓力，各方面都沉默了，於是，對於李慧娟而言，不能上班的問題"解決"了。

（三）法院工作報告未獲人大通過事件

迄今為止，這類事案已有了一些，但較早的、並且引起較大關注的一個，則是 2001 年發生在瀋陽市人大會議上的。案情是這樣的：2001 年 2 月 14 日，瀋陽市十二屆人大四次會議，表決由市中級人民法院副院長所作的《2000 年瀋陽市中級人民法院工作報告》，結果該報告未獲半數代表的贊成票，為此沒有通過。此案引起全國轟動，被有些學者稱為"中國民主政治的標誌性事件"。

對於此案，專家觀點很多。第一種觀點認為：這個好，我國憲法體制下，人大有權監督一府兩院（當時指的是政府和兩個司法機關），這一事件說明，人大已經慢慢地成為真正的國家權力機關了。第二種觀點認為：瀋陽人大不通過中級法院的報告案，凸顯了我們立法上的漏洞。因為對此，誰該承擔責任，承擔什麼樣的責任，目前我國的相關法律還沒有明確規定。於是有人呼籲，在這種情況下，法院院長應該受到問責，比如下台。第三種觀點，即也有專家認為：人大聽取和審查法院、檢察院的工作報告，然後或通過或否決兩院工作報告的監督方式，不符合司法權的性質；應改變這種"整批監督"的模式為事後的個案監督模式。大家看看，哪一個說法更有理？

以鄙人之見，本案應該分為以下四點來看。

第一，人大對行政機關的監督與對司法機關的監督方式，的確有必要作嚴格區別。對前者可作具體監督（包括詢問和質詢），但對後者，則應作抽象監督，任何形式（包括事前或事後）的個案監督，均為不當。原因就在於，《憲法》第131條規定了審判權行使獨立，而人大的個案監督，則可能對法院通過獨立行使審判權而對具體案件作出法律判斷的過程，產生不確定性的強制性影響，為此有可能損害審判權行使獨立。

第二，但是，人大聽取法院、檢察院的工作報告，然後或通過或否決"兩院"工作報告，這種監督方式屬於抽象監督方式，不違背司法權的性質。"一攬子"性質的抽象監督的方式，在人民代表大會體制下應是允許的。

第三，人大代表聽取其他國家機關的工作報告，目前只是一種柔性的、無具體法後果的監督方式，如沒有通過，則應具體分析原因，總結問題，通過其他途徑作出處理。有關立法也可以跟進，作出具體規定。

第四，與此相關，考慮到審判權行使獨立的原理，法院工作報告未獲人大通過的法律效果及有關責任，在未有法律規定時，不宜貿然採取具體問責的方式（如罷免法院院長等）。但人大一方應強化審議程序，法院一方則應總結問題，接受人大的抽象監督。雙方都應該有所行動，不過，若無其他理由，僅就此罷免法院院長的做法是不當的，即不應該對其追究帶有具體的法效果的責任。為什麼呢？因為，第一，對法院來說，工作報告往往包括過去工作的總結和今後工作的計劃，那麼，在人大上沒有通過，無法確定究竟是哪一個部分出了問題，這個是具體問題。人大代表也許只是對其中的一個問題持反對或懷疑態度，但是就全都投否決票。第二，上級法院與下級法院只存在審判工作上的監督與被監督關係，但在上級法院的報告當中，還可能代下級法院做工作總結，把下級法院的工作情況全部寫進去。基於以上兩個原因，我認為，不應該對法院採取具體的處理措施。當然，這是我個人的觀點。

今天的內容就講到這裏。至此，第二編"國家組織"也講完了。

基本權利

到上次為止，我們把第二編國家組織講完了。國家組織雖然不是整門課的重
點，但也非常重要。我們在講授當中還增加許多新的內容，是其他教材沒有的，供
大家參考。

今天我們進入第三編基本權利。本編的內容主要對應我國現行《憲法》第二
章，該章章名就叫公民的基本權利和義務，它包括了從第 33 條到第 56 條的規範內
容，一共 24 個條款，涵蓋了公民的絕大部分的基本權利和義務。大家注意，我說的
是 "絕大部分"，而不是 "全部"。因為憲法其他章節的一些條文也可能涉及公民的
基本權利和義務。

基本權利保障這部分內容，構成了憲法的重要組成部分。其中重要性體現在哪
裏呢？一個是在憲法的結構形式上，公民的基本權利和義務這一章放到了國家機構
這一章之前，而以往除了起臨時憲法作用的《共同綱領》將基本權利放到總綱部分
外，我國其他歷部憲法往往將公民的基本權利放在國家機構之後。跟西方許多憲法
國家相比，我們做的可能還不夠，它們往往將基本權利放在整個憲法的最前面。當
然也有國家將基本權利放在後面，比如美國。因為美國憲法制定之初，人們認為保
障基本權利是天經地義的，不用寫到憲法裏面。但在制憲會議上梅森等人就開始強
烈反對，後來才以修正案的方式追加進憲法本文之後。

除了形式之外，基本權利在內容和地位上也十分重要，甚至比形式所顯現出的
地位更加重要。我們在第五章曾經講到了國家的目的：一個是公共秩序的維持，包
括對內建立和平公正秩序，和對外防止外敵侵略；另一個則是人民福祉的增進。這
兩種國家目的均涉及基本權利保障。比如公共秩序的維持，主要是保障人們的自由
權。國家不能侵犯人們的自由權，而當人們行使自由權發生糾紛時，國家就要進行
調整，維護公平競爭的秩序。除此之外，國家也要重視人民福祉的增進，保護人民

的生存權。總之，國家的存在目的主要就是為了保障人民的基本權利的。

正因為本編的內容及其地位很重要，為此，1982 年憲法修訂時，憲法修改委員會秘書長胡喬木等人提議，將公民的基本權利和義務這一章放在國家機構這一章之前，以示它的重要性。胡喬木在此次修憲期間提出的許多方案都被否決了，但這個方案被採納了。我們可以這麼說：一部憲法可能要維護許多重要的價值，比如自由、平等、民主、國家富強、社會進步等，由此，在憲法內部會形成一個價值體系，但是一般而言，對基本權利的確認與保障，則是整個憲法價值體系的核心之所在。有人說：人權規範相當於憲法中的實體法部分，而組織規範相當於憲法中的程序法部分；程序法是為實體法服務的，為什麼憲法組織規範那麼設計呢？主要是為了保護人權規範。

對應本編的內容，"馬工程"教材第六章為公民的基本權利和義務。但基本權利保障所涉及的內容非常多，僅用一章的篇幅不太合理。為此我們的講授內容有所改動，分為五章。首先是第九章基本權利及其類型和第十章基本權利的保障及規範效力。這兩章相當於基本權利的總論部分，涉及基本權利的一些基本概念與基本原理。其次，我們還將講到第十一章平等權與政治權利、第十二章精神自由與人身自由和第十三章社會經濟權利與權利救濟權。這三章相當於基本權利各論部分。

第九章　基本權利及其類型

本章涉及基本權利基礎理論，自然很重要。如果這一塊內容沒過關，那麼接下來在研究一個個個別基本權利的時候，就會很難理解透徹。而如果這一塊掌握得好，那麼即使下面的個別基本權利沒有學好，遇到基本權利問題時，跟人也能侃幾句。在國外，尤其是成熟的立憲法治國家，普通的市民經常會談到憲法上的問題，有些人還以能討論憲法問題為榮，也許男孩子在和女朋友談戀愛的時候，偶爾在基本權利問題上發表一番高論，也能讓女朋友刮目相看。學習了基本權利理論，特別是總論以後，你就會開始擁有這樣的能力。

在開始本章的講述之前，我們照例先提出幾個導引問題：第一，人權與基本權利有區別嗎？如有，則有哪些區別？第二，基本權利有哪些類型？第三，我國近代著名思想家嚴復在翻譯密爾的《自由論》時，將 On Liberty 譯為“群己權界”，這正確嗎？該如何理解？

一、憲法與基本權利

這可以說是概論中的概論了，它主要研究憲法與基本權利有什麼關係，或者說基本權利在憲法中處於什麼樣的位置。而要弄明白這些，我們就有必要首先了解：什麼是基本權利。

（一）基本權利的內涵

何謂基本權利呢？顧名思義，指的是那種具有重要地位的、並為人們所必不可少的權利。這樣看來，要理解這個概念，關鍵就是首先要理解一下什麼是"權利"了。

1. 權利

"權利"概念是非常複雜的。許多學者給權利下過定義，包括法理學—法哲學領域的許多名宿巨擘，都試圖給權利下個定義，但最終都難以形成定論。有人統計過，古往今來理論界針對"權利"至少產生過一百多種定義。此種學說狀況，完全可以說是眾說紛紜、莫衷一是了。

為了開展進一步的研究，我們也給權利下個簡單的定義，但為了力圖避免不必要的爭論，我們選擇一個爭議性較小的定義，即：權利指的就是在一定的法律關係中，法律關係的一方對另一方所享有的可以要求對方作出一定的作為或者不作為，並為法律規範所認可的一種資格。這個定義比較傳統，但可以說是具有最小爭議性的有關權利的定義之一，雖然這不等於沒有任何爭議。

儘管如此，我們還是要進一步了解這個定義具體指什麼。先說說此處"權利"的範圍有多大。依剛才這個定義，權利是法律關係一方要求對方作出一定作為或者不作為的資格，作為和不作為這兩個方面都包括在裏面。因此，這裏所講的權利，實際上是一種廣義的權利，既包括要求對方作為，又包括要求對方不作為。於是，這個廣義上的權利，又可以分為兩個部分：一部分叫作狹義上的權利；另一部分叫作自由。這兩個部分又該怎麼區分呢？要詳細論述起來，這可是個非常複雜的問題，都可以寫成博士論文。但在課堂上，我們只做個簡單的對比。一般來說，二者是這樣來區別的：狹義上的權利，英文一般用"right"表示，也有用"entitlement"；自由，英語中也有兩種表述，一個是"freedom"，另一個是"liberty"，前者指事實意義上的自由，後者主要指法律意義上的自由。

我們大致可以總結出廣義上的權利具有如下這麼一些特徵：

第一，權利反映了主體之間的一種應然對等的法律關係。大家請注意：首先，權利所反映的必然是主體之間的關係。比如，當我說"我對這個杯子擁有所有權"的時候，這裏所說的所有權，作為一種權利，它所反映的不僅是我與杯子這個客體之間的關係，而且是我與除我之外的所有主體之間的關係。而假如這個世界上只有我一個人，就自然沒有必要講權利了，那時講權利沒有意義了。其次，在這個關係中，主體之間可能在事實上地位和實力有所不同，但在規範意義上一定是對等的。如果不對等，那就不是權利關係，而可能是權力關係了。

第二，權利由法規範所認可。狹義的權利是這樣的，自由也是如此。我們說，自由傾向於不依賴法定就存在，但這是不是說自由就與法規範無關呢？絕不是。在人類追求自身幸福的歷史中，法規範所不認可的自由，往往徒具自由之名，難以具有實效性。因此，在這個意義上，權利──我是指廣義上的權利，雖然不一定由法律設定，但一定要為法規範所認可。

第三，權利是一種法（律）上的資格。關於權利的性質是什麼，法理學─法哲學上有力量說、利益說等，觀點很多，其中有一種觀點就是資格說。我們可以採納這個觀點。既然有權利，就可以要求對方作為，或者不作為，那憑的是什麼呢？憑的就是資格。

在對權利的概念有了初步了解之後，我們再來看"基本權利"。

2. 基本權利

初步了解了權利概念的內涵之後，我們就可以理解基本權利的內涵了。如何理解基本權利的內涵呢？可以這樣理解：它主要指的是每個人基於其作為人或特定國家的社會成員而應享有的最起碼的、必不可少的權利。質言之，"基本"在這裏指的就是最起碼的、必不可少的意思。

然而，正如我們曾經說過的那樣，任何定義都是有風險的，這個定義就未必是完整的。要理解基本權利，我們需要把握以下幾個要點。

第一個要點是要了解：不同國家不同時代用語之間存在一定的差別。在近代，人們一般通用的術語是"自由"，早期英語中則多用"rights of man"，即"人的權利"，甚至可以說是"男人的權利"；在德國、日本，學說上往往稱為"主觀性公權"。而到了現代，用語格局為之一變，英美國家多用"人權"（human rights）這個概念。"二戰"後，羅斯福夫人主持制定了《世界人權宣言》和兩個人權公約，使得人權這個概念在整個世界居於主導地位。而在德國則稱為"基本權"（Grundrechte），在日本則用"基本人權"的説法。

　　這裏，我們説英美國家所説的人權概念應當怎麼理解呢？簡單説，就是人作為人所應享有的權利。那麼"人作為人"憑什麼就應該享有權利呢？這就涉及"人作為人"就"應該享有"的依據。這個依據是近代才建立起來的，是由一批偉大的思想家、哲學家們建構起來的。近代以來，關於人作為人就應當享有基本權利已經達成共識，但是關於人作為人應當享有基本權利的依據這一點，觀念和學説上有不同的見解：（1）宗教意義上的依據。認為基本權利是上帝賦予的。造物主用自己的形象創造了人類，他會賦予人類一些最基本的權利。這種觀點在美國《獨立宣言》裏得到了體現。（2）自然權意義上的依據。人在自然狀態中就擁有這種權利。或認為人類走出自然狀態建立國家的時候，只把一部分權利交給國家，但是還剩下一部分權利，這部分權利就是人作為人所應當擁有的基本權利。這些思想把人權看成是前國家的、超憲法的。"natural rights"也就是"自然權利"、"自然權"。有意思的是，在近代明治時期的日本，這個概念曾被翻譯為"天賦人權"，這就和第一種觀點混合了，但實際上，準確地講，它是指人類進入國家之前就擁有的權利。這裏的前國家不僅指時間上前於國家，邏輯、道德上也是前國家的，所以國家成立之後，制定憲法時，任何國家都要尊重這種人權，把它寫到憲法裏面去，使人權得到實定化。（3）其他哲學、倫理意義上的依據。最典型的就是認為每個人都擁有人的尊嚴。人的尊嚴指的是什麼呢？我們以後會具體講到。簡單地説，就是人應該作為人來對待，人應該作為人來尊重，人應該享有人的待遇。什麼待遇？就是擁有最起碼的、必不可少的權利。

　　話説我國，人權的概念在憲法歷史上走過了曲折的道路。新中國歷部憲法曾長期沒有採用人權的概念，而是使用"基本權利"這個概念。曾幾何時，我國官方一度排斥"人權"概念及觀念，認為它是"西方資本主義的貨色"。到了1980年代後期，這個概念才得到了"合法化"，得以正面使用。1991年，國務院主動發佈《人權白皮書》，承認人權概念，並且在白皮書中説人權是個"偉大的字眼"。2004年，人權概念更是被直接寫入《憲法》第 33 條第 3 款，這一款大家一定要記住，很簡單，9 個字——"國家尊重和保障人權"。

理解基本權利概念的第二個要點是：因為基本權利的高度重要性，所以現代各國一般均會把它們規定到一國最根本的法——憲法中去。所以，在國內法上，一般而言，基本權利就等同於那些寫在憲法上的權利，為此有人也稱為"憲法權利"。但憲法未必將所有該保障的基本權利都寫出來，為此基本權利也可以說是"憲法所保障的權利"。其實，大家以後所要學習的國際法，也講權利保障，那主要講的是諸種國際人權公約中所列舉的各類人權，而那些人權類型從哪裏來呢？主要又是從各國憲法中來的。

說基本權利主要是寫於憲法上的，那是寫在哪個部分呢？一般集中於權利規範部分。前面曾經提及，美國 1787 年憲法原先沒有寫入基本權利，為此有不少人反對，包括華盛頓的朋友、著名的政治家梅森（George Mason，1725—1792）。1787年 9 月 13 日，39 位代表都在憲法上簽字了，但有三個代表拒絕簽字，梅森就是其中一個，他的理由不少，其中一個理由就是這個憲法沒寫上人權。但當時的主流意見認為，人權保障是天經地義的，無須寫入憲法。此後，憲法在各州的討論中又受到批評，因此於 1791 年，也就是其憲法制定後的第四年，美國人就一口氣制定了10 條修正案，添加在憲法後面。這就是它的《人權法案》（*Bill of Rights*）。而與許多大陸法國家一樣，我國憲法專門開闢一章規定基本權利，即第二章。

但是，一些基本權利也可能散見於憲法的其他部分，如我國現行《憲法》第130 條中規定："被告人有權獲得辯護。"在德國，這樣的權利，在憲法學術語中被表述為"同等於基本權的權利"。另外，憲法中沒有寫出的一些基本權利，也可能屬於憲法所保障的基本權利。有關此點，美國憲法中的表述為"憲法未列舉權利"，在我國憲法中"生命權"、"隱私權"即是兩例。另一者為"憲法上的新型權利"，比如說"環境權"、"個人信息權"。當然，能不能成立，也有爭議。

理解基本權利，要理解的第三個要點是：基本權利主要是個人等私主體針對公權力（如國家）所享有的權利。這個私主體，可以分為個人和其他私人（比如說公司、其他組織等）。正因為如此，在德國，基本權利一般被表述為"主觀性公權"，它指的是個人在公法上所擁有的、可請求救濟的權利。

當然，基本權利是私主體針對公權力所享有的權利，這主要可以包括兩個方面：(1) 公權力不得不當侵犯，包括通過立法不當侵犯；(2) 在延伸的意義上，公權力必須針對其他方面的侵犯而予以保護，包括通過立法予以保護。

小貼士：如何理解"主觀性公權"這個概念

3. 我國憲法中的人權

新中國成立以來，歷部憲法都運用的是"基本權利"這個術語。由於政治意識形態以及外交鬥爭的需要，我國政府曾經長期排斥"人權"概念及其觀念，反對人權的固有性和普遍性等觀點，而強調人權受到各國特殊的政治、經濟、文化等社會情境的制約，主張人權問題屬於一國的內政，外國不得干涉，並把人權批駁為"資本主義的貨色"。但是，隨著改革開放的展開，特別是在 20 世紀 80 年代後期，人權概念逐漸得到了"正當化"，我國政府也接受了這一概念，並相應積極地加入了多項國際人權保障公約。早在 1991 年，我國政府就出台了第一份《人權白皮書》，全面系統地介紹我國在人權保障方面的經驗和成果，後來成為一種常規性的機制。1997 年，我國政府還簽署了《經濟、社會和文化權利國際公約》。1998 年，我國政府又簽署了《公民權利和政治權利國際公約》。

接下來是 2004 年，現行憲法第四次修憲將"國家尊重和保障人權"寫入憲法，作為第 33 條第 3 款。這是一件大事。當時有些學者就很興奮，覺得這下子人權事業有希望了，有人還說憲法學的春天來了，我也挺高興的。平心而論，將"人權"寫到憲法中去總比沒寫到憲法中去好得多。

那麼，基本權利與人權的關係是如何的呢？從學理上說，這個問題至少可以從兩個方面回答。

第一，從二者的性質上看，"基本權利"一般來說就是寫在憲法上、為憲法所實定化的"人權"。這句話的意思是基本權利屬於實定憲法上的權利，而人權則是超實定憲法權利，即不管憲法是否將它寫出來，它總是被認為是存在的。因此相對於基本權利，人權是更具形而上性質的一種權利，甚至有人認為它是屬於自然法上的權利，是上帝授予的或者基於人性所擁有的權利。當這種人權被寫在憲法上、被憲法所保障的時候就稱為基本權利。

第二，但從二者的外延上看，整個基本權利可以做廣狹兩義解釋。廣義的基本權利包括：每個人基於其作為人而應享有的權利，這部分最接近人權的理念，可稱為 "人的權利"，相當於狹義的基本權利；但廣義的基本權利還包括每個人基於其作為特定國家的社會成員而應享有的權利，此即公民權。公民權主要是政治權利，即公民參與國家意志形成的權利。它是由國家主權原理所決定的。人的權利與公民權共同構成了基本權利，它們之間有微妙的區別，不過它們歸根結底的依據或説出發點都是人的尊嚴。換言之，人的權利也好，公民權也好，人們為什麼會擁有它們呢？歸根結底是因為人具有尊嚴，而憲法要保護人的尊嚴。

4. 基本權利的憲法地位

前面我們説過，基本權利非常重要，所以各國大都將其規定到其根本法——憲法之中去。而憲法作為一國的根本法，規定的都是對該國而言最為重要的內容，那麼在憲法規定的所有重要內容中，基本權利的地位如何呢？這也是一個重要的問題。

其實我們前面也提及了。這裏不妨再説一下，即：對基本權利的確認與保障，是整個憲法價值體系的核心之所在。按照蘆部信喜教授的看法，這種以保障基本權利為目的的立憲意義的憲法，具有最為優異的特質。相反，如果在現代還仍然僅僅將憲法認定為是 "國家公權力的組織法"，那就有局限性了。

話説回來，因為現代立憲意義的憲法是以限制國家權力、保障基本權利為目的的，這就使得基本權利規範在整個現代憲法價值體系中居於核心的位置。一般而言，現代憲法中主要包括兩種規範：一種是 "人權規範"，另一種是 "授權規範"，又叫 "組織規範"。而要理解它們各自在憲法體系中的地位，我們不妨將 "人權規範" 理解為憲法中的 "實體法" 部分，而將 "授權規範" 理解為憲法中的 "程序法" 部分，其存在固然也具有獨立的價值，但實則為人權規範服務的。

（二）基 本 權 利 的（基 本）性 質

要進一步理解基本權利，就要了解基本權利的性質，尤其是其基本性質。那麼，基本權利有哪些基本性質呢？關於這個問題，國際學術界存在諸多爭議，我們採納比較中立的觀點，認為基本權利的性質體現了三對辯證統一關係，相應地也就有三個特點。

1. 固有性與法定性

關於基本權利，各種不同的法律流派有不同的看法。譬如法律實證主義傾向於認為：同其他所有的權利一樣，基本權利依賴於國家法律的規定，只有國家法律有規定，基本權利才存在，法律沒有規定，基本權利就不存在。但是，另外一種重要的思想流派，即自然法學派，則抱持著自然法思想，主張人權是一種 natural rights。natural rights，中文可以譯為"天賦人權"，我們曾經說過，這個翻譯是怎麼來的呢？根據考察，是近代從日本引進的。近代日本學者首次用漢字"天賦人權"（てんぷじんけん）翻譯英文 natural rights，這四個漢字後來就被直接移入中國。實際上，natural rights 應該翻譯成"自然權利"，但權利是由超自然或超人格的存在賦予的觀念，在西方的確是存在的。當年美國的《獨立宣言》當中就有一句話："by their Creator with ... rights"，說的就是由造物主，即上帝所賦予的權利。而且這種觀念迄今為止在美國依然是存在的。也就是說，美國的人權觀念是有宗教基礎的。有一部關於美國民權運動領袖馬丁·路德·金的紀錄片，其中有一個場景讓我心潮澎湃——黑人們唱起一首歌，歌詞表達了這樣一個信念：雖然我們是黑人，皮膚是黑的，但是，我們跟白人一樣都是上帝的孩子，我們擁有相同的權利。你們看，這種宗教信念的力量非常強大。

話說這個 natural，是指天然的、與生俱來的，你只要是人，你就應該享有，這就體現了一種"固有"的含義。質言之，基本權利的固有性，指的就是這類權利是人既然作為人那麼在道德或哲學上就應該享有的，而所謂"天賦"或上帝賦予，其實就是"固有性"的另一種強有力的表述。

基本權利具有這種固有性，這個原理是很重要的。而要進一步理解這種"固有性"，則可以相應理解以下兩點：

首先，基本權利的固有性觀念與"前國家"、"超國家"性質的觀念是密切聯繫的。後者指的是，在國家存在以前，這種權利就存在了，而且它在道德哲學上比國家具有更高的地位，國家即使產生了，也要保護這些權利。譬如，國家要保護你的生命權，不能隨意剝奪；國家要保障你的財產權，不得隨意侵佔，因為國家產生之前，人們就天然地擁有這些權利，而人類之所以要締結社會、締造國家，無非就是為了要更好地保護這些權利。

當然，有一點我們要注意：並非憲法中所規定的所有基本權利都具有這種前國家、超國家的性質，必須承認，有些權利是在國家產生之後才出現的。我們經常説到三代人權，其中第一代人權大部分都被認為是具有前國家、超國家性質的。這第一代人權主要包括三大自由，即人身自由、精神自由和經濟自由。但第二代、第三代人權是否具有前國家、超國家性質，則存在較大的質疑，一般認為不具有這種性質。關於"三代人權"的理論，等下在講到基本權利的學理分類時再具體介述。

那麼某種權利是否具有前國家、超國家性質，這該如何理解呢？我們可以分析一下財產權，因為它比較特別。現在許多人都認為財產權未必是自然權利，為此稱為"財產權"。但在近代早期，財產權也被歸於前面所説的"三大自由"之內，被認為也是一種天賦人權，具有前國家、超國家的性質。為什麼？因為近代早期，人們所認識的財產權不是現在這樣的，比如洛克在《政府論》中，對財產權的認識就比較樸素：我獨自開發了一塊土地，然後日出而耕、日沒而息，長期在這塊土地上投入了我的勞動，拋灑了我的汗水，那麼，這塊土地就應該是我的了，我就對於這塊土地擁有財產權。當然，正如有人指出的那樣，洛克的財產觀念是清教徒式的，並不拘泥於土地。但在其勞動賦予財產的觀念中，財產權當然是天然的，神聖不可侵犯的，誰侵佔我的財產我就跟誰急。但是到了現代，人們發現財產權並不完全都具有前國家、超國家的性質，以及完全都是個人勞動的結晶。比如，你有一棟房子，但這房子價值有多高，就未必完全取決於你的社會平均勞動總量，因為假如政府恰好決定在這所房子前面開闢一條街道，使你的房子成為臨街房，或者沃爾瑪公司在這個房子附近開張一家超市，那這個房子的財產價值也就會發生明顯變化。由此，人們發現，現代的財產及其價值其實具有一定的公共性，而不一定完全具有自然性。

固有性的第二點含義，可以用於説明基本權利的"市民性"、自然性。這個"市民性"實際上就相當於 civil rights 中的 civil，其具體含義就是指這些權利是在自然狀態或者市民社會中就產生的。《公民權利和政治權利國際公約》中的"公民權利"，其英文就是 civil rights，為此這個公約也主要就是規定了這部分的 natural rights。但中文將這個公約名稱中的 civil rights 翻譯為"公民權利"是不妥當的，也看不出來它們的固有性，實際上在英語原文當中可以看出來，這部分權利國家不能任意剝奪，因為它們具有前國家、超國家的性質，是在市民社會或自然狀態中產生的，為此屬於"市民權利"或"自然權利"。

上述的基本權利的"前國家、超國家"的性質以及市民性、自然性，是西方許多人權學說所著力強調的，而在我們看來，的確可以說，憲法上的大部分基本權利都具有這類性質，尤其是如前所述，第一代人權中的大部分就都具有這類性質。但是，值得注意的是，我們所說的基本權利的"固有性"，是否僅僅限於"前國家、超國家"的性質以及市民性、自然性這兩點含義呢？非也！如果僅僅是指這兩種性質，那麼，我們就會發現，比如生存權、受教育權這些基本權利，就很難說具有固有性了，因為一般認為這些權利是"後國家"性質的。然而，我們覺得，即使這樣，生存權也好、受教育權也好，同樣也是人作為人所應該享有的最起碼的權利。在這一點意義上，它們也同樣都具有固有性。

另外，我們還應該看到，除了固有性之外，基本權利還具有法定性，具體指的是基本權利一般均是為憲法所確認的，因而為憲法所保障的，而且一旦為憲法所確認，那麼，也就更能得到有效的保障。但值得注意的是，這未必是說基本權利完全依賴於憲法，如果憲法不加規定就不存在。相反，我們要承認，某些基本權利，比如生命權，即便憲法未作明確規定，照樣也是存在的，或者說照樣應該存在。而作為憲法，就必須確認和保障基本權利，如果一部憲法不確認和保障基本權利，不以保障公民的基本權利作為核心的價值目標，那麼這部憲法就很難成為馬克思所說的"人民權利的保障書"，為此也就很難期待會得到人民的重視和擁護，其本身的正當性都可能受到質疑。

2. 不受侵犯性和受制約性

從基本權利的固有性和法定性中，可以推斷出一個邏輯結論，即基本權利具有不受侵犯性。具體而言，可以這樣理解：既然基本權利是人作為人所固有的，並且是憲法這種具有最高法效力的規範形式所確認和保障的，為此是不受肆意限制的。

　　這裏要注意的是，基本權利不受侵犯，並非説它是不受任何制約的。有些學者往往認識不到這一點，以為既然基本權利的保障是憲法規定了的，就不應該再受任何限制。這種看法在學理上是不適當的。實際上基本權利在一定情形下也可以受限制的。有關這一點，我們將會講到。質言之，這裏的"不受侵犯性"未必等於絕對地不受限制。當然，真正絕對不受限制的基本權利存在不存在呢？答案是存在的，但只有一小部分，我們以後會講到：這些基本權利在憲法學上被稱為"絕對權利"，比如内心自由、人格尊嚴等。但這不是典型的情形。總之，在基本權利的問題上，不受侵犯性和受制約性二者是統一的。

3. 普遍性和特殊性

　　這裏所講的普遍性（universality），又是從上面講的固有性和不受侵犯性共同推導出來的。也就是説，既然基本權利是人本身所固有的、不受侵犯的權利，那麼，基本權利之享有，就不應受到民族、種族、性別、職業、家庭出身、宗教信仰、教育程度、財產狀況的限制。也就是説，任何國家的人，只要是人，都應享有基本權利。

　　但另外，基本權利又具有一定的特殊性，其被享有的程度以及保障的狀態會因為一個國家的社會歷史條件的不同而不同。同樣一項憲法權利，這個國家可能會這樣保護，那個國家可能會那樣保護。

　　話説回來，我們又不能由此過於強調人權的特殊性，甚至以人權具有特殊性為藉口而否定人權的普遍性。其實，在當今世界，人類的很多價值觀念體系都產生了爭議，有的甚至已經分崩離析，但唯有人權保障這一價值理念仍然獲得絕大部分人的承認或者説認同，成為現代社會價值體系的中流砥柱，而其重要原因之一也正在於它的普遍性。反觀其他的價值觀念，都受到比較強烈的質疑和批評，比如我們國人認為民主很重要，但其實民主在西方早就遭到了批評，尤其在"二戰"之後，對民主的反思就更加深入了；宗教也是一個重要的價值體系，其在西方社會的重要性毋庸贅言，但時至今日，宗教在西方也在式微；那麼科學如何呢？科學同樣受到質疑，許多人甚至認識到，現代科學的發展在可能給人類帶來舒適的生活條件的同時，也有可能將人類帶向毀滅。相形之下，唯獨人權這一價值體系，雖然也受到一些質疑和批評，但總體上來看這種質疑和批評還是比較少的。儘管對人權的批評，有時反而會陷入自我批評的悖論。也就是說，你既然批評人權，那好，首先你自己可能被要求閉嘴！但在現代人權保障體系中，對人權進行批評，同樣也被作為一種權利而受到保障。相反，一個人如果拒絕接受人權保障的價值觀念，不管你地位多高，你在國際上都很難融入現代主流社會；同理，一個國家如果拒絕接受人權保障的價值觀念，那麼不管有多麼強大，也很難融入現代國際社會。

（三）基本權利的享有主體

誰享有基本權利呢？簡單地說，是公民，我國現行《憲法》第二章的標題就是這麼寫的，其實深究起來，這個問題也比較複雜。我曾經梳理了一下，認為人權的享有主體可以分為三大類：第一類是一般主體；第二類叫特殊主體；第三類稱為特定主體。這三類是不同的，接下來我們逐一分析。

1. 一般主體

一般主體可享有憲法所保障的所有一般性的基本權利，比如我國憲法當中的"公民"，在我國現行憲法中，就屬於基本權利的一般享有主體。

這個權利主體往往是最小單位的意志主體。意志主體有大小之分，一個國家也可被看作是一個意志主體，人民代表大會這樣的國家機關也可以看作是一個意志主體。但從自身的構成來看，最小單位意志主體則指的是由可辨析且不可再分的意志主體構成的意志主體，一般指個人。最廣泛的一般主體包括任何人，即任何的個人。但在實定憲法上，一般主體往往被稱為國民。國民在憲法上又有三種可能類型，分別是臣民、公民和人民。在傳統君主立憲國家使用"臣民"這個概念；在民主立憲國家使用公民或人民這兩個概念中的一個。我國憲法規定一般主體是"公民"，但是我國憲法又不排除"（任何）人"作為基本權利的一般主體。

在此值得注意的是，其他國家憲法上的人權享有主體，一般不用"公民"這個用語。有關這一點，國內的主流觀點一直沒有予以澄清，以致給人造成這樣的誤解，以為"公民"這個用語是一個放之四海而皆準的用語，被普遍用於稱呼基本權

圖24　憲法中人的形象。圖為20世紀80年代重慶街頭的人群

利的一般享有主體。這是有些問題的。你去看外國的憲法文本或者憲法教材，其實裏面很少使用類似於"公民"這樣的概念，特別是作為基本權利的一般享有主體。

　　那麼其他國家的憲法對基本權利的一般主體是怎麼規定的呢？我們可以舉些典型的例子來看看。美國聯邦憲法使用的是"人民"一詞，即 people，但個別條文也用"任何人"這個表述。德國基本法也有兩個概念：一個是"德意志人"，另一個是"任何人"。日本國憲法也未用"公民"概念，而是主要用"國民"的概念，但在正式的英文文本中也翻譯為 people，此外，憲法中的部分人權條款也採用"任何人"，譬如，關於三大自由一般都會規定任何人都享有。由此我們也可以體會到，"公民"概念是我國公法上的一個特殊的用語。

　　事實上，就我國而言，用"公民"來表述基本權利的一般享有主體，這一情況也是在新中國成立以後才出現的。在民國時期，各部憲法性文件大多使用"人民"一詞作為基本權利的一般主體。1946 年的《中華民國憲法》就是這樣，其表述不是"公民的基本權利"，而是"人民的基本權利"，這一情況在目前我國的台灣地區仍被延續。

　　那麼，"公民"這個用語是怎麼來的，又是怎麼進入我國現行憲法的呢？

　　根據考察，作為法學、政治學用語的"公民"這個詞，也是我國近代從日本引進來的，原本僅僅限於指稱參政權的主體。當然，日本的"公民"這個詞，最早還是從中國引進去的，最早出現"公民"一語的古典文獻可能是《韓非子·五蠹》，其中有"公民少而私人眾矣"這個表述。這裏所說的"公民"，指的就是"為公之民"，相當於被納入公權力管理體系，可為國家納稅或提供勞役的百姓。後來，這個用語就出口到日本，到了近代，日本人用它翻譯西文中的 citizen 這類政法用語，然後又從近代日本被引入中國。這就是我們前面提到的在中國文化交流史中所廣泛存在的所謂"字僑"現象的又一個典型例子。那麼如前所述，近代從日本引進回中國之時，"公民"這個概念主要是指參政權的主體，為此民國時期的憲法文件中，就沒有用它來指稱基本權利的享有主體，即使到了 1953 年新中國制定選舉法時，還把"公民"這個概念作為選舉權和被選舉權的享有主體。但是到了 1954 年，新中國制定第一部憲法時，則採用"公民"這一用語，來廣泛地指稱基本權利的一般享有主體，並延續至今。

那麼在今日我國，要成為公民應該符合什麼條件呢？對此，現行《憲法》第 33 條第 1 款有明確規定，其資格要件只有一個，那就是擁有中華人民共和國國籍。這裏的國籍是指一個人屬於某個國家的法律上的身份。一個人取得了某個國家的國籍，就會被認為是該國的國民或人民，而我們叫作"公民"，而一旦如此，那就可以成為憲法上基本權利的一般享有主體了。

綜上所述，只要你擁有中國國籍，那你就是中華人民共和國公民；而你一旦是中華人民共和國公民，那也就成為我國憲法上基本權利的一般享有主體。也就是說，憲法上所規定的那些一般性的基本權利，你基本上都可以享有。

延伸閱讀：國籍取得

說到公民的概念，我們還要注意一點，就是公民和人民這兩個概念之間的區別。這在很多憲法學教材中都談到，而且不得不談。通說一般認為，二者區別很大。我個人覺得可以概括為如下四點：

第一，基本屬性不同。公民的概念被認為是法的概念，而"人民"則被認為是政治概念。但鄙人對這一點的看法有所不同。公民的概念在我國公法上是具有公法性質的概念，這一點沒錯，但應該承認，"人民"的概念也可以說是公法上的一個重要概念，只不過它往往被政治化而已，甚至成為政治上的一種美稱。也有觀點認為，"人民"的概念既然已經寫入憲法，它就是一個法的概念。可是，我們還是要承認，即使寫入憲法，"人民"的概念還是具有一定的政治性，其原因我們將在第二點講到。

　　第二，用語內涵不同。公民概念相對應的是外國人；而人民概念相對應的是敵人，這就體現出了後一個概念的政治性。當人民的概念被用於對應"敵人"這一概念的情形下，它就被政治化了。而一個概念一旦被政治化，那有什麼效果呢？效果就是不再具有確定性的預定內涵，其內涵的確定通常只能是有賴於某種政治意志的決斷。而且這種政治決斷有可能是發生在法的框架之中，也可能在法的框架之外，即不被法所控制，不受法所約束。在這裏，我國的憲法存在一個具有不確定性的、動盪的地帶，隱含著一種不安定的意義秩序。"文化大革命"的爆發，就是從1954年憲法的有關規範中找到突破口的。

　　我們可以舉"文化大革命"期間的一個著名事件。"文革"期間，當王光美女士在清華大學被紅衛兵批鬥時，她被逼穿上旗袍，掛上由乒乓球串成的項鏈，在如今清華大學東南門正對面的主樓前接受紅衛兵大會批鬥。據說這是江青授意清華大學的紅衛兵故意這般羞辱她的。為什麼這麼羞辱她呢？因為王光美是當時國家主席劉少奇的夫人，曾經陪同劉少奇出訪過東南亞很多國家，其間身著旗袍，頸戴珍珠項鏈，雍容華貴，光彩奪目，吸引了整個世界的眼球。以至於國學大師陳寅恪先生都曾賦詩一首，讚美她的美麗。但這些可能極大地傷害了江青的心。於是在"文革"期間，就發生了這一幕：紅衛兵逼迫王光美穿上旗袍，並戴上乒乓球項鏈，以便當眾批鬥她。但王光美拒絕了。這可以理解，王光美出身於舊中國的官宦家庭，而在"文革"期間，旗袍這種東西已經被高度政治化了，成為一個具有政治身份象徵性意味的道具，穿上它就意味著給你做出了定性：你已經不屬於人民的範疇了，而是敵人，是無產階級專政的對象。所以王光美極力拒絕。根據後來研究者的記載，當時發生過這樣一段對話：

　　　　紅衛兵大聲叫道："你是資產階級反革命分子，你沒有權利講民主！"
　　　　王光美很火，說："誰說我是反革命分子？"
　　　　紅衛兵一起大呼："我——們！"

　　就這樣，王光美被強制穿上了旗袍，掛上了侮辱性的乒乓球項鏈，這就意味著她被象徵性地排除於"人民"的範圍之外。由此我們可以看出"人民"這一概念內涵的混沌結構，導致它在具體適用時，就不像作為法律概念的"公民"那樣，具有明確的規範性準據——只要你具有中國國籍，那你就是公民。相反，要確定你是否屬於人民，則主要需要靠政治鬥爭和政治決斷，而一旦這種鬥爭和決斷失去了法治的控制，那就十分可怕。

那麼該如何從法的角度把握"人民"的範圍呢？從憲法解釋學的角度看，《憲法》序言第 10 段關於愛國統一戰綫的有關規定，就涉及人民概念的表述，可以作為我們理解"人民"範圍的規範依據。愛國統一戰綫由四個部分人構成：第一是社會主義勞動者，主要指工農、知識分子；第二是社會主義事業的建設者，這是 2004 年修憲新增的，主要指新社會階層人士，例如私營企業主、高級管理人員等；第三是擁護社會主義的愛國者，如果你既不勞動、也不組織勞動，但是擁護社會主義、愛國，就可以納入這一範疇；第四是擁護祖國統一和致力於中華民族偉大復興的愛國者，其中，"和致力於中華民族偉大復興"的表述是 2018 年修憲時新增的。這一範疇主要向港澳台地區及海外人士開放，他們也許不擁護社會主義，但是他們擁護祖國統一、致力於中華民族偉大復興，那就可以進入人民的範疇。

第三，內涵特徵不同。公民的概念可以指單個人，即是一個可辨析的個體，而人民的概念在新中國憲法下則往往是個整體，是不可辨析的單元。這裏需要注意的是，雖然英文中的 people 在中文上也被翻譯為"人民"，但現代中文語境中的"人民"和英文中的 people 實際上內涵特徵也是不同的，特別是作為權利享有主體的時候。英文中的 people 是可以辨析的，因為它只是 person 的複數形態，所以我們在英文中可以看到 two people，three people 或 many people 之類的表述。但是 two people，three people 或 many people 翻譯為中文就不能表述成"兩個人民"、"三個人民"或者"許多人民"。因為在我國，由於諸多原因，"人民"概念的內涵已然發生了變化，它指稱的是一種混沌的整體。這個混沌整體的構成元素很模糊，到底誰在裏面，就很難説。

第四，人民和公民的最後一個區別，就是總體範圍不同。其中，公民的範圍比人民的大，因為只要擁有國籍即可成為公民，而是否屬於人民則還要看你的政治屬性，看你是不是敵人。這一點好理解，就不多說了。

2. 特殊主體

特殊主體是具有特殊性質的基本權利享有主體，因而不能享有一般主體所享有的所有權利，但可儘可能享有其中部分依其性質可以享有的權利。特殊主體主要包含兩種，即法人和外國人。

也就是說，法人和外國人也是憲法上基本權利的享有者，只不過他們是特殊享有主體而已，即是說他們並不享有一國憲法上所有的基本權利，但是那些根據其自身之性質可以享有的基本權利，他們都應該享有。

首先來說法人。所謂法人，指的是法律上除自然人以外被認可為權利義務主體的組織。《民法典》第 57 條也給出定義，說〝法人是具有民事權利能力和民事行為能力，依法獨立享有民事權利和承擔民事義務的組織〞。其實，如果從更為宏闊的視角來看，法人有公法人和私法人。當然，這裏主要指的是私法人。這種法人可以享有民事權利，這大家都能理解，但在公法上，他們也可享有公法權利，包括憲法上的基本權利。具體而言，對於財產權或其他一些經濟的自由權利，法人一般都可以成為享有主體。還有表達自由，法人也可享有；但其他的一些基本權利則要具體情況具體分析。比如說生命權，法人是否享有呢？當然不享有。

其次，對於一個國家的憲法而言，外國人也是其基本權利的特殊享有主體。這是基本權利普遍性原理的一種體現。我國現行《憲法》在第 32 條第 1 款中就明確規定：中華人民共和國保護在中國境內的外國人的合法權利和利益。這張照片（圖25）是我和我的日本導師的合影。其實他老人家好像一直不太願意和我一起照相，可能因為我個子長得有點過高。說實話，這也挺痛苦的。比如出差住酒店的時候，如果房間裏面的床比較小，那就沒辦法，只能睡床的對角綫。更重要的是，由於大腦距離心臟可能比較遠，所以好像智商還可能受到影響，這樣說的依據是，一旦躺在床上，思維就比較活躍，有時還文思泉湧。話扯遠了，再說我老師。我到他那裏留學時，屬於他國家的外國人，而他老人家當年來到中國訪問時，就屬於我國憲法上的〝外國人〞，即基本權利的特殊享有主體了。那麼，外國人可享有哪些基本權利呢？一般而言，憲法有關基本權利的保障的規定，原則上都適用於外國人，然而

圖25　本書作者與其導師畑中和夫先生（左）在中國的合影

適用的範圍則視各種基本權利的性質而定。比如，外國人可以享有人身自由、人格尊嚴等各種自由權，但不完全享有選舉權、被選舉權，以及勞動權、生存權、受教育權利等社會權。當然，時至現代，有些成熟的憲制國家或地區對外國人基本權利的保護程度較高，為此外國人也可以享有一定的社會權，甚至享有一定參政權。比如，我國香港地區法律規定，外國人可以當法官和公務員，雖然也有一些限制。

3. 特定主體

特定主體指的是享有某些或某種具有特定性質或特定內容的基本權利的主體。但一般而言，特定主體往往不是獨立的主體類型，而是包含在一般主體之中，其主要又包括三類：

第一類是在刑事訴訟程序中處於不利地位上的主體，如犯罪嫌疑人、刑事被告人。他們也是人，也享有基本權利，而且享有一些特定的憲法權利。如犯罪嫌疑人享有不受刑訊逼供的權利、及時知悉被告內容的權利、尋求律師幫助的權利等訴訟權利；而刑事被告人則享有自行辯護或委託他人辯護的權利、提出上訴或申訴的訴訟權利。

第二類是處於所謂"少數者"意義上的，或其他某種社會性意義上的弱勢處境的主體，如婦女、老人和兒童、殘疾人等，受庇護的外國人以及我國現行《憲法》第 50 條所保護的華僑、歸僑、僑眷也可納入這一類別。

第三類則是"集體權利"的主體。這裏要特別分析一下集體權利的問題。傳統法學原理一般否認"集體權利"這一概念，特別是在憲法學理論中，傳統學説認為，權利主體必須是可辨析且不可再分的個體，比如個人，就是典型的可辨析的意志主體的最小單位。為此，公民就可以成為權利主體。而法人之所以也可以成為主體，是因為法人同樣也具有可辨析性和個體性。但值得澄清的是，某些權利的行使形態，像遊行、示威這樣，離不開集體的權利行使行為，但在本質上也不是集體權利的行使，而是個人通過集體行動來行使他們各自所享有的權利。

然而，時至"二戰"之後，特別是 20 世紀 70 年代以後，這種人權主體理論也受了一些挑戰。第三世界的一些國家提出：整個國家和整個民族，可以作為人權的享有者。這個觀念最後被聯合國採納，聯合國在 1977 年通過了一個《關於人權新概念決議案》，其中指出：人權不僅包括個人權利，還包括民族和國家的權利與基本自由。這就等於承認了民族和國家可以作為國際法上人權的主體，國家和民族其實就是集體主體，其所擁有的權利也具有特定性。所以請同學們注意，"集體權利"這個概念主要是國際人權法上的概念，在憲法學上一般尚不被接受。國際上的主流憲法學者仍然堅持認為，基本權利絕大部分都是指個體性的、可辨析的主體所享有的權利。但由於我國憲法上也規定了"少數民族"這樣的概念，所以"集體權利"在我國憲法上是否應該被接受，則是一個問題。如果可以被接受，那麼，則應該納入上述基本權利的特定主體所享有的權利這個範疇中去。

第一個大問題"憲法與基本權利"終於講完了。接下來我們要講——

二、基本權利的類型

這也是一項非常基礎性的內容。在法律領域裏面，權利往往被類型化，無論民法學上也好，憲法學上也好，都有權利的類型。權利的類型對於法的世界來説是非常重要的，因為我們保護一項權利或者限制某項權利，首先就要判斷這項權利是屬於哪種類型的，而不同類型的權利則往往需要不同的保障方式，也有不同的限制方式。這就屬於法學裏面的基礎知識。我經常對你們這樣的初學者講：打好基礎，終身受益。因為基礎知識非常重要，它是大家進一步學習的津樑。也許在某方面老師講得不對，或者這個知識點本身就有爭議在裏頭，但是不要緊，只要你認真對待這些基礎知識，在初步理解它們的基礎上，就可以透過審視的目光，再去接觸其他的知識、其他的學說，對比琢磨、融會貫通，最終就會形成自己對法學知識的更深層次的認識。基本權利總論部分的"基本權利的類型"就屬於這種具有基礎性質的內容。

　　關於基本權利類型的劃分，在憲法學上，可以分為兩種不同的劃分方法：第一種叫學理分類，就是對基本權利的類型進行偏向於學理方面的劃分；第二種是注釋憲法學意義上的分類，或者叫憲法解釋學意義上的分類，也可以稱為憲法教義學意義上的分類。這兩種分類相對獨立，二者的功能不同，作用也不一樣，但都非常重要，所以我們要逐一加以介紹。

（一）學理分類

　　剛才說了，學理分類主要就是對基本權利的類型進行學理上的劃分，它的特點就在於可以相對超脫於特定法秩序、簡單說就是憲法文本中所規定的有關人權規範的內容。也就是說，它不看重憲法的條文，特別是有關人權的憲法條款，而是側重於從學理的角度進行分類。此種分類在公法學中可以看到，在法哲學、政治哲學等學科領域也可以看到，甚至可以見之於某些經典的政治宣言或政治口號，譬如法國大革命中所宣揚的"平等、自由、博愛"的政治口號，其實也體現了對基本權利的一種分類。但是，這種分類其實又都是脫離特定憲法文本的，比如法國人最早提出"平等、自由、博愛"的時候，他們的憲法都還沒有完全定型呢。所以它只是根據純粹的理論進行分類，這就是學理分類，它跟憲法解釋學意義上的分類有所不同。憲法解釋學意義上的分類要看憲法文本的，即要根據某一個特定國家的憲法文本當中所規定的具體條款規定了哪些基本權利，然後通過分析，進行類型化。

　　既然這樣，那麼學理分類有什麼用呢？我們說，用處還是很大的。它在一定意義上能夠為憲法解釋學意義上的分類提供指南和標準，甚至可能進而為憲法中的人權條款或人權規範的設立，以及這些條款之具體含義的確定產生影響。比如說，我們稍後要講的洛克對基本權利所提出的分類，後來就對美國的憲法文本產生了非常重大的影響。所以，對於學理分類及其作用，我們絕不能小覷。當然，我們也要注意，我們憲法學畢竟不等於思想史學，有關人權的學理分類也未必都有能力對憲法、憲法學產生真正的影響。為此，雖然這方面存在的學說非常多，我們在課堂上只著重介紹以下六個最為經典也是最為基礎性的學理分類。

1. 洛克的分類

在近現代，如果要推舉一位最早對基本權利進行學理分類，並且這個分類還曾產生過重大影響的思想家，那麼或許應該首推洛克。洛克是英國 17 世紀偉大的政治哲學家。洛克有一部經典著作，也是公法必讀書，名叫《政府論》，分為上下兩篇，上篇主要是批判，下篇更為重要，洛克的許多重要思想都是在下篇中提出的，裏面就有對人的基本權利的學理分類，即著名的三分法。洛克認為，人類擁有一些不可剝奪的基本權利，那就是生命、自由和財產；它們都是人的自然權利，是神聖不可侵犯的。但值得一提的是：洛克當時所說的“財產”，英文上不是現在一般使用的 property，而是 estate。這是什麼原因呢？因為，在洛克的時代，property 並不是我們現在所說的那種財產，而是很廣的一個概念，甚至可以指一切所擁有之對象的集合，包括生命、自由和財產，還包括一個人的名譽、聲望，連自己所支配的傭人、奴僕，也都包含在 property 這個用語之中。由此可見，這個 property 就相當於“所有權利”了，但洛克的觀點是，在這所有的 property 當中，生命、自由和 estate 最為重要，而其中他所說的 estate，就大致相當於我們當今所說的狹義的 property 了。

洛克的這種分類，顯然可以看作是一種學理分類，而且當時，人類歷史上的憲法典都還沒誕生呢。但這個分類後來對人類歷史上的憲法典卻產生了極大的影響。大家知道，人類歷史上第一部成文憲法典是誕生於美國的，洛克的上述思想就影響了美國的憲法，甚至影響了美國的獨立革命以及當時所產生的《獨立宣言》，只不過在《獨立宣言》中，洛克的三分法被調整為“生命、自由和追求幸福的權利”，即 life，liberty，and pursuit of happiness。也就是說，洛克原來所說的 estate 被改為 pursuit of happiness 了，翻譯成中文就是“追求幸福的權利”。據說，這是當年美國《獨立宣言》的起草者傑斐遜（Thomas Jefferson）給改的。

話說 2004 年修憲之前，中國在討論是否要在憲法裏寫入私有財產權的保護條款時，有位中國的政治學者就認為，當年洛克所說的財產 estate 在美國那裏都被替換為 pursuit of happiness，這個改動很重要，可以證明美國憲法制定的當時並不保障財產權。其實，他可能不太熟悉美國憲法。因為《獨立宣言》雖然是這樣的，但到了此後的美國憲法文本，情況就變了：其第 5 和 14 兩個修正案都完整地採納了洛克的分類，規定非經正當法律程序，不得剝奪任何人的 "生命、自由和財產"，只不過這裏所說的財產，用的是 "property" 一詞，而不是洛克當年所使用的 "estate"，也不是 pursuit of happiness 了。也就是説，洛克的三分法完全被美國憲法的這兩個修正案所吸納。這就是思想家所發揮的重要作用。我們應該承認，思想家很重要，洛克就影響了美國憲法的兩個條款，而且通過影響美國憲法，進一步間接地影響到其他國家。

這裏還要説一下：《獨立宣言》中的 pursuit of happiness，即 "追求幸福的權利" 這個説法，在人類的憲法觀念上並不是就這樣 "絕跡" 了。一百多年後，即在 "二戰" 之後，美國人替日本人起草日本現行憲法草案的時候，還是把 "生命、自由和追求幸福的權利" 寫到他們的憲法中去，即當今《日本憲法》的第 13 條。而且，這個 "追求幸福權"，在解釋學上被理解為是一種概括性的權利，即概括了各個基本權利的基本權利，並且可以作為憲法上未列舉的新人權的依據，地位十分重要。我國憲法雖然沒有寫上這個概念，但是，從政治倫理上可以説，人民在憲法上當然也有追求幸福的權利，而且我們憲法所要保障的，説到底也就是人民的這種幸福追求權。

2. 耶利內克的經典分類

耶利內克跟洛克不一樣：洛克生活在 17 世紀的英國，那個時代世界上還沒有一部成文憲法，至少可以説還沒有出現一部近代意義上的成文憲法典；而耶利內克生活的時代則已經有了成文憲法，他本人又生活在一個擁有成文憲法的國度，那就是 19 世紀末 20 世紀初的德國，已經出現了俾斯麥憲法。耶利內克就是俾斯麥憲法時代的一個人物，而且是一位公法學家，但是他對基本權利的分類並沒有直接依據俾斯麥憲法的文本，而是從純粹的學理上進行工作，提出一種高度學理性的分類，在德國一直被尊奉為經典，直至今日。

耶利內克以國家法人説為基礎，認為個人處於某種從屬於國家的宿命之中。也就是説，我們每個人都有一個宿命，就是必須面對一個國家。這個想法挺有意思的，我們也可以借用前面講到的英國著名政治哲學家霍布斯的話來說，人就是必須面對一個名叫"利維坦"的怪獸。你不想面對中國，就得去面對美國或者其他國家，總之必然要面對一個國家，每個人都是如此，連無國籍人都得選擇一個國家安頓自己。而個人處於這種宿命之中的時候，耶利內克認為，那相對於國家就會分別置身於四種不同的地位（status）之上，由此演化出一種義務與三種權利。其中的這三種權利，耶利內克將其叫作"主觀性公權"。這怎麼理解呢？我們前面已講過，簡單地說，就是個人針對國家所應該享有的，可以向國家主張的權利。具體而言，四種不同的地位及其分別派生出的內容是這樣的：

首先，個人對於國家總是處於被動地位上，由此就會派生出"對國家的給付"。

其次，個人對於國家還處在消極地位上。譬如，我不希望國家隨時闖到我家裏來，隨便到臥室裏檢查，即使是政府官員，也不可以這樣做。個人針對國家所擁有的排除國家干預的地位，就是消極地位，由此會派生出"免予國家支配作用的自由"。

再次，是個人針對國家的積極地位，由此派生出"對國家的請求"。積極地位和消極地位是對應的，簡單而言，是這樣的：消極地位是指主體保護自己的權利不受侵害，積極地位則是主體積極地尋求某種利益。在個人和國家的關係上，也同樣如此，當你處於積極地位時，是你對國家提出請求，要求國家為你做事情、帶給你利益，為此會派生出"對國家的請求"。

最後，個人對於國家還處於能動地位上，由此派生出"為了國家的給付"。這與第一種地位所引申出的"對國家的給付"不同。"對國家的給付"是被動的，國家要求我給付什麼，我給什麼，其中最典型的就是納稅。由於國家機器要運作，運作的資源怎麼來？主要是向老百姓徵稅。而個人向國家繳稅，這就是對國家的給付，個人是被動的。能動地位所產生的"為了國家的給付"是怎麼回事呢？是為了國家能夠存在下去、維持下去，個人要做一些事情，比如參加選舉，以此產生國家官員。這就是"為了國家的給付"，它表明個人針對國家處於能動的地位上。

以上這個理論很抽象，但是相當重要。那麼，上述四種不同的內容跟基本權利和基本義務的對應關係又是怎樣的呢？是這樣的——

第一種"對國家的給付"，我們說了，那就相當於個人對國家所要履行的基本義務。主要包括兩項：一個是納稅；另一個是服兵役。

　　第二種"免予國家支配作用的自由"，相當於自由權。自由權主要有三類：人身自由、精神自由和經濟自由。這三個自由構成了個人自治的空間，國家無論如何不能隨意侵入，除非有正當的理由。也就是說，個人有權在這三種自由空間裏面免受國家的支配和干預。

　　第三種"對國家的請求"，最典型的就是"國務請求權"，據此可以要求國家為我們做事。國家要替我們做很多很多事情，這是當代中國人的想法，但是在近代西方，國家要為我們做什麼事情呢？在法律上可以具體請求的，主要是給我們裁決糾紛，即要求國家對自己涉及的某個案件進行審判，這在公法上就叫"國務請求權"，又叫"裁判請求權"。當然，在現代，我們對國家要求的範圍更廣泛一些，比如老百姓生活不下去了，國家應該給予一些物質幫助，這稱作"生存照顧"。但是，這一點在近代沒有被納入憲法上的基本權利範疇，耶利內克當時的這個分類學說也是如此。這不得不說是這個分類理論的時代局限。

　　第四種"為了國家的給付"，引申出參政權，主要包括兩個：第一個是選舉權和被選舉權，第二個是擔任國家公職的權利。在耶利內克看來，參政權還不是一項權利，而是一項權限，權限比權利稍低。在德國思想史上，參政權究竟是什麼，至少有三種以上的學說：第一種學說認為是權利；第二種是權限；第三種則認為是公務（即公共義務），拉班德即採此說，此說認為因為參政權是公務，為此投票必須強制，不去投票就是違反公務。當然現今大多數國家都認為參政權是權利了，但在當年的耶利內克看來，參政權是處於權利和公務之間的一種權限。

　　這就是非常著名的耶利內克的地位理論。這個理論對後世產生很大影響，在今天仍然被作為理解基本權利分類的一個經典理論。

3. 伯林的二分法

　　英國現代政治哲學家以賽亞·伯林（Isaiah Berlin），是 20 世紀最著名的自由主義知識分子之一，被認為屬於狐狸型的思想家。他有一本書非常重要，中文翻譯為《自由四論》。在這本代表作當中，伯林提出了一個非常通俗易懂的學說。他將自由分為兩種：一種叫作積極自由；另一種叫作消極自由。

　　據伯林自己說，這種分類是受到法國近代著名思想家貢斯當的影響。學政治學的同學可能會知道，貢斯當是法國非常著名的思想家，他在 1819 年的演講《古代人的自由與現代人的自由之比較》被視為自由主義的政治宣言，使貢斯當在自由主義發展史上躋身於大師的行列。現在這個演講也有了中譯本，書名是《古代人的自由和現代人的自由》，在其中，貢斯當指出，自由可以分為兩種，一種是古代人的自由，另一種是現代人的自由。所謂的古代人，主要是以古希臘、古羅馬的公民為原型，貢斯當認為那個時代人們的自由主要是參與國家政治事務的自由。而現代人的自由則恰恰相反，不是參與國家政治事務，而是免予國家干預的自由。

　　伯林將自由劃分為積極自由和消極自由，實際上就是受貢斯當思想的影響。伯林自己也認為，貢斯當的《占代人的自由與現代人的自由之比較》是討論消極自由與積極自由兩種概念最好的文章。

　　我們知道，20 世紀的伯林比起耶利內克的思想來說起碼晚了半個世紀。而耶利內克更早地提出了類似的理論，而且比他更為精緻，分為四種。但伯林在英國提出這個理論之後，受到英國理論界的高度關注，不斷得獎，最後還獲得爵位。於是，有很多學者認為他沒什麼貢獻，觀點比較膚淺。我們不能說他沒貢獻，他的理論起碼對英國產生了影響，對憲法學研究也有益處。

　　後來，人們在憲法學中也引入了伯林的二分法理論，提出了消極權利和積極權利的分類。"消極權利"英文表述為 negative right，"積極權利"是 positive right。記得鄧正來教授在他的成名譯作——博登海默（Edgar Bodenheimer）的《法理學：法哲學及其方法》裏面，曾經把這兩個英文術語翻譯為"負面權利"和"正面權利"，這肯定是不適當的。

　　作為憲法學的概念，消極權利和積極權利該怎麼定義呢？簡單來說是這樣：消極權利，乃指個人要求國家權力作出相應不作為的權利，自由權即屬於這一類型；而積極權利則指個人要求國家權力作出相應作為的權利，參政權和社會權都屬於這個範疇。

4. 其他二分法

　　二分法有一個優點，那就是簡單很多，而且便於理解、容易被人掌握，所以在憲法學中經常出現二分法，不僅有伯林的分法，還存在其他的二分法。我們再選幾個主要的二分法介紹給大家。

（1）自由與（狹義的）權利

第一個二分法是將基本權利分為自由和權利。這裏所說的"權利"，就是狹義的權利，而非廣義的權利。如果說廣義的權利，那就複雜了。比如 20 世紀初美國有一個著名學者叫霍菲爾德（Wesley Newcomb Hohfeld），他就曾經把權利分為四種，包括狹義的權利、自由，還包括豁免和權力。那就是廣義的"權利"。這個學說在法理學上很著名，以後你們也許會學到，但在目前初學階段，你們先學會把廣義的權利分為狹義的權利和自由這兩種，也是夠用的。

那麼，狹義的權利和自由之間究竟應該如何區別呢？有關這一點，我們前面已有所介紹，但這是一個非常複雜的問題，我們這裏還要進一步分析。

什麼是自由呢？霍布斯的觀點非常經典，他認為自由就是外界障礙不存在的一種狀態。也就是說，自由就是不受權力控制，或者只根據自己的意思（意志）決定行動，包含意思自由和行動自由。霍布斯的這個論斷出現在其名著《利維坦》之中，迄今為止仍然是有力的學說之一。霍布斯本來在人類政治思想史中的地位就非常顯赫，現在一提到自由主義，仍然可以追溯到霍布斯。霍布斯之後，孟德斯鳩、盧梭、洛克都為自由下過定義。到了現代，政治哲學家諾齊克（Robert Nozick）、哈耶克（Friedrich August von Hayek）以及比較偏左一點的羅爾斯等也都紛紛定義自由。孟德斯鳩認為的自由，在他的著作《論法的精神》中有了更法理化的定義："自由是做法律所許可的一切事情的權利；如果一個公民能夠做法律所禁止的事情，他就不再有自由了。因為其他的人也同樣會有這個權利。"

後來，英國的密爾也在他的著作《論自由》中界定自由。首先他所講的自由，不是"意志自由"（與哲學上的必然性相對）而是公民自由（或社會自由），即個人針對公共社會（包括國家和市民社會）所享有的自由，主要包括表達自由和行動自由。這一點跟孟德斯鳩差不多。密爾並認為，在不傷害他人的情形下的一切言論自由和行為自由都可稱為自由，也就是認為自由的界限在於不可傷害他人。密爾的這種自由是非常廣泛的，只要在不傷害他人的前提下，酗酒、不講衛生、揮霍浪費、遊手好閒，甚至通姦，都屬於自由範疇。為此，密爾認為自由的權利主體應該是文明社會"成熟的公民主體"，是"有教養，有公共責任感"的主體，也就是說，其自由類型範圍的廣泛性主要是依靠主體範圍的限定性加以約束和調整的。

　　密爾對自由的理解，曾激盪了中國晚清啟蒙思想家嚴復的心。嚴復在將密爾的《論自由》翻譯為《群己權界論》時，特別寫了一篇《譯凡例》，其中曾引出柳宗元的一首詩來說明他對"自由"的理解。這首詩寫道：

> 破額山前碧玉流，
> 騷人遙駐木蘭舟。
> 春風無限瀟湘意，
> 欲採蘋花不自由。

　　在柳宗元這首詩中，碧玉、木蘭舟、春風、蘋花……一連串疊加的意象多有曖昧、驚艷之處，意味深長。但在此意境之中，詩人發出"欲採蘋花不自由"的感慨。嚴復斷言："所謂自由，正此義也"。這個認識，即使擱在當今中國，或許也是很前衛的。嚴復還曾說：西方是以"自由為體，民主為用"。說到這一點，我們可以認為，嚴復可謂是近代中國真正準確理解西方思想的第一人。但密爾對自由的詮釋，也超出了嚴復所浸淫的傳統東方文化的承受能力。因為嚴復不僅認識到："人得自由，而必以他人之自由為界"，而且考慮的界限更多，為此嚴復翻譯密爾（當時稱穆勒）的《自由論》時，就將書名譯為《群己權界論》。

　　在此我們可以做一個小結：所謂自由，就是在個人生活中的一定領域裏，不受公共權力干涉或妨礙的一種資格。它多屬於得到正當化了的人性慾望。一般認為，自由不是國家（憲法）賦予的，而是先於國家（憲法）即已存在的。

　　以上講的是自由，接下來我們講狹義的權利。所謂狹義的權利，指的是需要外界（一般由國家）提供某種或某些條件予以保護的資格。自由與權利是分開的，尤其是與狹義的權利是分開的，這從一些用語中可以看到：比如言論自由，我們一般不會說"言論權"。又如宗教信仰自由，一般不會說是"宗教信仰權"。而選舉權、社會權，我們也不會稱之為自由。

那麼如何區分自由與狹義的權利的區別呢？一般而言，自由無須國家提供一定的條件就可得到保障，甚至需要排除國家干預，即要求國家不作為；狹義的權利則傾向於需要國家或社會提供一定的條件予以保障，即要求國家或社會作為。這是其一。其二，自由在公法上傾向屬於國家出現之前就存在，而狹義的權利在公法上則傾向於國家出現之後才存在。大家請注意：我在每一個方面都用了"傾向於"，也就是說這些只是二者各自的傾向性，並不絕對如此。

現在我們通過幾個具體的實例來說明。比如：第一，在裸露的臀部上畫國旗。現代美國人喜歡做這事，特別是年輕人。那麼，這屬於一種自由，還是狹義上的權利呢？對照上面的兩點，我們可以問，在裸露的臀部上畫國旗的行為傾向於要求作為還是不作為？對，要求不作為！我不要求國家幫我畫，只要求我畫國旗時你國家不要管。這就是要求國家不干涉、不作為。同時，在臀部上面畫國旗也不需要依賴法律設定，沒有哪個國家的法律會規定你有權利在臀部上面畫國旗。再舉個例子：住宅不受侵犯。這也屬於自由，因為它也是傾向於要求國家或公權力機關不作為。再如，留長頭髮、在校園裏與戀人接吻等，這都屬於自由的範疇。再來一個：領取獎學金，這是自由還是狹義的權利呢？很明顯，這屬於權利，因為它傾向於要求對方（可能是學校）作為，要求其提供獎學金額、設置公正的競爭制度、公開的選拔程序等，這些都需要設定法律性的規則來保證。又如，參加投票選舉，這也屬於狹義的權利，具體的原因大家可以自己琢磨。

從以上我們也可以初步看出，自由和權利在具體形態上是很多的，但是憲法所保障的自由和權利是否有這麼多呢？不是的，並不是所有的自由和權利都受法律保護，更不可能都受憲法的保護。憲法所保障的自由和權利只是其中的一部分，也就是其中最重要的、最基本的、必不可少的那部分，所以才叫基本權利。那麼，憲法所保障的自由和權利，是什麼樣的呢？一般來說，這些自由或權利，都在憲法規範意義上得到了類型化。比如不讓公權力肆意進入人們的住宅，這是一種自由。什麼自由呢？它在憲法上就被類型化為"住宅不受侵犯的自

延伸閱讀：自殺是
一種自由嗎？

由"。再比如，與別人簽訂合同，這也是自由，這個自由被類型化為合同自由或者說契約自由，近代憲法就保護這個自由。在這個意義上說，憲法所保護的自由、權利乃是特別的類型，而不是一般的類型。這是怎麼說的呢？是這樣的：除了憲法上被類型化了的那些自由權利之外，還有一些沒有被類型化了的自由權利，比如前面說的吸煙的自由，還有留長髮的自由，在校園裏接吻的自由，騎自行車的自由，諸如此類的自由，類型化起來非常瑣細，而且也無法徹底完成，比如說，曾經在網絡上被炒得很火的一件事情是：有一年，中國人民大學的一些女生，臨畢業前，在校門前拍畢業照，部分女生是露出美麗的大腿來拍的，這也屬於一種自由啊。凡此種種，在憲法學上就都被統稱為"一般行為自由"。為什麼這些自由都被統稱為"一般行為自由"呢？原因在於，與那些已經被類型化了的特別的自由權利不同，它們沒有被類型化，而且數量更多。憲法上未列舉的自由權利，都包含在裏面，或者說都可以從這裏推斷出來。

那麼這裏就產生了一個新的問題，即既然一般行為自由之中所包含的那麼多自由，在憲法規範上都沒有被特別類型化，那它們是否都受到憲法的保護呢？關於這一點，在憲法學上有兩種觀點，大致是這樣：一種觀點認為，像吸煙的自由呀，騎車的自由呀，特別是前面所說的自殺的自由呀，這些一般行為自由都不受憲法的保護，受憲法保護的只有那些在憲法規範上已經被特別類型化了的自由權利，因為只有這些自由權利才是最重要的，為此就被特別類型化了；而另一種觀點認為，的確，憲法未必保護一般行為自由中所有的自由權利，因為它們未必都是基本權利，但是，一般行為自由之中重要的那部分自由，還是受憲法保護的。那麼，哪部分是重要的呢？一般而言，與人格的形成、發展密切相關的那部分自由，就很重要，就應該受到保護。當然，也正因為如此，在有些國家，這部分自由也可以被納入憲法上的人格權中得到保護。上述兩種觀點之中，第二種觀點是可以接受的。

以上我們講了這麼多有關自由和權利的二分法。但是，值得注意的是：在憲法上，自由和權利的這種區別，也具有相對性。比如，遊行示威是自由，但它也需要道路等公共場所，而且需要警察維持秩序，否則被另一支可能是跟你唱反調的遊行示威隊伍堵在路口，那你們就無法行進了，為此，它也含有權利的側面。再比如，受教育權雖然稱為"權利"，但也含有家長與學生一定的選擇學校的自由。正因為這樣，有些國家也將憲法上的自由稱為"自由權"，或者將二者合稱為憲法上的"自由權利"，更明顯的就是合稱為"基本權利"。其實，自近代以來，當人們提起"自然權利"的時候，就已經把自由和權利放在一起考慮了。比如霍布斯在他的經典著作《利維坦》裏面談到自然權利，一般用拉丁語 jus naturale，其實主要意指每個人都有的自由。《利維坦》裏面也是這麼講的，說自然權利其實就是一些自由。總之，區分自由和權利，固然有利於我們認識基本權利的類型，但把自由和權利連在一起，比如說統稱為"自然權利"也好，"基本權利"也好，也是有道理的，因為這體現了自由和權利的區別的相對性。

（2）自由權與社會權

自由權與社會權的區別，其實相當於自由和權利的區別，只不過內容更加明確了而已。前面說過，近代憲法主要是保護自由權，包括三大自由權，而現代憲法則開始同時保護社會權。這個社會權的概念是大陸法系國家使用的，法國、德國、日本和我國都在使用，而英美和北歐的一些國家一般稱為福利權。在大陸法系國家，社會權下面一般又分為若干具體的類型，包括生存權、受教育權、勞工的一些特定權利，等等。因此，很多人認為憲法主要就是保護兩種基本權利：一種是自由權，另一種是社會權。

當然，這個區分也具有相對性。現代憲法雖然保護社會權，但是它仍然在著力保護自由權。現代憲法保護權利的時候，與近代憲法的差別就在於，它補充了社會權，而並不是說，權利的保護以社會權為主了。就西方成熟的立憲國家的情況而論，它們的現代憲法仍然在重點保護自由權，只不過對其中的經濟自由加諸了一些必要的限制而已。有些學者認為從近代憲法到現代憲法，經歷了由"以自由權為主"到"以社會權為主"的發展歷程。這個說法實際上是有一些問題的，應該看到，現代憲法只是補充了社會權，但是其保護的重點仍然在自由權。尤其是在 20 世紀五六十年代新自由主義重新崛起以後，現代自由權的保護在西方社會更加強盛，乃至其影響不斷擴大至全球。可見，在現代憲法上，自由權與社會權雖然有區別，但並非完全對立。另外，除了自由權和社會權以外，憲法還保護政治權利以及國務請求權，由此也可以說明自由權與社會權的區別具有相對性。

（3）抽象權利和具體權利

這個比較簡單，只要了解就可以。什麼叫抽象權利呢？抽象權利指的就是無法根據憲法中相應的權利條款直接提請救濟的權利。也就是說，這種權利只能通過普通立法具體化才能得到保障。在國際上的主流學說認為，社會權就屬於抽象權利，比如其中的生存權，就是抽象權利，還有環境權，也是抽象權利。它們只能通過下位立法加以具體化，然後才能得以保護和救濟，否則就無法得到有效的救濟，因為人們不能直接根據這個條文去找政府要求保障。

具體權利與之相反。這裏首先要注意：“具體權利”不等於個別性權利。反之，某一個具體類型的權利，也就是我們說的一個個個別的權利，最好是叫“個別性權利”，而不能叫“具體權利”。那麼，具體權利是指什麼呢？與前面說的抽象權利相反，它指的是能夠依據憲法上相應的權利條款直接提請救濟的權利。在有憲法訴訟的國家，所有的自由權基本上都屬於具體權利，包括人身自由、精神自由和經濟自由中更為具體的那些類型，都屬於具體權利，都可以通過訴訟獲得救濟。

以上我們講的是幾種二分法。接下來我們來講——

5. 蘆部信喜的三分法

日本的蘆部信喜教授曾使用過一種三分法，是把基本權利劃分為三種類型，而且還是用英語表述的，因為用日文或中文確實有點難以表達，當然，更重要的原因可能是這種三分法在國際學術界上也比較常見。他將基本人權分為 freedom from state、freedom to state 及 freedom by state 這三種類型。其中的 freedom from state 指什麼呢？過去有中國學者將其翻譯為“來自於國家的自由”，這就恰恰大錯特錯了。它的真正含義是“免予國家干涉的自由”，其中當然包括我們所說的三大自由權。那 freedom to state 指的是什麼呢？就是“參與國家事務的自由”，比如參政權。而freedom by state 則是“依賴國家保障的自由”，這裏主要指的是社會權。這種三分法與前面所講的耶利內克的地位理論中有關個人權利部分的三種劃分方法，在結構上具有一定的一致性，但更能反映現代人權類型的發展狀況。

接下來我們來看另一個三分法——

6. "三代人權" 說

這個 "三代人權" 的說法，在現代也非常著名。它是國際人權法中的一種學說，是法國學者瓦薩克（Karel Vasak）最先提出來的，後來被許多國家人權法學者接受，對憲法學也有很大影響。這種分類法把人權按照歷史分為三個世代：第一代人權即近代西方市民革命中所確立的權利，主要包括近代憲法中的人身自由、精神自由和經濟自由，即所謂的 "三大自由"；第二代人權則指的是在 19 世紀末 20 世紀初社會主義運動中所提倡的權利，後來被憲法所採納，被類型化為各種社會權，包括生存權、受教育權、各種勞工權利等；而第三代人權則是 "二戰" 之後反對殖民主義壓迫的民族解放運動中所提倡的各種權利，其中包括各個國家或民族的生存權、發展權和民族自決權等所謂的 "集體權利"。這個學說比較準確地反映了人權及其各種不同類別的發展歷程，同時也總結出了一個道理：人類所獲得的基本權利，無一不是依靠鬥爭得來的，甚至是要通過艱苦卓絕的革命才得來的。有關這一點，耶林所寫的《為權利而鬥爭》這本書很值得一看。

有學者還提出第四代人權。這是我國學者首先提出來的。誰呢？就是原中國政法大學校長徐顯明教授。他指出，這種第四代人權，就是 "和諧權"。另外，還有學者提出 "第四代人權是數字人權" 的觀點。到底這些觀點能否成立，有待人們進一步研究。

以上我們所講的是基本權利的學理分類，接下來我們來講解釋學意義上的分類。

（二）解釋學意義上的分類

應該看到，學理分類具有重要意義，但因為傾向於偏離了實在的法規範本身所確立的權利體系，即往往不是根據憲法文本中的權利進行分類的，因此就難以作為解決具體個案的規範依據。與此不同，各國憲法學中一般均存在一種與純粹的學理分類有所不同的分類，此即所謂解釋學意義上的分類。它具有實用性，能夠在現實生活中作為認識有關具體問題，並解決這類具體問題的標準。

1. 解釋學分類的實用性

我們舉個例子。這是 2003 年曾經發生在杭州的一個真實的案例，被稱為"普通公民身穿白大褂宣傳憲法案"。案件的基本事實是這樣的：

本案的當事人，我們將他簡稱為 L，他原是一個學校的校長。退休之後，老人家因住所被拆遷的問題，在一年多的時間裏到各級部門上訪近百次，均沒有得到有效回應。2003 年 3 月，正當杭州某區人大和政協的"兩會"召開期間，L 約同另外十餘名公民，身穿醫務人員的白大褂，在白大褂上寫著"維護憲法人人有責！"、"公民住宅不受侵犯！"、"住房所有權不許剝奪！"、"強逼簽約強制拆遷，嚴重違憲！"等醒目文字，聚集在區政府大樓門口，甚至還向路人分發憲法宣傳資料，據說還造成了　定程度的交通堵塞。

這時，爭議發生了。當時區政府大樓門口的保安人員認為他們的行為是上訪，因此就想強行將這些人帶入該區的信訪辦公室。是啊，你說這些人穿著白大褂，胸前、背上還寫著"公民住宅不受侵犯"等文字，保安就認為這是上訪行為，要求他們趕快脫下白大褂，以便建設和諧社會。但是當事人堅稱：他們是在宣傳憲法，因為他們確實也向路人分發宣傳憲法的資料，包括身著白大褂，上面寫著各種標語，那目的都是希望以此增加區人大代表、政府官員以及過往群眾對憲法的重視。有趣的是，L 他們不是把標語寫在牆壁上，那樣做的話就是"政治不正確"了，因為他們是從"文革"過來的人，又有文化，知道"文革"之後"大鳴、大放、大辯論、大字報"被禁止了。為此就打"擦邊球"，把文字寫在穿著的白大褂上面，其實那更厲害，相當於流動標語呢。面對這種情況，政府官員肯定著急了，L 他們最終還是被強行帶入市政府的信訪辦公室，政法委書記當場指出："你們的行為屬於非法遊行，因為根據我國法律規定，遊行必須經過事先申請，獲得許可才能舉行，否則就是違法的。"

這個案件就是在現實生活中發生的真實事件，其實我們在日常生活中也會隨時遇到類似這樣的涉及基本權利問題的事情，其間爭執的焦點，其實就是對於同一個行為所涉及的人權類型的認定問題，進而涉及相應行為的正當性問題。為什麼權利會涉及行為的正當性呢？很簡單，因為一般來說，權利本身就是行為正當的依據，如果你擁有這樣做的權利，你當然就可以行使，你這樣做就是正當的了。為此在西方的語言中，用於表達"權利"的各種用語，無論是拉丁語 jus 也好，還是英語 right、德語 recht 也好，都含有"正當的"這層含義。當然，從法學角度來說，這話也不能說得太絕對了，我們下次課會講到，你擁有這項權利，但是能不能完整行使這個權利呢？這是不一定的，因為大部分權利在一定條件下是可以受到一定程度的限制的，至於如何受限制，此處先按下不表。這裏要說的是，考慮一個行為是否具有正當性，在現代社會，我們往往可以首先考慮他是否擁有這樣做的權利。比如說像本案這樣，當事人 L 等穿著白大褂，上面寫著一些標語口號，而且向路人散發憲法宣傳讀物，這種行為是否是正當的呢？這就要看把它歸入哪種權利類型中去考慮了。而要有效地解決類似這樣的具體案件，最好的分析框架往往不是前面講的學理分類，而是解釋學意義上的權利分類了。所以，我們姑且將這個案件留待稍後再來分析，而先來學習解釋學意義上的分類理論。

2. 我國的分類方法

　　首先請大家注意，解釋學意義上的分類，一般都是每個國家的憲法學根據本國的憲法規範中所規定的基本權利所進行的分類。我國憲法學也是如此。依據我國現行憲法，也就是 1982 年憲法中所列舉的基本權利，我國學界最早產生的最權威的學說是"十大分類法"。這個分類法是現行憲法實施不久後我國老一輩著名憲法學家吳家麟教授主編的《憲法學》一書中提出來的。吳教授所主編的這部書是當時中國最權威的一本教材，影響力非常大，其發行量在迄今為止出版的憲法學教材中可能也是最高的。那麼，這本書就將基本權利分為十大類，依次是：（1）平等權；（2）政治權利和自由；（3）宗教信仰自由；（4）人身自由；（5）批評建議、申訴、控告、檢舉權和取得賠償權；（6）社會經濟權利；（7）文化教育權利和自由；（8）婦女的權利和利益；（9）有關婚姻、家庭、老人、婦女和兒童的權利；（10）華僑、歸僑和僑眷的權利。

　　後來，人們覺得十類太多了，因此就出現了更為概括性的分類，其中主要有"四大分類法"和"五大分類法"。四大分類法就是把基本權利分為參政權、人身自由和信仰自由、經濟和文化教育權以及特定人的權利；五大分類法就是在此之外補上了平等權。

應該説，這些分類在過去都是非常具有代表性的學説，也產生了非常重要的意義，但是也存在一些弱點。比如説十大分類法雖然非常著名，但是類別確實分得太細了，而且分類的標準也不統一，把一般主體所享有的基本權利和特定主體所享有的權利混雜在一起；四大分類法和五大分類法也同樣存在這種問題。

3. 我們認同的分類

於是，有人就提出新的分類方法，這其中也包括我本人。我把基本權利分為如下六大類型：

第一，平等權；

第二，政治權利；

第三，精神自由；

第四，人身自由和人格的尊嚴；

第五，社會經濟權利；

第六，獲得權利救濟的權利。

其實，這六大類型的分類法也是妥協的結果。真正讓我來分的話，應該採用更加具有學理性、引導性的分類方法，我覺得那應該是八分法，那樣雖然類型過多了一些，但是更加合理，而且也能跟國際憲法理論接軌，同時還可以根據這個分類模式來引導我國權利類型的完善。這個八分法我現在就傳授給你們。

第一，人格尊嚴與人格權；

第二，平等權；

第三，人身自由權；

第四，精神自由權；

第五，經濟自由權；

第六，參政權；

第七，社會權；

第八，權利救濟權。

　　說到這裏，我們大家要注意了：不管基本權利在大類上如何分類，每一大類下面都可以進一步細化，否則對具體個案進行分析判斷時就有難度了。比如，當年人民大學女生的所謂"露腿照"——其實也不是非常難以接受的吧？那麼好，這種拍露腿畢業照留著紀念的行為，是否應該容許？如果公權力要干涉，那麼我們也可以看看它是否屬於某種權利，這就涉及權利類型的問題了。在這樣的判斷過程中，我們的思維順序往往可能是先考慮各種各樣具體的類型，然後再將這具體的類型納入更大的類型裏面去。然而，就分類理論本身而言，你要預先準備好由大到小、不斷細分下去的結構。而事實上，基本權利分類的理論狀況也是如此的。比如說政治權利，它下面又可以進行具體的分類，可分為選舉權與被選舉權、表達自由、監督權等，這可以算是"二級類型"了；而比如說其中的表達自由，則又可以再分為言論和出版的自由、集會和結社的自由、遊行和示威的自由，這可視為"三級類型"了。這就是基本權利分類遞進的具體化。

　　當然，這種分類遞進的具體化也不是無限的。究竟應該達到哪裏為止，我覺得這要看具體判斷的需要，一般來說，其極限基本上是由某個相關的基本權利在分類遞進具體化中所形成的公定類型已經窮盡的狀況決定的。

　　比如，我們先回過頭來看一下，人民大學這些女同學拍露腿照，到底是在行使什麼自由權利呢？我們說，應該是屬於"一般行為自由"，而在大類上則可以納入人格權中加以考慮。當然，這需要看具體情況。如果它重點是在向他人婉轉地傳達或宣明某種思想感情，那就可能屬於表達自由了，只不過這種表達自由，與言論出版、遊行示威等具體類型不同——你總不能說人家把自己的美腿露了出來就是"出版"，或者說就是在示威吧？這種表達自由是比較特別的，在憲法學的理論上，被稱為"象徵性表達自由"。

　　然而，基本權利的解釋學意義上的分類，同樣也有相對性。首先，不同的國家或者同一個國家的不同學者，往往就有不同的分類。其次，有一些具體類型可以納入不同的更大的類型之中。比較典型是表達自由，它就既可以納入精神自由裏面，也可以納入政治權利之中。這些都説明，分類是相對的。

　　我們學了這麼多分類之後，很多同學心裏就有點兒癢癢。有次我在某個大學做講座的時候，有個學生站起來對我説：“林老師，我覺得你的六分法還不夠完美，我花了一個學期的時間考慮，運用形式邏輯進行了重新劃分，想跟您探討一下。”我聽了很感動，但是又覺得如果他真的用了一個學期時間，那也太不珍惜寶貴的學習時間了，可是因為是針對我的學説，所以我也不好説什麼。如果是我的學生這麼做，我就會對他説：趕快不要再搞這個了，辛辛苦苦一個學期搞個分類出來，多不划算！理由很簡單，因為這種分類是具有相對性的，不管怎麼劃分，看上去總有一些缺憾，尤其是因為解釋學上的分類需要依據憲法規範，而憲法規範未必完全跟你講形式邏輯。也就是説，憲法學上的分類，並不僅僅是形式邏輯意義上的分類，它要考慮到規範文本、規範原理，具有一定的非邏輯性。為此，即使你時間花得再多，也不一定能形成一個絕對周延的分類體系，並由此成為標準的通説，倒不如把憲法學的基礎打好。類似的分類當然可以思考，但也可以先接受別人的重要學説，等到自己將學問積累到了一定階段，再來重新嘗試新的分類也不遲。

4. 對白大褂案所涉權利類型的分析

　　現在讓我們將目光返回到前面所講的那個“白大褂案”，分析一下這個案件所涉及的權利類型。具體而言，就是：當事人 L 等人身穿白大褂，上面寫著一些標語口號，集聚於公共機關辦公場所前面的道路上，而且向路人散發有關憲法知識和憲法見解的紙面資料，這種行為應該歸入哪種權利類型中去考慮呢？如前所述，就這個問題，已經有了三個不同的觀點：第一，是保安的觀點，他們認為這是上訪行為；第二，是 L 等人他們自己的觀點，認為是宣傳憲法的行為；第三，是政法委書記的觀點，認定這屬於遊行的行為，但因為沒有預先申請並獲得許可，為此是非法的。於是我們就有必要分別搞清楚如下問題：第一，上訪屬於什麼權利？宣傳憲法又是屬於什麼權利？遊行又屬於什麼權利類型？第二，他們到底是在上訪、遊行，還是在宣傳憲法？這兩個問題都要同時解決。

　　記得當年《南方週末》的一個記者跟我説，就這個案件，他已經採訪了許多學者，現在也想跟我談一談。這也許是因為那些學者跟他大談抽象的理論，包括洛克的生命自由和財產呀，盧梭的人民主權啊，海闊天空地談了一番，但碰到這樣的具體問題就有點難說，所以就說：至於這到底是上訪、遊行還是宣傳憲法呢？嗯，這個問題不屬於我的研究範圍，你還是去問搞憲法的，比如那個林來梵。那個記者後來果真就來問我了，主要就是問這個行為到底是什麼性質的。

你還別笑，這個案件確實有點複雜。為什麼呢？主要是由於主人公 L 這個人還是比較有頭腦的，他似乎劍走偏鋒，想走法律的"邊緣地帶"，或者說打"擦邊球"，以此既利用法律對他有利的方面，又規避法律對他不利的方面。對地方公權機關來說，這樣的人啊，絕不是"省油的燈"。據說他老爸就是新中國成立前的共產黨員，新中國成立後還當過當地的司法高官，而他恰恰可能繼承了他老爸當年不屈不撓的鬥爭精神以及豐富的鬥爭經驗。不過頗為弔詭的是，當年他老爸針對的是國民黨反動政府，而他則針對的是他老爸這一輩人通過鬥爭所建立的人民政府。

再從案情方面來看，前面所說的三種定性觀點，似乎都有一點道理，因為 L 等人的行為，確實分別都含有那三種類型的一些要素。那麼，這該怎麼認定呢？一個簡單的方法，那就是要看哪一種要素最多最重要，居於主導地位，我們基本上就可以把它歸入哪一類型之中加以處理。事實上，現實中的每一個行為都可能會涉及多種權利類型，而我們一般都可以根據其主要的構成因素對其進行歸類。比如說上訪，上訪主要涉及監督權，但是肯定也涉及表達自由。比如說我去上訪，不可能到了某個部門一聲不吭，你總要說話嘛。你不說話，人家可能懷疑你是不是啞巴，是啞巴那又是不是被地方官員打成啞巴了。但你即使這樣，也可以通過文字，比如把告狀材料遞交上去的呀。然而，從學理上說，我們就不能把他說話或者遞交狀子的行為歸入表達自由，而畢竟還是應該歸入上訪行為，即納入監督權的範疇加以考慮。你說遊行，那也是如此，雖然是特定或不特定的多數人，在道路或露天場所行進，但一般也會有一些表達，來陳訴或宣明一定的政治上或經濟上的要求或願望，否則那可能就真的成為體育鍛煉了。但你總不能說因為他們呼了口號，所以屬於言論自由的範疇。

那麼，這個案子中 L 等人的行為到底是什麼性質呢？面對這樣的問題，大家請記住，如果記者問你，你就要慎重回答。我當時就對《南方週末》記者説：關於這個問題，由於我不在現場，也沒有看到全部的案件資料，因此很難判斷，但可以進行一些假設性的分析，大致分三點來説。第一，如果是上訪行為，那麼當事人行使的就是監督權，這就沒有必要在路面上聚集，保安確實可以要求其直接進入信訪局辦公室；第二，如果是宣傳憲法行為，那麼他就是在行使言論自由，保安自然沒有權利強行帶他們進入信訪辦公室；第三，如果是遊行行為，那遊行行為也有幾個要素，如果符合這些要素的要求，那麼分發資料、背上寫標語等，就都可以吸收到遊行行為裏面去。而且因為他行使的是遊行自由，根據我國《集會遊行示威法》的規定，確實必須事先向當地公安機關提出申請並獲得許可之後才能行使，否則便是違法的。總之，對於這樣的案例，主要是分析具體情況、看案卷，不能一概而論。但如果要給出一個結論的話，當事人的行為屬於上訪或遊行的可能性較小，屬於宣傳憲法或者示威的可能性較大。但不論是宣傳憲法也好，示威也好，我們可以用同一個類型的概念來概括，那就是表達自由。因此大致可以説，在這個案件中，當事人 L 等是在行使表達自由。而表達自由是個較大的權利類型，至於究竟是屬於言論自由還是示威自由，要做出明確判斷還是需要更進一步的事實材料以及更為詳細的理論分析。

最後，我們在這裏還可以再分析一個細節問題。前面説過，在本案中，白大褂上面寫了很多標語，那麼，這些標語是否也有權利類型的認定問題呢？如有，他們有沒有寫錯了？

是的，對於這兩個問題，我們都可以做肯定回答。譬如，"住房所有權不許剝奪"的説法，訴求的其實是私有財產權，因此寫"私有財產權不受侵犯"也是可以的，當然，寫"住房所有權不許剝奪"，作為一種口號也是大致可以的；但是其中的"公民住宅不受侵犯"的説法，從學理上説，訴諸的應該是住宅不受侵犯的自由，如果當事人 L 等人僅僅是針對拆遷行為，那麼就和住宅不受侵犯的自由沒什麼關係。也就是説，這個口號是弄錯了，錯就錯在混淆了權利類型。因為住宅不受侵犯主要不是説財產權的問題，而是説公權力不能非法強行侵入我們的住宅，而拆遷是侵犯私有財產權的問題。當然，拆遷的時候也許會有人強行進入你的房子，但一般來説，這個行為也是被侵犯私有財產權這一概念所吸收。

第十章　基本權利的保障及規範效力

這一章講的還是基本權利的基礎理論。在進入本章的內容之前，我們照例提出幾個章前導引問題：第一，基本權利既然是"基本的"權利，那麼是否還可以加以限制？第二，有人說：只要有利於公共利益，任何基本權利都可以加以限制。這種說法對嗎？第三，有人說：對基本權利的限制也應該加以限制。你認為呢？如果你認同這個觀點，那麼，對基本權利的限制應該如何加以限制呢？

一、基本權利的保障與限制

這個問題自然非常重要。我們首先講保障，然後接著談限制。

（一）基本權利的保障

我曾經說過，無論憲法上所規定的基本權利條款如何詳盡、如何完美，一旦不予保障，則可能失卻實效的意義，成為水中之月、鏡中之花。而要讓憲法中所規定的基本權利能夠成為我們真正所能享有的實實在在的權利，就需要在法的制度上加以保障。那到底應該怎麼保障呢？我們先來看一下迄今為止世界各國究竟是如何保障的，即了解一下——

1. 基本權利的保障方式

各國在基本權利的保障上主要有哪些保障方式呢？一般而言，迄今為止，主要有三種方式：第一種叫絕對保障方式；第二種是相對保障方式；而第三種則是折中型的保障方式，是兼有前兩種方式之屬性的保障方式。

何謂絕對保障方式呢？絕對保障方式又叫"依據憲法的保障方式"，或者說"憲法直接保障的方式"。它的屬性就是：對於憲法所規定的基本權利，由憲法自己所設立的制度來加以保障，其他法律規範一般不能加以任意的限制或規定例外的情形。這種做法叫"憲法保留"。這裏存在兩個限定詞，一個是"一般"，表明偶爾還有可能，但是不管怎麼樣都不能"任意"。絕對保障方式的典型是美國憲法上的保障方式，尤其是它的第一條修正案中有一條款，該條款被稱為"不得立法侵犯條款"，其中規定："聯邦議會不得制定建立國教或禁止宗教自由的法律，以及對言論和出版自由、人們和平集會和向政府請願訴求冤情救濟的權利進行限制的法律。"這段話的含義是非常明確肯定的，即說的是：就算作為全美國人民代表機關的國會，也不得通過立法，即通過普通法律，去限制憲法上所規定的這些基本權利。這就是絕對保障方式。

這種絕對保障方式具有兩個特點：第一個特點是，一般的法律不能任意限制人權，只可以合理限制人權，但這種限制又受到憲法上的限制。第二個特點是通常都會設立一種具有實效性的合憲性審查制度，即憲法本身擁有合憲性審查制度，而且還是有實效的，不是虛設的，其功能就是按照一定的程序，審查普通的法律法規是否違反了憲法，特別是有沒有規定不當限制憲法上的基本權利的條文。一旦發現存在這樣的條款，並對現實中的人們的基本權利構成了不當的限制或侵害，那麼就判斷它違憲無效。這就有效地避免了一種情況，即憲法雖然規定了很多基本權利，但普通法律則加以隨便限制，由此"掏空"了憲法上的權利規範的內容，使那些基本權利的條款大打折扣，甚至形同虛設。這就是絕對保障方式。

那麼相對保障方式又怎樣呢？相對保障方式的情況有點不同，它又叫作"依據法律的保障"。其特點在於：不是直接根據憲法對基本權利進行保障，而是憲法規定了基本權利，但是基本權利的保障主要是交給下位的法律去實現。也就是說，憲法只是規定一個原則性的權利條款，然後對基本權利的保障就不再具有什麼功能了，而是交給下位的法律去加以落實、保障。但問題是，它通過普通法律來具體實現對基本權利的保障，其實也等於允許普通法律對憲法所規定的基本權利加以限制，比如在對某個基本權利加以具體化的過程中，對其內容加以大幅度限定，或者規定公權機關可以在一定條件下對這種基本權利採用不必要的、過於嚴格的限制手段，等等。

那麼，在讓普通法律來落實保障基本權利的同時，又允許普通法律來限制基本權利，這一對矛盾的方式要實現整合，採用的主要手段是什麼呢？這就是我們公法上所說的"法律保留"。"法律保留"本來主要是為了防禦行政權的，因為從近代開始，三權中就數行政權最活躍，最難以控制。早在近代，這種苗頭就已出現。因此近代公法上所確立的"法治國家"原理的出發點，首先就是防禦行政權的濫用。那麼，讓何者去防禦呢？主要讓立法權去防禦。而其中的一種具體做法，就是實行上述的"法律保留"，它有兩層：第一層，對於行政權而言，就有關一定重要的事項，如無法律上的依據則不可為；第二層，為了不讓行政權隨意地侵害人們在憲法上所享有的基本權利，將基本權利留給立法機關以通過法律的方式去保護。所以，"法律保留"其實可以叫作"法律留保"。日本學者就是翻譯成"法律留保"的，我覺得這個翻譯很確當，但我國還是叫作"法律保留"。然而這裏要注意的是：將基本權利留給立法機關去保護，實際上意味著立法機關可以界定基本權利，包括對基本權利進行限制。質言之，它所防禦的只是行政機關對基本權利進行肆意限制，而不防禦立法機關對基本權利進行限制。這種做法應該說在各國的影響是很大的，尤其是大陸法國家，包括我國都是這樣的。比如在當今中國，法律界有一種主流的觀點認為：一旦涉及基本權利的事項，那麼行政機關就不能隨便通過行政立法來規定，而應該交由全國人大及其常委會的法律來規定；甚至退而求其次，認為：你要想限制基本權利，那可以，但你用行政立法不行，你必須得讓人大制定出法律才能限制。這類觀念，實際上就是從"法律保留"原理那裏來的。

法律保留的兩種具體方式規範形態，恰好反映了上述的觀念。其中，第一種具體方式是確認基本權利的具體內容和保障方式均由普通法律加以規定；而第二種則是在憲法中規定或默示對基本權利的限制必須通過法律。比如說，憲法中在規定某一項基本權利時，規定"其內容由法律規定"、"其例外依法律規定"、"非依法律不得限制"、"在法律的限制之內"或"在法律範圍內予以保障"等，就說明這個條款採用了"法律保留"。

"法律保留"本來是為了防禦行政權肆意侵害基本權利，這是它積極的方面；但是它不能排除立法機關對基本權利的限制，且一旦立法機關比較軟弱，其立法權容易被侵蝕、被架空，那麼，法律保留還是不能有效地對基本權利進行保障的。人類的憲政史也說明了這一點，在許多國家的特定時期，比如說"二戰"結束之前的德國和日本，原本"只有通過法律，才能對基本權利進行限制"的原理，變成了"只要通過法律，就可以限制基本權利"的現實。

基本權利相對保障方式的主要特點是：(1) 普遍允許普通法律對憲法所規定的基本權利加以限制，或客觀上存在這種可能；(2) 同時缺乏具有實效性的"對限制的限制"機制，即合憲性審查制度。採用這種保障方式的憲法也不少，但多是近代憲法，其中典型代表包括 1850 年德國的普魯士憲法、1871 年德國的俾斯麥憲法，還有 1919 年德國的魏瑪憲法。此外，1889 年日本的明治憲法也屬於這種類型。

上述的絕對保障方式和相對保障方式相比較，絕對保障方式顯然是更理想的方式。但在二者之間還存在第三種方式。

這第三種保障方式就是基本權利折中型保障方式。這種保障方式具有如下屬性：一方面它存在具有實效性的合憲性審查制度，這與絕對保障方式相同；但另一方面憲法本身又將一部分基本權利的保障委之於普通法律，即採用了一定範圍的法律保留。據學者分析，其典型的例子就是現行的德國基本法。折中型的保障方式和絕對保障方式相比，並不是最優越的，但是和相對保障方式相比，則是更加理想的。

說到這裏，大家可能會問：那麼，我國現行憲法的基本權利保障究竟是採用了哪一種方式呢？這就是接下來要分析的問題。

2. 我國的保障方式

我國目前對基本權利的保障到底是採用了哪一種方式呢？這的確值得我們分析。首先，是不是絕對保障方式呢？肯定不是。因為我們並沒有確立立法機關不能通過立法限制基本權利的原理；另外，雖然不少人認為我國已擁有合憲性審查制度，但是，迄今為止這個制度是否具有充分的實效性則很難説。

那麼，到底我國採用了哪一種保障方式呢？"馬工程" 教材指出：我國採用了類似於相對保障方式的方式。

為什麼我國的基本權利保障方式類似於相對保障方式呢？這需要我們認真思考。

首先我們應該承認，從文本上看，我國現行憲法許多基本權利條款並沒有明文表明基本權利的具體內容和保障方式均由普通法律加以規定，也沒有明文規定或者默示普通法律可以限制基本權利。也就是説，我國憲法看上去好像採用了絕對保障方式。

但是，在憲法上的基本權利條款中，還是有六個條款明顯採用了 "法律保留" 方式的。哪六個呢？

第一個就是第 13 條的私有財產權保障條款，其中第 1 款規定 "合法的私有財產不受侵犯"，第 2 款規定國家 "依照法律規定" 來保護私有財產權，第 3 款中又規定國家為了公共利益的需要，"可以依照法律規定" 對公民的私有財產實行徵收或者徵用並給予補償。可以説，這三個條款都共同顯示了一個原理，我把它叫作 "財產權法定主義"，即財產權的性質、內容、範圍以及具體的保障方式與限制方式，都可以由法律來界定。

在我國現行憲法上，第二個法律保留條款是第 34 條，它規定年滿 18 週歲的公民，不分民族、種族、性別、職業、家庭出身、宗教信仰、教育程度、財產狀況、居住年限，都有選舉權和被選舉權，然而這一條後面附加了一個但書，寫道："但是依照法律被剝奪政治權利的人除外。" 至於誰可以被剝奪政治權利、什麼情況下才能剝奪以及如何剝奪等，憲法沒有明文規定，只能交由普通法律去規定。

第三個條款是第 37 條第 3 款，規定禁止非法拘禁和以其他方法非法剝奪或者限制公民的人身自由，禁止非法搜查公民的身體。

第四個條款是第 39 條，其規定 "中華人民共和國公民的住宅不受侵犯。禁止非法搜查或者非法侵入公民的住宅。"

第五個條款是第 40 條。該條規定："通信自由和通信秘密受法律保護"。這也屬於"法律保留"。

第六個條款是第 41 條第 3 款，規定由於國家機關和國家工作人員侵犯公民權利而受到損失的人，有依照法律的規定取得賠償的權利。

除了上述憲法上的六個條款之外，還要提醒大家的是：我國現行《立法法》第 11 條也為三個基本權利設定了法律保留機制，根據其規定，政治權利的剝奪、人身自由和私有財產權的限制，被列為"只能制定法律"的事項。這個規定十分重要，但是它只是規定在法律當中。這是一個挺有意思的做法。因為一般來說，法律保留是由憲法規定的。而在目前的中國，它也通過《立法法》這部法律來規定法律保留。

這樣看來，我國的基本權利保障方式也有點類似於折中型保障方式了，但為什麼說仍然是屬於相對保障方式呢？原因就在於，從目前有關制度的具體操作方式以及實踐來看，我國基本權利保障方式還是明顯屬於相對保障方式。具體說，有這麼幾點。

第一，大部分國家的憲法，其條款都比較簡約，人權規範也是如此，大多相當於原則性規定。我們國家的憲法也是這樣。但我們一般沒有理由去責怪憲法規定得太抽象、太簡單，因為那是正常的，甚至是有必要的。但正因為太抽象、太簡單，所以實施或適用的時候就要具體化，可是在我國，由於目前合憲性審查制度還不具備充分的實效性，法院也不能在司法過程中引用憲法上的基本權利條款加以具體解釋，所以這些條款只好依賴普通立法加以具體化了。也就是說，即使那些基本權利條款沒有採用"法律保留"，但要想得到實施，那實際上還得要通過法律才行。

第二，那麼普通法律在保障憲法上的基本權利時，作用有多大呢？我們說：從目前的情況來看，作用不怎麼大。這又具體表現在幾個小點：

（1）雖然憲法上的基本權利條款，有賴於法律去加以具體化，從而加以保障，但只有一部分法律這樣做，許多基本權利並沒有得到法律的具體化，立法機關對這些基本權利基本上採取某種"立法不作為"的做法。對於這種"立法不作為"，如果我們存在具有實效性的合憲性審查制度，還是在一定程度上可以作為審查對象的，但又由於我國目前的合憲性審查權主要是由全國人大常委會掌握的，它怎麼可能去審查自己的"立法不作為"呢？於是立法一旦不作為，可以說，基本權利就沒辦法得到具體化。

（2）法律不怎麼去將基本權利加以具體化，那基本權利的保障怎麼具體落實呢？主要是依靠行政法規和行政規章去將其具體化。目前，我國已經宣佈建成了中國特色社會主義法律體系，在數量上，這個法律體系的主體部分可以說是由行政法規、地方性法規和行政規章構成的，其中的行政法規、行政規章，在我國迄今整個法律體系中頗為活躍。但由於它們都是行政機關制定的，一般來說都更加傾向於限制基本權利。最典型的例子就是曾經存在過的有關勞動教養的一系列法規，其中主要就是涉及限制人身自由的行政法規和規章。本來，涉及人身自由這麼一個基本權利的保障和限制，按照"法律保留"的原理應該由法律來規定，但因為法律不怎麼去規定，所以主要就由行政法規去規定，而行政機關的重要職能之一就是要維護社會秩序，因此，它從本性上就會自然而然地傾向於限制人們的基本權利，以便有效地管控社會。有關勞動教養的法規就是如此，為此長期備受爭議。時至 2013 年 12 月，十二屆全國人大常委會通過了《關於廢止有關勞動教養法律規定的決定》，勞動教養制度正式廢止。

（3）有少數法律，確實將部分基本權利加以具體化了，但是又有爭議，比如被認為對基本權利的限制可能過大了。比較典型的，是《中華人民共和國集會遊行示威法》。這部法律將公民的集會、遊行、示威這三項自由加以了具體化，可是在具體化過程中，也對這三項自由進行了限制。這是自然的，但有些限制又被認為過大了，乃至這部法律被稱為"禁止集會遊行示威法"。比如，這部法律對集會、遊行、示威行為採用申請許可制度，而各國上通行的做法是採用登記制度，到有關機關，比如警方登記，登記完了之後就可以去遊行示威了，警方也出動人員，上街配合維持秩序。我國目前是否有條件實行這個制度，的確是值得謹慎研究的，但在現行的申請許可制下，要想申請集會遊行示威，一般來說是很難得到許可的。

第三，從權利救濟方面也可以看出，我國目前基本權利的保障方式，是屬於相對保障方式。很多人都說了，現行憲法雖然規定最高國家權力機關有權監督憲法的實施，但是迄今為止還未完全形成具有充分實效性的合憲性審查制度，為此，也只能依靠普通立法對基本權利加以救濟了。

　　但是，在目前，普通立法也還尚未能全面地對所有基本權利加以救濟。首先，對基本權利設置了救濟機制的普通法律本身就比較少，其中最主要的就靠《行政訴訟法》了，它設立了一個制度，就是"民告官"的制度，這個"官"主要指行政機關。而立法機關或者法官侵犯了你的基本權利可不可以通過行政訴訟進行救濟呢？不行，因為説好了是《行政訴訟法》。其實，各國都有類似的這種法律，規定行政機關如果侵犯了人們的基本權利，人們可以依據該法通過行政訴訟來進行救濟。但是曾幾何時，我國的《行政訴訟法》裏面卻規定了兩條受案範圍的標準，這兩條都是限定性的：第一，僅僅限於具體行政行為侵犯了基本權利的時候，法院才受理。根據這　點，如果是抽象行政行為，比如説通過行政法規，或行政規章，甚至帶有"統一規定"性質的紅頭文件，即所謂具有普遍約束力的決定、命令，那麼，即使限制了基本權利，你也還是欲告無門的。第二，即使行政機關很不小心，居然以具體行政行為的方式侵犯了人們的基本權利，也還要看被侵犯的基本權利是什麼類型的，因為可以進入行政訴訟的主要僅限於人身權和財產權。如果行政主體侵犯了這幾種類型以外的其他權利，比如説言論自由、學術自由、宗教信仰自由等，那都很難通過行政訴訟來加以救濟。一個有趣的例外，是選民資格案件，即公民對選舉委員會公佈的選民資格名單有不同意見的，包括自己被莫名其妙漏掉的，可以向選舉委員會申訴，對選舉委員會就申訴所作的決定不服的，可以向人民法院提起訴訟，但這是通過《民事訴訟法》所規定的特別程序來救濟的。這種案件都比較好打。這是由於一般公權力機關不會侵犯你的選舉權，而是巴不得有儘可能多的人參與選舉，以提高投票率。

　　但囿於上述兩個限定，對基本權利的救濟，在很長一段時間依靠《行政訴訟法》也很難。比較典型的行政訴訟案件可算是拆遷案件了，其中典型的拆遷案件又是這樣的：Z市政府設立"X區舊城改造領導小組"，發佈《舊城改造實施辦法》（以下簡稱《辦法》），規定了舊城改造的原則、方式及補償標準等事項。不久，改造區內的Y認為《辦法》的補償標準過低，遂提起行政訴訟，要求撤銷並重新制定《辦法》。法院裁決：《辦法》是針對不特定對象作出的，不直接影響相對人的權利義務，並具有反覆適用性，應係抽象行政行為，依法不屬於行政訴訟的受案範圍，故裁定駁回起訴。上訴後，該省高院維持了一審裁定。

當然，在長期的發展過程中，行政訴訟的受案範圍也在不斷擴大。先是通過相關的司法解釋，增列了受教育權等內容。經過 2014 年和 2017 年的兩次修改，新《行政訴訟法》更是進一步擴大了受案範圍。但不得不說，在實踐中，這仍然具有相當的現實局限性。對於涉及政治權利、敏感問題、重大影響的案件，長期以來，公民仍然難以通過訴訟來獲得救濟。2018 年年初，最高人民法院發佈了適用《行政訴訟法》的司法解釋。今後，涉及基本權利救濟的案件在司法實踐中是否將得到更多的切實保護，我們尚需拭目以待。

通過以上的分析來看，我們可以說，我國基本權利的保障是屬於相對保障方式的。當然，大家也不要絕望，因為關於基本權利保障方式，需要一個發展的過程。綜觀各國的這個發展歷程，一般來說，前後大致要經歷三個階段，也可以說是"三個層級"。第一層級比較低，就是基本權利單純依賴法律保護，但未得到全面保護。我國目前就處於這個層級。第二層級是基本權利得到了法律的全面保護。也就是說，這時實現了比較全面的法律保留，達到了這樣的一個水準，即對基本權利的限制只能通過法律。這是許多國家在"二戰"結束之前達到的水準。第三層級是發展到了憲法自己保護基本權利，其標誌就是有了合憲性審查制度，而且是真正具有實效性的、能夠救濟基本權利的憲法審查制度。

這三個層級，即三個階段之間的演進，需要我們去推動。是的，目前我國尚處於第一階段，我們的目標可以定在將其推向第二階段。當然，有關這一點，也不是絕對機械的。如果條件允許，我們也可以跳過第二階段，直接躍進到第三階段，那就是基本權利的絕對保障方式了。

（二）基本權利的限制

說起基本權利的限制，首先一個問題是基本權利是否可以加以限制？這是一個很值得思考的問題。曾經有學者在這一點上持否定說。他認為，既然基本權利是憲法所規定的、而且是人們必不可少的權利，那麼就不能再加以限制了。這個說法對不對呢？這就要先理解如下的理論——

1. 限制基本權利的正當性

應該說，基本權利一般來說是可以限制的，完全不能限制的基本權利是鮮有的，關鍵是看對基本權利限制是否有道理。英國著名哲學家密爾在其代表作《論自由》中提出"（排除）侵害原理"，即認為：在一個文明社會中，對權利的限制能夠正當地違背任何一個人的意志而施行於其身上的唯一目的，就是必須防止對別人的侵害。這意味著：對基本權利的限制是正當的，前提是權利主體行使這種基本權利的時候侵害或可能侵害別人的權利，一旦如此，那麼為了排除這種侵害，對這個基本權利就可以加以適當的限制。我們可以舉個例子：大媽跳廣場舞。據說自 21 世紀以來，大媽在中國崛起。具體在哪裏崛起呢？在廣場上崛起，指的是大媽喜歡在廣場上集結跳舞。應該承認，大媽有權利在廣場上跳舞。什麼權利呢？這裏有人身自由、文化活動的自由等。但大媽在跳舞過程中如果使用喇叭，播放高分貝的音樂，以致影響周邊居民的寧靜生活，那就可以加以適當限制了。

密爾的排除侵害原理十分經典，迄今仍然被廣為採用。但對權利進行限制的觀念在現代也已有所發展了。功利主義認為，為了保護或增進公共利益，就可以限制基本權利。比如你擁有一棟房子，你並沒有侵害別人什麼，但國家為了公共利益的需要，比如要建造公路，需要對你的房屋進行拆遷，只要符合法律程序和法定條件，這也是可以的。

功利主義的上述觀點很好理解，但其實也很危險。功利主義的代表人物邊沁（Jeremy Bentham）甚至不相信人擁有固有的基本權利，邊沁認為那是人類的自我授權。那麼邊沁的功利主義的觀點危險在哪裏？危險在於：首先"公共利益"這個概念就很難界定，在國內外法學界眾説紛紜；其次，公共利益很容易受到美化，得到重視，從而輕易地壓倒個人的基本權利。而基本權利畢竟是基本權利，要求公權力不能隨意加以限制，甚至予以剝奪。為此功利主義思想在 20 世紀下半葉就曾受到了猛烈的批評，美國著名的法學家德沃金（Ronald Dworkin）就曾提出，並非只要為了保護或增進公共利益，就可以限制基本權利，要限制基本權利還需要其他適當的理由或者正當性。

　　上面我們講到的限制基本權利的正當性。這裏所講的“正當性”，是一個應然範疇。也就是說，它指的是：在規範意義上，基本權利本身是否可以受到限制；如果可以受到限制，是在何種情況下、因為何種理由而可以受到限制的。

　　那麼，在規範意義上，也就是在應然意義上，基本權利可不可以受到限制呢？簡單地說，根據上面的論述，答案是：可以的。至於是在何種情況下、因為何種理由而可以受到限制呢？答案是：從規範意義上來說，基本權利本身就具有兩種界限：一種叫作內在界限，對應密爾的觀點；另一種叫作外在界限，對應德沃金的觀點。因為存在內在界限，因此它就可以受到內在限制；而因為存在外在界限，因此就相應可以受到外在限制。

　　首先，我們來看基本權利的內在界限。內在界限指的就是基本權利在其自身的性質上理所當然所應伴隨的、源於基本權利自身之中的界限。理解這一點的關鍵就是：內在界限一般是基於某種基本權利的行使可能對其他權利構成積極侵害，或存在明顯的權利衝突而存在的界限。絕大部分類型的基本權利都有內在界限。沒有內在界限的基本權利有沒有呢？有，但在類型上是少量的。這些基本權利在憲法學理論上叫作“絕對權利”。這裏的“絕對權利”，與民法學裏面所講的“絕對權”是不一樣的：民法學裏面所講的“絕對權”又叫“對世權”，指的是針對任何人都可以主張的權利，比如所有權；但是憲法學裏面不講“絕對權”，而是講“絕對權利”，它指的是沒有內在界限的權利，或者說不應該受到任何限制的權利。絕對權利主要有：內心的自由，比如說思想和良心的自由，現在我們的憲法沒有規定，但是 1949 年的《共同綱領》曾規定過思想自由；還有人認為人的尊嚴、獲得公正審判的權利也是不受任何限制的。除了這些基本權利之外，大部分基本權利都有內在界限。這些基本權利自身的性質決定了其主體在行使基本權利的同時，可能侵害或已經侵害了其他權利主體的權利或者公共利益，因此有其內在界綫，從而需要加以限制。比較典型的例子就是言論自由，其自身的性質就決定了它不能侵害他人的隱私權、名譽權，也不能侵害公共利益，比如說泄露國家機密等。

　　值得指出的是，即使對基本權利採用絕對保障的方式，那也不是說基本權利就不受任何限制，只不過看如何限制而已。關於這一點，我們可以再舉美國的例子來說明。之前我們講到《美國憲法》第 1 條修正案，它裏面有一個"不得立法侵犯條款"，言論自由就被列入"國會不得立法侵害"的範圍裏。時至現代，美國聯邦最高法院甚至還在憲法判例中賦予言論自由一種優越的地位。也就是說，它比其他權利，比如說與經濟自由相比，地位更加優越，受到了更大的保護。應該說，正因為這樣，美國才成為當今世界上言論最自由的國家之一。這不僅跟他們的文化有關，跟他們這個憲法制度也有關係。那麼，這是否意味著美國對言論都不加任何限制呢？這是不可能的。美國聯邦最高法院 20 世紀初有一位很偉大的大法官，在歷史上很著名，叫霍姆斯（Oliver Wendell Holmes），他在 1919 年的申克訴合眾國案（Schenck v.United States）的判決中曾經就有一句名言："對言論自由作最嚴格的保護，也不會容忍一個人在戲院中妄呼起火，引起驚慌。"這句話被經常引用，就是用來說明言論自由的內在界限的。

問題是，既然憲法都明確規定了連國會都不能通過制定法律去侵犯言論自由，那該如何根據言論自由的內在界限去合理地限制它呢？美國法律人想出了一種具體方法，比較巧妙，也可以說是體現了法規範的一種技術吧。究竟怎麼做呢？做法就是：一方面維持"國會不得立法侵犯"言論自由的原則，國會真的不制定類似的法律去限制；但另一方面主要由法院通過了一系列的司法判例，確立了"不受保護的言論"這一個概念，英語叫 unprotected speech，其所指的就是不受第 1 修正案保護的言論，從而就把一部分確實需要限制、也應該加以限制的言論加以類型化，並納入這個範疇中，使它在法律的世界裏受到了應有的限制。那麼，這個 unprotected speech 包含哪些類型呢？還挺寬泛的，具體包括猥褻性言論，對個人的誹謗，對少數種族等集團的誹謗，比如說對黑人的誹謗，還有侵犯隱私權的言論，泄露國家機密的言論，甚至還包括部分營利性的言論，比如說對部分營利性的廣告有限制，甚至禁止。這些都不受第 1 條修正案的保護。通過採用這種法規範技術，對言論就可以進行必要的限制了。為此在現實中，言論在美國也是受到一定限制的，而且，有些場合還限制得還挺厲害的。比如說"9·11"事件之後，美國的一些機場裏面往往掛著"請勿開玩笑"這樣的警示牌，據說洛杉磯國際機場安檢入口處就曾經掛有這樣警示牌。如果你在機場安檢入口處突然碰到你的一位朋友，他的名字叫傑克，你很興奮地喊道："Hi，Jack!"那説不定你就可能當場被航警按在地上，逮捕起來。這是怎麼回事呢？因為"Hi，Jack"的發音在英語中跟"劫機"那個意思的"hijack"幾乎差不多，你很興奮地高呼"Hi，Jack!"，那就可能被聽成"我劫機啦！"航警還以為你是恐怖分子呢！

總之，基本權利也是有內在界限的，所以是可以加以限制的，即使是被認為言論高度自由的國家，比如剛才所説的美國，對言論的限制也是存在的，這種限制，就是基於基本權利的內在界限所產生的。基本權利的這種內在界限，決定了基本權利的行使，不能侵害其他權利主體的自由權利，不能侵害公共利益。我國現行《憲法》第 51 條的規定也是可以這樣理解的，該條的內容是："中華人民共和國公民在行使自由和權利的時候，不得損害國家的、社會的、集體的利益和其他公民的合法的自由和權利。"這就比較典型地體現了基本權利的內在界限原理。

接下來我們再來了解基本權利的"外在界限"。

基本權利的外在界限跟內在界限不同，它指的是從權利的外部所加諸的、並為憲法的價值原理所容許的制約。這種界限的特點也與內在界限不同。不同之點在哪裏呢？一般來説，這種外在界限不是基於某種權利的行使可能對其他權利構成侵犯才產生的，甚至也不存在明顯的權利衝突，而是僅僅基於公共政策，主要是公共福利，而對基本權利所加的一種限制。只不過，這種限制雖然是權利外部加進來的，但憲法本身的價值目標也容許，為此在規範上才得以成立。也就是説，基本權利的外在界限具有兩個基本特點：第一，它一般不是基於某種權利的行使可能對其他權利構成積極的侵害，也不存在明顯的權利衝突，而是基於基本權利外部的公共政策（如公共福利）所加予的限制；第二，這種限制，還必須為憲法本身的價值目標所容許。

值得注意的是，一般來説，這種外在的限制只適用於部分的權利，主要表現為現代憲法根據社會公共福利的需要對經濟自由所施加的限制。為此，這一種外在界限又被稱為公共政策上的制約。也就是説，一般是經濟自由這一個權利類型，它存在這種外在限制。我們舉一個最典型的情形，就是對私有財產權的限制。各國都會對私有財產權進行限制，其中有內在限制，也有外在限制。如果因為私有財產的行使與其他權利或公共利益發生衝突，為此加以限制，那麼就屬於內在限制；而為了增進公共利益，而對私有財產加以必要的限制，那這種限制就屬於外在限制。我國也是如此。我國《憲法》第 13 條第 3 款就規定：國家為了公共利益的需要，可以依照法律規定對公民的私有財產實行徵收或徵用並給予補償。這裏所說的"徵收或徵用"其實就是一種限制，是對私有財產權的主要限制形態。這就是基本權利的外在限制。

說到這裏，我們就可以給出如下暫定的小結：

（1）基本權利雖然是憲法所規定的、人們必不可少的權利，但可以加以限制，而限制基本權利的正當性正在於基本權利往往具有界限。

（2）基本權利的界限又包括內在界限和外在界限。

以上講的就是抽象層面上的限制基本權利的正當性。那麼，是否可以這樣認為：基本權利既然是可以限制的，那也就是相對的了。要知道這一點，就需要接下來了解——

2. 基本權利之界限的特性

一般而言，基本權利具有界限。那麼這些界限有沒有什麼特點呢？有。有什麼特點呢？至少有兩個特點：第一個是基本權利的界限具有相對性；第二個是基本權利的界限又具有具體性。接下來我們一個一個分析。

首先是界限的相對性。說到基本權利界限的相對性，我就聯想到，曾幾何時，法學界有一種觀點，認為基本權利本身就是相對的。剛才前面所說的那種認識，就是從這裏來的。這個觀點其實也未必是完全錯誤的，但如果籠統地認為基本權利是相對的，因此可以隨便限制，那就具有一定的危險性。從憲法的精神來看，既然保障基本權利是憲法的核心價值目標，為此，即使基本權利可以限制，也不可隨便限制，究竟應該如何限制，則需要加以審慎對待。對此，我認為，與其說基本權利是有界限的、因而是"相對"的，倒不如說這種界限自身才是相對的。這是我很早以前曾經參與一本教材的寫作時特地提出的觀點，主要就是為了克服傳統的那種"籠統相對化"的基本權利觀。

那麼這種界限的相對性表現在哪裏呢？我們可以具體來看看。

第一，有些基本權利是有界限的，但有些基本權利則沒有界限。關於這一點，前面也曾經提到過，這些沒有界限、因而不受制約的基本權利就屬於"絕對權利"。判斷標準就是，對某項基本權利行使是否必須或者必然伴隨著權利主體採用某種法學意義上的行為。也就是說，在基本權利的所有類型之中，一旦在行使的時候，必須採用法學意義上的行為，那麼這種類型的基本權利

小貼士：哪些基本權利是絕對的

就可能與他人的其他權利發生衝突，或與公共利益發生衝突，為此就具有界限；而如果不需要伴隨著法學意義上的行為，那麼就談不上會跟他人的權利、公共利益發生什麼衝突，為此就沒有界限。那麼，是否存在行使形態上無須伴隨著法學意義上的行為的基本權利呢？答案是：存在的！

第二，儘管大部分類型的基本權利都具有界限，都可以加以限制，但是無論如何限制，都不能侵害其最核心的內涵。從這一點上而言，基本權利的界限也是相對的。我們可以總結成這樣一個口訣："界限也有界限，限制也受限制。""界限也有界限"也就是說：有些基本權利即使有界限，但這種界限也並不是可以不斷地擴展下去，或者可以隨意設定的，而是總有一個邊界。至於邊界在哪裏，我們稍後要講。而"限制也受限制"，是說：因為基本權利有界限，所以可以限制它，可是這類"限制"本身也要受到限制，這就是"對限制的限制"。而且，在憲法學中，這種"對限制的限制"必須加以制度化，主要是制度化為一種什麼制度呢？主要就是我們平常所講的合憲性審查制度。它的核心功能，就是對限制基本權利的立法行為進行再限制。以上我講的是界限的第一個特點，界限的相對性。

接下來我們講基本權利界限的具體性。基本權利的界限不僅是相對的，也是具體的，其具體性表現在：不同的基本權利，一般而言，其界限各不相同。有些基本權利的界限大一些，有些基本權利的界限小一些。質言之，正如前面所說的那樣，即使某些基本權利是有界限的，但其界限也總有個邊界，至於邊界何在，則因不同的基本權利類型而不同，對其認定也需要在具體個案中進行具體的衡量。而且，與此相應，對不同的基本權利，其限制的方法、範圍也應該有所不同。還有，對那些限制（如通過立法）的合憲性審查的標準也不同。這些內容，正是各國憲法學人權

各論的主要內容。為此這裏就不展開了，但從總論意義上來說，道理就是這樣的。這就是界限的具體性原理。

以上講的是基本權利界限的兩個特點，接下來我們來講——

3. 基本權利的限制

基本權利的限制，與基本權利的界限具有內在聯繫。質言之，基於基本權利的內在界限和外在界限，基本權利可受到限制，而且在一般意義上，基本權利的限制也相應分為內在限制和外在限制兩種類型。

那麼，何者可以限制基本權利呢？這就涉及基本權利的限制主體的問題。根據"馬工程"教材的説法：一般來説，國家機關是限制基本權利的主體，但並非所有國家機關都有權限制基本權利；其中，立法機關可以通過制定法律的方式限制基本權利，行政機關也可以限制公民的基本權利，但非經法律獲得授權不得以命令方式限制公民的基本權利；任何組織、團體、政黨和個人都無權限制公民的基本權利。

這個説法是很權威的。但我們認為：不僅包括立法機關、行政機關，也包括司法機關和新設立的監察機關，所有國家機關只要擁有正當的目的和理由，通過正當的程序和方式，一般都可成為限制公民基本權利的主體。現實中也是如此，當某個法院拒不接受公民所申請受理的行政訴訟案件，就可能限制了公民的裁判請求權。值得指出的是，不僅國家機關，一切獲得授權行使公共職能的其他主體，只要獲得正當的授權，擁有正當的目的和理由，通過正當的程序和方式，也可以限制公民的基本權利。但作為普通意義上的個人或其他私主體，一般無權限制公民的基本權利，只有在特定情形下才可能被認定為侵害了私主體的基本權利。有關這一點，下面我們將會專門講到。

對基本權利的限制，都應具有正當的目的。一般而言，公共利益是其較為典型的正當目的。《憲法》第 51 條所説的"國家的、社會的、集體的利益"就屬於公共利益，而"其他公民的合法的自由和權利"由於同樣需要公權力提供保護，為此在法理上也屬於公共利益。不過，在基本權利限制的具體個案中，基本權利限制的目的也是十分具體的，其究竟是否正當，還需要付諸具體論證，並經得起事後的合憲性審查。

　　基本權利限制的手段也是十分具體的，可歸納為憲法限制和法律限制兩種限制方式。根據"馬工程"教材的說法，憲法限制是指在基本權利規範中明確規定該權利的界限與範圍，又稱"憲法保留"；法律限制則指的是通過按照立法程序所制定的法律限制基本權利，屬於"法律保留"的範疇。

　　以上內容比較複雜，可舉例說明。

　　吸煙的人都知道，如今煙盒上都會寫有"吸煙有害健康"的文字。許多人也許會有一個疑問：為什麼捲煙廠會在煙盒上寫上這樣的文字呢？它們既然在生產煙，也想賣煙，為什麼還要說吸煙有害身體健康呢？"自賣自誇"這個道理連王婆都懂，難道捲煙廠不懂嗎？

　　我們說，捲煙廠哪會不懂！它們如今是沒辦法才那樣做的。那為什麼要這樣做呢？說來話長。簡略說是這樣的：有一個國際條約，叫作《世界衛生組織煙草控制框架公約》，其中規定：在煙草製品的包裝上必須標注"吸煙有害健康"的警示語。而我國政府已經簽署了該公約，並於 2005 年 8 月 28 日起生效，於是就應該正式履行該公約的義務。所以現在我國生產的所有的煙草製品包裝上面都寫這句話。這是表面上的緣由。

　　如果深入進去分析，我們會問：為什麼《世界衛生組織煙草控制框架公約》會採用這樣的具體規定呢？從憲法學角度透視過去，這個具體規定的背後還有更深層次的緣由。從原理角度來說，香煙的生產與銷售是一種行為，這裏面有沒有涉及基本權利呢？如有，那屬於哪種基本權利呢？對了，有涉及基本權利，是屬於經濟自由，具體而言，生產和銷售香煙是經濟自由裏一個更為具體的類型，叫營業自由。對這個權利，我國現行憲法沒有明確規定。可以說，我國現行憲法對整個經濟自由這一項的規定都是比較薄弱的，因為我國是從社會主義計劃經濟那裏逐漸轉型過來的，現在進入社會主義市場經濟時代，但是憲法這個基本權利部分卻還沒跟上去，經濟自由的許多類型都沒有寫入憲法。也許有人會說，沒有寫入憲法也不要緊呀，這二三十年以來發展得最好的，不就是經濟嗎？這種觀點僅僅看到了表面的成就，殊不知，在這個領域的輝煌成就之中蘊藏了數也數不清的嚴峻問題。

　　至於香煙的生產與銷售方面，情況是這樣的：首先，我們說，憲法上面肯定應該存在營業自由。但與其他基本權利一樣，經濟自由也可以受到一定的限制。比如香煙的生產與銷售雖然屬於營業自由，但它所伴隨的行為卻可能損害人們的健康，而人們的健康則是人的一種重要的人格利益，況且，因為還會損害不特定人的健康，所以還可能涉及公共利益呢。這說明，作為捲煙廠和煙草公司的有關生產香煙並去銷售這一意義上的營業權利，就具有前面我們所說的"內在界限"了，為此就需要受到一定的限制了。那麼，該怎麼限制呢？較為妥善的辦法就是通過立法限制。而加入國際公約，即把國際公約引入我們的法律體制中來，這也是一種立法行為。我國政府正是通過加入《國際煙草控制框架公約》，對香煙的生產和銷售進行限制的。

　　然而，通過立法限制，這只是限制基本權利的一般方法，甚至可以說是限制的途徑，而不是技術性層面上的具體方法。但實際上，基本權利的限制是具有高度技術性的，而這種技術性層面上的方法也是各種各樣的，至於具體的情形如何，則主要根據所要限制的基本權利本身的情形而定。比如說，限制香煙的生產與銷售與限制言論自由的技術性方法就不一樣。我們先看看有多少種方法可供選擇，來限制香煙的生產和銷售。

　　第一種，最徹底、最嚴格的限制方法，就是學習林則徐，實行禁煙，即乾脆禁止香煙的生產和銷售。鴉片在我國歷史上就是這樣被禁住的。

　　第二種方法，稍微溫和一些，適當限制香煙的銷售。怎麼限制呢？也有若干具體辦法。比如，實行專營專賣制度。但是專營專賣制度的主要目的之一，往往是保證國家財政收入。縱觀歷史，歷代朝廷都會把最稀缺的、最能營利的資源控制在自己手中，實行專營專賣制度。歷史上，我們有兩種東西必然是實行專賣的：鹽和鐵。政府控制在手裏，自己決定價格，如果你私自販鹽，也就是通常所説的販賣私鹽，對付它的刑罰是嚴厲的，包括死刑。為什麼要這樣做呢？說是要保護國家利益，其中包括統治者的利益。現在我們有煙酒專賣制度，目的之一也是保證國家財政收入。也正因為這樣，雖說是"專賣"，但到處都在賣，也就是説只要獲得政府批准，都可以賣。為此，這種制度就對香煙的銷售構不成太大的限制。而如果要想進一步限制它，就必須採取更為有效的方法了。那到底該怎麼限制呢？對於專賣物品，國外還有一種比較通行的限制方法就是在銷售的時間、對象上進行限制。比如說，規定晚上不能賣，這就屬於時間上的限制，但這個方法一般用於限制賣酒，不太用於限制賣煙。不過，比如有些國家規定，禁止將香煙賣給 20 週歲或一定年齡以下的人，否則，銷售行為則構成違法。這是一種比較嚴格的限制方法。

那麼除了以上那些方法，還有什麼更寬鬆的限制辦法嗎？有的，一種更加溫和的限制方法，就是禁止香煙廣告，甚至強制要求香煙生產者在煙草製品的包裝上標注"吸煙有害健康"這樣的警示語。

那麼，我們中國現在採用了哪幾種方法？有沒有禁止香煙廣告？禁止了。如果誰還在公開做香煙廣告的話，那是屬於違法行為。當然，現實中還是有的，但那是違法的，有的則採用的是曲折迂迴的方式。另外，我國也強制要求在煙草製品的包裝上標注"吸煙有害健康"這樣的警示語。

但要注意的是，既然香煙有害健康，為什麼我國不採用更加嚴格的限制措施，比如索性全面禁止香煙的生產和銷售呢？而且世界上其他國家為什麼基本上也沒有呢？這在憲法學基本權利的原理中，是有一定理由的。簡單說是這樣的，人們目前所認識到的香煙的危害不同於鴉片，為此不被認為需要採用徹底禁止這種最嚴格的限制方法，而且還有一個具體原因就是：如果全面禁煙，即全面禁止香煙生產銷售，那還有可能會侵害經濟自由裏面的營業自由，還有與此相關的工作自由，當然，還會損害吸煙的自由。德國有個案例，就涉及這個爭議。的確，過度限制香煙的生產和銷售，還可能限制在煙草公司從事香煙生產銷售工作的那些人的工作自由。大家都能理解這樣的道理：就業率的提高也是政府非常關心的一件事情，是一種公共利益。它對個人來說，關係到工作自由這樣一種權利；而對政府來說，則是需要保護的一種公共利益。此外，如果全面禁止吸煙，那麼吸煙的自由也可能被侵犯。根據我們前面所說的原理，吸煙自由屬於一般行為自由，有些人認為必須加以保護，有些人認為未必需要憲法加以保護。但不管怎樣，吸煙畢竟是個人選擇的一種自由，別人無權完全替代吸煙者去進行選擇戒煙，政府也是如此，因此限制就不能太過分。總之，正因為這些緣由，因此大部分國家目前還不採取全面禁止香煙生產和銷售的方法。

4. 基本權利限制的正當化

基本權利的限制，必須有正當理由。基本權利本身具有內在界限和外在界限，但是我們不能根據這種籠統的理由就對任何基本權利進行限制。要對基本權利進行限制，還必須進行對限制進行正當化論證，此即基本權利限制的正當化。

基本權利限制的正當化，在不同的國家存在不同的做法，如果從我國目前法治發展的內在需求和情況出發，同時參酌其他國家的合理經驗，可總結出一套應有的模式。它一般可歸納為一個論證框架，即必須同時通過兩種方式進行論證：一為形式意義的正當化，一為實質意義的正當化。如無法完成上述兩種正當化的論證，那麼對基本權利欲施加的某種限制則不可為，否則便構成對基本權利的侵害。

我們首先講形式意義的正當化。

形式意義的正當化，指的是限制某一基本權利，必須具有法律上的根據。這裏面又包括兩種具體情形：一種情形是對某種基本權利的限制，應通過法律的限制，前面又稱"法律限制"，即由國家立法機關直接通過法律實行這種限制。一般而言，那些被賦予法律保留機制的基本權利，可以通過這一關；另一種情形則放寬了一些，是對某種基本權利的限制，應依據法律的限制。具體而言，它雖然不是立法機關直接通過法律的限制，但應屬於基本權利限制主體獲得國家立法機關的授權（在憲法上叫"委任立法"），比如行政機關獲得授權，可通過行政立法實行這種限制，或者說這種限制至少應具有行政立法上的依據。如果沒有滿足上述兩個條件之一的，那麼對某基本權利的限制就在形式意義的正當化上面不過關，也就是它沒有在形式意義上完成對限制的正當化論證。為此，可推斷其違憲。

除了形式意義的正當化外，對基本權利的限制還需要滿足實質意義的正當化。這種正當化往往需要提出公共利益的理由，或基本權利的內在制約與外在制約的理由來論證。但這只能作為基本權利限制的概括性的正當化理由，而不足以作為具體性的正當化理由。也就是説它只能作為一項原則或原理存在，而不能作為限制某個基本權利的具體理由，否則所有基本權利都可能被輕易地不當限制。簡言之，你不能説這項權利具有內在界限和外在界限，就對它進行限制，而是必須對這一限制的理由進行具體的論證。

這方面的論證一般包括如下三個步驟：

第一個步驟：對限制目的的論證。如果某一個公權力行為準備對某一個或幾個基本權利進行限制，那麼首先要論證這一限制的目的是正當的。其關鍵是論證該限制具有正當的限制（規制）目的，以及不存在（特別是沒有隱藏了）不正當的目的。

第二個步驟：對限制手段本身的論證。這需要論證限制手段本身也是正當的。這裏需要注意的是有些基本權利的限制手段，本身在憲法上就是不正當的。比如一些人涉嫌犯罪，你可以按照法定程序對其人身進行拘束，但不能進行非人般的拘束，比如把人當作動物來拘束，或像拘束動物一樣拘束人，也不能對其人身進行奴役，比如讓其做非常繁重的奴隸般的勞役。又如，為了迅速破案可以適當限制犯罪嫌疑人的沉默權，但是不能採用刑訊逼供的手段。

第三個步驟：依據比例原則的論證。所謂比例原則，就是評估限制基本權利的手段與限制的目的之間是否存在合適關係的一套標準。它最初確實是在德國的警察法學中先出現的，但後來發展為憲法上約束公共權力的一項重要原則，而且時至當今，許多國家和地區都採取了比例原則，包括一些適用普通法的國家和地區，比如加拿大和我國香港特區。

比例原則又由以下三個具體原則構成，依據比例原則的論證，就是要論證某一項限制基本權利的公權行為符合以下三個具體原則。

第一個是適當性原則，其要求規制手段與規制目的之間應該存在合理的關聯。比如你的手段本身的正當化論證已經過關了，但還要看手段是否能為實現目的服務。如果你的目的是限制大家在網絡上罵人，採取的手段卻是禁止人們吸煙，那就自然不符合適當性原則了。

第二個是必要性原則，即要求規制手段對於規制目的的實現來説必須是最低必要限度的，也就是説在所有可以實現目的的手段中已經不存在比當前採取的更為溫和的手段了。比如你為了排除火災發生的隱患，需要進入房屋檢查，採取的手段是把人全部趕走，那麼這種手段就相當於"高射炮打蚊子"，有違必要性原則。這裏值得指出的是，必要性原則實際上可以稱為"最低必要限度原則"，但是學界往往把它簡稱為"必要性原則"。"最低必要限度"，是很重要的一個憲法學概念，一定要記住。最低必要限度限制的手段不應該過大，應該用所有手段當中最寬鬆的手段，最低必要限度就體現了這個意思。

如果這一關也過了，就要看第三個，又叫均衡原則，又稱狹義的比例原則。它指的是因規制手段的採用所獲得的利益與失去的利益之間是否達成大致的平衡。不能夠因小失大，為了些小的公共利益，卻讓人家付出過大的代價。這一原則在實踐操作中存在主觀性，所以有人認為這一小原則不可靠。但是隨著現代法律論證理論和技術的發展，狹義的比例性原則的內容不斷被客觀化，能夠儘量避免主觀性的影響。

以上就是對基本權利限制的正當化，接下來我們講——

5. 對基本權利限制的限制

我們說，公共權力可能對基本權利進行限制，但是這種限制在立憲國家還需要加以限制。對基本權利限制的限制，可以說構成了憲法對基本權利保障的主要內容。

掌握基本權利的限制以及"對限制的限制"理論是很重要的。我曾經講過，憲法學研究人權，政治學也研究，社會學、哲學等學科都研究人權。那麼，到底我們憲法學的研究和其他學科有什麼不同呢？一般來講，最大的不同就是是否著重於規範。憲法學應該成為一門規範科學。規範科學的特徵決定了講到人權的時候，在內容和方法上與其他學科不一樣。其他學科，比如說哲學、政治學、社會學，它往往傾向於重視人權保障方面的主題。憲法學當然也重視人權的保障，但與其他學科不同的是，隨著規範性問題的展開，憲法學並不僅僅止於重視保障方面的內容，而且還進一步闡述基本權利的界限方面的問題。因為有界限，就要加以限制，那麼又應該如何限制？如何限制才不會過頭？而過頭之後又該怎麼辦？如何判斷某種限制是否過頭？這就引出了一系列相關的規範性原理與技術。這就是憲法學的特殊之處。

總之，在把握基本權利問題的時候，我們憲法學依次有三個層次的內容：第一要研究它的保障，第二要研究它的限制，第三還要研究"對限制的限制"。而第一點是所有研究基本人權的學科一般都會考慮到的，但是，第二點和第三點，即限制和對限制的限制，這兩部分內容則可能是我們憲法學科作為規範科學與其他學科相比在理論上較為發達的部分，而我們將來在社會實踐或法律實務工作中所面臨的大部分涉及基本權利的事件或案件，其中主要的、最具有技術性的部分，也可能正在於這後面兩點。

我們今天所要繼續講解的，也屬於這方面的內容，尤其是對基本權利限制的限制。我們說過，在成熟的法治國家，對基本權利限制的限制通常會制度化為合憲性審查制度，又稱違憲審查制度、憲法審查制度。它要求對不同的基本權利限制（如某項立法），從不同的方面和層次進行審查，判斷其是否構成了對憲法上某個或某些基本權利的不當侵犯。那麼具體怎麼做呢？我們姑且舉一個經典案例來看看。

這個案例就是美國的一起墮胎案。在美國歷史上，墮胎長期被法律所限制，包括嚴格禁止，這跟我國不同。在西方許多國家，墮胎行為可能會構成刑事犯罪，罪名就叫墮胎罪，如果墮胎不當，甚至可能會構成謀殺罪。美國就是這樣的。在中國人印象中美國也許很開放，實際上有些領域就不一定了，它不僅嚴格限制墮胎，在20世紀中葉之前，許多州甚至用法律禁止夫妻避孕。為什麼呢？我們曾經說過，其中一個重要原因就是美國有非常深厚的基督教文化傳統，認為生命是自然的、上帝賜予的，人類不能通過人工的方法干預神聖的生命歷程。時至如今，墮胎問題在美國都已經成為一個政治問題了。

但具體到法律的層面，還必須說明，禁止墮胎的正當目的是什麼呢？答案是：墮胎行為可能與維護生命這種公共利益相衝突，即可能有損於生命這種神聖的價值。具體到個人權利的角度，生命權是一種很重要的基本權利。我們說過，美國聯邦憲法第5和14兩個修正案裏面都寫著要維護人的"生命、自由和財產"。所以法律要嚴格限制墮胎，嚴格到幾乎全面禁止墮胎的程度。但是，如此過度地限制墮胎，其實又可能侵犯婦女的權利。什麼權利呢？主要就是自我決定權。為此，隨著時代的發展，尤其是20世紀女權主義運動的發展，爭取婦女適當的墮胎權，就成為相當一部分公民運動的主題。

本案正是在這種背景下發生在20世紀70年代的一宗典型的案例，在美國歷史上比較有代表性，案名叫作"羅伊訴韋德案"（Roe v. Wade）。案情是這樣的：

一個年輕女子——她的名字叫羅伊，其實她是化名的——聲稱她未婚先孕，想墮胎，但是她所居住的得克薩斯州的法律禁止墮胎，為此她如果想墮胎，只能到

圖26　1973年，"羅伊訴韋德"（Roe v. Wade）一案，成為當年轟動美國的憲法案件。
圖為該案當事人羅伊（中）

其他允許墮胎的州去做手術。後來她就起訴到法院，主張州法侵犯了她在憲法上享有的一種隱私權，即墮胎權。

　　為什麼要說侵害了隱私權呢？因為在當時的美國，通過前面所説的那個"格里斯沃爾德訴康涅狄格州"的案件，即判決禁止避孕的州法違憲的案件，憲法上已經推演出了"隱私權"這樣一個憲法上沒有明文規定的新權利，而它的內涵相當於我們所説的人格權這個概念。因此本案的原告一方，就套用這個概念來起訴。當然，在本案中還採用了一個更為具體的新概念，就是"墮胎權"，其實就是主張：墮胎權就包含在隱私權裏面。這個案件經過層層訴訟，最後上訴到美國聯邦最高法院。最高法院專門委託一位大法官去研究，這個大法官研究了好幾個月的時間，翻閱了大量醫學資料和證據，最後起草了多數意見的初稿。聯邦最高法院經過討論，於1973 年作出了判決。

　　這個案件就涉及非常重大而且典型的權利衝突。是什麼權利之間的衝突呢？主要就是婦女的墮胎權和胎兒的生命權之間的衝突。它涉及這樣一個問題，即對於州法或者説州政府來說，保護胎兒的生命是一種公共利益，但問題在於究竟應該優先保護婦女的墮胎自由，還是應該優先保護胎兒生命。這就引出了一個理論問題，也就是我們要講的重點問題，即在某個具體的個案中，當兩項基本權利之間發生了衝突的時候，應該怎麼處理？

　　本案就是解決上述問題的一個典型案例。法院的判決書也寫得非常經典。而如果讓你寫，你會怎麼寫呢？中國人一般都學了辯證法，所以表達都十分類似：一方面，婦女的自我決定權和健康權非常重要；另一方面，生命也非常重要。因此，二者不可偏廢，應該並重保護。對於需要解決的具體案件，這種話說了等於沒說。而我們可能恰恰習慣於說一些類似的不解決實際問題的套話、空話、大話，甚至假話。這樣的風格其實表現了我們自己思維的空洞。然而，真正的憲法學作為規範科學，它處理問題的方式是不應該如此的，它應該有自己獨特的立場和方法。本案的判決書就體現了這一點，它提出了一個有效地解決問題的方案，而且非常有說服力。但因為解決的問題本身比較重大，所以這份判決書還是引起了很多爭議。不過，平心而論，這個判決書所提出的處理權利之間衝突、調整權利之間界限的方案，還是非常精妙的。在判決書裏，最高法院這樣寫道：婦女擁有可以自行決定是否終止妊娠的權利，但政府也可以通過法律限制墮胎；不過，政府對墮胎的限制應根據胎兒存活性的狀況而劃分為如下三個階段：（1）在妊娠 12 週之前，婦女的墮胎權絕不受政府干預；（2）在 12 週之後 24 週之前，政府可以干預墮胎，但干預的目的必須以保障婦女的健康為限；（3）在 24 週之後，政府則可以為保護潛在的生命而禁止墮胎。

　　前面說過，起草這份判決書初稿的大法官曾為此研究過醫學知識，包括胎兒存活性狀況的過程，因此他劃分出上述三個階段。也就是說，這三個階段的劃分是有科學依據的，主要根據胎兒存活的狀況來劃。這樣的標準非常明確，具有可操作性，而且裏面蘊涵著一種平衡術。這種平衡術不是一般意義上講的政治家的平衡術，而是法學中進行利益衡量所採用的一種權利的平衡技術。就本案而言，它主要是依據胎兒存活的狀況，劃分出三個時間段，據此對不同權利進行調整。

　　當然，值得一提的是，羅伊案判決之後，爭議還是挺大的。在美國，墮胎問題本來爭議就很大，羅伊案的判決加劇了這種爭議。結果，2022 年 6 月，美國聯邦最高法院在 Dobbs 案中推翻了這個判例，否定《美國憲法》第 14 條修正案中包含了墮胎權。

　　這個結局也在美國社會掀起軒然大波，很多人懷疑甚至反對聯邦最高法院推翻羅伊案的判決。其實，羅伊案判決在許多人看來具有一種進步意義，其中的分析方法，為我們很好地揭示了一個道理：關於基本權利，其內在界限往往表現在權利衝突的情景之中；當不同主體的權利發生衝突時，就需要對彼此進行具體的衡量，並作出合理的解決。諸君以後要記住：其實我們的法律事務，主要的工作也就是調整不同利益、不同權利之間的衝突，而所用的方法中，最重要的其實也就是利益衡量。天平之所以成為法律工作的象徵，道理就在這裏。

羅伊案還說明了，為了保護公共利益，公權力可能要對基本權利進行適當的限制，但關鍵是要進行必要的權衡，檢視所實行的限制是否正當。合憲性審查一般就是審查公權力對基本權利的限制行為是否做到了這些要點。具體而言，這種合憲性審查一般會有一個審查框架，包含許多環節和步驟。至於包含多少環節和步驟，不同的國家基於不同制度，可能有所不同。但這種審查框架基本上與前面我們所講的基本權利限制的正當化論證框架也是一致的。這是由於，在法治國家，公權力對基本權利的限制，要經得起對基本權利限制的限制，即經得起此後可能啟動的合憲性審查；換言之，合憲性審查制度一旦成熟，具有一定程度的實效性，那麼它就會產生一種"倒逼"功能，促使公權力機關在對基本權利進行限制之際，會作事先的自我審查，即前面講的基本權利限制的正當化論證，免得事後捲入到違憲爭議之中，面臨合憲性審查。也正因為如此，對基本權利限制的合憲性審查框架與前述的正當化論證框架基本是一樣的。

由於對基本權利進行法律限制的正當化論證框架在前面已有詳述，這裏將我國應有的合憲性審查框架簡單概括如下：

對基本權利限制的合憲性審查，必須先後通過兩種審查：一為形式意義的審查，一為實質意義的審查。

形式意義的審查，主要要求審查對某一基本權利的限制是否具有法律上的根據。這裏面又包括兩種具體情形：一種情形是該限制是否屬於通過法律的限制，即是否通過立法機關的法律對基本權利施加限制；另一種情形則可能是立法機關以外的機關作出的限制，但卻屬於依據法律的限制，即這種限制獲得了相關立法上的授權。形式意義的審查，要求至少要滿足上述兩種情形之一，否則可推斷其違憲。

實質意義的審查，同樣也包含對限制目的的審查、對限制手段本身的審查以及依據比例原則的審查；其中，比例原則又具體包括適當性原則、必要性原則以及均衡原則三項。依據比例原則的審查，就是要依次審查限制基本權利的行為是否符合這三個具體原則。

二、人權規範的效力範圍

前面我們講過了，基本權利主要是個人等私主體針對公權力所擁有的權利；普通意義上的個人等私主體一般也不是基本權利限制的主體。因此，憲法上的那些基本權利條款或者說人權規範，主要都是解決私主體和公權力之間的關係的。與此不同，一般來說，私人之間的關係主要則由私法規範，比如民法規範來調整。舉例來說，警察隨意毆打一位公民，這可能涉及基本權利問題嗎？當然可能，因為警察作為國家公職人員，這樣做可能侵犯了公民的人身權。但是，一位普通公民張三毆打了另一普通公民李四，這可能涉及基本權利問題嗎？這個問題其實在法理邏輯上可轉化為這樣一個問題，即：憲法中的基本權利規範或者說人權條款，是否也可以調整私主體和私主體之間（比如說公民和公民之間）的關係呢？

一般來說，這是不可能的，因為它只是民法上的問題；如果打得特別嚴重，最多也只是刑法上的問題，而不會涉及基本權利問題。然而，在這裏我們要特別提出這樣一個問題：是不是可以說，憲法中的人權規範完全不可能調整私人之間的關係？這就屬於我們這裏要具體討論的內容。

對這個問題，國際學術界上主要有兩種觀點：一種認為，憲法上的人權條款不能適用到私人之間的關係上面去，其在私人領域是無效的，這種觀點可以簡稱為"無效力說"；另一種則認為，可以適用，我們可以稱為"有效力說"。當然，這兩種觀點並不總是同時並存的，而是隨著時代發展而有不同。

（一）傳統上：無效力原理

在近代乃至現代早期，各主流立憲國家一般都認為憲法中的人權規範是不能夠適用到私人領域的，當時的憲法學都確立了"無效力原理"。確實，從近代憲法成立的歷史背景以及傳統立憲主義的基本立場來看，憲法上所確認的基本權利，一般來說，主要就是私主體針對以國家為代表的公權力所享有的自由權利而已。與此相應，憲法中的人權規範的效力，也就主要被限定於私主體與國家的關係，以及公共權力之間的關係，而不及於私主體與私主體之間的關係這一場域。

典型的例證可舉 1883 年美國聯邦最高法院對著名的"民權案件"（The Civil Rights Cases）所作出的判決。這個判決涉及一批同類的案件，所涉及的憲法規範問題是《美國憲法》第 14 條修正案中有關平等保護條款的解釋。大家可能知道，第 14 條修正案是 1868 年通過的，誕生於圍繞黑奴解放所展開的南北戰爭結束之後。這個條款中有一句話是這樣的：各州，英語上說是 any state，在其管轄區內不得拒絕任何人應享有法律上的同等保護。這就是所謂的平等保護條款。第 14 條修正案中還有一個條款非常重要，我前面講過了，那就是 due process of law，即正當法律程序條款。所以，第 14 條修正案在美國憲法上非常重要，有些學者畢其一生就專門研究這一條。美國大學法學院的課程也類似這樣，憲法第 14 條修正案，這就構成一門課程。大家不要覺得好笑，這一條的內容可複雜了。你現在就遇到一個複雜的問題：怎麼解釋我們上面引用的那句話，也就是所謂的平等保護條款？

它所涉及的案情還算比較簡單，是這樣的：1875 年聯邦國會制定了一個法律叫《市民權利法》（*Civil Rights Act* of 1875），規定在鐵路、船舶等運輸設施以及賓館、劇場等公共設施中禁止種族歧視。因為南北戰爭結束後，黑奴獲得了解放，這個時候國家開始講進一步平等，尤其是黑人白人一律平等，因此這個法律出現了。該法在禁止種族歧視的同時還設定了刑事罰則，規定：違者罰金 500 美元以上 1000 美元以下，或者拘禁 30 日以上 1 年以下，受到歧視者享有損害賠償起訴權。要知道，在 19 世紀，1 美元的價值可能相當於現在的 500 倍，所以這個刑事罰則在當時還是非常嚴厲的。但是，由於傳統因素的影響，白人對黑人的歧視仍然是相當嚴重的，比如在酒店、公共汽車等公共場所裏，白人都不願意和黑人待在一起，更不用說讓自己的孩子和黑人的小孩一起讀書了。這對黑人是相當大的刺激，感覺自己受到了侮辱，於是在社會生活中，白人和黑人不斷地爆發衝突。

這個法案實施七年之後，就有五起相關案件最終上訴到聯邦最高法院。事實上相關案件的數量肯定是很多的，只是其中有五起案件一直打到聯邦最高法院。其中一個案件是這樣的：一名黑人女性被私營鐵路公司所營運的火車拒絕在就餐車廂內用餐。也就是說，鐵路公司方面的意思是這樣的：我們可以把吃的賣給黑人，但黑人必須將吃的東西拿回到自己的位子上去吃，別在餐車裏吃，因為這裏都是高貴的、愛乾淨的白人。這位黑人女性不服，於是提起訴訟，告私營鐵路公司違反了上述《市民權利法》，最終將案件上訴到了聯邦最高法院。

這五起案件，因為最終都涉及違反上述《市民權利法》的規定，所以聯邦最高法院根據普通法可以接受的做法，加以合併審理，最後統一作出判決。但這個判決可能會讓今天的我們大吃一驚：聯邦最高法院通過憲法解釋，認為，第 14 條修正案中有關平等保護的條款只是禁止各州政府的歧視行為，而並不是禁止私主體之間的歧視行為，為此，那個《市民權利法》本身違憲無效。

那麼，聯邦最高法院是怎麼解釋憲法第 14 條修正案的呢？它主要是對"各州在其管轄之內不得拒絕任何人應享有法律上的同等保護"中"各州"，即"any state"這兩個詞進行了解釋。但它當時採用了嚴格的文義解釋，認為這裏的"各州"指的是任何州，即各個州政府，包括其立法、行政和司法部門，而不包括私主體，私主體之間的相互歧視是沒有辦法的，國家無權禁止。而《市民權利法》規定在鐵路、船舶等運輸設施以及賓館、劇場等公共設施中禁止種族歧視，但由於這些鐵路、船舶、賓館、劇場等在資本主義社會裏一般來說都是私營的，這就將禁止歧視的範圍擴大到了私人之間關係的領域。聯邦最高法院認為，這違反了第 14 條修正案的原義，即《市民權利法》違憲無效。

這個判決在歷史上很有名，而它顯然就是貫徹了傳統立憲主義的精神，並且基於這種精神，對於憲法權利規範的效力範圍作了嚴格的限定。它採用的也主要是字面解釋的方法，嚴格地扣緊"any state"這兩個單詞的含義，認為它們是指州政府，不包括私人。它對效力範圍作嚴格的理解，與各國傳統的憲法理論是一樣的，所採用的就是人權規範對於私人領域無效力的原理，認為《市民權利法》違反了這個原理，所以判定無效。其實你仔細想想，或許會承認這麼判也有道理。比如從情理上講，一個人是否可以歧視另一個人？比如說，你有一個同學經常趁你不在的時候，把他自己的生活垃圾丟到你的床底下，還往裏面吐痰，那麼你會不會歧視他？從心理上說，肯定會的，至少認為：哎呀，這個人怎麼這麼髒，不僅髒，還這麼自私！於是，以後你鄙視他，不願意和他一起活動、一塊兒吃飯，甚至不太願意和他住在一個宿舍，只要他在的地方，你就躲得遠遠的，如果可能，你甚至不願意和他呼吸同一個星球上面的空氣！這肯定是歧視。那麼請問，你這樣做可以嗎？當然可以。當年的美國人或許就是這樣想的，他們認為，在憲法上，其實是不應禁止私人之間的歧視的，而只能禁止"any state"。這就是憲法的傳統原理。

（二）現代憲法下：有效力原理

到了現代，憲法學中出現了"有效力原理"的規範理論。這個時期，許多西方憲法開始認同憲法上的基本權利規範具有某種輻射效力，即承認憲法的人權規範可在一定條件下適用於調整私主體之間的侵害行為。這個效力原理用學術的術語來說，就是所謂"有效力說"，或者稱為"憲法權利規範輻射效力說"。

這個轉變確實需要我們注意。為什麼會出現這個轉變呢？這個問題很重大，可以說存在很多理由，我們主要談兩點：

第一，隨著亞當·斯密所主張的那種自由經濟的長期發展，傳統的市民社會內部開始產生了劇烈分化，出現了其實際形態與侵害能力可與國家權力相比肩的龐大的私人組織，諸如大型企業等。大家要理解，私人效益發達到一定階段之後，通過長足的自由競爭，有一部分私人總會冒出來，掌握巨額的財富，這時，它的實際形態和侵權能力都非常強大。我們可以想到：在發達的市民社會裏，政府的權力是受到嚴格限制的，可是私人空間裏的事情，卻實行私法自治。發展到一定程度，這個時候某些私人的力量雖然比不了整個國家，但比政府部門也小不了多少，甚至在某些方面比政府部門更牛。比如在香港，據說長期以來，最優秀的人不是去當公務員，而是更願意去當老闆，因為香港採用的是近代自由社會的自由經濟形態，官員是很受約束的，說話要非常謹慎，行為要非常檢點，在公開場合不能跟人吵架；而私企老闆，尤其是大型私企老闆的地位則很高，力量大得不得了，連政客都可能尊重他。在這種意義上說，這種私主體的侵權能力就很大。這是第一個原因。

第二，時至現代，公共權力為國家所獨佔的傳統權力結構，也發生了一些變化，出現了公權力相對擴散、輻射的現象，承擔著公權力部分功能的所謂"第三部門"開始興起；而且公權力的運作方式也隨之趨於複雜化，甚至一些私人組織的存在或其營運的背後也存在公權力的作用背景；公權力不再完全集中在國家機關手上，而是擴散到民間去。

在這樣的社會背景下，"有效力說"這個原理在許多國家就開始出現了，但是各國所用的法理名稱各不相同，內容也有微妙區別。比如，在美國被稱為 State Action 理論，直譯為"州行為"理論，也可以意譯為"國家行為視同"理論，意思是私人對私人的侵權行為可視同為州的行為或國家的行為；在德國稱為"第三者效力原理"；在日本則稱為"私人間效力原理"。它們各自的內容也比較複雜。在這裏，因為前面講的是美國，為了便於相互對照和脈絡的完整，我們還是繼續介紹美國的情況變化。

上述"民權案件"判決之後，美國黑人受到歧視的狀況一直難以徹底改變。到20世紀中葉的時候，以著名的馬丁‧路德‧金（Martin Luther King）為領袖，美國社會爆發了如火如荼的市民權利運動，在此運動的影響下，前述狀況才慢慢地得到扭轉。傳統的無效力說觀念得到了一定的修正。聯邦最高法院在一系列判例中開始承認：在一定條件下，私人的行為也可視同為 State Action，從而可受到憲法效力的拘束。這就是所謂的 State Action 理論。

大家注意，這是在"一定條件下"才成立的。什麼條件呢？主要是在私人的行為發揮著"公共職能"（public function）的時候，或者在私人行為的背景中存在政府或州的介入、授權或獎勵等情形的時候。如果符合這種條件，那麼，私人行為侵犯了別人的權利，也可以看作是州政府侵犯了人家的基本權利，此時就會追究此私人行為的憲法責任。因此，我認為，美國的這種"有效力說"其實也就是"有條件的有效力原理"，即這種效力的發生是有條件的，並非所有私人行為都可以判定為是州行為或者國家行為，從而隨意適用憲法基本權利條款。

我們也用一個著名的案例來說明：1961 年的伯頓案（Burton v. Wilmington

Parking Authority），這個案件也是非常典型的，對於說明我們講解的內容非常適切。簡單描述一下案情，是這樣的：一家開設在威爾明頓停車場（Wilmington Parking）內的私人餐館，拒絕為黑人顧客端出餐菜，從而引發了一起涉及憲法平等權的訴訟。這個案件和前面那個案件非常相似，但結論卻迥然有別。當時，美國聯邦最高法院是在沃倫（Earl Warren）首席大法官的主持下開展工作的，此人屬於自由派。他的政治哲學傾向也體現在對於本案的判決中。沃倫法院的這個判決非常重要，其中有一部分這樣說：該停車場乃是州政府的機關所擁有和管理的財產，而那家餐館租借了該停車場的場所從事經營活動，由此，在這個私人餐館與州之間就存在一種所謂的共生關係（symbiotic relationship），所以這家餐館的歧視行為就可視同州行為，從而違反了憲法第 14 條修正案中有關的平等保護條款。如果不完全理解法學的話，也許會覺得這個判決有點"為賦新詞強説愁"的味道，但它卻在美國憲法史上一個重要判例。不過，沃倫去職之後，美國聯邦最高法院的立場又有點兒退回去了一些，上述理論的適用條件就更嚴格了。

　　憲法中的基本權利規範在一定條件下適用於私人之間的領域，這不僅發生在美國，在世界上許多國家都有類似的現象產生。比如在德國和日本就有，但是卻更有技術性。他們把有效力說分為直接效力說和間接效力說。二者的區別就在於看憲法上的人權規範是否需要先通過民法上的某些特別的條款，主要是一些概括性的、具有公共性內容的條款予以規定，然後再適用到私人之間的侵權關係中去。如果主張不需要，那就是直接效力說；如果主張先要通過民法上的某些特別條款來規定，那就是間接效力說。在德國和日本，間接效力說被主導性判例所接受，主張直接效力說的情況較為罕見。而上述美國的那種 State Action 理論，則有點兒類似於德、日的"直接有效說"，只不過我們説了，那其實是一種"有條件的有效力說"。

　　在這方面，我們也舉一個日本的著名案件來加以說明。這個案件在我們導論課時曾經説過，即"三菱樹脂案"。案件的基本情況是這樣的：本案的最初原告是一位大學畢業生，叫高野，從日本一所著名大學畢業後進入三菱樹脂株式會社作為公司管理人員試用，在試用期過後可以獲得正式僱用，但隨後又被拒絕錄用，理由是，他在大學期間曾參加過激進的學生組織，而在參加公司招聘面試時沒有按要求如實彙報。對此，這位大學畢業生認為被告侵害了自己的權利，於是提起訴訟。本案經過了曠日持久的訴訟，最終上訴到日本最高裁判所。高野主張：三菱樹脂株式會社解僱他的行為，是違反了《民法》第 90 條的公序良俗條款的，而這就相當於違憲無效；為什麼呢？因為《民法》第 90 條所說的"公序良俗"。之所以能說是"公序良俗"，是因為它包含日本現行《憲法》第 19 條所規定的國民享有思想、信念的自由這樣的內涵，為此，你違反了公序良俗條款，就等於間接違反了憲法，因此解僱也是無效的。到底這個說法在憲法上是否成立，這就成為雙方爭議的焦點。

日本最高裁判所最後謹慎地作出判決。其判決的要點大致如下：

一方面，沿襲傳統的觀念，指出憲法的有關權利保護規定主要是針對國家的行為而保障個人權利的，並沒有預定直接調整私人相互之間的關係，因為私人之間即使存在社會性的支配與服從關係，也是屬於作為"一種社會事實力量的優劣關係"，與前者顯然具有性質上的區別，不能直接適用憲法上的基本人權規定。但另一方面，判決又承認：在私人之間所出現的對基本自由、平等的侵害及其情狀的樣態、程度超過了社會可容忍的限度時，可通過對私人自治的一般性限制規定的《民法》第 1 條（權利濫用禁止條款）與第 90 條（公序良俗條款）的正確運用，在尊重私人自治原則的前提下，針對超越社會容許限度的侵害行為而對基本自由和平等利益加以保護。

通過這樣論證，本案的判決雖然最終認定被解僱的職員敗訴，但還是委婉曲折地表述了"間接效力說"的立場。大家不要覺得沒有判決那個小職員勝訴就是不好，其實不是這樣。在憲法學上，表明立場是很重要的，表明了立場也就劃定了一個有法律效力的基準。而對於憲法來說，這個基準的誕生要比個案的勝負重要得多。無疑，這也體現了憲法學的某種方法和謀略。

（三）中國的問題

在憲法權利規範的效力範圍問題上，我們中國也有自己獨特的情況。首先，"憲法權利是私人針對國家的權利"的這種傳統觀念，在我國是不發達的，其直接後果就是，人們以為憲法中的人權規範既可以針對國家，也可以針對私人。我們知道，在學理上，這種看法是明顯錯誤的：別人打了你一下，不會侵犯到你憲法上的人權，僅會侵犯到你民法上的人身權。當然，如果打你的人代表公權力，那就另當別論。但是另外，我們又要承認，在一些場合，私人之間的侵權關係的確也可能存在公權力作用的背景。在國外，這本來是在現代社會裏才出現的，但在我們這裏，現在就開始有這種現象。所以，現代與前近代的許多現象往往具有類似性，就是這個道理。比如在我們這裏，有些情況雖然表現為私人行為，但此種私人行為背後也存在公權力作為靠山。那麼，在這種特殊的情況下，我國究竟應該採用無效力說，還是有效力說呢？這就值得我們深思。中國的問題總是特別複雜，得出結論也總是不會特別容易的，不能太草率。

我們也從一個真實的案件講起。這個案件號稱"中國憲法司法化第一案"，即前面我們在第四章講過的齊玉苓案。本案的司法解釋之所以引起了強烈的爭議，其原因概括起來主要包括這樣幾點：首先間接涉及了一個憲法制度問題，即法院是否有權適用憲法作為裁判規範？如果可以，那麼就進入人權規範效力問題的層面了，也就是涉及本節課我們學習的內容了。但由於前一個問題與本節課關係不大，我們在此越過去，直接討論人權規範效力範圍的問題，也就是下面四個問題：

第一，本案是採用了有效力說還是無效力說？

第二，如果採用了有效力說，那是直接效力說還是間接效力說？

第三，如果是類似採用了直接效力說，那麼，是否類似於像美國那樣考量了這種效力原理適用的條件？

第四，在中國當下，我們究竟應該採用何種效力原理？

總體而言，這個案件的一個主要傾向，是把純粹私人與私人之間的關係，即陳曉琪侵犯齊玉苓的姓名權這個普通民事法律關係當作憲法關係來處理。為此，它成為那幾年一度風生水起的"憲法司法化"運動的代表性案件。但對於這種"憲法司法化"，我持保留態度，理由是：本案的司法解釋存在比較大的問題，簡單說，它混淆了基本權利與私人侵權之間的關係。我在此案判決之後就曾經表達過如下意見："一旦法院在所謂'憲法司法化'的過程中傾向性地只將人權規範適用於私人之間的關係，而非適用於私主體與公權力的關係之上，那麼就有'專揀軟的捏'之嫌了。"

　　聯繫到本節課我們所講授的內容，關於憲法上的基本權利規範或者說基本權利條款在私人間是否有效力的問題，我們強調兩點：第一，應該正確認識到基本權利是私主體針對公權力所享有的權利這一原理；第二，只有在一定條件下才可以適用人權規範的輻射原理。具體而言，只能在私主體間的侵權關係確實存在公權力較大作用的情況下，才可適用人權規範的輻射原理，而不能夠任意地、在盲目擴張的意義上應用憲法上的基本權利條款去解決民事關係問題。這樣做的目的是，要給私法自治留一點空間，讓它自己去解決內部的權利衝突問題。從憲法權利規範對私法領域的無效力說到第三者效力或私人之間效力說，再從間接效力說到此後的一些反覆的動向，其實客觀地反映了立憲主義本身的展開過程。而這個過程，既是一種內在的、相對完整的這個過程，也是一個長期的、曲折的過程；反之，如果一開始就將憲法權利規範所調整的範圍加以無限泛化、無限擴大化，那麼，則可能導致"個人與國家的二元對峙結構"的相對化或稀釋化，從而恰恰沒有把握到近代以來傳統立憲主義的根本精神。

第十一章　平等權與政治權利

　　"人權總論"結束之後，我們就進入"人權各論"的學習。請大家注意，這裏不稱"人權分論"，而稱"人權各論"，這與民法學、刑法學有點不同，它們往往有"分論"。這是為什麼呢？這主要是因為我們憲法學在這部分要研究一個個各別的權利，為此稱為"人權各論"最為恰當。

　　按照我們前述的六大分類法，人權各論部分依次講的就是平等權、政治權利、精神自由、人身自由、社會經濟權利、權利救濟權。如前所述，我們將分為三章來講，每章講兩大類型的基本權利，即：第十一章平等權與政治權利、第十二章精神自由與人身自由、第十三章社會經濟權利與權利救濟權。

　　那麼，這六大類型的基本權利在現實中到底保障得如何呢？我在 PPT 中用幾隻小貓來説明。這裏面躺著五隻小貓，因為一時找不到六隻貓的照片，但五隻小貓都在睡覺，這可以用來比喻我們憲法上的這些類型的權利，都很可愛，但似乎都愛睡覺。當然，改革開放以來，公民的權利意識已然萌發，甚至不斷高漲，因此也出現了普通老百姓活用憲法上基本權利條款的事案。其中，有幾項權利在現實生活中的訴求是比較活躍的，主要包括這麼幾種具體類型：平等權、人身自由、財產權和受教育權，此外還有監督權。根據我的推斷，這幾種權利的訴求將來還會繼續活躍下去，並且可能將會不斷擴大到其他類型。

　　接下來，我們將一項一項地講解這些基本權利。今天先講第十一章平等權與政治權利。在進入正題之前，我們照例推出幾個章前導引問題：第一，平等是否指的就是"機會均等"？第二，平等是否排斥一切差別？第三，政治權利包含哪些內容？

一、平　等　權

關於平等權，我們要濃墨重彩地加以講解，因為它非常重要。在我國憲法上的幾種個別性權利中，第一個列出的就是平等權，而且長期以來，人們對於平等權的訴求也是非常活躍的，許多著名案件或事件都涉及它。我們舉出幾個最具代表性的事案來加以說明。

首先是乙肝病毒攜帶者就業歧視案件。這種歧視曾經在一定範圍內相當廣泛地存在。大家知道，乙肝病毒主要是通過血液傳播、母嬰傳播，還有性傳播的，但除此之外，它一般不會對周圍人群構成直接危害，而且病毒攜帶者只要定期複查醫治就可以正常工作生活。但是其病毒攜帶者的數量可謂相當驚人。中國所處的這個時代相當於經濟初步發展這樣一個時代，其他國家，比如日本，處於經濟上崛起的階段時也曾經是這樣的，都會出現大量的乙肝患者。再加上我們目前的食品衛生中存在較大問題，生活在這個時代的中國人身體健康方面肯定會出一些問題。這是必然的，同時也會產生憲法問題，比如對社會保障制度產生強大的需求，還有就業平等之訴求這樣的憲法問題。這是因為長期以來，社會中存在對傳染病的習慣性禁忌，為此乙肝病毒攜帶者在求職、工作和生活中屢屢遭受歧視。這種歧視是否合理呢？我們稍後要從法律角度加以說明。

這裏要說的是，類似的歧視行為大規模出現，且達到一定程度之後，由於在制度上無法得到妥善解決，最終就出現惡性案件。這是因為雖然大部分乙肝病毒攜帶者會選擇默默忍受，但不能避免有的人會選擇走極端道路。2004 年浙江大學農學系畢業生周一超就是這樣。他報名參加了嘉興市某區公務員招錄考試，並順利通過了筆試考試，進而在通過面試後，排名第八。因為共招收 9 名公務員，所以周是相當有希望的。但是，後來體檢，周被檢查出有乙肝"小三陽"。按當時的《浙江省國家公務員錄用體檢標準》，周因此未被錄取。絕望的周一超想到的是自殺，因為

圖27　2004年，浙江大學畢業生周一超在就業中因受"乙肝歧視"而殺人，被判死刑。
圖為周一超接到判決書時憤怒地將其撕爛的情景

他感覺自己被社會拋棄了，這麼多年的書白讀了。後來則起了報復之心，於是持刀襲擊兩名招考幹部，其中一人為女性，當場死亡；另一人為男性，被刺7刀，也是血流如注，但經搶救脫離生命危險。這是一起惡性案件，那名死亡的女性只是經辦人，屬於被冤殺的。可見周當時已經接近於失去理智的狀態，基本上是衝進去亂殺一氣的。之後，周一超被判死刑。他接到判決書後非常氣憤，當庭將其撕爛。二審維持原判。不久，周即被執行注射死刑。

周一超事件給了我們非常大的震撼。當時參與本案審判的一個法官後來告訴我，周一超被判死刑是必然的，沒辦法，但是他也承認，周一超的死也被許多人認為是很有價值的。也就是說，他的死具有了另外一層意義，那就是使整個中國社會開始重視乙肝病毒攜帶者就業歧視的現象。以此為契機，乙肝病毒攜帶者的被歧視狀況開始出現了轉機，社會上也出現了反乙肝歧視運動，有些人利用法律進行訴訟，引起全國關注。在這種情況下，國家人事部門和衛生部門於周一超事件後不久，即2005年年初，就公佈了政府部門錄用公務員的全國統一體檢標準，其中規定乙肝病毒攜帶者可以擔任公務員，同時還取消了身體、外貌方面的具體限制，婦科病、色盲等多種疾病的限制條款也被刪除。所以很多人認為，這種轉變可以說是周一超同學用生命的代價換來的。當然，我還是要說，這個事件就是一個悲劇，不管對於社會，對於無辜死難者，還是對於周本人，都是悲劇。只要你作為一個正常的公民，就不要學他，因為殺人肯定是不對的，這是非常極端的辦法。但是反過來說，大量的事實確實表明，權利只有鬥爭才能獲得，不鬥爭就沒有權利。在這一點上，德國偉大的法學家耶林的觀點是正確的。你願意為權利奉獻多少，權利就回報你多少，這是基本權利發展史上的一個定律。如果大家都默默忍受基本權利遭受侵犯，那麼基本權利就會像貓咪一樣在睡懶覺。只不過鬥爭的形式不能超過合理的限度，比如為了抗議飛機晚點，就跑到機場跑道上攔飛機。

除乙肝歧視之外，還出現了多起身高歧視案。有些私人公司人事招聘中大量存在身高歧視現象。一般來說，這些歧視基本上都屬於民事關係，憲法無法介入。也就是說，普通私人公司在招聘中對身高進行歧視，憲法一般直接管不了。我開公司，小本經營，我就需要一個個子高點兒的，法律無法干涉。但是公務員招聘中如果也存在身高歧視，那顯然就屬於憲法人權規範調整的範疇了。有些不屬於國家機關，而是國家的事業單位，比如說大學，它們在招聘過程中也存在身高歧視，如對於教員設定特殊的身高要求，這該怎麼解決呢？這也屬於憲法上的問題，可以應用憲法上的理論來解決，包括一些國企都可以如此。當然，如果是私人企業，但卻具有公權力背景的，我覺得也可以通過上次我們所講的憲法權利規範的輻射效應原理來分析。

再有，我國還發生過一個跟受教育權有關，但實際上屬於平等權的一個案件，也就是"青島三考生訴教育部高考分數綫劃分不公案"（2001 年）。案情大致經過是這樣的：2001 年 8 月 22 日，山東青島三位考生會同律師到北京最高人民法院起訴教育部，要求法院判決教育部頒發的《2001 年全國普通高校高等教育招生計劃》違反了憲法的規定，侵犯了她們的平等受教育權。具體理由是，該招生計劃的實施，導致青島和北京的分數綫差別很大，整整相差 100 多分。於是，三位考生認為，教育部根據不同地域範圍對招生人數做不同限定的這種做法，直接侵害了包括三名原告在內的廣大考生的平等受教育權。大家知道，這個問題在中國非常嚴重，乃至推動了所謂"高考移民"現象的出現，把自己的孩子由分數綫比較高的地區轉移到分數綫比較低的地區去，使同樣的高考成績就會考上更好的大學。有意思的是，幾年前，一位研究憲法學的同行想調到北京，我遇見他，就問："怎麼想到進北京了？"當時他就說："我小孩要高考了，主要是考慮到他的學業前途，我才這麼做的。"這就是高考移民。

　　話說青島女生的這個案件，它的起訴是不符合訴訟法的。一般來說，最高人民法院不會作為一審法院來管轄案件，而且這肯定打的是行政訴訟，但是它是否屬《行政訴訟法》所規定的受案範圍呢？本來也不屬於，因為首先，受到侵害的不是人身權和財產權；其次，爭議的行政行為不是教育部的具體行政行為。這個招生計劃是具有普遍性的，不是針對某一個人，或者針對某一個具體的事案，所以此案不屬於行政訴訟受案範圍。但是此案一訴到最高人民法院，據說最高人民法院也吃了一驚，於是馬上把情況向教育部作了通告。那麼這個案件結果如何呢？大家肯定會很失望：它後來就不了了之了。怎麼回事呢？這是因為這個案件在後來突然之間出現了意想不到的轉機，三名青島考生主動撤銷訴訟了。那她們為什麼撤銷訴訟呢？那就不得而知了。

　　下面一個真實的事案是“男女平等退休案”。2005 年 1 月，中國建設銀行平頂山市分行原出納科副科長、當年 55 週歲的 Z 女士接到單位通知，根據《國務院關於安置老弱病殘幹部的暫行辦法》的規定，讓她辦理退休手續。8 月 23 日，Z 女士以自己足以勝任現任工作，單位讓她退休的決定違反了我國憲法、勞動法以及其他有關男女平等的規定為由，提出勞動仲裁，要求與單位男職工一樣享有 60 週歲退休的權利。在 Z 女士提起仲裁後，10 月 17 日平頂山市勞動爭議仲裁委員會下達了仲裁結果：因申訴人未提供支持其觀點的有效證據和法律依據，故仲裁庭對申訴人的申訴請求不予支持。

　　這個案件看似簡單，其實比較複雜。婦女比男性更早退休制度，本來是用來保護婦女權益的，所以過去大部分女性對 55 週歲退休的規定很滿意，讓她 60 週歲退休，她卻不高興，覺得我是女性，男女有別，就應該提前退休、安享晚年。但隨著時代的發展，情況就變了，有些女性，像 Z 女士這樣的，讓她 55 週歲退休，她不同意，而是希望和男性一樣在 60 週歲退休，所依據的是憲法上的男女平等權。這有沒有道理呢？當然有一定道理。那麼遇到這類案件該怎麼辦？如果你是本案的法官，或者就是單位的領導，你該如何判定？這就屬於憲法上的問題，我們主要應該從平等權的規範原理出發來解決。具體的答案暫且按下不

延伸閱讀：當今中國，平等權的訴求為何特別活躍

表，我們學完本節的基本理論之後再來分析。

（一）　如何理解平等權？

古希臘思想家們即開始思考人類是否平等的問題，但觀點很不相同。在柏拉圖及其學生亞里士多德眼裏，人分為不同等級，彼此之間並不平等；但在斯多葛哲學看來，人類則應該是平等的。後來許多宗教也出現了平等觀念，最重要的是基督教和佛教。在基督教看來，人都是上帝創造的，因而人人平等。佛教更進一步，不僅講人人平等，更講眾生平等，即所有生命之間的平等。當然，在人類歷史進程中，對基本權利的平等觀念有重要作用的還是基督教的平等觀念。這一點我們可以從美國《獨立宣言》中看到。《獨立宣言》講"人人生而平等"（All Men are Created Equal）。這裏的 Created Equal 被翻譯為"生而平等"，實際上是講被造物主平等地創造出來的，它即體現了基督教的宗教觀念。因此從理論上來說，"人人生而平等"是一種獨斷論。獨斷論是不依賴於經驗的，從某種意義上是先驗的判斷。用哲學的話說，這一命題是不能求真的，但仍值得思考。

如果回到經驗的世界中來，人與人是否是平等呢？那可能就不是平等的了。例如根據進化論的觀點，人類是從類人猿進化而來的，跟猴子很親。在日本北海道，猴子們跟人類一樣，也喜歡泡溫泉。但人們發現：不是所有的猴子都可以洗溫泉的，只有一部分可以。為什麼呢？因為猴子裏面也有貴族群體，只有它們才可以入浴溫泉。其他猴子只能扶老攜幼，在溫泉浴池外面靠發抖取暖。知道類似的這一幕，有人可能會說：《獨立宣言》寫錯了，不是人人生而平等，而是人人生來就不平等。這說起來好像有些道理：有的人生在美國，有的人生在阿富汗；有的人生在以色列，有的人生在巴勒斯坦。他們生來的起點就不一樣。當今社會有一個口號是"別讓孩子輸在起跑綫上"，其實父母就是孩子的一種"起跑綫"，不同的父母站在不同的點上。有人會說，人類不是生而平等，而是誰都終有一死，即只有在死亡面前才是平等。然而，隨著科技的發展，說不定在不久的未來，人類連死亡也不再平等了，因為有的人可以通過科技手段不斷延長自己的生命，那時候有些人就不只"為祖國健康工作五十年"了，而是可以為祖國"再活五百年"了。

　　但是大家要注意，上述的種種不平等都是經驗世界的現象，不是規範性的。那麼，能不能從經驗世界的事實命題中直接推導出規範性命題呢？也就是説，既然猴子世界是不平等的，人類世界是否也應該是不平等的呢？尤其是鑒於人在現實中是不平等的，能不能得出結論説人與人之間就應當是不平等的呢？這是我們規範憲法學與政治憲法學在方法論上的一個重大分歧。規範憲法學承認規範性命題有可能來自人類對經驗的反映，但認為不能從事實命題中無媒介地直接推導出規範性命題。也就是説，不能因為現實中的人是不平等的，就認為人與人活該是不平等的。而政治憲法學就習慣於從事實命題中直接推導出規範性命題。當然，大家可以不接受我的觀點，但你們一定要理解這其中的區別。

　　在平等觀念史中，法國是一個代表性國家。法國大革命時期，即提出了自由、平等、博愛的口號。這個口號影響深遠，尤其在法國《人權宣言》第一條就寫到"人生來就是而且始終是自由的，在權利方面一律平等。社會差別只能建立在公益基礎之上。"根據耶利內克的研究，法國的《人權宣言》受到了美國各州憲章思想的影響。但法國的平等觀念更明確了，認為人在權利方面一律平等，只是可以基於公益予以適當的限制。

　　時至現代，西方哲學觀念大致分為左右兩派，右派比較重視自由，左派比較重視平等。確實，在自由和平等之間，也存在一定張力，當過度重視自由的時候，可能導致貧富不均，出現人與人的不平等。而過度重視平等時，則可能過度約束了自由，社會也失去了生機。按理説，社會主義十分重視平等。我國憲法第 33 條是公民的基本權利和義務這一章的第一個條文，其第 2 款就規定了平等權。但這只是理念上的平等。在現實中的情況十分複雜。即便在傳統社會主義時期，城鄉之間也存在許多不平等。我經歷了那一時期。我當年出生於城市，但長在農村。當我回到城裏看到自己的哥哥們的時候，感覺他們就跟生活在天堂一樣，而自己就像是北海道不能泡溫泉的猴子。也就是説，當時的中國雖然已經是社會主義國家，但依然存在大規模不平等現象。

　　以上講的就是平等觀念的起源與發展。接下來講平等權原理。

　　平等權原理是説：現實中的人具有先天性的差別，但任何人都具有人格的尊

圖28　美國聯邦最高法院正門拱頂上鐫刻的橫幅文字：EQUAL JUSTICE UNDER LAW。
圖為本書著者所攝

嚴，為此在自由人格的形成和發展上應該享有平等的權利。

我們知道，現實中，人是有差別的。比如，有的是男性，有的是女性；有的是白種人，有的是黑人，還有人是黃皮膚的；有些人智商高些，有些人比較笨；有些人胖，有些人瘦；有些人長得漂亮，有些人長得比較普通。人和人之間就是存在這些先天性的差別，不論你是否承認，這都是事實。然而，儘管人與人之間具有這麼多的先天性差別，但在有一點上每個人都是相同的，那就是在憲法上都是人，都具有人格尊嚴，都應該在自由人格的形成和發展中享有平等的權利。這就是平等權。

這個道理在各國的憲法條文上具有各種各樣的表述，或者說表述為各種各樣的規範性語句。主要有三種：第一種表述為“平等保護”，美國就是如此，要求政府平等保護所有人民；第二種表述為“法律面前（一律）平等”，德國和我國採納這種表述法；第三種表述為“法律上（一律）平等”，這個是日本憲法的説法。但是需要補充的是，“法律上平等”這個説法是中文翻譯的產物，其實更準確的表述應該是“法律下平等”。日本國憲法的原文就表述為“法の下に平等”，憲法學界有時也説“法のもとでの平等”，直譯的話，就是“法之下的平等”。這與西方也是一樣的，因為在英文裏就有“Equality Under The Law”的表述。不知道大家注意到沒有，美國聯邦最高法院正門的門楣上就鐫刻著“EQUAL JUSTICE UNDER LAW”。為什麼是 under？這就需要你理解了。這是因為英國從中世紀以來就確立了法治傳統，其中一個重要的觀念就是認為任何人都在法之下。最為集中的代表就是英國著名法官愛德華·柯克爵士曾對當時的英王詹姆斯一世所説的那句名言：“國王在萬人之上，但卻在上帝和法律之下。"就這樣，所有人都應該在上帝和法律之下的觀念逐漸深入人心。因此，我們在講平等的時候會講 Equality Under The Law，即法之下的平等。

那麼，平等權的法律關係結構是如何呢？這裏大家要記住：民法上的平等和憲法上的平等是不同的。民法上的平等是這樣的一個情況：A 和 B 處在一條水平綫上。而憲法上的平等則是另外一種情況：整體結構像一個等腰三角形，頂點是國家，A 和 B 都處於頂點所面對的兩條邊的端點上，頂點到 A 和 B 的距離是相等的，也就是說，國家應當平等地保護 A 和 B。這是因為，民法所說的平等是指民事主體之間的平等；而憲法所說的平等主要涉及個人和國家之間的關係，要求國家平等地對待不同的公民。

下面我們來看我國憲法上的平等權的規範結構。我國憲法所規定的平等規範比較多，首先是有一般性規定，也就是《憲法》第 33 條第 2 款，規定 "中華人民共和國公民在法律面前一律平等"；其次，憲法中還有其他相關的規定，共有 6 個條款，它們是將上述一般性規定加以具體化，裏面涉及民族平等、男女平等、政治平等，等等。

那麼，憲法裏有關平等的一般性規定，它的性質是什麼呢？也就是說，它規定的是一項原則，還是一種基本權利呢？這是在法規範意義上應該要了解的一個問題。

對於這個問題，國際學術界有三種見解：第一種是原則說，認為平等的規定是憲法上的一項原則；第二種是權利說，認為平等規定的是憲法所應該保障的個人的一項基本權利。除這兩種學說之外，還有一種見解認為，平等規定具有雙重性質，既是原則又是權利，具體而言也就是說：一方面，對國家來說，平等規定是一項原則，即要求國家必須平等保護不同的公民；另一方面，對個人來說，平等又是一種基本權利，個人可以向國家提出平等的訴求，要求得到平等對待。在上述三種見解中，第三種見解在我國現在基本上已經確定了主導地位。

（二）兩種 "平等" 原理

那麼，我國現行《憲法》第 33 條第 2 款所規定的 "公民在法律面前一律平等" 中的 "平等"，究竟應該如何理解呢？

在憲法學上，迄今為止對“平等”存在各種不同的理解，其中有兩種觀點特別重要：一種是將“平等”理解為形式意義上的平等，另一種是將“平等”理解為實質意義上的平等。

所謂“形式意義上的平等”，又被稱為“機會平等”或“機會均等”。它指的是：每個人作為人，即作為抽象意義上的人，都是平等的，都應該獲得平等的機會。簡單說就是，將不同的人加以同等對待，使其享有同等機會。

值得注意的是，在這裏，平等的人不是具體的人，因為一旦人被具體化了，那就肯定是有差別的。因為如前所述，人與人之間存在許多不同點，具體的人有諸多先天性的差異，甚至也存在很多後天性的差異，因此，在事實上，人必然是不平等的。你比他聰明，個子比他高，長得比他漂亮，家庭背景還比他優越，同樣是追求人生的幸福，就人生的平台而言，你和他是平等的嗎？很難說是平等的。但是，在憲法上，處於形式上的平等地位的人是指抽象意義上的人，也就是把人的具體的個性全部捨棄掉，只保留了他作為人的這一屬性。只要你是人，那麼在法上都是平等的，都受到同等對待。這就是形式意義上的平等。

要理解這一點，我們可以看看美國著名攝影家突尼克（Spencer Tunick）的作品。這傢伙喜歡拍裸體照片，但不是一個一個地拍，而是喜歡拍攝大規模的群裸照片。其實，美國各州法律規定不同，有些州的法律是禁止這種活動的，所以他經常因為違反某州的法律而被拘留。於是，他就跑到更加自由、開放的國家去拍，比如北歐國家，那裏很多人願意配合，參與他的藝術創作。據說他在墨西哥的憲法廣場上組織了兩萬人拍照片，可能是目前最大規模的群裸攝影活動了。可惜我沒有那次活動的照片，我給大家看的是他比較早期的作品。是的，他所拍攝的裸體照片我也偶爾看過，看了之後就悟出一些憲法學上的道理來。大家看看，這些人他們各有什麼特徵？是的，你會發現這些人基本上看不出各有什麼特徵，他們高度類似。為什麼高度類似呢？因為脫掉衣服之後，趴在那裏，你就看不出他的身份、地位、相貌、性格特徵了，基本上都看不出來，因為人太多了，放眼望去，密密麻麻一片，像一把煮熟的黃豆撒在那裏。這裏面也許有企業老闆，有大學教授，有律師，有學生，也許還有普通電工，甚至流浪漢。但是，當他們趴到這裏的時候，所有的這些差別就消失不見了。也就是說，我們只知道他們是一個個人，但其他的諸如各自的個性特徵，先天性的差別和後天性的差別基本上都消失了。質言之，他們是高度類似的了，因而是均質化的；因為是均質化的，所以說是"抽象"的；而因為是抽象的，所以才是平等的。而當他們穿上衣服，走向各自的崗位，回到各自生活中去時，那時他們的先天性差別和後天性差別就又都呈現出來。那便是具體的人的形象。而我們這裏所說的"形式上的平等"原理，所針對的就是突尼克作品所表達的那種"人"——因為是抽象的，所以人才是平等的人，不問你的出身，不問你的職位，不問你們所存在的先天性的差異和後天性的差異，一律平等對待。

近代憲法上所規定的平等，以及人們對平等的理解，基本上都是形式意義上的平等，為此形成了一種規範原理。這種平等觀念，是很偉大的，它表達了近代甚至近代以前人們的某種樸素的平等觀。類似於我國歷史上的"王侯將相，寧有種乎"之類的觀念，特別適合於反對前近代的特權。但是，用久了之後，發現它的毛病也來了。對此，西方有一個小說家曾經以詼諧的風格寫道："法律以其莊嚴的平等精神，禁止富人和窮人睡在橋下、沿街乞討或者偷竊麵包。"

這說的就是這種形式意義上的平等的局限性。是的，如果不問個人差異，一味相同對待，那麼，就有利於現實中強勢的人，而不利於社會上的弱勢群體，或因為出身等情形，被迫處於弱勢地位上的人。久而久之，反而進一步導致現實上的不平等，比如貧富懸殊。

有鑒於此，從世界範圍的憲法發展情況來看，大致是到了現代社會之後，一種對平等的新的理解就隨之出現了，這就是"實質上的平等"。也就是說，實質上的平等其實是現代憲法所確立的一個平等原理，它指的是根據不同主體不同的屬性，分別採取不同的方式，對各個主體的人格發展所必需的前提條件進行實質意義上的平等保護。為此，它又稱為"條件平等"，以區別於前面所說的"機會平等"。但是大家請注意，這種實質意義上的平等，絕不等於"結果平等"。如果是結果的平等，那就等於平均主義了。

為了幫助大家識別形式意義上的平等和實質意義上的平等，我們可以用體育上的賽跑來說明。形式意義上的平等，就相當於所有人都在一個起跑綫上賽跑，不管這些人是男人還是女人，也不管這些人是強壯的還是虛弱的，甚至不管是健康的人抑或是殘疾人，全部站在同一起跑綫上。而實質上的平等，則是按照不同的類別分組賽跑，比如成年人和成年人一組，男性和男性一組，女性和女性一組，殘疾人專門舉辦殘奧會等。那麼，結果平等是什麼呢？那就是不管年齡、性別、身體狀況，也不論起跑綫是否相同，我們讓所有人都同時到達同一條終點綫上，這就是結果平等。

運用實質上的平等原理，就需要對人群進行分類，在美國叫作 Classification，這樣，才能做到"相同的人相同對待，不同的人不同對待"。但這又涉及一個規範原理，也就是"合理分類理論"。它指的是：法律或政策可以對不同主體進行合理分類，以便合理地區別對待；而如果這種分類措施（或法律）的目的是正當的，而且分類措施也是實現這一目的所必需的，那麼，這種分類就是合理的，即使形成一些差異，也可以認為是符合平等原則的。比如說殘奧會即是一種合理的分類。這裏大家可以注意，這其中包括兩個要件：首先，分類的目的必須是合理的；其次，分類的手段也是實現分類的目的所必需的。而這種分類是否合理，則是可以審查的。如果不合理的話，那麼基於該種分類所產生的差別對待措施，甚至法律，便是不符合憲法上的平等原則的。

關於這種分類問題，美國歷史上有一些非常經典的案例，因為美國這個國家本身就在平等權問題上存在很多問題。我們舉一組重要的案例來說明。1896 年，美國有一個案件，叫 Plessy 案，它的判決提出了著名的"分離且平等"的原理。所謂的"分離且平等"，大意是指：在上學、就餐、乘車、住宿等方面，白人和黑人可以分離，比如，白人孩子上專為白人孩子開設的學校，黑人孩子上黑人孩子的學校，但是這兩種學校的政府資助、師資、教育設施、教學條件、課程設置等都應當是平等的。這裏面就存在分類，即根據膚色或者說種族所進行的分類，但在當時，人們基本上認為這是合理的，也是進步的。

然而後來人們發現，Plessy 案所提出的"分離且平等"還是有問題的。為什麼呢？因為白人學校和黑人學校在發展過程中，情況卻大相徑庭，白人學校的私人資助、師資水平、學習環境，甚至就業狀況都比黑人學校要好。因此，越是分離，越是導致不平等。也就是説，越是按照這種種族分類去辦學，越是導致不合理結果的擴大。經過五六十年之後，美國爆發了民權運動，黑人要求獲得真正的平等對待，包括廢除這種種族隔離政策。在憲法的平權歷史上，具有重大歷史轉折意義的就是1954年著名的“布朗訴教育委員會”案。這個案件終於推翻了以 Plessy 案為代表的一批判例所確立的“分離且平等”的原理，而是提出“隔離即不平等”的理論，認為過去那種分類本身就是不合理的。

接下來，我們還要談談這兩種平等原理的關係。

前面説過，形式上的平等是近代憲法所確立的原理，而它出現了問題之後，現代憲法就確立了實質上的平等原理。這樣聽起來，好像是後者取代了前者。其實不然！實質上的平等原理只是一種對形式上的平等原理進行修正和補充的原理，而不存在替代關係。也就是説，現代憲法所確立的實質上的平等原理，並沒有推翻或者代替形式意義上的平等原理。它們共同在現代憲法下運行，只不過運用在不同的領域裏。形式上的平等是基礎，實質上的平等則是對形式上平等的修正和補充的原理。

其中，形式上的平等原理仍然適用於對人身自由、精神自由、人格尊嚴乃至政治權利等憲法權利的保障。比如投票權，肯定是應該平等的，而且應該是形式上的平等，其包括兩個層面：第一層面是一人一票，第二層面是每一票的功效或説價值也應該是相等的。而曾經在我國，城市和農村居民所投選票的價值是有區別的。1953年《選舉法》規定農村每一代表所代表的人口數是城市的8倍；1979年《選舉法》變為縣級農村與城市每一代表所代表的人口數比例為4：1、省級為5：1、全國人大代表名額分配為8：1；1995年《選舉法》將各級比例統一為4：1；最終，隨著2010年《選舉法》的修改，城鄉人口同比例修改為1：1，城鄉之間“同票同權”的制度正式確立，但當時農村人口所佔比例已降為全國的54%。而實質意義上的平等則主要適用於以下兩種情形：第一，在權利主體上，男女平等、種族平等和民族平等的實現，就是實質上的平等所期待的客觀結果；第二，在權利內容上，主要適用於對經濟自由、社會權的保障領域，目的在於使經濟強者與經濟弱者之間恢復法律內在所期待的那種主體之間的對等關係。也就是説，在市民社會發展到一定程度的時候，社會往往會出現嚴重的貧富懸殊現象，如果嚴重到傳統民法解決不了問題的情況下，憲法就有必要出場，通過在一定領域實行"實質上的平等"，重新恢復近代市民社會所期待的人與人之間的相對平等地位。這就是實質意義上的平等的由來。

以上我們講的是第二點。接下來講——

（三）法律適用上的平等與法律內容上的平等

上面講的是對我國現行《憲法》第 33 條第 2 款所規定的"公民在法律面前一律平等"中的"平等"的理解。那麼，該條款中的"法律面前一律平等"這一規範性語句又該如何理解呢？這就涉及另外兩個觀點了：一種是法律適用平等說；另一種是法律內容平等說。

法律適用平等說主張：憲法上所謂的"法律面前一律平等"，是指法律已經制定出來之後，人們在法律適用上才是平等的，但在立法上則不一定是平等的。我國長期以來的主流學說就持這種平等學說。那麼為什麼不能在立法上也講平等呢？這是因為我國存在階級學說下的敵我區分論，說的是：有的人屬於人民，有些人屬於敵人，敵人不能參與立法，所以，立法上不能平等。

在立法上人與人不平等這一點上，國外也有類似的學說，叫作"立法者非拘束說"，說的是：憲法上的平等權規範，不是約束立法者的，也就是說，立法者可以制定出內容上不平等的法律。為此，這種內容上不平等的法律只要人人都加以平等適用，這就符合憲法上的平等權規範的要求了。

而所謂"法律內容平等說"則主張：憲法上所謂的"法律面前一律平等"，不僅包括法律適用上的平等，也包括立法上的平等，即在立法內容上就應該是平等的，任何人在立法上都擁有平等權利。該學說在國外大致相當於"立法者拘束說"，指的是：憲法上的平等權規範可以約束立法者，要求立法者不能制定出在內容上就不平等的法律。其理由是：立法的內容如果可以是不平等的話，那麼無論如何嚴格地執行這種法律、平等地適用這種法律，都會產生不平等的結果。

那麼，這兩種學說在理論上誰更佔優勢呢？

前面說了，長期以來"法律適用平等說"居於主導地位。持有此說的學者對我國《憲法》第 33 條第 2 款進行語義解釋，認為憲法沒有講"中華人民共和國公民在法律上一律平等"，而是說"在法律面前一律平等"，而"公民在法律面前"才是"一律平等"的，這就意味著：公民在法律制定出來之後，站在法律面前，才應該是平等的；至於"在法律上"怎麼規定，那是無法講平等的。

這種解釋，可能符合立法原意。但是，從今天的眼光來看，這樣的解釋顯得太牽強了，幾乎是把法律解釋當成了中學語文課上的字義解釋，沒有什麼法律技術上的含量。可能也是因為這樣吧，我們的法律解釋一直被人家瞧不起，甚至連法律人自己都瞧不起，認為法解釋學是法學發展的低級階段。其實法律解釋沒那麼簡單，要知道，法律解釋背後是有原理支撐的，法律解釋就是要通過條文，針對現實個案，將背後的規範原理調動出來。

將"法律面前一律平等"刻板地理解為法律適用上的平等，這在一些國家的歷史上也有類似做法，比如說"二戰"之前的德國、日本法學界，在理解憲法上的平等權條款時就曾經持這樣的學說，而當時德國憲法上有關平等權條款也就採用"法律面前一律平等"這樣的表述。但是，值得注意的是，在"二戰"之後，德國基本法儘管在規範上仍然採用"法律面前"的表述，然而在解釋學上照樣不妨礙被理解為已經包含了法律內容上的平等，即它不僅要求政府平等地執行、適用法律，也要求法律本身對於每個公民予以平等保護。

那麼，有人會質問：我國存在人民和敵人區分，你總不能讓敵人也有立法權吧？我的觀點是，姑且不說將公民劃分為"人民"與"敵人"這樣的理論是否適當，即使承認"敵人"是存在的，從憲法體制來說，他們也是少數的，為此本身就很難被選舉成為代表，有的甚至已經被剝奪了政治權利；即使有人當選代表，也很難在"少數服從多數"的憲制框架下擁有最終決定權。當然，關於敵我區分說本身，在理論上也是有重大爭議的。把區分敵我看成是政治的關鍵，這是德國憲法學家施米特一直強調的觀點，在他的理論中"人民"和"敵人"是兩個重要概念，可是，施米特及其學說在國際學術界爭議很大。我個人覺得，他的敵我區分說即使在現實的政治領域是可以成立的，在憲法學上也是頗值得懷疑的。因此，不妨將我國《憲法》第 33 條第 2 款理解為對立法者具有拘束力，及採用平等原則立法者拘束說。

（四）平等與合理差別

這個問題更為重要，而且更具有可操作性。要知道，我們所講的"憲法上的平等"，無論是"平等保護"，還是"法律上一律平等"，或者"法律面前一律平等"，都不是寬泛無邊的，而是具有特定的內涵，其所反對的就是"不合理的差別"，而不反對"合理差別"。

那麼，何謂"不合理差別"呢？"不合理差別"是大陸法系憲法學上的說法，相當於美國所稱的"歧視"，指的是沒有合理依據或超出合理差別程度的差別。比如說百米賽跑，沒有特別理由，其他人的起跑綫都設在你前面，這還不算，還要給你的雙腳綁上鐵鏈，讓你跑，這就是不合理差別。

當然，"差別"肯定是根據某些標準設定出來的措施，如果作出差別對待的標準是不合理的，那差別本身就是不合理的。而這些做出差別對待的不合理的標準，在憲法學上，就叫作"禁止性差別事由"，也就是被禁止了的那些差別依據。一般來說，對於這種不合理的差別依據，各國憲法都會加以列舉，比如說我國《憲法》第 34 條在規定選舉權的時候，就規定：年滿 18 週歲的公民，不論民族、種族、性別、職業、家庭出身、宗教信仰、教育程度、財產狀況、居住期限，都有選舉權和被選舉權。也就是說，如果根據一個人的民族、種族、性別、職業、家庭出身、宗教信仰、教育程度、財產狀況、居住期限這九種依據，而對其選舉權和被選舉權加以差別對待，那就是不合理的。這樣，民族、種族等九種依據，就成為憲法所明文列舉的選舉權與被選舉權的不合理的差別依據，或者也可以推斷為憲法上更為廣泛意義上的"禁止性差別事由"。你可以對人進行分類，然後實行一定的差別對待措施，但是一般來說不能根據民族、種族、性別等加以分類，然後對其中處於弱勢地位的群體實行不利的措施。如果要根據民族、種族、性別等加以分類，就要看其目的是否正當，如果此種分類不利於弱勢群體，那麼這就構成了禁止性差別事由，你就是根據禁止性差別事由來進行不合理分類的。

除了上述我國憲法中所列舉的禁止性差別事由之外，其他國家的憲法通常還規定了其他事由，其中包括故鄉和語言，也就是說不能根據故鄉和語言進行差別對待。在缺乏正當理由的時候，這種做法就可能屬於不合理的差別。這個道理在我國也是適用的。比如不能因為我是"胡建仁"（福建人），大家就歧視我。我國幾部訴訟法都規定少數民族可以用少數民族的語言進行訴訟，道理也就在這裏。當然，如果有合理的理由的話，那情形就另當別論了。比如，某個大學招收學生攻讀播音專業，要求報考人必須會說普通話，如果你不會，就可以限制你。

從這裏也可以看出，平等主要反對不合理的差別，這其實就意味著允許合理的差別。那麼，什麼是"合理的差別"呢？它指的就是具有合理依據及合理程度的差別。判斷某種依據是否合理，主要就是看這種依據是否屬於"禁止性差別事由"。如果不屬於，那麼一般來說此種差別就是合理的。合理程度也有標準，即差別程度是否超出了目的之所必要。如果超出了合理差異的程度界限，那就會構成逆反差別，又稱"反向差別"。比如說在美國，實質上的平等原理傾向於保護黑人，但是這個保護不能超過一定的限度，不能對黑人保護得太離譜了，已經構成對白人種族的歧視，這就是逆反差別。再比如，我們要保護經濟上弱勢群體，所以在稅收方面採用累進計稅制，收入高的人納稅比例高，收入低的人納稅也少，這就是合理的差別。但是這種差別有一定的限度，不能太離譜，否則也會構成逆反差別，以後這個社會裏的人就都不願意通過辛勤勞動創造財富，大家都願意做窮人，坐在家裏等著政府救濟，而富人或者有能力的人就可能紛紛移民，逃離這個國家。

合理差別具有合理依據，這些合理依據我們也可以進行類型化歸納。

首先，形式上的平等所承認的合理差別，其主要依據是什麼呢？主要是能力、德行和業績。我們禁止依據民族、種族、性別等進行差別的對待，但是任何國家一般都不禁止根據能力、德行和業績對人進行差別對待。也就是說，能力、德行、業績不被列為禁止性差別事由。老闆工資可以比員工多，在員工當中業績好、能力強的人，其工資可以比其他人高。根據學術水平和研究能力，有些人做教授，有些人目前只當副教授；不可能所有人都湧入清華北大讀書，而是要根據考分來選拔。這些都是根據能力或業績來對人進行差別對待的例子。這樣的差別對待是憲法所允許的。你們不要以為，憲法上所講的平等就是人人都一樣。這點你要是不理解，就會陷入古代農民起義中所主張的平均主義的泥坑。平均主義的社會肯定是存在很多問題的，它解決的是分配財富的問題，把富人的東西全部剝奪過來分給窮人，但卻沒有看到創造財富的重要性。只關心分配財富，不關心創造財富，甚至不去創造財富的話，社會還是維持不下去的。

接下來我們看實質上的平等方面。實質上的平等所承認的合理差別，其類型更多，而且也更為複雜，其中包括：第一，依據年齡差異的合理差別。比如選舉權的行使，各國都設定年齡要件。我國是年滿 18 週歲的公民享有選舉權，未滿 18 週歲則不享有選舉權。這就屬於根據年齡差異而採取的合理的差別對待。第二，依據生理差異的合理差別。比如說對男女勞動者進行分類，作不同的對待，對女性勞動者優厚照顧，為她設定特別的產假，比男性提前退休的工作年限，等等。還有，對健康的人和身體健康狀況方面有缺陷的人進行差別對待。第三，依民族差異的合理差別。現實中，我們對少數民族不加以不利對待，反而對其一些權益要加以優厚保護，如在生育、工作、受教育等各方面予以優厚保護，就屬於這個。這是合理的，屬於實質上的平等。第四，依經濟能力、收入所得進行的合理差別。剛才我所講的累進計稅制就是非常好的例子。第五，對特定主體的權利限制。對有些人權利的保護要強一些，而對有些人權利的保護應該弱一些，特別是某些權利，比如說對公務員的人格權，包括隱私權、名譽權，我們就應當只予以"弱保護"。你是某縣的縣委書記，有公民去上訪告你，你就說人家誹謗，斷言他侵犯了你的名譽權，反過來到法院起訴這個公民。如果中國的官員動不動就這樣做，那麼我國現行《憲法》第 41 條所規定的公民批評國家機關及其工作人員的權利，甚至申訴、控告和檢舉國家機關及其工作人員的權利，就可能會形同虛設。為此，與國家機關及其工作人員，如官員在現實中擁有強勢地位相對應，對官員的名譽權等人格利益的保護採取一些特別的限定措施，看似不平等，實則是合理的。這在各個法治國家都是如此，否則，你就很難成為法治國家。所謂的"官告民"現象往往出現在法治相對落後的國家或社會。大家都知道，新加坡的李光耀先生，確實是挺有能力的，但他過去經常把反對派告上法庭，主張人家誹謗，為此侵犯了他的名譽權。你想法庭一般會判誰贏呢？當然是李光耀！與此相反，世界上大多數法治國家裏，政治人物、公眾人物的名譽權、榮譽權往往無法得到特別優厚的保護，反而還會受到適當的限制，以與普通人的各種權利之保護達到一種對等關係。這就屬於合理的差別。

以上我們講的就是平等權，現在來總結一下。憲法保護平等，這個"平等"應該怎麼理解呢？應該這樣理解：

第一，憲法上的平等，實際上是規範意義上的平等，即應然意義上的平等，而不是指事實上的平等。在事實上，人與人是有差異的，是不平等的，其中既存在先天的差異，也存在後天的差異，但憲法則規定在規範上應該達到一種平等的狀態。

第二，這種平等的狀態不是寬泛無邊的，而是具有特定的內涵的。它指的就是得到公權力的平等保護，反對不合理的差別，但允許合理的差別。所以憲法上所講的平等，在規範意義上，其最重要的內容就是區別什麼叫合理的差別，什麼叫不合理的差別。而不是像政治學、社會學那樣，甚至像普通老百姓，乃至古代農民起義領袖那樣，將平等理解為是寬泛無邊的。

第三，關於什麼是合理差別，什麼是不合理差別，法學上有個判斷機制，含有一定的技術。這個技術當然是在規範意義上講的。怎麼判斷呢？首先要看是否存在差別對待措施，即某一項立法或者是某一種行政措施是否存在差別對待，比如是否存在一種對人的分類。男性60歲退休，女性55歲退休，這就存在了分類，並存在了一種差別對待。如果可以判斷的確存在差別對待的措施之後，就應該開展我們前面所說的形式意義的審查和實質意義的審查，其中，實質意義的審查最為複雜，其關鍵就是看這個差別對待措施是否合理。如何判斷差別措施對待是否合理呢？國外在合憲性審查中發掘出很多技術，基於我國目前的情況，我們姑且可以採用這樣一套步驟：第一要判斷差別對待措施的目的是否合理。目的合理指的是基於憲法所容許的目的，而不是基於禁止性差別事由。如果是基於禁止性差別事由，比如說基於性別，那還要求這種差別對待不是對弱者一方不利。如果是對弱者一方不利，那麼就構成了不合理的差別。第二要判斷差別對待措施本身是否合理。第三則是要判斷措施與目的之間的關係是否合理，包括要看所採取的差別措施對於實現其目的是否適當，是否屬於最低必要限度，以及基於差別對待所獲得的利益與所失去的利益是否大致符合比例。

（五）案例分析

講到這裏，現在讓我們回過頭來看看前面的幾個案件，思考一下應該如何分析評價它們。在這裏，可以參考合憲性審查的框架來分析，但由於時間關係，我們僅選擇其中的一些關鍵性要點來分析。

首先是乙肝病毒攜帶者就業歧視案件。案中明顯存在差別措施，那麼這些歧視措施是否構成了不合理差別呢？可以分析一下其關鍵性要點。

在招聘公務員時，對乙肝病毒攜帶者所設定的限制，其目的是什麼？公權機關就有義務對這一點進行說明。如果這個目的本身就是不合理的，那麼，就構成了不合理的差別。如果是合理的話，那還得繼續審查下去，其中的關鍵是案中的差別措施是否符合比例原則。比如設定這個公務員崗位主要是從事食品衛生工作的，那麼就要審查乙肝病毒是否會通過唾液傳播等。也就是說，可以審查應聘者的身體健康狀況是否符合此一特殊工作崗位的特殊要求。但一般來說，全面禁止乙肝病毒攜帶者錄用為公務員的做法，很可能違反了適當性原則，很難獲得正當性支持。再如，如果他只是輕微的小三陽，就被禁止錄用為公務員，那這個差別措施也可能違反了必要性原則，也很難獲得正當化。

再看身高歧視案。這也比較複雜。我們看到，這個案件中存在依據身高對人的分類。那麼，這一分類所形成的差別對待措施是否屬於不合理的差別對待呢？關鍵是審查以下這些要點。首先要看目的。設定一定的身高限制是基於什麼目的呢？如果說，僅僅是為了提高公務員的形象，那麼這個目的就是不合理的，因為公務員形象的提高，主要不是靠公務員個子高來體現，而是主要依靠其他方面，比如公務員在具體工作中的表現。在 2008 年四川發生地震時，某個公務員身先士卒、奮不顧身，參加營救工作，這個公務員就是合格的公務員，即便個子再矮，我們也覺得他的形象非常高大。其次要看差別措施與目的之間是否有關聯性。比如說招的是特警，那麼將身高限制為 1.65 米以上行不行？在這種情況下就可能是合理的，因為特警這個職業的特性對身體條件是有一定特殊要求的，體型太小無法滿足該種崗位的要求，這時設定一定的身高限制是合理的。美國就曾經發生過一個案例，我們稱為

"警察資格測驗案"。在該案中，幾個黑人去起訴警察署，認為警察署對他們構成了歧視。原來，這幾個黑人想做警察，於是警察署對他們的身體狀況進行測驗，但是測驗不過關，黑人就告他們搞種族歧視。於是，警方在法庭上做出説明，這個測驗的目的是要提高警察的身體素質，而警察身體素質的提高對於其履行警察職能具有必要性。也就是説，這個測驗本身與其目的之間存在內在的關聯性。所以法院判決，警方沒有構成歧視。但是如果是招收一般的公務員，在辦公室裏抄抄寫寫，即便將來是要擔任領導職務，矮一點就矮一點，也沒有什麼關係，而進行身高限制，就可能構成歧視。

在青島三考生訴教育部這個案子裏，考生認為教育部對不同的地區給予不同的招生名額，導致不同地區的高考錄取分數綫出現懸殊現象。大家想想看，這有沒有構成不合理差別對待呢？要分析這個問題，首先要分析這裏面是否存在差別對待。這肯定是存在的。所以，我們重點要看：這種差別對待是否是合理的？而要判斷是否合理，我們說了首先要看目的是否合理？為什麼全國高考錄取分數綫不劃成一條綫，而是不同地區不同劃綫，不同地區有不同的名額？這樣做合理不合理呢？我認為，從初衷來説，這也有合理之處。為什麼？因為這樣做主要目的是為了保護教育不發達地區考生的利益。如果全國一條綫，那麼，比如説像新疆、西藏等中西部省份由於教育條件比較落後，那裏的學生和東南部地區的考生競爭，那幾乎沒多少學生能考得過。在這種情況下，全國一條綫顯然是不公平的。

中國自古以來，即使在古代社會，科舉考試錄取名額的分配也都考慮到地區之間的平衡。比如説規定狀元、榜眼、探花，不能出在同一個縣。有一個真實的案例，説清朝乾隆年間，有一年狀元和探花都出在四川省某一個縣裏，而且是同一個家族。乾隆皇帝很震驚，認為這是不正常的，裏面可能存在科場舞弊，於是就派一個很著名的大臣去調查此事，此個大臣就是紀曉嵐。紀曉嵐怎麼處理這個案件呢？當然是秉公處理，重新改卷，將其中一個判為沒有錄取。這在歷史上是很著名的案例。從憲法學上來説，這樣做是符合實質意義上的平等原理的。但是大家返回來看我們的案件，高考畫綫，北京市比青島等地低了一百

延伸閱讀：古代科考錄取中的平等措施

多分，這個有沒有道理？可能就沒有道理了。因為北京市的教育條件比青島等地好得多，而上述做法卻是對弱者一方（青島考生）不利的。因此，爭議事項構成不合理差別對待。只不過中國目前還沒有一個有效的法律制度去糾正這樣的做法，所以這樣的案子沒有告成。

接下來是男女平等退休案。這個案件涉及：規定女性在 55 歲退休，這是否會構成對女性的歧視？從目的來看，這種差別措施也許不是歧視的，相反，是為了更好地保護女性。但到了現在，則很難說了，可謂公說公有理，婆說婆有理了。其中，有一部分女性就願意 55 歲退休，如果你讓她 60 歲退休，她就認為這不公平，沒有實現實質意義上的平等，只是形式意義上的平等，忽視了女性的特殊性。可是相反，規定女性 55 歲退休也會出現類似於 Z 女士這樣的案件。怎麼處理呢？我認為是應該只規定參照性的女性退休年齡段，如 55 歲到 60 歲，然後賦予女性自我決定權，讓她自己根據自己的情況和意願申報適當的退休年齡，有關部門予以核准。

以上就是對幾個案件的分析。在現實生活中，有關平等權的案件是很多的。那麼平等權在當今中國為何訴求這麼活躍呢？首先一個原因是公平正義已經成為這個時代的主題。過去重視效率和經濟的發展，現在人們開始重視公平正義。而中國人講的公平正義，主要是講平等。所以平等權變得非常重要，從某種意義上可以說，它是中國憲法中的第一大權利。其次，平等權之所以受到特別重視，還有中國傳統農耕社會深厚的均權觀念在起作用這個原因。這種均權觀念從井田制的出現就開始形成了，如今還有很大影響。最後還有一點就是人們對現代平等規範原理的誤解。現代人們對平等的理解是漫無邊際的平等，所以訴求很多。但憲法上所講的平等原理，其實是有特定內涵的。有關這一點，大家可以自己去琢磨，運用我們所學過的憲法學上的平等權的原理和技術進行分析，或者嘗試去解答。

最後要說的是，以色列學者赫拉利（Yuval Noah Harari）認為，隨著人工智能和生物技術的發展，人類將從當下的"智人時代"走向"智神時代"，一小部分人類社會成員將成為智力和身體都遠超普通人的智神，而大部分智人可能成為"無用階級"。那個時代人類是否還是平等的，可能是同學們要好好思考的一個問題。

二、政治權利

（一）政治權利概述

政治權利又被稱為"政治自由權利"，也有人稱之為"參政權"，指的是人們參與政治活動的一切自由和權利的總稱。

政治權利在我國憲法基本權利序列中的排名是比較靠前的。我國現行《憲法》是從第 33 條開始規定基本權利的，第 33 條第 1 款規定公民的概念，第 2 款就規定平等權，第 3 款規定國家尊重與保障人權，而接下來第 34 條，則規定選舉權與被選舉權，即開始規定政治權利了。為此在我國憲法權利的實定序列之中，政治權利被排在第二位，僅次於平等權。

政治權利之所以在我國被認為是非常重要的，首先是因為其被看作是"主權上的權利"，即人民當家做主的權利，它既是人民主權原則及各項民主制度得以確立的前提條件，又反過來體現了人民主權原則及其各項民主制度的必然要求；其次它既為一項實體性的權利，又具有一定程序上的意義，可為實現實體性權利服務。當然，同時也是因為，我們國人在憲法上有一個特別的觀念，就是將積極權利看成是比消極權利更為重要的，這與其他有代表性的憲治國家恰好相反。其實，政治權利在現實生活中是否像憲法上規定的那樣或者像某些政治學家所說的那樣已經得到充分的保障，還值得具體分析。

這裏我們順便講一下孫中山的"民權"概念。這個概念從近代日本移植而來，在民國時期十分重要。當今有人將其泛化理解為人民或國民的基本權利，這是不對的。其實，孫中山所說的民權，主要只是指以下四種權利：選舉權、罷免權、創制權、複決權。其中選舉權、罷免權我們都知道了，我們主要介紹一下創制權與複決權。創制權是指公民在法定人數內可以提出立法建議案，交立法機關討論修改或經投票直接制定為法律的權利。複決權是指公民以投票方式對立法機關通過的憲法或法律應否生效作出最後決定的權利。這樣看來，孫中山所講的"民權"實際上是屬於公民的政治權利的範疇。

政治權利具有能動性。這一方面決定了該權利享有主體本身必須具備獨立的主體意志能力和政治行為能力；另一方面，人們的主體意志能力和政治行為能力，在一定程度上也是可以在民主政治實踐和公共參與活動中得以自我培養的。

（二）政治權利的具體類型

從憲法學理論上說，有關政治權利，有很多要點需要掌握，大家可以去看"馬工程"教材。在此我們從政治權利的幾個具體類型上做一些介紹。

在我國，政治權利下面又可以劃分為如下五個具體的類型：

第一個是選舉權和被選舉權。關於選舉權與被選舉權，我國現行《憲法》第34條規定："中華人民共和國年滿十八週歲的公民，不分民族、種族、性別、職業、家庭出身、宗教信仰、教育程度、財產狀況、居住期限，都有選舉權和被選舉權；但是依照法律被剝奪政治權利的人除外。"其中的選舉權，在我國首先是人大選舉制度下的選舉權，如果從廣義上說，還包括村民選舉、居民選舉等基層群眾自治制度中的選舉權，乃至選舉公職人員的權利，但主要是人大代表的選舉。"馬工程"教材也是將其限定為"選民依法選舉代議機關代表的權利"。而被選舉權也可做相應的理解。

政治權利的第二種類型是罷免權。罷免權指的是選民或選舉母體擁有撤銷那些已經通過選舉產生的代表的代表身份的權利，但作為一項基本權利具體類型的罷免權，主要指的是選民對代表的罷免權利。為此，罷免權也可以理解為是從選舉權中衍生出來的一項權利，是選舉權的一種展開形態。

政治權利的第三個具體類型叫"表達自由"。根據我國現行《憲法》第35條的規定，這種表達自由就包括言論、出版、集會、結社、遊行、示威的自由，可以簡稱為"六小自由"，學界曾經把它們稱為"政治自由"。關於它們的定義，我們集中介紹一下：一般來說，言論與出版相對稱；集會與結社相對稱；而遊行與示威相對稱。這三對內部彼此都比較接近。

言論自由有廣狹兩義。廣義的言論自由包括狹義的言論自由和出版自由，是指公民通過各種語言形式表達、傳播自己的思想、觀點、情感等內容的自由；而狹義的言論自由則指的是以口頭表達為形式的言論自由；出版自由則是通過文字、圖表等形式來表達的自由，具體而言是指公民可以通過公開發行的出版物，包括報紙、期刊、圖書、音像製品、電子出版物等形式，表達、傳播自己的思想、觀點、情感等內容的自由。

結社自由是指特定的多數人形成具有共同目的的、持續性的結合體的自由；而根據《集會遊行示威法》的規定，集會指聚集於露天公共場所，發表意見、表達意願的活動。其實，從學理上說，這個定義是不完整的，主要原因是集會未必限定於露天公共場所，只要特定或不特定的多數人在一定場所聚集，形成一時性的集合體，即是集會。

遊行和示威的主體一般也是特定或不特定的多數人。根據《集會遊行示威法》的規定，遊行指的是在公共道路、露天公共場所列隊行進、表達共同願望的活動，其重要特徵是行進；示威概念所包括的範圍則比較廣了，主要指的是特定或不特定的多數人在露天公共場所或者公共道路上以集會、遊行、靜坐等各種方式，表達要求、抗議或者支持、聲援等共同意願的活動。也就是說，示威的形式是多樣的，從廣義上說，集會、遊行都可以包括進去。而且由於規管很嚴，它的形態會變，有時也會策略性地演變，比如 2007 年，我國廈門就出現過群眾以大規模集體散步的形式反對政府擬將推動的 PX 項目的事件，那其實也是一種示威。

當然，正如過去我們講過的那樣，這種類型的劃分也具有相對性，很多人認為這個表達自由，就應該劃分到精神自由的類型中去，但是根據我國憲法的規定，表達自由是放在第 35 條中，僅次於第 34 條所規定的選舉權與被選舉權。由此可見，我國憲法似乎是把表達自由納入政治權利的序列中去的。

政治權利的第四個類型叫監督權。這是我國作為社會主義國家在傳統上所特別標識的一種權利類型，認為是人民當家做主、有權監督國家機關及其公務員的一項神聖權利。監督權的具體依據是現行《憲法》第 41 條第 1 款，該條款規定了更為具體的六小權利：第一個就是批評權，第二個是建議權，第三個是檢舉權，第四個是申訴權，第五個是控告權，第六個則是國家賠償請求權。"馬工程"教材基本上也持有這樣的見解，將前面五項權利合稱為"監督權"，與第六項的國家賠償請求權並列。

　　其實，這裏所説的監督權，相當於傳統憲法學上所講的請願權，即任何人就個人權利的保護或救濟、國家法令的制定或改廢、公務員的罷免以及其他公共事務進行請願的權利。請願權這個概念在我國民國時期就有過，但到了新中國，這個概念就不討人喜歡了。這是由於，我們是社會主義國家，單從政治理念層面上的邏輯要求而言，人民自己都"當家做主"了，不可能還去向官府請願。為此，新中國成立之後，便不採用"請願權"這個説法，而改為"監督權"。

　　然而，從學理上説，上述的這六個權利，可劃分成參政型的監督權和權利救濟型的訴願權兩類，其中真正屬於政治權利的只有前面三個，即批評權、建議權、檢舉權。質言之，這三項才是參政型監督權的應有內容；而至於申訴權、控告權和國家賠償請求權，則屬於權利救濟型訴願權的範疇。當然，建議權和檢舉權比較特別，也可以跨入後者的範疇，合稱為"權利救濟型訴願權"。其存在跟特定的政治制度無關，在任何國家、任何社會的憲法上，老百姓一般都享有這類權利，主要用於個人權利的救濟。

　　為此，從嚴格的意義上説，使用"監督權"這個概念，應扣除申訴權、控告權和國家賠償請求權，而將這三種權利納入權利救濟型訴願權的範疇中。有關這一點，今後我們在講到權利救濟權時，會專門講到。

　　政治權利的第五個類型就是"其他的政治權利"，比如擔任公職的權利，村民自治中的個人參與權，等等。

　　在 1982 年憲法之下，應該説政治權利沒有什麼發展，這一點應該承認。發展最突出的，唯有"海選"制度，即所謂村官直選制度。該制度於 1986 年為吉林省某村自創，1998 年《村民委員會組織法》認可，但在實踐中問題多多，也令人深思。

　　在實踐中，還有一個值得一提的問題是：對於危害國家安全及嚴重破壞社會秩序的罪犯，我國《刑法》第 54 和 56 條規定了對其剝奪政治權利，包括：(1) 選舉權與被選舉權；(2) 表達自由；(3) 擔任國家機關職務的權利；(4) 擔任國有公司、企業、事業單位和人民團體領導職務的權利。這個剝奪範圍是否過大，曾引起爭議。對此，有些要點確實值得思考，比如第 4 項與第 1 項的關係如何？第 2 項是否應限定於政治性的表達自由？

　　在現實中，有一些案例顯示，政治權利還需要進一步切實地加以保障。比如，2006年重慶市發生了備受關注的"彭水詩案"。在這個事件中，一個普通的年輕公務員Q，編寫了一條手機短信，內容如下：

　　　　馬兒跑遠，偉哥滋陰，華仔膿包。看今日彭水，滿眼瘴氣，官民衝突，不可開交。城建打人，公安辱屍，竟向百姓放空炮。更哪堪，痛移民難移，徒增苦惱。官場月黑風高，抓人權財權有絕招。嘆白雲中學，空中樓閣，生源痛失，老師外跑。虎口賓館，竟落虎口，留得沙沱彩虹橋。俱往矣，當痛定思痛，不要騷搞。

　　這個短信中的"馬兒"，被認為指的是原縣委書記馬某，"偉哥"指的是縣委副書記兼縣長周某，而"華仔"指的是縣委書記藍某。應該說，這屬於公民對國家工作人員的批評了，也屬於政治性言論自由的範疇。但當時，批評者卻被刑事拘留，進而被檢察院批准逮捕，並面臨刑事審判。所幸的是，有人在網絡上發佈了此事，為此媒體紛紛報道，引起全國輿論一片嘩然，最後迫於輿論壓力，當事人被釋放，官方做出道歉，縣委書記也被調任。但類似案件在全國各地還可能發生，尤其發生在法治觀念薄弱的地區，其中甚至可能包括在座一些同學的故鄉呢。

　　其實，"彭水詩案"之類的事件之所以發生，有著深遠的制度背景。比如其中一個重要原因在於：在我國現行憲法體制下，公民的參政型監督權，尤其是批評政府的權利，沒有適當的公共平台作為支撐，以致一旦有人批評政府及其官員，後者也不知道應該如何合理應對。從這個意義上說，公民的政治權利的切實保障，也有賴於民主制度的改革完善，否則可能成為空談。

第十二章　精神自由與人身自由

　　本章所講的精神自由和人身自由是基本權利的兩大重要類型。我們前面講過，近代憲法主要保障三大自由，即人身自由、精神自由和經濟自由。換言之，這三大自由，是近代憲法所確立的最重要的基本權利。在現代憲法中，這些基本權利仍然受到重視，只不過其中的精神自由的地位上升了，居於人身自由之前。我國憲法也是如此，所以我們先講精神自由，再講人身自由。

　　在這裏，我們照例先推出幾個章前導引問題：第一，有些國家往往在特定時期裏嚴格規制社會上的各種言論，這有沒有一些理由？如果有，主要是什麼？第二，我國現行憲法沒有規定政教分離原則，在這種情況下，我們的政府是否可以參加一些宗教活動？第三，公安機關依法逮捕了犯罪嫌疑人，並查明犯罪事實，然後是否可以像捆綁大閘蟹一樣捆綁他？為什麼？第四，第一次上課時講過：在美國"9·11"恐怖事件發生之後，一個嚴峻的問題很快擺在各國政府的面前：如果民航客機被恐怖分子劫持，為了防止被劫持客機撞向大樓，造成更大的二次威脅，國家可否將其擊落？請問，你的看法是什麼？

一、精神自由

　　何謂精神自由呢？精神自由是指對那些與人的精神活動或精神作用相關聯的

自由權利的總稱。在我國，精神自由又可稱為精神·文化活動自由，這一大類之中又包含著更為具體的類型。有哪些呢？主要有這麼多：思想和良心的自由、表達自由、宗教信仰自由、通信自由和通信秘密、文化活動自由等。這些都屬於精神自由這個範疇。下面我們逐一講解。但要説明一下：思想和良心的自由在我國現行憲法中沒有規定，1949 年《共同綱領》中曾經規定過思想自由，現在不規定了，所以不講。表達自由在前面政治權利中已經講過了，但在學理上也可以納入精神自由，這裏還要再講一下。

（一）表達自由

表達自由（freedom of expression），在美國又叫"言論自由"，在德國則稱其為"意見自由"，指的是通過一定方式，將内心的精神作用公諸外部的精神活動的自由。根據我國現行《憲法》第 35 條的規定，表達自由包括言論、出版、集會、結社、遊行、示威等自由。

在我國，表達自由往往被高度政治化，因此也被納入到政治權利類型當中，我們上次就是這樣講過的。但另一方面，實際上這個表達自由也不完全只是政治性的，因為表達有許多内容和形態。第一，在内容上，除了政治上的表達以外，還有商業性表達或者説商業性言論，以及學術言論、藝術言論、宗教言論等方面的表達。特別是商業性的言論，在現實生活尤其是市場經濟國家裏面是非常活躍的，在數量上遠遠超過政治性言論。比如，在現代社會，作為商業性言論的商業廣告就幾乎鋪天蓋地，以致令人厭煩，但你要想完全避開它卻不可能了。第二，在形態上，表達包括通常的表達和象徵性的表達。象徵性表達指的是將自己的意見和思想通過具有象徵意義的行為加以表達的一種活動，如反越戰時美國人當街燒掉徵兵卡等。

表達自由具有重大意義，其表現在哪裏呢？密爾曾在其名著《論自由》中這樣寫道：

讓意見沉默的特有弊害，就在於剝奪了人類共同的利益。也就是説，它在剝奪了現代人的利益的同時，還剝奪了後代人的利益；而且，它不僅剝奪了持

有某種意見的人們的利益，還剝奪了反對那種意見的人們的利益。因為，如果
那種意見是正確，那麼人類就被剝奪了拋棄謬誤、獲得真理的良機；即使那種
意見是錯誤的，他們也會失去幾乎與此同樣重大的一種利益，即：通過真理與
謬誤的對決，從而進一步認識真理、擁抱真理的利益。

這段話是我轉譯自日文版的。其中的內容非常經典，充滿了智慧和真理的顆
粒，同學們可以好好琢磨。

時至現代，西方學者，特別是美國現代學者愛默森（Thomas Irwin Emerson），
有著名的學說，認為言論自由就有四點重要價值，分別是：（1）確保個人的自我成
就；（2）增進知識、發現真理；（3）確保社會全體成員參與各種"社會性決定的形
成"；（4）維持一個社會中不穩定的健全分化和必要共識之間的平衡，實現一個更
融洽和更穩固的共同體。日本學者蘆部信喜則將這四點更為凝練地概括為兩點：第
一，精神自由有自我實現、認識真理的功能；第二，它又是精神文明的創造力。

是的，在現代社會，言論自由有著特別重要的作用。如上所述，第一點就是
實現自我、認識真理。就第二點功能而言，可以說，我們人類社會之所以發展到現
在的高度文明狀態，人類之所以可以成為地球上所謂的"萬物之靈長"，原因之一
就在於我們人類擁有精神自由。其實人類的許多能力比較差，比如預測地震不如癩
蛤蟆，預測下雨不如螞蟻。另外，我們在身體的自由度上也不如鳥兒，鳥兒長有翅
膀，可以自由地在天空飛翔，而人類絕大多數情況下都被牢牢地束縛在大地上。很
多同學都夢想著自己能夠像小鳥一般自由地飛翔。如果夢想成真，你就不必享受
憲法上的自由了，因為你一展翅膀就可以享有自由，連一根羽毛都不留給它。但這
只是夢。人類的力氣也不比虎狼，牙齒也不及它們鋒利。老虎根本不必刷牙，但是
它的牙齒照樣很厲害，比人類的牙齒鋒利多了。然而奇怪的是，人類居然有能力馴
服老虎，將作為"百獸之王"的老虎關在籠子裏面，供人類自己賞玩。雖然這種行
為在人類中的許多動物保護主義者看來又是有問題的，但凡此種種，都表明：單項
能力這麼差的人類居然成了世界上最厲害的物種。那麼，這原因到底何在呢？自然
有各種各樣的原因，但其中一個原因就是：人類可以造就精神文明，而造就這種文

明的有生力量，那就是精神自由。人類從遠古祖先開始就可以思考問題，從事精神文化活動，使人類的大腦越發發達，甚至社會中出現了專門從事精神文化活動的群體，通過文字的形式記錄生產生活經驗，創造與傳播文明。這是其他動物難以企及的。人類在精神文化活動方面發展很快，且受到自身社會的重視，乃至在憲法上都加以保護，從而進一步推進了文明的發展。所以說，精神文化活動的自由是人類社會創造文明（包括精神文明）最重要的一個途徑。

正因上述等原因，現代西方人比較重視言論自由。在現代美國，就存在一種憲法理論，叫作"雙重標準理論"，英語叫作"the theory of double standards"。簡單說，其主要是認為：作為"憲法的守護者"的法院，對待言論自由的態度，應該與對待經濟自由的態度有所不同，要傾向於對言論自由予以優厚的保護，而對經濟自由反而不予以優厚的保護。其具體理由是，對於那些規制社會經濟活動的立法，如果法官以自身的社會哲學去對抗由人民選舉產生的立法機關中的多數派的抉擇，就可能有悖於民主主義的精神；然而，立法上的抉擇終究必須保證將來的多數派可以通過和平和民主的途徑加以改變的可能性，而對規制精神自由的立法，採取比其他立法更為嚴格的合憲性審查標準，正是為了維護和實現這一目的。

與此相應，美國在憲法判例中形成了一套有利於對言論自由進行保護的合憲性審查標準，對各國影響較大，其中主要有：（1）禁止事前抑制的原則，即一般情況下，在言論作出表達之前就對它加以審查和限制，那是不行的；（2）"明顯且即刻的危險（clear and present danger）"標準，即：如果一個言論的發表具有明顯而且緊迫的危險，那麼才可以對它進行限制，包括可以在事前加以限制；（3）明確性理論，要求對言論自由的限制，必須做出明確的規定；（4）過度寬泛即無效的法理，即在對言論自由進行限制性規定中，如果語詞的含義過於寬泛，那麼就是無效的；（5）無其他更寬鬆的限制手段可供選擇（less restrictive alternative，LRA）的標準，這類似於德國的最低必要限度標準，它要求規制言論自由時所採取的手段，必須是可採取手段中最低必要限度的手段，否則就可能是違憲的。這五項審查標準都具有規範性，也具有技術性。

我國現行憲法規定保護表達自由，但尚未形成細緻的保護規則和限制審查標

準。國務院《出版管理條例》（2020 年第五次修訂）第 25 條規定了任何出版物不得
含有下列內容：（一）反對憲法確定的基本原則的；（二）危害國家統一、主權和領
土完整的；（三）泄露國家秘密、危害國家安全或者損害國家榮譽和利益的；（四）
煽動民族仇恨、民族歧視，破壞民族團結，或者侵害民族風俗、習慣的；（五）宣揚
邪教、迷信的；（六）擾亂社會秩序，破壞社會穩定的；（七）宣揚淫穢、賭博、暴
力或者教唆犯罪的；（八）侮辱或者誹謗他人，侵害他人合法權益的；（九）危害社
會公德或者民族優秀文化傳統的；（十）有法律、行政法規和國家規定禁止的其他內
容的。這十項禁止性規定都是事前性和概括性的，應該説比較全面，也比較嚴格。

　　説到這裏，我們不妨回到那個章前導引問題，即：有些國家往往在特定時期嚴
格規制社會上的各種言論，其理由究竟何在？也就是説，規制言論是否也具有一些
正當理由？對此就可能見仁見智了，而從公權力的立場看來，還是有正當理由的。
這主要是因為，在特定條件下，表達自由確實也可能存在一定的負面作用，主要是
可能在社會上帶來意見分化，如果意見分化嚴重，就可能導致社會撕裂，進而影響
國家統合。尤其是在社會上存在較為嚴重的分歧和矛盾，或因某些原因處於無法達
成理性對話並形成基本共識的嚴峻狀況下，不排除這種可能。我國曾經在 1980 年刪
除了 1978 年憲法中所規定的“四大自由”，即“大鳴、大放、大辯論、大字報”，
也不再爭論“姓資姓社”，道理就在這裏。

　　但另一方面我們也需要看到：在成熟的民主法治社會，一般不存在上述此種情
況。這是為什麼呢？這是因為，表達自由一旦得到充分的保護，各種不同意見就會
並存，其各自影響力也會相互抵消；在這種情況下還能佔上風的那部分意見，恰恰
有可能形成社會共識，而社會共識的形成又促成社會穩定。因此成熟的法治國家即
使大力保護言論自由，社會也不會陷入不可收拾的混亂。

　　表達自由發展到一定程度之後，就派生出一項新型權利，這就是知情權。顧名
思義，知情權指的是人們獲取信息的自由權利。憲法學上的知情權，則主要限定於
從公權力獲取信息的自由權利。

　　知情權與表達自由的關係十分密切。同一個權利主體，當其處於表達的傳送者
地位上時，是表達自由的主體；而當其處於表達的接受者地位上時，則是知情權的

主體。在現代社會，知情權很重要。可以說，全然不知情，則表達無意義。

知情權的發展比較快，但從憲法學上說，它主要包括以下兩項具體內容：（1）不被公權力妨礙獲得信息的自由。該項自由主要指的是可自由地通過合法的途徑接受或收集各種信息、資訊而不受公權力不當干預的自由，屬於消極權利；（2）政府信息公開請求權。該項權利被認為是知情權的核心內容，屬於積極權利，同時也屬於抽象權利，一般需要《政府信息公開法》之類的具體立法才得以具體化，從而在法律上獲得具體救濟的途徑。我國中央政府已於 2007 年制定了《政府信息公開條例》，2019 年修訂。

（二）宗教信仰自由

從憲法學上說，所謂宗教信仰，指的是對造物主、絕對者、至高的存在，尤其是神、佛、先靈等具有超自然或超人格性質的存在的確信、敬畏或崇拜的情感和行為。宗教信仰自由主要包括三項內容：內心的信仰自由、宗教上的行為自由和宗教上的結社自由。

為什麼要保護宗教信仰自由呢？其實，馬克思曾說過，宗教是人民的鴉片。而在馬克思之前，盧梭也曾把宗教稱為“高貴的詐術”。但時至今日，人類的科學技術對宇宙的認識還是十分有限的，而且科學技術也沒有解決人類靈魂的救贖和安頓的問題，這使得人類還需要宗教的力量。既沒有宗教信仰，也沒有其他信念，人類很可能就失去了終極意義上的虔誠和敬畏，這也很可怕，比如會導致有些人生失意者自己不想活了，就把屠刀肆意地轉向無辜的人群，悍然實施恐怖主義式無差別殺人這樣極端惡性的犯罪行為。所以，我們不能小看宗教。要知道，宗教在社會學意義上至少擁有三大功能，即：賦予人生意義，引導人類向善，維繫社會團結。也正因為如此，自古以來，高明的統治者就非常懂得利用宗教信仰的力量，並在各種宗教之間保持適度的平衡。

但問題在於，我國是一個以無神論為主導思想的國家，主流社會意識形態奉行馬克思主義。那麼，作為一個以馬克思主義為指導思想的社會主義國家，我們對宗教應該採取什麼態度呢？表面看上去，好像應該完全取締各種宗教活動。過去在極左思潮的影響下，就曾經這樣做過，結果有過慘痛教訓。現在，我國在奉行馬克思主義的同時，也在憲法中規定了公民的宗教信仰自由。這是不是有矛盾呢？

答案是：沒有矛盾。因為，現行憲法雖然規定了包括要堅持馬列主義的"四項基本原則"，但它存在於憲法序言第 7 段的表述之中，是指導性的原則性規定，因此在規範上並不會完全排斥《憲法》本文部分第 36 條所規定的公民的宗教信仰自由。

在當今我國，宗教信仰自由的保障，也應遵循一些原則。

第一，合法性原則。如根據法律法規規定，不允許強迫任何人，特別是未滿 18 週歲的少年兒童入教、出家、進入寺廟學院；不允許恢復已被廢除的宗教特權和宗教壓迫剝削制度。

第二，堅持本國宗教事務獨立原則。我國《憲法》第 36 條第 4 款即規定，宗教團體和宗教事務不受外國勢力的支配。為此，我國基督教實行"三自方針"，即自治、自養、自傳。但我國宗教團體、宗教人士依然可以開展對外友好交往；外國人在我國境內也可以開展正常的宗教活動。

現實中，存在基督教家庭教會的問題。中國長期有官方認可的基督教"三自教會"，但 20 世紀 80 年代後，由於其內部存在一些問題，就出現了一些家庭教會，其中亦有海外資金、書籍的流入，此外還有城市的一些新興教會。對此，許多地方政府以"非法聚會"為由對其加以打擊，但使其轉入地下秘密化，產生對抗意識，並出現宗教維權政治化。對此我們認為應當完善相關的法律法規，容許其中符合條件的家庭教會在"三自"體制之外另行登記，區別對待。

第三，各宗教一律平等原則。這是"馬工程"教材專門提出的一個原則，指的是法律對各種宗教的保護應該一視同仁，各宗教之間也應互相尊重、和睦共處。

第四，關於政教分離原則。為了保障宗教信仰自由，許多國家還在憲法上確立了政教分離原則，主要是要求公權力對宗教必須保持中立的立場。該原則又具體包含兩方面的內容：其一，國家不得偏袒任何一種宗教，不能將特定的宗教設立為國教；其二，禁止公權力開展或參與宗教活動，也禁止任何宗教團體享有公權力賦予的特權或行使政治上的權力。政教分離原則主要是要求國家對各種宗教保持中立，同時也要求各種宗教不得行使國家政治權力或特權，其宗旨在於防止出現宗教歧視、壓迫和衝突。

　　為什麼許多國家的憲法上會存在政教分離原則呢？其道理在於，無論從歷史經驗還是純粹理論上講，政治權力的介入，無疑會造成對特定宗教給以優厚保護，而對於其他宗教則施以干預壓迫，進而導致宗教之間的衝突糾紛，甚至會出現社會的混亂。在西方歷史中，曾經出現過非常殘酷的宗教迫害，其激烈的形態就是宗教戰爭和教派衝突，前者的代表是十字軍東征，後者的例子則更多，比如法國的聖巴托羅繆慘案。這都是大的事案，而小的宗教迫害，比如對異端的屠戮，則不勝枚舉。正是基於對於這種歷史經驗的深刻反思，政教分離原則誕生了，並被許多國家的憲法所接受，儘管各國在實現政教分離原則的具體做法上並不相同。美國是最典型的要求政教分離的國家，美國《憲法》第一修正案明確規定禁止設立國教。在英國則完全不同，由於歷史原因，英國憲法上是允許設立國教的，迄今為止也仍然存在國教。英國雖然存在國教，但政府對其他宗教採取寬容的立場，也不輕易干預宗教事務。可以説，在這個問題上，英美兩國構成了兩個極端：一個明確地將一種宗教（派別）奉立為國教；另一個在憲法上明確禁止設立國教，政府絕對不能參與任何宗教活動。在這兩個極端之外，還存在廣泛的中間形態，就是意大利等國家。它們處於英國與美國的中間，也就是世俗權力和宗教勢力雙方達成合意，簽訂一些協定，分別負責管理一部分社會事務。

　　但我國現行憲法並未明確規定政教分離原則。這是為什麼呢？主要是因為部分少數民族地區還存在政教合一的傳統，如西藏就存在金瓶掣籤傳統，以此用來認定藏傳佛教最高等的大活佛（達賴喇嘛和班禪）的轉世靈童。這個傳統儀式自清朝開始就由中央政府參與實施，迄今仍然如此。但是，無論從立憲主義的立場，還是從我國政治形態的角度來看，在保留一些合理例外的情況下，國家對各種宗教還是應該儘量保持中立，宗教一般也不宜行使國家的特權。

　　我國在宗教信仰自由的保障方面也出現一些典型案件，其中爭議較大的恐怕要屬在各地頻繁出現的大型公祭活動。所謂“公祭”，是指自古以來由國家公開主持、倡導、參與的對古代聖賢、民族始祖乃至先人神靈的大型祭拜活動。但是，自新中國成立以來，我國政府作為由中國共產黨領導的、奉行唯物主義的政府，在很長時間裏，對於此種宗教類活動的態度比較微妙，一般最多只是默許民間的祭拜，自己不染指。然而，近年來，部分地方的政府參與主持公祭活動的現象頻繁發生，引起了社會諸多爭議，也涉及了憲法上的問題。

我們首先列舉一些例子，來看一下這類公祭活動的情形。2007 年，陝西黃帝陵公祭大典，當時陝西省政府領導恭讀祭文，國家領導人李鐵映等親自參加祭典。這種對黃帝的祭拜活動，不僅發生在陝西，河南也有。因為傳說黃帝的故鄉在河南新鄭，黃帝陵寢在陝西，所以雙方都有理由祭拜。河南的祭拜也很活躍，河南新鄭多次舉行黃帝故里拜祖大典，也有黨和國家領導人以及河南省政府領導人參加，他們也鞠躬致敬，雖然沒有叩頭或者跪拜。2007 年在甘肅省還舉行了對於伏羲的公祭活動，政府要員以及武警都有參與。除去對黃帝、伏羲的公祭活動外，現實中還存在對於炎帝的祭拜大典。這些都屬於對中華民族的始祖的祭祀活動。另外，從 2004 年開始，山東省孔府的祭孔大典的規模也越來越大，中央和地方的領導也有參與。

這是特別有意思的現象，引發了諸多爭議。在憲法學上爭議的焦點是：這些公祭的行為是否違背了憲法上的政教分離原則？如前所述，政教分離原理要求，政府不得參與任何宗教活動，任何宗教也都不得享有政治特權。那麼，我國近年來所出現的上述公祭活動是否違背了政教分離原則呢？這就成了一個問題。

事實上，類似的問題曾引發過激烈的學術爭議。比如 2005 年"海南三亞建像事件"就引起學術界的爭議。當時，海南三亞南山海上觀音像的整個建造過程，都有海南省政府以及三亞市政府的參與、支持和積極推動。在觀音像建成後，政府還組織、帶領廣大佛教徒以及普通民眾舉行開光大典儀式，政府要員也有出席。另外，該建像活動之所以能取得成功，還是得到了中央有關部門及其領導人的審批和許可的。這一事件發生後，法學界作出了反應。2005 年當年，《法學》雜誌第 6 期發表了上海交通大學法學院郭延軍教授《我國處理政教關係應秉持什麼原則——從三亞觀音聖像的建設和開光說起》一文，其中認定海南相關的黨政機關及其領導直接規劃、操辦和參與觀音聖像的建造和開光等行為，違反了政教分離原則等。此後，《法學》雜誌的主編童之偉教授還特地

延伸閱讀：在我國，政府參與一些公祭活動，是否違反憲法上的政教分離原則

召集全國各地的部分憲法學者舉行專題研討會。在研討會上，大家對“三亞建像事件”是否違反政教分離原則展開討論，主導性的觀點是，政府此舉有違憲之虞。

（三） 通 信 自 由 和 通 信 秘 密

所謂通信自由，傳統上指的是人們通過書信、電話、電信、電子郵件等通信手段，根據自己的意願自由進行通信而不受公權力干涉的自由。隨著科學技術的進步和網絡技術的發達，通信手段突飛猛進，但通信自由的內容沒有改變。

通信自由是人們參與社會生活、進行思想情感交流的必要手段，為此也是精神自由的一種重要類型，與表達自由具有一定近似性。但表達自由往往以不特定的多數人為對象，而通信自由則往往以預期的特定人為傳達對象，由此派生出了通信秘密。

通信秘密指的是個人通信的行為和內容的私密性應受保護的權利，主要包括兩方面的內容：一是公權力積極獲知行為的禁止，即公權力不得非法或肆意地將個人通信的內容或行為作為調查的對象；二是泄露行為的禁止，即包括郵政工作人員在內的相關國家工作人員不得泄露在履行職務中獲知或可能獲知的個人通信信息。

在現代文明的法治國家，通信自由和通信秘密是一項越來越重要的權利。我國現行《憲法》第 40 條規定：“中華人民共和國公民的通信自由和通信秘密受法律的保護。除因國家安全或者追查刑事犯罪的需要，由公安機關或者檢察機關依照法律規定的程序對通信進行檢查外，任何組織或者個人不得以任何理由侵犯公民的通信自由和通信秘密。”基於通信自由和通信秘密的重要性，憲法第 40 條中所說的“法律”，應限定於狹義的法律，即全國人大及其常委會制定的法律。

（四） 文 化 活 動 的 自 由

我國現行《憲法》第 47 條規定：“中華人民共和國公民有進行科學研究、文學藝術創作和其他文化活動的自由。國家對於從事教育、科學、文學、藝術和其他文化事業的公民的有益於人民的創造性工作，給予鼓勵和幫助。”該條中所規定的從事科學研究的自由、文藝創作的自由、其他文化活動的自由以及從事教育的權利，構成了文化活動的自由。文化活動的自由，具有一定的複合性，其在內容上，包括從事科學研究的自由、文藝創作的自由、其他文化活動的自由以及從事教育的權利等具體的類型。另外，它既具有消極權利的屬性，又具有積極權利的側面。在我國現行憲法上，這個條款就與社會權相關的條款放在一起，因此也可以說，它已經被社會權化了，屬於國家"鼓勵和幫助"的對象。

文化活動的自由，具有特別重要的意義。所以，即使在近代仍具有一定專制主義傳統的憲制國家裏，其憲法雖然並不徹底保障一般國民的表達自由，尤其是政治性的言論自由，但對文化活動的自由、特別是學術自由則網開一面，予以大力保障。近代的德國和日本就是這樣的。這種對文化活動自由尤其是對學術自由的傾斜性保障，在一定程度上推動了這些國家的現代化，以至於像近代德國那樣，雖然當時在西方各國的政治經濟發展道路上還瞠乎其後，但在科學文化領域中則處於領先地位，馬克思曾說它在這些國家中"彈奏第一把小提琴"。

對文化活動自由的保障，包括兩方面的內容。第一，公權力不得肆意干涉公民從事科學技術、文藝創作等文化活動的自由以及從事教育事業的權利。這是文化活動的自由基於它作為一種消極權利所必然要求的方面。第二，公權力又必須積極鼓勵和幫助科研人員、藝術工作者以及教育工作者等從事文化活動，大力保障和推廣其科學研究或文藝創作的成果，為公民的文化活動提供必要的物質條件與具體設施。這是文化活動的自由基於其作為一種積極權利所必然要求的方面，可以說是憲法對文化活動自由進行保障的現代內容。

二、人身自由與人格尊嚴

（一）人身自由

人類這個物種很有意思，在近代之前居然不怎麼看得起自己的身體，比如神學與哲學就曾經有過對人類肉身的鄙薄，與此相應，公共權力也可以肆意地處置人身。人類對自己身體有關權利的覺醒，那是近代的事。歐洲近代市民革命所實現的

"人的解放"，首先就是"人身的解放"，而"人身的解放"又結晶為人身自由。簡單說，人身自由就是伴隨著近代人的解放所確立的一項基本權利，屬於"三大自由"之一。

那麼，"人身自由"這個概念又該怎麼定義呢？根據傳統上的説法，人身自由指的是無正當理由身體不受拘束的自由，又稱"身體自由"，被認為是人的一項最低限度的自由。

但隨著社會的進步和憲法的發展，人身自由所保障的內容也趨於不斷豐富。我國現行憲法許多條款就涉及人身自由，其中比較重要的有第 37 條，其第 1 款規定："中華人民共和國公民的人身自由不受侵犯。"第 2 款規定："任何公民，非經人民檢察院批准或者決定或者人民法院決定，並由公安機關執行，不受逮捕。"第 3 款規定："禁止非法拘禁和以其他方式非法剝奪或者限制公民的人身自由，禁止非法搜查公民的身體。"還有，現行憲法第 39 條也很重要，它規定了公民的住宅不受侵犯。

根據憲法的規定以及相關的規範原理，從憲法解釋學的角度來看，人身自由也可理解為主要包括了以下三項內容：

第一，身體不受不當強制的自由。

對身體的強制，一般存在拘禁和搜查等方式。身體不受不當強制的自由，是一項實體性的權利。根據我國現行憲法第 37 條規定，任何人的身體均應該是自由的，不受不當的拘禁和搜查，以其他方法非法剝奪或者限制任何人的身體自由也是不行的。

這裏所説的"搜查"比較好理解，而"拘禁"，則是一個很廣的、需要具體解釋的概念。一般來説，拘禁指的是通過強制方法拘束人的身體，包括剝奪他人的人身自由的拘禁和限制他人的人身自由的拘禁。剝奪他人人身自由的拘禁，主要有：逮捕、刑事拘留、行政拘留、留置、勞動教養、收容審查、收容教育等類型。其中，逮捕即是一種很嚴厲、也很典型的拘禁；除了逮捕之外，《刑事訴訟法》中的刑事拘留，《治安管理處罰法》中的行政拘留，《監察法》中的留置，還有勞動教養、收容審查（針對流浪乞討人員）、收容教育（針對賣淫嫖娼人員）等措施，也屬於拘禁的範疇。限制人身自由的拘禁，則可能有更多的方式，如禁止離開工廠、禁止離開學校等措施，就屬於這個範疇。

　　這裏所說的"不當拘禁和搜查"，首先指的是非法的拘禁和搜查。對此，現行憲法第 37 條第 3 款從反面做出了明確的禁止性規定。這是因為，人身自由作為一種自由，也是有內在界限的，在特殊的情形下，基於合法的理由，對公民的人身自由可以作出合理的限制或剝奪，但這至少需要具備法律上的依據。根據現行《立法法》第 11 條第（5）項的規定，要設立剝奪或限制人身自由的強制措施或處罰的事項，只能由全國人大及其常委會制定法律才行。這就是我們前面所說的法律保留。正因為這樣，《刑事訴訟法》中的刑事拘留、《治安管理處罰法》中的行政拘留，其作為一種制度，在這方面就得到了認可，但像勞動教養、收容審查（針對流浪乞討人員）、收容教育（針對賣淫嫖娼人員）等措施，則因為沒有法律上的依據，而只是依據行政法規或行政規章設立的，所以長期以來就產生過很大爭議，最終不得不被廢止。

　　然而值得注意的是，基於人身自由的高度重要性，對人身自由的限制或剝奪，僅僅合法是不夠的，還必須是正當的。前述的"不受不當拘禁和搜查"，就包含了這一層意思。這意味著，有些對人身自由的限制和剝奪方式，即使在法律上有依據，也仍可能是不當的、違憲的。比如，對人的身體的非人道拘束就是這樣。所謂"非人道拘束"，指的是對人的身體作出了與自由的人格不相稱程度的拘束。舉例而言：你合法逮捕或留置了一個人，但卻將他像大閘蟹一樣捆綁，或像奴隸一樣拘束，像動物或奴隸一樣使役，這能行嗎？當然也是不行的。為什麼不行？因為違反憲法上的人身自由保障條款。還有，比如刑訊逼供，這在當今我國已經是違法的了，但在中國古代的法律上，刑訊在一定程度上是被容許的，這種觀念在當今難免還有影響，這是不行的。也就是說，假定現在還有某個法律規定容許或變相容許刑訊逼供，那也是違憲的。

　　第二，人身自由受正當法律程序保障的權利。

　　人身自由所包含的第二項內容，應是人身自由受正當法律程序保障的權利。與前述第一項內容有所不同，這是人身自由根據其內在精神所必然包含的一項程序性權利。程序性權利一般來說是以保障實體性權利為目的的一種手段，但大家一定要記住，它也有自己獨立的重要價值。可以想見，為人身自由專門設定正當法律程序作為保護的屏障，這種觀念之中，就存在一種對人的身體的尊重，進而體現了對人性尊嚴的敬意。

人身自由受正當法律程序保障的權利，也是從上述第一項內容中推演而來的，是人身自由根據其內在精神所必然包含的一項程序性權利。這是由於，人身自由不受侵犯，首先要求人的身體不受不當強制，但如前所述，人身自由作為一種自由也是有內在界限的，即在必要的時候，比如存在犯罪嫌疑的時候，人身自由還是可以受到剝奪或限制的；然而，從憲法學的角度而言，即使在這種場合下，人身自由還是應該受到一定保障的，其表現在：人身自由受限制或剝奪也應受到正當法律程序的保障，即公權機關只有嚴格依照正當的法律程序，才能對人的人身自由進行限制或剝奪，否則就不行。這也是"人身自由"的保障在憲法上的題中應有之義。簡單地說，如果沒有這項程序性權利，任何一個人都很容易被公權機關抓捕，那人身自由的保障就不可能是充分的。順便說一下：一個很容易在自己的國家被公權機關依法抓捕的人，和他的祖國一道，是注定很難在國際上獲得臉面的。

人身自由受正當法律程序保障，實際上是對限制人身自由的公權行為所加的正當限制，主要包含兩項具體內容：

（1）限制或剝奪公民的人身自由必須由法定機關決定和執行。就此，現行《憲法》第 37 條第 2 款作了這樣一項不完全列舉性質的特別規定，同時也是一項程序性規定，即：任何公民，非經人民檢察院批准或者決定或者人民法院決定，並由公安機關執行，不受逮捕。這裏需要說明的是，根據 1983 年全國人大常委會的一個決定，由於國安機關具有"國家公安機關的性質"，因而也可以行使憲法和法律規定的公安機關的偵查、拘留、預審和執行逮捕的職權。

（2）限制或剝奪公民的人身自由必須符合法定的程序。根據我國現行憲法和法律規定，公安機關執行拘留，必須出示拘留證；公安機關執行逮捕，必須出示逮捕證。除了涉嫌危害國家安全犯罪、恐怖活動犯罪可能有礙偵查或無法通知的情形之外，應將逮捕的原因和羈押的處所，在 24 小時內通知被逮捕人的家屬或其所在單位。

從憲法解釋學上說，人身自由所包含的這項程序性權利，進而還可以理解為包含了犯罪嫌疑人和被告人的權利。關於這一方面，我國現行憲法沒有太多具體的規定，僅在第 130 條規定："人民法院審理案件，除法律規定的特別情況外，一律公開進行。被告人有權獲得辯護。"但從法理邏輯上，可以推演出人身自由很可能受到強制的犯罪嫌疑人和被告人，在面對強大的國家刑罰權的情況下也應該擁有一定最起碼的權利。其中，犯罪嫌疑人有免於非法逮捕、羈押和拘留的自由，委託律師辯護或自己辯護等權利；被告人的權利在具體類型上就更多一些，包括接受法院迅速以及公平、公開審判的權利，委託律師並獲得辯護的權利，免於自證其罪的權利，免於雙重危險的權利等。關於這些內容的具體方面，你們將在《刑事訴訟法》課程中學習到。

第三，住宅不受侵犯的自由。

如果說心靈的處所是身體，那麼身體的處所主要就是住宅了。住宅不受侵犯的自由，可以視為人身自由的一種延伸。

我們曾經說過，住宅是一個人感覺最為安全的空間，是個人自治的堡壘。西方有個諺語說"風能進，雨能進，國王不能進"，有人以為說的是財產權的保護，其實說的就是住宅不受侵犯的精神。我國《憲法》第 39 條也規定："中華人民共和國公民的住宅不受侵犯。禁止非法搜查或者非法侵入公民的住宅。"

這裏的"住宅"應該如何確切地加以理解呢？我們曾經說過，應從私生活在物理空間上的展開場所這個角度來理解"住宅"，為此，它就不單是指一般意義上的私人家屋，還應當包括寄宿宿舍、旅館等人的處所；對住宅的認定也不能只看是否具備獨立的建築結構或持續性的使用等時空上的要件，而要根據用途等常識加以判斷；而所謂對住宅的非法侵入或搜查，不僅指直接非法侵入住宅的物理空間內部的行為，實際上還應包括在住宅外部通過一定的器具非法監聽或窺視住宅內部的私生活或家庭生活情景等行為。

住宅不受侵犯的自由當然也有一定的內在界限。為了收集犯罪證據、查獲和拘禁犯罪嫌疑人，法定的司法人員可以進入、搜查或查封他們的住宅。當然，基於憲法對公民住宅不受侵犯的自由的保障，司法人員在進行上述活動時，也必須嚴格按照正當的法律程序。如根據我國現行《刑事訴訟法》等有關規定，除在執行逮捕、拘留的時候遇有緊急情況之外，司法人員對公民住宅進行搜查，必須向被搜查人出示搜查證。

以上講的是人身自由所包含的三層主要內容。此外還有一種解釋學上的見解，認為人身自由還應該包括生命權的保障，"馬工程"教材即採用這個觀點。這在學理上也是有一定道理的。但是，憲法所保障的人身自由，主要保護的是人的身體自由以及與身體自由相關的自由權利，而像生命這樣一些獨立地具有人格價值的權利，不如納入第 38 條人格尊嚴的條文中加以解釋更加合適。有關這一點，等下就會講到。這裏順便說一下：《民法典》的人格權編也是這樣安排的，即把生命權作為人格權之下的，與身體權、健康權、姓名權、肖像權等具體類型並列的　項具體人格權。值得注意的是，《民法典》中的"身體權"，比較接近憲法上的人身自由，只不過它包括"身體完整和行動自由"兩個方面的內容而已。當然，憲法的解釋不可能依據作為下位法的民法的有關規定，但基於後者的重要地位，它對憲法解釋也具有一定的借鑒意義。

在現實中，有關人身自由的事案也比較多。2002 年，即在齊玉苓案出現的第二年，還發生了非常著名的延安黃碟案。本案的案情我們之前講過了，就是一對新婚夫婦在臥室裏面看黃碟，四個警察強行進入了他們的房間，也就是臥室，並將當事人控制起來，直接帶回警局。本案是有關人身自由的典型案例，完整地涉及人身自由所包含的三層內容。關於對其初步的學理分析，大家如有興趣的話，可以看我曾寫過的那篇《臥室裏的憲法權利》。

最後值得指出的是，長期以來，人身自由的保障在我國曾經存在一些問題，但也有一定進步。1996 年收容審查制度被廢止，2003 年收容遣送制度被廢止，2013年勞動教養制度被廢止，2019 年收容教育制度被廢止，2020 年收容教養制度被廢止，都有力地表明了這一點。

（二）人格尊嚴

在我國憲法上的基本權利體系中，與人身自由密切相關的，是人格尊嚴。這是“文革”期間備受踐踏的兩項基本權利。但 1978 年憲法還沒有規定人格尊嚴，只是在第 47 條中規定了公民的人身自由和住宅不受侵犯。到了 1982 年憲法，就將人身自由和住宅不受侵犯分開，分別規定在第 37 條和第 39 條，並在二者之間插入了一個條文，即第 38 條，它規定：“中華人民共和國公民的人格尊嚴不受侵犯。禁止用任何方法對公民進行侮辱、誹謗和誣告陷害。”根據考察，這是我國現行憲法總結了“文革”中大量發生有組織地肆意侵犯人格尊嚴事件的慘痛歷史教訓，並吸收了國外憲法實踐經驗所做出的一項非常重要的規定。它可能也印證了美國學者德肖維茨（Alan M. Dershowitz）的一個見解：權利不是天賦的，也不是法律給定的，而是來自於人類對不義的經驗反應——最重要的權利通常出現在人類最恐怖的惡行之後。

　　“人格尊嚴”是很難界定的一個概念，簡單說主要指的是人因為作為人而應該受到尊重，或曰人作為人格而擁有尊嚴，在德國等國家又被稱為“人的尊嚴”或“人性尊嚴”等。人格尊嚴具有高度的重要性，《德國基本法》第 1 條即規定了人的尊嚴，據此，德國人將其定位為自由民主國家中的“最高價值”、德國基本法中的“最高構成原理”。人格尊嚴也是人格權的直接基礎。早在日本明治時期，福澤諭吉就曾經提出一個影響很大的觀點，即：“一國之獨立，基於一身之獨立。”梁啟超就是在這些思想的影響下提出“新民論”的，認為只有培養具有獨立人格的“新民”，國家才可能富強。

　　如前所述，我國現行《憲法》在第 38 條規定了人格尊嚴保護條款。該條款由前後兩句話構成，這樣的兩句話在傳統法解釋學上一般分別稱為“前段”和“後段”。可以看出，憲法第 38 條的前段是一項一般性規定，而後段則力圖通過一項禁止性規定，把前段的精神和內容加以具體化。基於第 38 條的位置，以及其規定的內容，我國憲法學界早期主流學說雖然認識到了人格尊嚴的重要性，但沒有認識到其特別重要的意義，只是傾向於將其限定性地理解為幾個具體人格權，包括姓名權、名譽權、榮譽權、肖像權、隱私權等。如今的“馬工程”教材仍然堅持這個觀點。應該說，這是一種很認真的解釋。如果基於類似原教旨主義的解釋學立場，從第 38 條後段“禁止用任何方法對公民進行侮辱、誹謗和誣告陷害”的規定加以反向推演，確實也只能推導出這麼多內容了。但這種解釋過於保守了，不足以把握我國現行憲法第 38 條的立法目的，也沒有完整地理解我國現行憲法應有的精神。其實，在這種場合，我們有必要對憲法第 38 條作目的解釋，具體而言，可以對第 38 條的規定作以下雙重理解：

第一，第 38 條所保障的"人格尊嚴"，可以理解為憲法的基礎性價值原理。憲法第 38 條前段，即"中華人民共和國公民的人格尊嚴不受侵犯"這一句，就宣明了這個原則。憲法為什麼要保護人的基本權利，為什麼要將國家的一切權力歸屬於人民，其根本的理由都在這裏，都在於人作為人擁有尊嚴。而這裏的"人的尊嚴"應該如何理解呢？簡單說，就是人作為一切價值的根源，擁有不可侵犯的地位；換言之，人應該得到人應有的待遇，而不應被作為非人格的對象或客體來對待，比如被當成是手段、工具，甚至被當作畜生、禽獸。這其實就是康德所說的"人是目的本身"這個著名的哲學命題所要求的，也是康德所揭示的絕對命令的實踐原則。從這個立場來看，例如，實行奴隸制、農奴制，販賣婦女、兒童，採用刑訊逼供或通過強制使用藥物讓人供述，強制洗腦，對人實行有組織的欺凌或侮辱，對貧困人群最低限度生存的無保障等，都很可能違反了作為憲法上基礎性價值原理的人格尊嚴保護條款。

另外，人格尊嚴本身也是一項基本權利，而且是絕對的、不可讓渡的一項基本權利，即使本人同意，也不得對其進行侵犯。那麼如何判斷人格尊嚴被侵犯呢？其標準很難釐定，這裏可參考德國對此所採用的"客體公式"，即一旦一個人被作為客體（如手段、動物）對待，則可以認為其人格尊嚴受到了侵犯。

第二，如果將第 38 條前段與後段結合起來，該條款又可理解為宣明了一項基本權利，相當於憲法上的一般人格權，即概括了基於人的尊嚴，為人格的獨立、自由和發展所不可缺少的那些權利，由此產生和規定具體人格權。一般人格權的權利客體具有概括性，為此，《憲法》第 38 條前段的規定才那麼原則性，後段的禁止性規定也沒有採用完全列舉的方式。如上所述，人格尊嚴本身也是一項權利，但由於它承載著基礎性的價值命題，所以保護人格尊嚴必然保護人格權，人格權即是由人格尊嚴直接派生出來的一種基本權利，也可以說是離人格尊嚴最近的一項基本權利。這裏要注意的是，所謂人格權，我們憲法上有，你們要學習的民法上也有，其含義基本上也是差不多的，但是二者又是有區別的，主要的區別就在於針對的主體不同。一般而言，民法上的人格權是私主體對抗私主體的一種人格權，憲法上的人格權則是私主體針對公權力的人格權。

那麼，《憲法》第 38 條所蘊含的一般人格權到底包括了哪些具體人格權呢？這就需要具體分析。一般來說，人格權概念具有狹廣兩義。從狹義上說，人格權是那些與個人的人格價值具有基本關聯性的不可侵犯的權利，主要包括姓名權、肖像權、名譽權、榮譽權、自我決定權、隱私權等。而廣義上的人格權則不僅涵括了上述狹義人格權的範圍，還包括生命、身體、健康、精神以及與個人的生活相關聯的其他重要權利或利益。

反觀我國現行《憲法》第 38 條，如前所述，如果從該條文後段的"侮辱、誹謗和誣告陷害"所可能侵害的法益這一點加以反向推斷的話，可以推斷出幾個具體人格權，只不過其所包含的內容比前面所說的通常的狹義的人格權更為狹窄了，僅主要包括榮譽權、名譽權、姓名權、肖像權、隱私權這幾項。從人格尊嚴作為基礎性價值原理的角度來看，這種理解是不夠的，也就是說，第 38 條後段的禁止性規定，是一種特別規定，只是對人格權侵權行為的不完全列舉；而這裏的人格權在內涵上應作廣義上的人格權來理解。只是由於我國現行憲法第 37 條已經包含了有關人身自由的權利，所以最後確定第 38 條中的人格尊嚴之內容範圍，必須對這一項進行扣除，這樣，其範圍就包括：生命權、健康權、姓名權、肖像權、名譽權、榮譽權、自我決定權、隱私權等。

另外，現在有個說法叫作"個人信息權"，是否也可以作為一項具體人格權呢？這就存在爭議了，不少人認為其本身就不是一種典型的權利類型，稱為"個人信息"即可。應該承認，部分的個人信息也可看作是一種具有人格價值的法益，納入隱私權的範疇，但整體的個人信息是否可以成為一個主觀性權利，在學術上還需要論證。

人格尊嚴非常重要，其保障狀況往往標刻著一個國家現代文明的發展程度。甚至可以說，只要人類社會還有一個人被當作動物加以對待，那麼，整個人類社會的其他所有人——包括你、我還有那個將人類同胞作為動物加以對待的人本身——

的人格尊嚴，都在倫理意義上受到了嚴峻的挑戰。法國現代思想家薩特（Jean-Paul Sartre）就曾經指出：拷打別人的人竭力去摧毀他的同類的人性，作為後果，他也摧毀了自己的人性。

前面講到一個問題：如果民航客機被恐怖分子劫持，那麼為了防止被劫持客機可能撞向大樓造成更大的二次威脅，國家可否將其擊落？對此，美、英等國在"911"事件後很快通過了法律，授權可以擊落。德國於 2005 年也制定出了《航空安全保障法》，授權軍隊根據特定情形可以擊落。但該法在德國引起激烈爭議，被提起憲法訴願。德國聯邦憲法法院也是憲法的"杠精"，於 2006 年作出一個判決，以德國基本法中所保護的人性尊嚴與生命權為理由，認定這部法律違憲。其中寫到的一句話很耐讀：每一個人的生命都同等珍貴，國家不能為了保護其他人的性命，卻同時貶低被劫持飛機上的乘客性命的價值，僅僅把他們看成是靶子。

在當今中國，也存在涉及人格尊嚴的一些事案。在這裏，我們只講其中頗為典型的一例，那就是曾經備受爭議的"深圳市性服務從業者當街示眾事件"。該事件的始末大體是這樣的：2006 年年末，深圳市某區警方為了迎接上級領導到訪深圳，以突擊清理的方式開展"掃黃"行動，先後抓捕了一百多名"涉黃"人員，並分別在數地遊街示眾，召開公開處理大會。其間，百名所謂的"皮條客"、"媽咪"、"流鶯"（即站街招嫖女）和嫖客等涉黃人員雖然戴上白色口罩，都被迫穿上了象徵性的黃色上衣，警方一個一個地宣讀他們的姓名、年齡和籍貫，然後對他們進行處理，比如處以行政拘留 15 天。該行動引起大量群眾的圍觀。也就是說，在此過程中，警方強制性地讓涉案人員當眾暴露了他們的形象，公佈了涉案人員可被特定化的個人資料，產生了當眾羞辱當事人並震懾其他民眾的效果。此事件發生後，深圳警方的這一行動就受到了部分媒體的關注和批評，上海市律師協會也做了一件有意義的事情，就是對此做出了公開批評，認為警方侵犯了這些公民的基本權利。哪些基本權利呢？就是人身自由和人格尊嚴。

另一例影響很大的案子是趙 C 姓名權案。案情是這樣的：2006 年，男子趙 C，因名字中有個字母 C，辦理二代身份證時被當地公安機關（鷹潭市公安局某區分局）

拒絕，遂提起行政訴訟，由其作為執業律師的父親親自代理，一審勝訴。二審法庭上雙方展開激辯，焦點是 "C" 是否屬於《中華人民共和國身份證法》規定可以使用的符合國家標準的文字符號。後在法院協調下，雙方達成和解。法院就對本案當庭作出裁定：撤銷鷹潭市某區人民法院一審判決；趙 C 將用規範漢字更改名字，鷹潭市某區分局將免費為趙 C 辦理更名手續。其實，趕在二審前，公安部對下級公安機關發出了一份批覆，其中表示，根據《中華人民共和國居民身份證法》及《中華人民共和國國家通用語言文字法》規定精神，居民身份證姓名登記項目應當使用規範漢字填寫。

在本案中，趙 C 的姓名權是否受到了侵犯呢？我個人倒是認為，公權機關在居民身份證登記中要求使用規範漢字，未必違反比例原則。比如 C 這個字作為中國公民的人名，其適宜性太低了，到底應作為英語、法語、德語、俄語來讀，還是作為漢語拼音來讀，就是一個問題。要知道，趙 C 這個名字，英語讀作 "趙西"，據說法語讀作 "趙賽"，德語讀作 "趙猜"，俄語讀作 "趙艾絲"，而漢語拼音讀作 "趙刺"。

第十三章　社會經濟權利與權利救濟權

　　今天我們講第十三章，同樣也講兩個大類的基本權利，即社會經濟權利和權利救濟權。我們照例先推出幾個章前導引問題：第一，現行《憲法》第 13 條第 1 款宣稱："公民的合法的私有財產不受侵犯。"請注意，這裏不說"私有財產權不受侵犯"，而是說"私有財產不受侵犯"，而且還特意加上"合法的"來限定，你認為這有什麼深意嗎？第二，生存權是否就是生命權？從語文的角度來看，生存權與生命權好像有點類似。那麼，二者在憲法學上是否是同一種權利？這是一個今天我們會涉及的問題。第三，教育權、受教育權、教育自由這三個概念都是憲法學上的重要概念，它們各自指什麼？彼此關係為何？這也是我們今天要講的一個重要問題。第四，權利救濟權指什麼？有哪些類型？

一、社會經濟權利

　　"社會經濟權利"是一個複合概念，它由兩項權利，也就是經濟自由權和社會權組合而成的。其中，經濟自由權指的是憲法所保障的有關經濟活動和經濟利益的自由權利。我們之前講過，近代憲法保護三大自由，即人身自由、精神自由、經濟自由。我們所說的經濟自由就是三大自由之一，它是近代憲法上就出現了的，用人權的三代理論來說，屬於第一代人權，又稱"經濟自由權"。而社會權上次講過了，屬於第幾代人權呢？屬於第二代，它指的是國家通過對整個經濟社會的積極介入來保障人們的社會或經濟生活的權利。社會權的出現與經濟自由的發展有關。在近代資本主義社會，由於經濟自由得到大力保障，經濟發展起來了，隨之就出現了貧富差距現象，引發激烈的社會矛盾。怎麼辦？現代憲法就對近代憲法做了糾正補充，最主要的做法就是在繼續保障經濟自由的基礎上，增加一項基本權利類型，這就是社會權。這樣，經濟自由和社會權在現代社會就被結合起來了。現代憲法一方面保護經濟自由權，另一方面又保護社會權，這就出現了我們所說的社會經濟權利。這是當代資本主義國家憲法的現象。我們說過，除了資本主義類型的憲法之外，還有社會主義類型的憲法。傳統的社會主義類型的憲法自然特別重視社會權的保障，而不怎麼保障經濟自由權，因而經濟發展受到了很大影響，社會權保障也就幾乎成為無源之水、無本之木。為此，以中國為典型，當今社會主義國家通過經濟體制改革，開始保障經濟自由，經濟自由權與社會權也結合起來了，而且二者結合的程度可能比資本主義憲法更緊密。

（一）社會經濟權利的類別

以上我們講的是歷史。如果講到憲法學中的規範性問題，首先我們會遇到一個問題——社會經濟權的具體類型有哪些？

首先看經濟自由權。如果從比較法的角度來看，它主要有這些類型：(1) 私有財產權，有些國家就叫財產權。(2) 合同自由。財產權和合同自由特別重要，號稱是市場經濟的兩大法律支柱。一個國家要推行市場經濟，必須保護這兩大類別的基本權利。(3) 擇業自由，或者說職業選擇的自由，其中又包含前面我們曾經說過的營業自由，即實行自己職業的自由。(4) 居住和遷徙的自由。很多同學可能會問，這跟經濟制度有什麼關係？有很密切關係。原因是：從近代以來各國的經驗來看，人的定居和遷徙大多是基於經濟活動上的原因。因此，居住和遷徙自由在各國的憲法學上，一般都被歸入到經濟自由的範疇當中，作為經濟自由的一個具體類別。

再看社會權。社會權又稱"社會權利"，它的具體類型在資本主義國家就不少，在社會主義國家憲法上就更加豐富，因為社會主義國家很重視對社會權利的保障。

社會權一般包含哪些具體類型呢？主要包括：生存權，美國等國家稱為福利權，還有就是受教育權，環境權，勞動基本權等。這裏要特別說一下環境權，它是一項新型權利，也被看成是社會權的一種。當然，環境權能不能作為一個權利，在學術上是有爭議的。有的人認為環境權無法成立為一項權利，因為它的權利主體、權利客體都是模糊的，但是，認定環境權也是一項權利，而且是現代憲法下所出現的一項新型的權利，這樣的觀點也非常有力。還有勞動基本權，也需要說明一下。大家都知道，在現代憲法下，勞動者階層崛起了，他們也訴求自己的一些權利，已獲得憲法認定的，統稱勞動基本權。但這個勞動基本權和勞動權還不太一樣。勞動基本權主要指的是勞動者的一些基本權利，而不是勞動的權利，其具體可以包括：（1）團結權，指勞動者組成工會等勞動團體的權利；（2）團體交涉權，即勞動團體與僱傭方就勞動報酬、勞動條件等進行談判交涉的權利；（3）團體行動權，比如罷工的自由權利。

　　從理論上來說，社會經濟權利可以包含以上所列舉的這些內容。由此我們不難看出，如果從社會學意義上來說，經濟自由確實是有利於對經濟強者的保護，而社會權則有利於對經濟弱者的保護，特別是對勞工階層的保護，為此，二者既有區別的一面，也有互補的一面。

　　那麼，在我國憲法規範上，實定的社會經濟權利主要有哪些類型呢？根據我國現行憲法的規定，主要有下面這些：（1）私有財產權。2004年修憲將這項權利規定到憲法裏面去，即規定在總綱部分的第13條。（2）第42條規定的勞動權。它在我國憲法上既被規定為權利，同時也被認定為一種義務。（3）第43條專門規定的休息權，這主要是針對勞動者保障的一項特定主體的基本權利。（4）第44條規定的退休後生活受保障權，也是特定主體的一項基本權利。（5）第45條規定的獲得物質幫助權。該項權利有所發展，原本也是屬於特定主體的基本權利，現在逐步發展成為任何人都可享有的生存權。（6）第46條所規定的受教育權，它與勞動權一樣，同時也被規定為是一種義務。

　　以下我們逐一來學習這些類型的有關知識。

（二）私有財產權

什麼叫私有財產權呢？在憲法學上，可以這樣定義：即私主體通過勞動或其他合法方式取得財產和佔有、使用、處分財產的權利，其中包括物權、債權、知識產權、繼承權、特定的公物使用權（如土地承包經營權、土地經營權）等。這是憲法所保護的私有財產權，跟民法上廣義的財產權定義也差不多，所不同的是，憲法上規定的權利是私主體針對公共權力而享有的，民法上的財產權則是私人對抗私人的權利，包括不了個人針對國家的那種財產權。這些年，有些民法學者沒有認識到這一點，認為憲法上的財產權是空泛的，應可落實在民法上來保護，為此對《民法典》給予過多希望。應該說，《民法典》的存在意義是非常大的，但它不可能完全替代憲法的功能。比如，政府要拆遷公民的房屋，補償不到位，這屬於侵犯私有財產權吧？《民法典》抵禦得了嗎？抵禦不了。

私有財產權的保障具有特別重要的意義，至少體現在以下四點：

第一，私有財產權是人的人格形成、發展的重要契機。黑格爾就曾經說過，財產是人格的定在。所以如果問我最重視什麼基本權利，我個人的答案是：首先是人格尊嚴，其次就是私有財產權了。第二，私有財產也是人們行使其他許多基本權利的物質保障。如果你一文不名，那很可能就只能享有"在橋墩下睡覺的自由"了，在這種情形下，你是否還能行使住宅不受侵犯的自由就成為一個問題，更何況你是否還有心思積極參與選舉活動，認真行使投票權。第三，財產權是市場經濟秩序的兩大支柱之一，另外一大支柱是合同自由。合同自由在政治上好像沒多大異議，私有財產權則有一些爭議。其實，你可以想象一下，時至今日的人類社會，如果根本不保護私有財產權，那將會怎麼樣？可以想見，你好不容易弄到一棟房子，娶到一位美麗的媳婦，有人就闖到你家裏來，說：兄弟，這棟房子我要了，請你們全家人讓出來，但你家娘子可以留下來，幫我們打理幾天。你不服，那就開打，結果大家都會去練武功，或者乾脆組織或參加黑社會，人類社會一下子就回到霍布斯所說的自然狀態。所以，如果一個國家根本不保護私有財產權，那麼市場經濟也就根本運轉不起來，即便社會主義市場經濟也是如此。而且，不難理解還有第四點，私有財產權的保護有利於維護社會秩序安定。

當然，私有財產權的地位也有一個發展變化的過程。在近代，特別在 18 世紀近代憲法剛剛誕生的時候，甚至還沒有誕生之前，出現了私有財產權神聖性的思想觀念。這樣的觀念被寫在《人權宣言》第 17 條當中，宣稱財產權神聖不可侵犯。當時私有財產權為什麼被認為是神聖不可侵犯的呢？這與那個時代思想家的認識有關。我們曾經提到，洛克就認為，一旦人們在自然這種人類的共有物中"摻進他的勞動"，就可以排除與他人的共有權，獲得他的財產。比如你日復一日地把自己辛勤的汗水灑在一塊土地上，這塊土地和它上面的收穫就應該是你的財產。這一幕的情景令人動情，所以很多人認為私有財產權神聖不可侵犯，因為都是人的血汗。

到了現代，私有財產權就不再像近代那樣神聖了。這有各方面的原因，首先與私有制在近代西方資本主義社會所導致的社會不公有關。另外，我們前面也曾經說過，在現代社會，私有財產權在一定程度上具有社會性，有些私有財產，不是人們勞動的結晶，而是由於社會性的原因賦予的。也就是說，在現代社會，財產的形成或增加有可能存在社會性原因。比如你在某地方有一棟房子，突然附近開了一家大型超市，你的房子的價值就上去一些了；或者政府為了經濟發展的需要，在那個地方搞開發，在你房子前面建設一條街，使你的房子成為臨街房，為此它又升值了。在這些情況下，你再說你的財產是神聖的，確實有點兒不好意思吧。所以，到了現代，人們就認為財產應該伴隨著社會義務，即在一定意義上要服從公共利益的需要。這是現代的財產權觀念。

但是，即使在現代，私有財產權的保護仍然非常重要，在當今中國更是如此。為此，經過很多方面的努力，我國 2004 年修憲，終於將私有財產權保護條款寫進《憲法》第 13 條。其實，在這之前，這一條也保護私有財產權，但只限於保護人們最低限度的生活資料等內容，而通過 2004 年的憲法修改，這一條已改成一個比較完整的私有財產權憲法保障規範體系了。從各國現代憲法來看，這一規範體系一般存在三層結構：第一層是不可侵犯條款，第二層是制約條款，第三層則是徵收徵用補償條款。其中，第一層是宣明和確立了私有財產權憲法保障的一般原則，第二層則旨在對私有財產權加諸適當的限制，體現了現代憲法對私有財產權的一種立場，而

第三層的補償條款，又是對第二層的制約加諸一定的制約。這三層結構逐層展開，環環相扣，相輔相成，恰好形成了一種嚴密的、類似於正反合三段式的規範體系。

我國《憲法》第 13 條，其實也可以做這樣的分解：它一共有三款，其第 1 款所宣明的"公民的合法的私有財產不受侵犯"，以及第 2 款進一步宣明的"國家依照法律規定保護公民的私有財產權和繼承權"，即相當於不可侵犯條款；第 3 款所規定的"國家為了公共利益的需要，可以依照法律規定對公民的私有財產實行徵收或者徵用並給予補償"，則相當於將制約條款和徵收徵用補償條款結合起來。

那麼，如何從憲法解釋學的角度理解《憲法》第 13 條呢？關鍵是把握以下幾點：

1."合法的私有財產不受侵犯"

首先，這裏規定的是"不受侵犯"，而不是"不可侵犯"，更不是"神聖不可侵犯"，這是有特定意涵的。從語義來看，相較於"不可侵犯"和"神聖不可侵犯"，"不受侵犯"的保護強度應該是較低的。這與《憲法》第 12 條形成了強烈的對比，後者第 1 款規定："社會主義的公共財產神聖不可侵犯。"但另一方面，我們也會發現，在我國現行《憲法》中，對各項基本權利的保護，"最高級別"的表述也就是"不受侵犯"了。比如，第 37 條規定的人身自由、第 38 條規定的人格尊嚴、第 39 條規定的住宅，都採用"不受侵犯"的表述。

其次，這裏說的是"合法的私有財產不受侵犯"，而不是"合法的私有財產權不受侵犯"，這該如何理解呢？道理比較簡單，從法理上說，任何權利都是正當的，因而也是"合法的"。為此，不能採用"合法的私有財產權"這樣的表述，否則"合法的"一詞就成為贅語。

最後，作為限定詞的"合法的"一語應該如何理解呢？這個問題就比較複雜了。我認為：第一，實際上，這一表述是對社會上流行的私有財產原罪觀念的一種回應。中國這幾十年來，隨著改革開放一部分人獲得了巨大財產。但獲得巨大財產之後，也面臨一個問題：社會上很多人認為財產是有原罪的，即認為那些人有錢，是因為通過違反法律法規的手段獲得財產的。這種情況有沒有？可能有。但是這不能一概而論。何況，很多富人本身就是老闆，其實也是社會勞動的組織者，而社會勞動的組織，也是一種勞動，而且是特別重要的勞動；同時往往需要押下自己的身家性命來拚搏，為此這部分人對社會也是有貢獻的，被納入了憲法上所說的"社會主義事業的建設者"的範疇。當然，在改革開放早期，法律法規本身也不健全，那些膽子特別大、酒量特別好的人，往往能夠鋌而走險，通過一些在今天看來是非正當的手段獲取了財產。所以在傳統馬克思主義思想觀念的協同影響下，社會上就形成了一種財產原罪觀念，甚至出現仇富心理。為此 2004 年修憲要把私有財產保障條款寫進憲法的時候，關於要不要寫、如何寫，就曾存在一些爭議。其實 1999 年修憲時，這種爭議就已經存在了。所以到了 2004 年修憲，決定要將比較完整的私有財產權保障規範體系寫進憲法時，就加上了"合法的"一語作為限定，並採用"不受侵犯"這樣的寬緩的表述，算是對社會上的財產原罪觀念的一種交代。第二，這也是因為，現代的財產具有一定的社會性。這一點前面已經講過了，在此不贅。第三，這體現了"私有財產法定主義"的原則。其實，通過對《憲法》第 13 條三個條款的分析，我們會發現它所保護的私有財產，實際上是採用法定主義的，即其所保護的財產的內容、範圍、程序都是由法律規定的。有關這一點，等下我們再具體分析。

2. 公共利益

《憲法》第 13 條中的"公共利益"的概念也非常重要。但這個概念具有多歧性和不確定性，很難定義。目前，對公共利益的定義存在多種學說，主要有三種：第一種是個體利益總和說，顧名思義，就是認為公共利益即個體利益的總和；第二種是多數利益說，即認為公共利益就是多數利益；第三種則是社會整體利益說，即認為公共利益是社會整體利益。"馬工程"教材傾向於採用第三種學說，指出：對公民財產權的限制必須基於公共利益，即"社會整體利益和體現國防、外交等重大的國家利益"。

我們認為，對"公共利益"的理解應該擁有更廣闊的視角，要認識到，公共利益主要指的是不特定多數人的利益，但也正因如此，不同的個體權利或法益之間的公平保障也應理解為一種公共利益。另外，由於"公共利益"是一個具有多歧性和高度不確定性的概念，所以對它的界定就需要一定的方法，其中比較適宜的方法是：首先對"公共利益"給予一個初步界定，然後再加上類型化列舉。目前，我國相關的法律法規已經開始吸收這種做法。例如，2011 年國務院頒佈施行的《國有土地上房屋徵收與補償條例》第 8 條，就是一個例子。該條首先規定："為了保障國家安全、促進國民經濟和社會發展等公共利益的需要，有下列情形之一，確需徵收房屋的，由市、縣級人民政府作出房屋徵收決定"，然後列舉了五種具體情形，最後還設定了一個"兜底條款"，規定包括"法律、行政法規規定的其他公共利益的需要"。

3. 徵收與徵用

《憲法》第 13 條中的"徵收"、"徵用"概念也需要解釋。徵收、徵用可合稱"收用"。廣義的收用指的是國家基於公共利益的需要，以行政權取得集體、單位和私人的財產的行政行為，狹義的收用指的是國家基於公共利益的需要，以行政權取得私人財產的行政行為。其實，國家取得私人財產的方式不止收用這種方式，除了收用之外，還有徵稅、沒收、國有化等方式，但徵收、徵用是國家取得私人財產的最複雜方式。

徵收與徵用之間有所不同，主要區別在於：(1) 徵收是所有權變更，徵用只是使用權轉移。比如説，國家要建一條公路，需要拆遷你的房子，這叫徵收。而你正騎一輛摩托車，突然間警察把你攔下來，説要用你的摩托車去追趕犯罪嫌疑人，這就可能屬於徵用了。(2) 徵收一般為永久性的，徵用只具有一時性。(3) 二者實施的具體條件和補償標準也不同。

小貼士：國家取得私人財產的四種主要方式

無論徵收還是徵用，一般都需要同時滿足四個要件：(1) 為公共利益所需要；(2) 國家為行為主體；(3) 依照法律規定的權限和程序進行；(4) 一般應當給予補償。這四個要件應該是很嚴格的，徵稅、沒收、國有化等國家取得私人財產的方式也需要一些要件，但除了政策性國有化之外，一般不需要具備補償的要件。

4. 補償

那麼，"補償"應當怎麼理解呢？在這裏，首先有一個問題是補償之需否，即是否任何情形下都需要補償？什麼情形下需要補償？我們説，不是任何情形下的收用都得補償，但只要是對特定個人加諸特別犧牲的徵收或者徵用，均應加以補償。

這裏有一個概念大家一定要記住，就是"特別犧牲"。補償的理由在法律上就是因為你個人做出特別的犧牲。政府不能跟你説，我們要建一條公路，這是為了公共利益，何況這條公路你也要用，所以你的房子拆遷，我們就不給錢了。這樣行不行？不行，否則不公平現象就出現了──其他公民的房子也有沒被拆遷的，而他也可以使用公路。相對於沒被拆遷的其他公民主體來説，你付出了特別多，這就叫"特別犧牲"，是需要補償的理由。

但是補償應該怎麼補？我國《憲法》第13條只簡單規定"給予補償"，國外憲法或憲法判例上更為具體的説法是"給予正當補償"。補償當然應是正當的，我國《憲法》第13條中的"補償"也可以這樣理解。

那麼什麼叫"正當補償"呢？針對這個問題，有三種學説，並相應發展為補償的三種類型，根據不同情形可以使用不同的類型：（1）適當補償，即對成為收用對象的財產，一般按照低於市場價格的適當標準給予補償。這種補償方式，只適合用於實行公共政策的情形。（2）完全補償，即對成為收用財產的客觀價值，按照市場價格進行全額補償。對於收用中的特別犧牲，一般採用這種補償方式。（3）生活權補償，即除了完全補償之外，還加上對生活重建所需要的補償。如果作為收用對象的財產，對財產權人或相關人具有生活基盤的意義，那麼，就需要採用這種補償方式。

以上講的是《憲法》第13條有關私有財產權憲法保障規範體系的解釋。那麼，我國私有財產權憲法保障有什麼特點呢？主要有以下三個方面的特點：

（1）這一保障屬於一種制度性保障。"制度性保障"這個概念我們之前也曾提過，它指的是憲法對某項基本權利的保障，是通過保障某種制度而加以保障的，而不是直接予以保障的。比如，政教分離就可以視為一種制度，保障這種制度，其實就是保障宗教信仰自由。再比如，大學自治在許多國家也是一種制度，保障這種制度可以保障學術自由。我國的私有財產權憲法保障也是如此，它可以視為一種制度，國家是通過保障這個制度，對私有財產權予以保障的。這個條文規定在《憲法》第13條，處於第一章總綱部分，而不是規定在憲法第二章，也從側面説明了這一點。那麼，對私有財產權進行制度性保障，有什麼特別意義呢？有的，它表明，中國憲法開始承認和保護私有財產權了，而且其中的私有財產不只包括生活資料，還包括生產資料，這成為我們經濟制度的一項重要內容。

（2）私有財產權法定主義。前面曾提到，《憲法》第13條的三個條款，都體現了一種原則，可稱為"私有財產權法定主義"。也就是說，雖然憲法規定了私有財產權的保護，但至於什麼是私有財產，其內容為何，範圍多廣，邊界何在，徵收徵用怎麼進行，最終還是由普通法律，即全國人大及其常委會的立法說了算。因為你看，第1款中就宣明了"公民的合法的私有財產不受侵犯"，也就是說，非法的私有財產不在保護之列了；至於何者為"合法的"，第2款所說的"國家依照法律規定保護"，就提供了答案。這一款很顯然屬於法律保留制度。這個法律保留，我們說過，它有兩面性，或者說它是一把"雙刃劍"：法律既可以規定如何保護，但實際上也涉及限制。也就是說，"國家依照法律規定保護"，實際上可以變為"如果法律沒有規定保護的，就可以不予保護"，甚至可能變成"國家只要依照法律規定，就可以加以限制"。第3款裏面也規定"依照法律規定"實行徵收徵用並給予補償。前面曾經說過，2004年修憲時，在中共中央修憲建議稿中，"實行徵收或者徵用"和"並給予補償"之間原來有一個逗號，這個逗號後來在全國人大審議過程中被刪除，為此，前面的"依照法律規定"的要求就從"實行徵收或者徵用"貫通到"補償"這個環節，這使得財產權法定主義更加徹底了。

（3）現行憲法對私有財產權的保障與對公共財產的保障具有不平等性。這一點也必須承認。正如前面說過的那樣，《憲法》第12條規定的是公共財產神聖不可侵犯。這樣的規定，影響很大。古人說："無恆產即無恆心。"但如前所述，由於對公共財產與私有財產的保護力度不一樣，加之當今中國社會存在私有財產原罪觀念，甚至還在一定程度上存在仇富心理，為此許多富人也沒有"恆心"，甚至對於自己所擁有的巨大財產比較焦慮，也在一定範圍內出現富人移民外國的現象。

對此，中共中央與國務院曾經於2016年11月4日發佈《關於完善產權保護制度依法保護產權的意見》。該《意見》透露出堅持對公共財產和私有財產進行平等保護的精神，提出"公有制經濟財產權不可侵犯，非公有制經濟財產權同樣不可侵犯"的要求。應該說，這個《意見》的出台很不容易，但其精神現在還沒有寫進憲法。

在現實中，有關私有財產權憲法保障，還是存在一些爭議，其中最有代表性的爭議，可以追溯到 2007 年《物權法》公佈之前所發生的一場爭論。2005 年 7 月，全國人大公佈了《物權法（草案）》徵求意見稿後，北京大學鞏獻田教授通過網絡發表了一篇題為《一部違背憲法和背離社會主義基本原則的〈物權法〉（草案）》的文章，引發了《物權法（草案）》中有關條款是否違憲的爭論。鞏獻田老師是從事法理學研究的，是一位堅定的馬克思主義者，站在窮人一邊，這很可貴。他寫的這篇文章也很厲害，民法學界幾乎無言以對，於是當時部分憲法學者也加入了爭議，爭議的焦點在於：首先，《物權法（草案）》對公共財產和私有財產的平等保護原則，是否違反了憲法。鞏獻田教授明確認為這是違憲的，即違反了《憲法》第 12 條和第 13 條。其次，是否應該在《物權法》中規定 "根據憲法，制定本法"。爭議的最後結果是把 "根據憲法，制定本法" 寫入《物權法》，其他的還是按照原來的方案來寫。也就是說，鞏獻田教授在這場爭論中實際上沒有挽回什麼，但他提出的觀點備受關注。在爭論中，鞏獻田教授說了一句很精彩的話："在貧富差距越來越大的情況下，把乞丐的打狗棍和少數人的汽車、機器平等保護，這不是勞動的平等，而是資本的平等。" 但是他這段話也有個關鍵性的問題：隨著時代的發展，當今中國打狗棍已經很少見了，而且不少基層社會的民眾都已經買得起汽車了，在這種情況下，公平的財產保護制度應該為何？是否一定要把它限定於那種對抗性的不平等保障制度，這是一個值得思考的問題。

在現實中，有很多涉及徵收徵用的案例。這幾十年來，中國處於一個 "大拆遷" 的時代，有個案例就屬於財產權保護的典型案例：1994 年制定的《城市房地產管理法》規定，國家徵收國有土地上單位和個人的房屋以及拆遷補償的具體辦法由國務院規定。但國務院長期未作出規定。到 2001 年，國務院才制定《城市房屋拆遷管理條例》，將拆遷法律關係定位為取得房屋拆遷許可證的單位與被拆遷房屋所有人之間的關係。2004 年修憲後仍然如此。我們前面講過拆遷行為或者徵收徵用行為應該是國家的行政行為。但政府居然把拆遷關係設定為取得房屋拆遷許可證的單位與被拆遷房屋所有人之間的關係，自己不直接作為拆遷的行為人，使房地產公司藉由房屋拆遷許可證直接進入拆遷階段。除此之外，上述《條例》並沒有將補償作為徵收合法有效的一個要件，而是將其延遲至拆遷階段解決，並且授權房屋拆遷管理部門在沒有依法徵收的前提下，就可以給予拆遷人拆遷許可。由於這些原因，全國各地在徵收拆遷過程當中經常發生矛盾衝突，甚至流血事件。

面對這種情況，2009 年 12 月，有幾個公民——主要是幾位公法學者，向全國人大常委會提出了對國務院《城市房屋拆遷管理條例》進行合憲性審查的建議。這個建議被接受了。根據資料顯示，全國人大常委會法工委下的法規備案審查室，通過研究認同了該建議大部分內容的合理性，就跟國務院有關部門作了內部溝通——這是他們處理問題的一種工作方式，而且在一定程度上也是有效的，所以 2011 年國務院就制定了上述的《國有土地上房屋徵收與補償條例》，並廢止了原來的《條例》。

（三）勞動權

勞動權指的是公民個人獲得勞動機會和適當勞動條件的權利。我國現行《憲法》將其規定在第 42 條。但這個條文特別有意思，其第 1 款規定"中華人民共和國公民有勞動的權利和義務"。也就是說，公民既有勞動獲得保障的權利，又有勞動的義務。類似的規定還有《憲法》第 46 條，其第 1 款規定公民既擁有受教育權，也有受教育義務。

這種具有內部張力的"雙重性"應該怎麼理解呢？這在憲法學上是一個問題。從規範憲法學的立場出發，我們認為：這需要針對權利內容進行具體分析。就勞動權而言，其作為一項權利，並非具體權利，而是一項抽象權利，即不能依據憲法規範向國家直接提出提供工作機會的請求；而作為義務的勞動義務，則只是道義上的一項義務，指的是任何擁有勞動能力的人均負有通過自己的勞動維持其個人和家庭生活的責任，但並不構成國家強制人們勞動的規範基礎。這樣看來，公民的勞動權與勞動義務之間並沒有存在不可調和的矛盾。

另外，勞動義務的道義性，是否意味著勞動義務沒有任何實定法的意義呢？非也！我們認為，基於憲法有關勞動義務的規定，在實定法意義上，可以將公民儘可能履行勞動義務的情形，作為其獲得生存權保障的必要前提。國務院《社會救助暫行辦法》第45條就規定：最低生活保障家庭中有勞動能力但未就業的成員，應當接受人力資源社會保障等有關部門介紹的工作；無正當理由，連續3次拒絕的，應減發或停發其本人的最低生活保障金。

那麼，勞動權到底應該如何保障呢？我們剛才講過，我們無法根據這個條文直接向政府要求提供工作機會，勞動權的保障主要體現在兩個方面：（1）國家必須通過積極措施，大力保障勞動的自由與機會。在這方面，國家的義務並非在於直接招工，而在於制定和實施有關就業或僱傭對策、職業能力開發、男女就業或僱傭機會平等、職業安定、僱傭保險以及失業對策等方面的法律法規和相關政策，還可直接開設就業訓練、職業訓練場所，提供具體的職業介紹服務等；（2）國家必須制定和實施有關勞動保護的法律法規和相關政策，促進勞動條件的合理化。

（四）休息權

現行《憲法》第43條規定："中華人民共和國勞動者有休息的權利"。這裏所謂的"休息的權利"，在我國憲法理論中又稱為休息權，指的是勞動者所享有的休息和休養的權利。

有一位年輕人曾經對我說：這是我在憲法上最喜歡的一項基本權利了。我聽了就笑了，問他說：比生命權和財產權還喜歡嗎？他簡明扼要地答道：沒錢，活得挺累的。其實，休息權與勞動權具有內在的關聯性。所謂的休息權，指的就是勞動者所享有的特定權利，是勞動者在進行一定的勞動之後為消除疲勞、恢復正常的勞動能力所必需的條件，從而也為勞動者持續實現勞動權提供一種必不可少的契機。

休息權的保障包括兩個方面具體的內容：（1）國家不能通過立法或行政行為侵犯該權利。這是休息權作為一種權利所具有的消極側面所決定的。（2）休息權更偏向於表現為一種積極的權利，為此要求國家必須通過立法或行政措施，確立並實施勞動者的工作時間制和休假制度，同時儘可能保證為勞動者提供休息和休假所必須的設施。

（五） 退休後生活受保障權

該權利也是一項特定主體所享有的基本權利，具體而言，是企業事業組織和國家機關的退休人員所享有的退休後生活受保障的權利。《憲法》第 44 條規定："國家依照法律規定實行企業事業組織的職工和國家機關工作人員的退休制度。退休人員的生活受到國家和社會的保障。"

（六） 生存權

在社會經濟權利中，除了私有財產權之外，需要重點關注的另一項基本權利是生存權。不過大家要切記，不要濫用"生存權"這一概念，認為一個人要活著的權利就是生存權。不，那其實是生命權。憲法學上所説的生存權，實際上指的是所有人基於人的尊嚴而享有的在物質和精神上維持其最低限度生活的權利，在我國，也可以説就是獲得物質幫助權。當然，我國現行《憲法》第 45 條規定了獲得物質幫助權，但主要限定於公民在年老、疾病或者喪失勞動能力的情況下，有從國家和社會獲得必要生活保障或物質幫助的權利。可見，其享有主體和內容都是特定的。但是，《憲法》第 45 條原本所規定的獲得物質幫助權，現在已經發展成為生存權，即成為所有人都可以享有的、內容更為廣泛的一項權利。

從獲得物質幫助權到生存權，也有一個漸進的發展過程。1991 年 11 月，中國政府公佈了中華人民共和國成立以來第一份人權白皮書——《中國的人權狀況》，其中第一次正式地提出了生存權的概念，並指出生存權是中國人民長期爭取的首要人權。2004 年修憲之後，《憲法》第 14 條增設第 4 款，規定"國家建立健全同經濟發展水平相適應的社會保障制度。"這使得生存權的發展獲得了憲法上的規範基礎。現實中，當今中國也已初步建立起一套為公民享有生存權所需的社會保障體系，它主要是由社會福利、社會保險、社會救助、社會優撫等具體制度構成。

這裏要説一下，"馬工程"教材認為這個權利是社會保障權，好多人也都採用這個概念，我覺得不對。社會保障權對應的是

延伸閱讀：如何理解"乞討權"

英語裏所説的 Right to Social Security，但該詞應翻譯為“針對社會保障所擁有的權利”，而不是“社會保障權”。這是因為“社會保障”本來指的是一種制度，為此説“社會保障權”，雖然聽得懂，但是説不通。

（七）受教育權

教育是促進個人人格形成和發展的必要機制，也是培育作為民主社會健全公民的重要途徑。為此，受教育權也是各項社會經濟權利中一項特別值得重視的基本權利類型。它指的是公民相應於自己的能力所享有的接受各種教育的權利，是當今我國社會訴求最為活潑的基本權利之一。

我國現行《憲法》第 46 條第 1 款規定“中華人民共和國公民有受教育的權利和義務。”如前所述，與勞動的權利與義務一樣，公民受教育的權利和義務，也具有比較複雜的關係結構，如圖 29 所示。

首先，所有公民都可以作為受教育權的享有主體，尤其是隨著教育事業的不斷發展以及現代社會終身學習理念的普及，包括適齡兒童和成人公民在內的任何公民，一般都成為受教育權的主體。但在權利實現的現實中，適齡兒童和青少年往往成為受教育權的較為典型的主體。其次，與受教育權相對應的，首先是受教育的義務。這在籠統的以及道義的意義上而言，是所有公民應負的受教育的義務，但從實證意義而言，主要涉及親權人。親權人指的是這些適齡兒童、青少年的父母或其他監護人。一般而言，親權人對適齡兒童或青少年既擁有一定的親自施與教育的自由，同時也負有讓適齡兒童和青少年接受教育的義務。但二者又共同針對國家享有

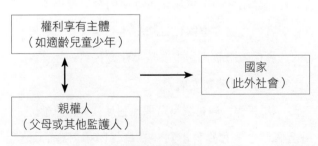

圖29 “受教育的權利和義務”內部結構圖

憲法學意義上的受教育權。對此，國家也負有讓其接受教育的義務，其中包括建立合理的教育制度、提供適當的教育設施和條件等義務。

那麼，受教育權包含哪些具體內容呢？主要包括下列三項：第一項內容是學習的權利，又叫學習權，簡單說就是通過學習而在人格、智力和品德等方面得到發展的權利，這是受教育權的核心內容。適齡兒童和青少年的受教育權，往往集中表現為學習權。第二項內容是有權要求國家建立合理的教育制度、提供適當的教育設施和條件的權利。作為這項內容的特別要求，就是要求義務教育的無償化。如前所述，受教育的權利同時也被規定為一種義務，那麼，為了使所有適齡兒童和少年及其親權人都有可能履行這一義務，就需要現代國家對特別重要的義務教育階段不收取學費，即在一定階段的義務教育中實行無償化。這是現代憲法的一項重要要求。就我國而言，目前是從小學到初中這九年階段的教育作為無償化的義務教育。第三項內容，則是教育機會的平等。但是基於教育本身的規律，這裏的平等並非平均主義，比如說不可能讓人人都上大學，而且都上清華北大，而是允許國家和教育機構根據受教育權主體不同的適應性和能力施予不同的教育，即做出合理的差別對待。另外，也要扶持落後地區的教育事業。

受教育權的保障，還涉及教育的自由與教育權這兩個概念。其中，教育的自由，主要是指適齡兒童和青少年的親權人所擁有的對適齡兒童和青少年施與教育的自由，是由親權人享有的一種自由權。教育自由意味著親權人可以對適齡兒童和青少年開展自行教育，但受到教育社會化功能要求的約束，一般不能以教育自由為理由而不讓孩子去上學，或者讓孩子接受不利其人格形成和發展又或不利其社會化的偏向教育。另外一個概念是教育權，它指的是對適齡兒童和青少年的教育內容所擁有的參與和決定的權能。這個權能的歸屬爭議較大，在比較法上有國家教育權說和人民教育權說的對立，但比較公允的見解是混合主體說，即認為國家、學校、教師和親權人都可以通過協作機制成為教育權的共同主體。

在受教育權的保障方面，有關的案件或事件也非常多，我們過去也已講過一些。在這裏歸納一下，主要有這麼幾個方面的問題：第一是學校開除學籍權限的濫用；第二是一些地區目前還沒有全面實現義務教育的無償化；第三則是越來越受到

關注的高考劃綫不均問題。這三個方面都具有一定的代表性。其中第一個方面涉及
侵犯了受教育權內容當中的學習權，第二個涉及侵犯了義務教育無償化的權利，第
三個則侵犯了受教育權內容當中的受教育機會的平等。可以説，受教育權的各項內
容在當下中國都存在一些相關的案例。

二、權利救濟權

以上我們講述了平等權、政治權利、精神自由、人身自由和人格尊嚴，以及
社會經濟權利等公民的基本權利。這些基本權利基本上都是憲法所規定的實體性權
利。這些基本權利一旦受到了侵犯，就要求必須予以救援、彌補、恢復或對侵害行
為予以糾正和懲罰，這在法學上稱為"權利救濟"。權利救濟是權利保障的最後手
段，也是權利保障的一個不可或缺的重要環節。誠如一句著名的法諺所言："無救濟
即無權利。"可以説，如果沒有權利救濟，那麼無論這些基本權利在憲法上規定得
如何詳盡和完備，都可能失去意義。

正因為如此，憲法除了規定上述的那些實體性權利之外，還規定一些程序性的
基本權利。我們把它們叫作"獲得權利救濟的權利"，簡稱"權利救濟權"。從我
國現行《憲法》的有關規定以及憲法實踐的發展來看，它們主要包括三項權利，即
（1）訴願權；（2）裁判請求權；（3）合憲性審查建議權。值得注意的是，在實定憲
法的基本權利體系中，權利救濟權作為公民的一種基本權利，與其他大部分的基本
權利不盡相同而又密切聯繫。正如前面所論涉的那樣，政治權利本來是一種實體性
權利，具有獨立的價值，但相對於精神自由、人身自由以及社會經濟權利等實體性
的基本權利而言，則又具有一定的程序性，可以促進或保障公民的各種權利、包括
其他基本權利的實現。而權利救濟權就更具有這種性質了。從某種意義上説，權利
救濟權是基本權利為了自我保障而衍生出來的一種權利，它的存在，為權利救濟提
供了可能，也為整個基本權利保障體系提供了相對自足和自我完結的內在契機。

（一）　訴願權

如前所述，我國《憲法》第 41 條規定，公民對於任何國家機關和國家工作人員，有提出批評和建議的權利；對於任何國家機關和國家工作人員的違法失職行為，有向有關國家機關提出申訴、控告或者檢舉的權利；由於國家機關和國家工作人員侵犯公民權利而受到損失的人，有依照法律規定取得賠償的權利。

我們在講到政治權利時曾經講過，這裏實際上規定了公民的“六小權利”，即：批評權、建議權、申訴權、控告權、檢舉權、國家賠償請求權。這些權利基本上都是公民個人針對國家機關或國家機關公務人員的權利，過去學說一般將其統稱為“監督權”。“馬工程”教材基本上也持有同樣的觀點，將前面五項權利合稱為“監督權”，與第六項的國家賠償請求權並列。

然而，正如我們曾經講過的那樣，實際上這六個方面的權利內容，也可以劃分為這樣兩個部分：其中，對國家機關或國家機關公務人員的批評權、建議權、檢舉權屬於參政型的監督權，可劃入政治權利的範疇之中；而控告權、申訴權和國家賠償請求權，才真正可用於個體權利的救濟，為此可以納入權利救濟權的範疇，相當於權利救濟型訴願權。另外，檢舉權甚至包括建議權則比較特殊，可“雙跨”上述兩個範疇。也就是說，這裏所講的訴願權，與前面講過的請願權有所不同，主要指的是公民認為自己的基本權利或其他合法權益受到公權力侵害，又或為了獲得某項權益時，可以向有關國家機關提出訴求和願望的權利，它包括了《憲法》第 41 條所規定的申訴權、控告權、檢舉權、建議權和國家賠償請求權。

訴願權在實踐中往往採用了信訪權利的形態，這也是由於，這種信訪權利本來就得到《憲法》第 41 條整體的支撐。所謂“信訪”，指的是公民採用書信、電子郵件、傳真、電話或者走訪等形式，向各級有關國家機關反映情況，提出建議、意見或者申訴、請求的活動。

現實中的信訪權利具有雙重的衝擊力：一是公民的信訪活動，尤其是上訪活動對下級政府的施政評價有重要影響，為此地方政府官員往往會竭力防止上訪事件的發生，以免對其施政以及個人前途產生負面影響；二是公民的上訪活動也可能具有一定的脫法治化傾向，比如官司打輸了還繼續上訪，甚至不打官司就上訪，期待上級黨政領導大筆一揮，予以解決。這種繞開司法救濟途徑尋求糾紛解決的做法，折射了中國古代數千年治理模式的歷史投影，形成一種較為強大的"路徑依賴"，所以説有著一定的脫法治化傾向。在上述兩種衝擊力作用之下，信訪權利也受到了戒備。2022 年中共中央、國務院《信訪工作條例》規定，多人上訪應推選不超過 5 人的代表進行。越級上訪被變相禁止。

有關訴願權的案件，也是不少的，其中在學理上較為重要的，倒是那些所謂的"官告民"案件。我們知道，行政訴訟法主要是為"民告官"提供程序性機制的，而第 41 條的批評、檢舉、申訴、控告，也主要屬於"民告官"的範疇。但曾幾何時，卻出現了"官告民"的逆反現象。舉一個頗為典型的案例：2002 年，河南省 L 縣、時任縣委書記——我們這裏用 Z 替代指稱——起訴某上訪農民，我們這裏用 H 替代指稱他。這是一個刑事自訴案件，Z 在訴狀中稱：2002 年某月某日，H 率領村民數十人到省委門口，打出一幅條幅，上面寫道"Z 率 100 名幹警縱兇殺人"，並要求有關部門以瀆職、玩忽職守為名懲處自訴人 Z。Z 認為 H 的這一行為"貶低了自訴人形象，污辱了自訴人人格，侵犯了自訴人名譽權"，並"造成極其惡劣的影響"，為此以誹謗罪為由，將 H 訴至法庭。

的確，《憲法》第 41 條第 1 款在規定了上述的六項小權利之後，還附了一個但書，規定"但是不得捏造或者歪曲事實進行誣告陷害"。就此而言，Z 認為 H 對他構成了誹謗，並將其起訴到法院，似乎也不是完全沒有制度根據的。但是，值得注意的是，如果讓這樣的官司立案打下去，那麼結果會是如何呢？可以想象，在當今我國的公權體制下，作為一個縣委書記的 Z，將一介草民 H 告到本縣的法院，如果沒有其他意外，哪有不勝訴的道理！這就涉及一個學理問題，那就是公務員的名譽權究竟應如何保護的問題。對此，我們上次在講到平等權的時候就曾講到一個原理，即對特定人的權利保障，可以作出區別對待，比如對於公務員的名譽權，在學理上一般只採取寬鬆的保障。否則，像類似本案這樣的"官告民"案件將不斷出現，而且幾乎都以官勝民敗而告終。

（二）裁判請求權

裁判請求權，傳統憲法學上稱"國務請求權"，指的是任何人均可以就一切糾紛而向法院提起訴訟、請求法院作出裁決或判決，或在刑事案件中非經法院的判決不被科以刑罰的權利。其中前者的部分，在中國被俗稱為"訴權"，指的是發生了糾紛，不管是民事上的，還是行政法上的，抑或是憲法上的問題，我都可以請求中立的、獨立的、公平的法院對該案件予以解決，即"給個說法"。但後者的部分也很重要。為此，裁判請求權也被稱為"接受裁判的權利"。

有些人可能不理解，為什麼"裁判"還需要去"請求"呢？我們可以這樣理解：你出了問題解決不了，總要找個人或找個什麼主體來解決。比如說一對小夫妻吵架，發展到大打出手，兩個人都痛苦不堪，解決不了問題，怎麼辦？可以先找父母解決；如果父母解決不了，就找一位彼此都認識的有威望的長者來解決；如果還不行，就找國家公權機關，而且這個公權機關還必須是公正的、獨立的。最符合這一條件的公權機關在西方英語國家就是 Court，這個詞在中國被翻譯為"法院"。即使你構成刑事犯罪，你也有請求法院給你解決的心理需求。比如，你被警察拘留或者逮捕了，關押的時間長了，你就產生這樣一種願望：是死是活，法院你給我一個了斷。這其實就可以理解為裁判請求權的心理基礎。

那麼，裁判請求權作為一項憲法上的基本權利，它在憲法上的規範依據何在呢？有人會認為，其最直接的規範依據也是《憲法》第 41 條，其中第 1 款規定："公民……對於任何國家機關和國家工作人員的違法失職行為，有向有關國家機關提出申訴、控告或者檢舉的權利。"然而，如果僅從語義解釋的角度出發展開解釋，很難說這裏包含了民事訴訟和刑事訴訟的裁判請求權所需要的規範依據，最多僅包含了不太完整的行政訴訟裁判請求權所需要的規範依據而已。所以，對裁判請求權，我們就需要從目的解釋出發，從《憲法》第 33 條第 3 款中去推演，該條款規定的內容是"國家尊重和保障人權"。

裁判請求權的保護十分重要。在現實中，一些法院對那些可能不利於公權機關的案件，比如某些行政訴訟案件等，比較頭痛，曾幾何時有些地方法院動不動就駁回起訴，甚至根本就不予立案。這就可能侵犯了公民的裁判請求權。

（三）合憲性審查建議權

第三個權利救濟權的具體類型是合憲性審查建議權，這是我的個人觀點。合憲性審查建議權，即公民認為普通法律法規等規範性文件同憲法或者上位法相抵觸的，有向全國人大常委會書面提出審查建議的權利。這裏有三點需要把握：

第一，有人或許會認為，公民的這種審查建議，可能只是針對下位法與普通的上位法相抵觸而提出的，不一定都作合憲性審查建議。其實，這就關係到合法性審查包含合憲性審查，還是合憲性審查包含合法性審查的問題了。應該說，從形式邏輯上看，憲法也是法，為此合法性審查包含合憲性審查；但從法理邏輯上看，恰恰應該是合憲性審查包含了合法性審查，理由是：下位法不抵觸上位法，本身就是憲法所期待的一種法治秩序。

第二，公民提出這類審查建議，可能是基於公共利益，但也可能是基於個體權利救濟的。許多已有的案例，也印證了這一點。所以，我們將"合憲性審查建議權"納入權利救濟權的範疇。

第三，合憲性審查建議權的規範依據何在呢？我們認為現行《憲法》第41條所規定的"建議權"，就可以作為它的一種規範依據。不僅如此，《立法法》第110條第2款更是明確規定，公民認為某些法規，主要是地方性法規、行政法規，還有自治條例和單行條例等，同上位法相衝突時，有權以書面形式向全國人大常委會提出審查的建議。同時，我國現行《憲法》第70條，把原來的法律委員會改為憲法和法律委員會，並且規定了由其來處理有關憲法的事務，這一條也可以作為規範依據。應該說，這三個規範共同支撐我國憲法上所存在的合憲性審查建議權。

有關合憲性審查建議權的相關案例其實早已出現了。就正式公開的案例中，頗受關注的，是2015年杭州市民糾錯地方條例案。在本案中，杭州市民潘某在杭州市駕駛外地車牌的電動自行車被交警攔截，後者開具一份行政強制措施憑證，要求將外地電動車託運回原籍。潘某以杭州交警所依據的《杭州市道路交通安全管理條例》（以下簡稱《條例》）在《道路交通安全法》有關規定之外增設了扣留非機動車並託運回原籍的行政強制手段，違反了法律規定，就向全國人大常委會提出審查建議。全國人大常委會法工委進行了認真研究，認為該案的《條例》關於扣留非機動車並強制託運回原籍的規定確實與《行政強制法》的規定不一致，要求制定機關進行研究，對《條例》中的有關規定進行修改。最後，杭州市十三屆人大常委會三次會議通過關於修改《條例》的決定。此後，浙江省十二屆人大常委會四十三次會議批准了這一決定。

講到這裏，公民的基本權利這部分基本上就講完了。從學科體系上說，接下來應該講公民的基本義務。公民的基本義務指的是公民在憲法上應承擔的義務。由於這部分相對比較容易理解，我們就不多講了，這裏只講幾個關鍵的知識點：

第一，公民的基本義務，從前面所講的耶利內克的地位理論來說，乃派生於個人相對國家的被動地位，屬於公民"對國家的給付"。但它與公民的基本權利一樣，都反映了公民面對國家的一種地位或資格。所不同的是，在憲法價值秩序中，公民的基本權利處於核心地位，而基本義務雖然也很重要，但不處於核心地位。

第二，公民的基本義務與公民的基本權利之間的關係非常密切，德國歷史上的魏瑪憲法就貫徹了"權利必然伴隨義務"的觀念，我國現行《憲法》第33條第4款也規定："任何公民享有憲法和法律規定的權利，同時必須履行憲法和法律規定的義務。"所以，我們要反對傳統的"義務本位主義"觀念，但也不認同只願意享有權利、而不願意承擔義務的傾向。然而，就像"馬工程"教材也承認的那樣，基本權利與基本義務的統一性關係，不能作簡單化、庸俗化理解。有關這一點，在理論上說起來比較複雜，有興趣的話，可以參考拙著《從憲法規範到規範憲法：規範憲法學的一種前言》中的相關論述。

第三，與基本權利不盡相同，憲法上所規定的基本義務具有抽象性，為此也需要通過法律加以具體化，才能獲得直接的實效性。對此，"馬工程"教材也承認，公民的基本義務的設定，也屬於法律保留的事項。

第四，我國現行憲法上的基本義務條款比較繁密，可以用一個表格加以分類整理出來。請見表4：

表4　我國公民的基本義務

分類目錄			各種義務的主要內容	條文出處（條、款）
基本義務	一般主體的義務	強道義性義務	維護國家統一、民族團結	52
			遵守憲法、法律，保守國家秘密，愛護公共財產，遵守勞動紀律，遵守公共秩序，尊重社會公德	53
			維護祖國的安全、榮譽和利益	54
			保衛祖國、抵抗侵略	55.1
		強法規範性義務	依法服兵役、參加民兵組織	55.2
			依法納稅	56
			勞動的義務（帶有一定道義性）	42.1
			受教育的義務	46.1
	特定主體的義務		夫妻雙方實行計劃生育的義務	49.2
			父母撫養教育未成年子女的義務	49.3
			成年子女贍養扶助父母的義務	49.3

　　講到這裏，"基本權利"這一編就全部講完了。最後，我想對這部分的內容作幾點補充或總結，內容為以下四點：

　　第一，基本權利的保障，是立憲主義的核心價值，也是實定憲法的核心內容。

　　第二，基本權利有各種類型。在我國現行憲法上，平等權、政治權利被置於重要地位，人身自由和社會權的規定比較詳備，但經濟自由權和權利救濟權這兩個類型不甚發達。這是因為，現行憲法是在社會主義市場經濟概念尚未確立的 1982 年通過的，所以其權利規範的設定反映了那個時代的背景，通過歷次的修改雖然有所發展，比如私有財產權保護條款增設了進去，但總體上，經濟自由權的保護條款和權利救濟權的條款還需要進一步發展與完備。

　　第三，從原理上來說，各項基本權利都有不同的定義、內容和保護範圍，各個不同類型的基本權利也大多具有各自的動態界限，要在具體個案中釐定其界限。在現實中，公權力的行為（包含立法）可能對某種權利做出限制，但有些限制是合憲的，有些則可能是違憲的，要區別對待。

第四，從憲法學上而言，保障基本權利，關鍵在於"對限制的限制"，其中最有效的途徑之一，便是通過合憲性審查的救濟。但由於我國當下還缺少具有充分實效性的合憲性審查制度，只能藉助普通司法上的救濟，而後者也不充分。

以上狀況，針對基本權利的切實保障，我們可以說："革命已經成功，同志仍須努力！"

第四編

憲法保障

第十四章　憲法實施與合憲性審查

　　到這裏為止，我們已穿過了一片片"知識密度"很高的憲法學説之叢林，甚至翻越了憲法理論中的許多思想高峰，終於到達憲法學理論體系中的最後一個"景點"——憲法保障。

　　在之前的課程中，我們學習了憲法總論、國家組織和基本權利。想必大家在學習過程中會不斷想到這樣一些問題：憲法所規定的內容確實都在實施嗎？如果憲法所規定的某個基本權利受到了侵害，我們該怎麼辦呢？憲法地位這麼高，該怎麼保障？對於這些問題，我們在此之前已經有所涉獵，但可能還不夠"解渴"。因此，今天我們將對憲法保障的問題進行一次比較全面的探索與反思。

　　在進入正題之前，照例先提出幾個章前導引問題：第一，有人認為，我國現行憲法的大部分條款都沒有得到實施，為此，憲法就是一部"閒法"。從我國憲法的實施現狀來看，事實果真是這樣的嗎？第二，合憲性審查與違憲審查有何區別嗎？第三，在世界上，合憲性審查制度有幾種模式，我國現行的合憲性審查制度是怎樣的？應該如何描述？

　　要了解憲法的保障，首先要了解憲法的實施。為此，本章講述的內容也相應地分為兩個部分：第一部分是"憲法實施"，尤其著重講述我國轉型時期憲法實施的狀態；第二部分講"憲法保障"，其中主要講合憲性審查的一些基本理論以及我國現行合憲性審查制度等內容。關於合憲性審查制度，德國人賓丁曾經打個比方，説它是"立憲法治國大廈的拱頂石"，其中的"拱頂石"一語，據説在德語中也有"最後一塊石頭"的意思。這是很有深意的。在整個大廈的結構中，"最後一塊石頭"最後安放，而且它的承受力也最大。我們也是把它放在最後、作為重點來講的。

一、憲法實施

（一）有關憲法實施

關於憲法實施，"馬工程"教材對它下了這樣的定義："一般是指憲法規範在社會實際生活中的貫徹落實。"這大致是沒有錯的。進一步説，憲法實施即憲法施行，簡單説指的就是憲法作為法規範體系發生法的效力，在國家和社會的現實生活中得到實際的施行。前面我們講過憲法運用與憲法適用。憲法實施與這兩個概念關係很密切。可以説，憲法實施就是通過憲法運用或憲法適用得以實現的。

不用多説，包括憲法實施在內，法的實施具有很重要的意義。美國歷史上著名的法學家羅斯科·龐德（Roscoe Pound）曾經説，法的生命在於實施，在於將紙面上的法（Law in Books）變成行動中的法（Law in Action）。在這一點上，作為最高規範的憲法也概莫能外。對此，我們國家領導人也有同樣的認識，在 2012 年紀念現行憲法頒佈 30 週年的時候，習近平主席即已指出：憲法的生命在於實施，憲法的權威也在於實施。2022 年紀念現行憲法頒佈 40 週年之際，習近平同樣做出這個論斷。

就像"馬工程"教材説的那樣，憲法實施的方式具有多樣性，其基本方式主要有憲法的執行、憲法的適用和憲法的遵守這三種，此外還可以通過法律的實施而得到實施（間接實施）。關於憲法的適用，我們曾經講過了，憲法的遵守則比較好理解，而憲法的執行則需要説明一下。"馬工程"教材指出，憲法的執行包括：（1）依據憲法設立國家機關、形成國家機構體系，並各自行使憲法授予的職權；（2）依據憲法對憲法進行修改；（3）依據憲法對憲法進行解釋；（4）依據憲法進行立法；（5）依據憲法針對具體事項作出決定、決議。

我們認為，憲法實施還可以分為兩種具體方式。第一種是積極意義上的憲法實施，即把憲法上所寫的東西變成現實的生活。它又分為兩種更為具體的方式。其一是直接實施憲法上所規定的內容，比如我國現行《憲法》最後一條，即第 143 條規定 "中華人民共和國首都是北京"，就可以直接實施，而未必需要再制定一部《首都法》來實施。其二是通過普通立法將憲法中的規定加以具體化。比如現行憲法第 34 條規定公民有選舉權與被選舉權，那就制定一部《選舉法》將其具體化。而第二種憲法實施則是消極意義上的憲法實施，這就相當於憲法保障，其目的是防止憲法秩序被破壞，其中最重要的憲法保障制度就是合憲性審查制度。

以上是我們對憲法實施方式的一種理解。此外，在國際學術界還有另外一種理解，它將憲法實施主要分為三種方式。

第一種叫司法憲政主義，其主張憲法實施主要靠司法機關，換言之，主要是通過司法機關實行合憲性審查。現實中，這一方式在當今世界各國佔多數。該方式大致是基於這些理念：(1) 憲法也是一種法律，而法院的職能就是適用法律。(2) 基於權力分立觀念。即認為立法機關擁有立法權，再將立法的合憲性審查權交給立法機關非常不合適；而行政機關本身權力已經夠大了，實際上對立法也有很大影響力，很多立法都是它起草的，為此也不宜將立法的合憲性審查權交給它。這樣，最好的選擇就是將合憲性審查權交給法院。當然，合憲性審查權是一種很重要的權力，而法院未必是通過民主選舉產生的機關，將這麼大權力交給它，等於它可以對通過民主選舉產生的、代表了多數人意志的立法機關所制定的法律說 "不"，這行不行？我們過去曾經講過，在美國有人認為這不行，它存在一種很大問題，稱之 "反多數難題"（the counter-majoritarian difficulty）。對此，一位叫伊利（John Hart Ely）的教授提出一種新的理論，叫 "強化程序理論"，認為由司法機關行使合憲性審查權，不僅不會破壞民主過程，反而通過有效地疏通政治變革的渠道，強化了民主過程。但這個學說也有爭議。當然，任何學說都可能存在學術上的爭議，這既是學術自由的結果，也是學術自由並不可怕的原因。

第二種叫政治憲政主義，其認為還是由法院以外的政治機關（如立法機關、行政機關）運用和落實憲法為宜，具體方式有：(1) 政治機關根據憲法加強審議法案的合憲性；(2) 推動通過普通立法將憲法具體化。

　　第三種方式則可能有點兒"豪放"了，那就是大眾憲政主義。它強調人民大眾對憲法解釋和運用的話語權，主張通過公共辯論、媒體宣傳和社會運動等途徑，擴大公眾對憲法解釋和憲法適用的影響力。

　　上述三種憲法實施的總體方式是由美國耶魯大學葛維寶（Paul D. Gewirtz）教授總結出來的。大家要注意這裏講的不是憲法實施的具體方式，而是總體方式，而且是一種學術層面的歸納，但可以用來評價、描述、指引現實中的制度及其運作。如果套用這個理論，目前的我國在制度上有點接近政治憲政主義，但其本身也缺少內在的動力機制。

　　那麼，憲法應該如何實施呢？在這一方面，各國在不同的時期有不同的形態。以下，我們主要從中國憲法的實施形態來分析。

（二）中國轉型期憲法的實施形態

　　有關我國憲法實施的形態，我們可以從兩個不同的角度來加以考察：

1. 靜態的憲法實施形態

　　有關我國憲法實施的狀況，不少研究者傾向於作籠統判斷，其中一個觀點就是前面提到的，即認為：我國現行憲法的大部分條款都沒有得到實施，為此，憲法就是一部"閒法"。我們當然不贊成這樣以偏概全。我們秉持規範憲法學的立場，認為現行憲法並非完全沒有得到實施，相反，其中大部分條款實際上已得到有效實施，只有少部分條款有待於得到有效實施，我國靜態的憲法實施呈現出一種有規則的傾斜性結構。具體而言，在整個憲法文本中，有關國家總體秩序綱領（第一章總綱部分），大部分的國家組織規範（第三章國家機構部分），公民基本義務條款以及第四章國家象徵、即有關國旗、國歌、國徽、首都條款，一般都能得到相對較好的實施；基本權利保障條款、國家權力機關職權條款、司法機關職權獨立性條款等，其實效性有待於加強。

　　以上所講的，就是我國憲法的靜態的實施形態。接下來，我們來講——

2. 動態的憲法實施形態

　　除了上述靜態的憲法實施形態之外，還存在一種動態的、作為過程意義上的憲法實施形態，這就是通常所理解的憲法實施的方式或路徑。從它們二者之間的關係上來看，前者即是後者的結果，後者才是前者的成因。

有關我國現行憲法實施的具體方式如何，學界存在頗多不同的觀點，主要有以下兩類：

第一類是規範論意義上的憲法實施論，其主要有兩種觀點。第一種觀點認為，我國憲法主要是通過立法機關制定普通法律得到具體化，並通過普通法律的實施而得到實施。與此不同，第二種觀點則主要傾向於將憲法的實施理解為憲法條款具體適用於個案的活動。廣為人知的一種看法是將合憲性審查制度的存在作為憲法適用的制度性背景，即認為應該通過建立健全合憲性審查制度，通過該制度的運作而適用憲法，從而使憲法得到實施。之前我們講授過的"憲法司法化"的看法，即是從此分化出來的一種見解而已，但是現在已經挫敗。

與上述第一類規範論意義上的憲法實施論不同，第二類是事實論意義上的憲法實施論，即主要從事實論的角度，提出應該通過法律的實施使憲法得到實施。其中還有一種觀點提出了"憲法實施模式"這一概念，認為：我國憲法的實施模式與許多西方國家不同，更多的是依靠政治化方式實施，比如體現為執政黨主導的政治動員模式，由此可能逐步過渡到政治化實施與法律化實施並存的雙軌制格局。學者翟國強曾經提出這樣的學說。

在上述兩大類的憲法實施論中，第二類的事實論意義上的各種觀點從不同側面描述了我國現行憲法實施的現狀，尤其是其中的"雙軌制憲法實施模式"論，為我們觀察中國憲法實施的狀況提供了頗為剀切的敘述。另外，第一類的規範論意義上的憲法實施論亦不乏啟迪意義，因為這種理論有可能在一定程度上總結了比較憲法上的一些結論。

而如果我們立足於比較憲法的視角，尤其是從憲法實施的歷史類型學這一角度加以考察，便會發現：主張將憲法實施主要依託於普通法律的具體化，這在事實上比較接近於以近代法國為代表的近代歐陸國家的做法；而主張將憲法的實施主要理解為憲法具體適用於個案，尤其是將合憲性審查制度的運行視為憲法實施的主要保障的觀點，則傾向於接受當代世界各國的主流做法。有關這點，我們接下來將會詳細論述。

二、憲法的保障

（一）憲法保障之概述

憲法雖然被確定為是具有最高效力的法，但在現實中，也可能會因為法律等下位法規範的抵觸、違反或者違憲性質的權力行使，而受到威脅、扭曲或者形同虛設，為此就需要採取各種措施維護憲法秩序，這就是"憲法保障"。也就是說，憲法保障的目的是維護憲法秩序，而憲法秩序之所以需要維護，是因為憲法秩序在現實中也有可能受到挑戰或破壞。因此，憲法保障就是十分必要的了。

然而，憲法保障需要一定的措施，這就是憲法保障措施，此種措施往往需要被制度化，從而確立為一種定型化的保障措施，這就是憲法保障制度。根據研究，憲法保障制度在理論上主要有三種：第一種是憲法本身所確立的制度，也就是憲法自己建立一種制度來保障自己；第二種是普通法律或政治生活中所確立的用於保障憲法的制度；第三種則是憲法和法律本身沒有規定，但基於某種超憲法或超法律性質的依據而被肯定的制度。

在這三種制度當中，第一種制度是非常重要的，因為除了憲法之外，再沒有其他規範性法律文件能夠為憲法確立最終的保障制度了。從這個意義上來說，憲法本身所確立的制度就是至關重要的。第二種制度也比較重要，尤其是它一旦與第一種制度相結合就更有力量。第三種制度則屬於超出憲法規定、但又有某種高邁的理念作為依據而成立的某種制度，也很重要。

首先講第一種制度，即憲法本身所確立的憲法保障制度。根據我國現行憲法來說明，這主要有如下一些具體制度：

第一個制度是憲法之最高法規範地位。在憲法序言第 13 段和憲法本文部分第 5 條第 3 款都有規定。不要以為這僅僅是一種宣言，它實際上也生成了一種制度：憲法居於最高的法規範的地位上，其他一切法律都不能與憲法相抵觸，一旦抵觸就沒有法律效力。這種最高法規範性在整個法律體系中都獲得貫徹。姑且不論這種制度在現實中有沒有實效性、實效性有多大，在法的"當為"世界裏，無疑是一種實在法制度。

第二個制度體現在憲法規定了維護、遵守憲法的義務。義務的主體有很多，國家權力機關、其他國家機關、社會團體、企事業單位、人民團體以及所有的公民都有維護、遵守憲法的義務。關於這一點，在序言的第 13 段、本文部分第 5 條第 4 款及第 5 款都有規定。

第三個制度是憲法宣誓制度。這個制度最初是依據 2015 年全國人大常委會的一個決定建立的，2018 年修憲，將其在憲法層面上確定下來，第 27 條增加了一款，規定國家工作人員就職時應當依照法律規定公開進行憲法宣誓。

第四個制度是憲法修改的剛性程序制度，規定在《憲法》第 64 條第 1 款中。我們前面講過，一般來説，大部分國家的憲法修改程序都比較嚴格，我國憲法也是這樣，為此我國現行憲法也在規範意義上成為一部剛性憲法。至於憲法修改的程序，我們前面已經學習過了。要知道，這也是維護憲法秩序的一種制度。

更重要的是第五個制度，即所謂的"憲法實施監督制度"，主要規定在現行《憲法》第 62 條及第 67 條中。在憲法本身所確立的這五種保障制度當中，這種制度，即憲法實施監督制度是最為重要的。

憲法實施監督制度，在我國又被簡稱為"憲法監督制度"。我覺得這個簡稱不是特別準確，有時候會使人誤解，但這個説法已經很流行了，所以，當人們説"憲法監督制度"時，大家要記住，那指的就是憲法實施監督制度。它意味著憲法實施的"第一責任者"是全國人大及其常委會，全國人大及其常委會有權監督憲法的實施，其中，全國人大常委會有權撤銷國務院制定的同憲法、法律相抵觸的行政法規、決定、命令以及各省級國家權力機關制定的同憲法、法律、行政法規相抵觸的地方性法規和決議，該規定體現在現行《憲法》第 67 條第（7）項、第（8）項；而全國人大則有權改變或者撤銷全國人大常委會的不適當的決定，該規定體現在第 62 條第 12 項中。這就是憲法實施監督制度，這種制度在寬泛意義上，又被學術界稱為"合憲性審查制度"，這個我們等下專門講解。

其次是普通法律或政治生活中所確立的憲法保障制度。這裏的"普通法律"不是英美國家的"普通法"，而是相對於憲法而言的普通法律，比如《立法法》、《刑法》、《香港國安法》等。具體而言，刑法中有關危害國家安全罪的許多條款，就屬於是通過普通法律來保障憲法秩序的制度；香港現在已有《香港國安法》，今後倘若香港《基本法》第 23 條得到落實，也會形成特區的一種國家安全保障制度；又比如我國在立法上確立了國家緊急狀態法制，當然也在一定程度上屬於這種憲法保障制度。目前，我國已通過全國人大常委會的決定，確立了憲法日制度，這些在寬泛意義上也屬於普通法律所確立的憲法保障制度的範疇。此外，執政黨在黨章以及政治文件中強調要在憲法和法律範圍內活動，只要得到制度化，同樣也屬於這個範疇。

　　第三種則是憲法和法律本身沒有規定，但基於某種超憲法或超法律性質的依據而被肯定的制度，其主要指的是抵抗權，即人民抵抗暴政的權利。由於抵抗權是法律上所沒有規定的，為此是一種非法定的憲法保障制度，只能基於超憲法或超法律的理由而存在，這個理由就是人民有權抵抗暴政的理念。但抵抗權的觀念與理據也在變化，有其複雜的發展歷程。應該説，抵抗權的觀念自古即有，至近代西方市民革命時期，與“自然權”思想相結合，發展出“抵抗暴政”的觀念。其後，隨著各國憲法保障制度的完善，抵抗權曾長期淡出法與政治領域。但到了現代，在人類經歷了納粹暴行的慘痛經歷之後，即在第二次世界大戰以降，抵抗權觀念又有所復活。不過，復活在現代的抵抗權，只是呈現出片段化的樣態，其含義主要是指：如果公權力實行了重大不法行為，在合法救濟手段已不可能採用的情況下，公民為了保護自身的尊嚴及基本權利，可以拒絕履行實定法上的義務。相對於近代的抵抗權，這就是片段化了。造成其片段化的原因是：抵抗權在本質上是非合法性的，為此本身不適合於被制度化，難以在法治成熟的國家或時代得到充分的正當化。

（二）合憲性審查：最重要的憲法保障制度

　　前面我們講了：憲法的生命在於實施；而憲法實施有積極意義上的憲法實施，也有消極意義上的憲法實施，其中消極意義上的憲法實施相當於憲法保障；憲法保障又有多種具體的制度，其中最重要的就是憲法實施監督制度，而從寬泛意義上説，合憲性審查制度就是一種最為重要的憲法實施監督制度。

　　“合憲性審查”這個概念前面已經多次提及了。它指的是憲法或法律所授權的機關根據法定的程序對公權力行為是否符合憲法進行審核並做出相應處置的活動或制度。有些國家稱之為"違憲審查"，很多國家又稱之為"憲法審查"。合憲性審查對於憲法保障具有重要意義，可謂最重要的憲法保障制度。2017年中共十九大報告提出："加強憲法實施和監督，推進合憲性審查工作，維護憲法權威。"

關於合憲性審查，我們以下先講四點一般性的問題：第一點，違憲與違憲審查，其中包括違憲與違法的區別等問題；第二點，了解合憲性審查起源於哪個國家，其後又如何演進成為不同的模式；第三點是當今世界各國合憲性審查的制度模式；第四點講一下合憲性審查制度的功能。

1. 違憲與違憲審查

合憲性審查等同於違憲審查，二者是從不同的側面指稱同一對象的。申言之，它從正面說，可稱為"合憲性審查"，從反面說，則是"違憲審查"。我國學界也曾經使用過"違憲審查"這個術語，它是中國學者從日本引進的。這個概念很難推廣，因為語義的威懾力很重，可謂"嚇死寶寶了"。英語國家或地區一般用 Judicial Review 這個說法，實際上指的就是 Constitutional Judicial Review；另外，包括英美國家在內，許多國家都有 Constitutional Review 這個統稱，可翻譯為"憲法審查"比較合適。但我國還有一個用語，叫"合憲性審查"。2017年中共十九大報告就明確採用了"合憲性審查"這一概念。這使這個概念成為一個最具影響力的用語。

而要了解"合憲性審查"或"違憲審查"的概念，需要了解"違憲"。什麼是違憲呢？簡單說，違憲就是違反、違背或者抵觸憲法。那麼，究竟違反了憲法的什麼才算違憲呢？是違反一整部憲法才算違憲，還是違反憲法的某個條文就算違憲？還有，違反憲法的一些原則或精神也可以說是違憲嗎？這就需要我們思考。

我國學界一種重要的觀點認為：違反"憲法的規定、原則和精神"，都構成違憲；就憲法文本而言，包括違反了序言、本文和附則。這個表述，我認為在很大程度上是正確的。當然，我們應該指出，實際上，"違憲"，最終指的是違反了被解釋了的憲法的某個或者某些規定、原則或精神，即不僅僅是違反了憲法的條文，實際上往往是違反了憲法條文中所蘊含的憲法規範。這個憲法規範被解釋出來，而人們判斷某一部法律或者某一公權力行為違反了這個被解釋出來的憲法規範，這稱為

"違憲"。

違反憲法的原則和精神，也可能構成違憲。我們舉一個例子來證明這是可能的。比如說，某一年，西安市街上某處懸掛了一個標語："如果拒絕逮捕，依法當場擊斃。"其實，其他地方也有類似的事例，比如說，過去長沙街頭就曾經也有過"拒捕的當場擊斃"的標語。這些標語顯然都是出自公權機關的。那麼，像這樣的事例，看上去只是個懸掛標語的行為發生，但是，問題不僅在於懸掛的行為，標語的內容是否也會違反憲法呢？答案是肯定的。雖然這種標語的內容似乎沒有明顯違反憲法的哪個條文，但卻違反了憲法的原則或精神。憲法的原則好理解，憲法的精神指的是什麼呢？憲法的精神指的是貫穿於憲法規範體系或其主要結構之中的核心價值取向，往往也體現在憲法的基本原則之中。同學們可以想想：寫著"拒捕的可以當場擊斃"這樣的標語，我們一看就很不舒服。為什麼不舒服呢？是我們的正義感在起作用。因為這裏面好像在強調了一種東西，即公權力可以非常強大，強大到可以肆意對待人的生命，甚至可以無視人的生命。實際上，警察開槍是應該受到法律嚴格限制的。拒捕的可不可以當場擊斃？不一定，只有在特定情況下才可以，並且在擊斃前還必須符合法定的程序。這才符合憲法所確認的法治國家的精神。類似"拒捕當場擊斃"的標語，實際上是對大眾的一種恫嚇，完全忽視了憲法當中的依法治國、或者說法治國家的那種精神，而根據這種精神，剝奪公民的生命必須符合法定的條件且嚴格地依照法定程序執行。為此，在寬泛的意義上，懸掛這種標語的行為也有違憲之虞，至少可以說是沒有"憲法意識"或"人權感覺"。明白這一點很重要。

（1）違憲與違法的區別

接下來了解一下違憲與違法有什麼區別。關於這一點，"馬工程"教材寫得很好，總結為四點：

第一，性質不同。違憲是指違反了憲法規範，違法是指違反了一般的法律規範。

第二，行為主體不同。包括國家機關、企事業組織、社會團體和個人在內，任何主體都可以是違法主體，但違憲的主體主要是公權力機關，其中又主要是作為國家權力行使者的國家機關。為什麼呢？等下專門講。

第三，審查主體不同。關於這一點，等下我們也會講到，簡單說就是：在許多國家，審查違憲行為與審查違法行為的機關是一樣的，都是普通法院。但不少的國家，往往設立一個專門的機關進行合憲性審查，而違法行為一般是通過普通的司法機關就可以進行審查。

第四，責任形式不同，或者說強制性後果不同。那麼，究竟是違法的強制性後果強，還是違憲的強制性後果強呢？理論上好像應該是違憲的更強，但是實際上，憲法往往沒有像刑法、民法，甚至行政法那樣直接設定強制規範，即沒有設定針對違憲行為施予強制效果的那種規定，因而在實施的時候也就可能比較寬緩了。至少在當下我國是這樣的，所以有人說這是"不怕違憲就怕違法"。即使在成熟的法治國家，違憲責任形式也不一定採用追究刑事責任的做法，而是採用撤銷違憲立法、宣告違憲立法無效、不適用違憲立法等形式，對於相關個人責任的追究，也可委之於人民代表或人民的政治選擇，比如對相關人員進行彈劾、罷免，或者在民主選舉中，通過選票讓他落選，甚至通過自由的言論進行批判、抨擊。對此，日本著名憲法學家小林直樹教授曾指出這是憲法的一種"特異的屬性"。此外，違憲一般也不會明確地追究個人的法律責任，儘管有一些違憲行為可以追究，但未必是針對某一個特定的人，而多是針對某一特定的法律法規，當其被判定違憲的時候，合憲性審查機關會宣告該部法律法規無效。

（2）違憲的主體

我們這裏再著重說說違憲主體的問題。理論上，任何主體，包括公權力機關、政治組織、社會團體及公民，都可以作為違憲的主體。這一點我們要承認，有些教材沒有承認這一點，我覺得是不對的。也就是說，從形式邏輯上來講，作為個體的某個公民當然也可能違反憲法，但從法理邏輯上說，這種情形不是重要的，重要的違憲主體是公權力機關。為什麼是這樣的呢？因為正如我們以前說過的那樣，立憲主義的價值目標其實就是為了約束公權力而保護個人基本權利的，所以，公權力機關的違憲行為就理應得到重視。而一般來說，公民的違憲不必通過憲法加以強調。比如有個公民隨地吐痰，這當然很不好，但我們就說他違憲，他問我們咋就違憲了，你説《憲法》第 53 條裏規定公民必須"尊重社會公德"呢，你隨地吐痰，違反了憲法——其實，問題沒那麼簡單。要知道，憲法是講形式邏輯的，但憲法又超越形式邏輯，適用憲法規範體系內部所蘊含的法理邏輯。

如此説來，違憲主體主要有幾種呢？有如下幾種：

第一，國家機關。這是沒有疑問的。

第二，其他行使一定公權力或政府職能的主體。在我國，這裏面有事業單位、國有企業，還有各政黨、各社會團體。其中的事業單位，指的是國家為了社會公益目的，由國家機關舉辦或者其他組織利用國有資產舉辦的，從事教育、科技、文化、衛生等為國民經濟和社會發展服務的社會組織。這種"社會組織"又不完全等同於"社會團體"，目前我國所説的"社會團體"主要包括人民群眾團體、社會公益團體和學術研究團體。其中有一部分，比如説工會、共青團、婦聯，就屬於人民群眾團體，但其具有特殊的政治地位。就連一些社會公益團體、學術研究團體，比如中國殘聯、中國文聯、中國法學會，甚至黃埔軍校同學會等，其作為社會團體的主要任務、機構編制和領導職數，也都是由中央機構編制管理部門直接確定的。不用説，事業單位也是如此。它們雖然是非政府性的組織，但在很大程度上行使著部分政府職能，或者説也行使一部分的公權力。為此，這些事業單位、社會團體，就有資格作為違憲主體，其行為有可能違反憲法。還有一些政黨組織也可能具有違憲的資格。在德國歷史上，有兩個政黨，其本身曾被聯邦憲法法院判決為違反了憲法。聯邦憲法法院通過審查這些政黨平常的行為及其政治綱領，最後判決其存在違憲，必須解散。哪兩個呢？第一個是國家社會黨，是延續納粹精神的一個政黨。第二個就是當時的德國共產黨。這個判決可能對我們衝擊很大。之前中國建立一種合憲性審查制度曾經比較困難，也許就是因為很多人都誤解了，以為合憲性審查制度會被用來追究執政黨違憲，或對執政黨不利。實際上這是不可能的，在中國即使確立了合憲性審查制度，也不可能發生這種情況。在政治邏輯、歷史邏輯和法理邏輯上，我們都可以説，黨的領導已經寫進了憲法，不讓中國共產黨領導，這本身就是違憲的。

第三，在特殊情況下，也可能包括強大的私團體，如大型企業，其也可能具有違憲的主體資格。一般來説，企業是私主體。私主體一般來説，也是受憲法保護的

主體，不可能違憲。但是，在特殊情況下也可能構成違憲。有關這一點，我們在第
十章講述基本權利規範的效力範圍時已有詳細的講述，請同學們自己對照之前的授
課內容進一步學習。於此，我們必須強調，這個問題學理特別強，有一定的難度，
但你了解之後，有關憲法與民法之關係的一些原理，或許也就可以瞭然於胸了。

　　（3）違憲的類型

　　那麼，違憲有哪些類型呢？這應該從違憲主體的行為講起。一般而言，構成違
憲的往往是某個主體的行為。公權力機關的行為大致分為兩種：一種是抽象行為；
另一種是具體行為。公權力機關的抽象行為，指公權力機關制定出某部法律、法規
等規範性法律文件；具體行為則是指公權力機關在行使職權過程中，針對特定的私
主體，就特定的事項，做出有關該特定私主體權利義務的單方行為。公權力的抽象
行為與具體行為都可能違反憲法。為此，違憲的類型主要有這些：

　　第一，立法違憲。它指的是法律、法規以及規章等規範性文件的違憲。這個是
最重要的，也是最普通的違憲類型。根據我國《立法法》的規定，我國的立法包括
法律、行政法規、監察法規、地方性法規、自治條例和單行條例，還有就是規章，
包括國務院部門規章和地方政府規章。全國人大及其常委會制定出來的規範性文件
稱為法律。其中，全國人大制定的稱為基本法律，其常委會制定出來的稱為一般法
律或普通法律。國務院制定出來的規範性法律文件稱為行政法規，國務院各部委制
定出來的規範性法律文件稱為部門規章。此外還存在由國家監察委員會所制定的監
察法規。再接下來，有權立法的地方人民代表大會及其常委會制定出來的規範性法
律文化稱為地方性法規。有立法權的地方政府制定出來的規範性法律文件稱為地方
政府規章。民族自治地方的人民代表大會制定出來的規範性法律文件，我們稱為自
治條例和單行條例。此外還有經濟特區立法。所有這些規範性法律文件，統稱"立
法"。這些立法違反了憲法規範，在理論上就叫立法違憲。這是違憲當中的主要類
型。一般來說，某個國家法律制度越完備，這種違憲類型就越重要。反之，如果這
個國家立法不多，這個類型就不重要了。

　　第二，具體行為違憲。公權力機關所實行的某種沒有立法依據，而且違反了
憲法的具體行為。這種行為，在法學上也屬於事實行為。此種事實行為違反憲法規

範，也構成違憲。典型的案例就是日本首相參拜靖國神社。在日本，每年的 8 月 15 日 "終戰紀念日"，出身保守政黨的日本首相是否參拜靖國神社，就成為新聞關注的一個焦點。有些首相是要參拜的，他們故作氣宇軒昂狀地走進靖國神社，實際上心裏也在打鼓，因為這一腳邁進去，後面就有很多的官司開始跟著他了，很多老百姓就可以告他違反了憲法的政教分離原則。當然，在日本目前的制度下，那是很難告贏他，因此他最終總是勝訴。這倒不是因為他是首相，所以告不倒，而是因為日本現行的違憲審查制度很難追究其參拜行為。所以，儘管他心裏打鼓，知道進去後案件紛至沓來，但還是堅持 "瀟灑走一回"。日本首相參拜靖國神社，是沒有法律依據的，但問題不在這裏，而在於這種參拜行為違反《日本憲法》第 20 條所規定的政教分離原則，為此人們可以告它違憲。但是，我們應該知道，具體行為違憲，尤其是事實行為違憲，在法治發達的國家，一般比較少見。因為在法治發達的國家，公權力的行使大部分甚至絕大部分都有法律依據，屬於執行法律的行為。可是，在法治還不夠發達的國家，由於立法不多，法律還沒有形成一個完備的網絡來制約公權力機關，因此，沒有法律依據的公權力行為就比較多，具體行為違憲的現象發生也就比較多，比例也就相應較大。只是，隨著法治的成熟，立法違憲的現象也會越來越重要。因此，合憲性審查，之所以有的國家又稱為 "違憲立法審查"，原因也正在於此，因為它主要審查的就是立法是否違反了憲法。然而，在當下中國，具體行為違憲，尤其是事實行為違憲，這個類型卻值得我們重視。我們許多公權力的行為，往往都屬於沒有立法依據的行為，一旦違反憲法，就屬於事實行為違憲。

第三，在介乎前面所講的立法違憲與具體行為違憲這兩種違憲類型之間，還存在立法適用或運用違憲。它指的是某部立法本身沒有違憲，但將其適用於某個特定的案件則違反了憲法，或某部立法的具體執行、操作的方式違反了憲法的情形。

2. 合憲性審查制度的起源及演進

（1）合憲性審查制度的起源

合憲性審查制度到底起源於何處呢？學術界有三種說法，分別是起源於英國、法國或者美國，多數意見採納起源於美國的說法。我也承認，具有典範意義的合憲性審查制度可以說是起源於美國的。

在美國，聯邦層面最早進行合憲性審查、並做出違憲判斷的案件，是發生在1803年的"馬伯里訴麥迪遜案"。此案在美國非常重要。如果在美國學習憲法，很多教科書開篇就講"馬伯里訴麥迪遜案"。如果不提馬伯里訴麥迪遜案，大家還可能覺得這本書有創新；如果法學院哪個學生竟然不知道此案，那絕對是學藝不精。但你即使知道此案，也不等於美國憲法你全懂了——你也可能只是在美國聽了幾節憲法課，然後就逃課了。

此案可謂人類歷史上第一個具有典範意義的合憲性審查案件。大家記住，前提是"具有典範意義的"。僅就合憲性審查而言並不是最早的案件，在美國，此案之前各州就發生過諸多合憲性審查性質的案件。在當今中國，越來越多的人知道馬伯里訴麥迪遜案。為什麼呢？因為人家盼星星盼月亮，就盼著類似案件出現。很多學者也分析過此案，比較著名的是北大的朱蘇力教授，他把此案件寫成一個政治故事。人大的胡錦光教授也寫。我早年也寫過，題目是《司法上的創舉與謬誤——也評"馬伯里訴麥迪遜案"》，有興趣的話可以讀一讀。

延伸閱讀：司法上的創舉與謬誤——也評"馬伯里訴麥迪遜案"

我的觀點大致是這樣的：馬伯里訴麥迪遜案的判決是個創舉，但其中也存在諸多謬誤，可是人們沒有怎麼發現它的謬誤，為此它便成為美國人"建國神話"的續編，它的故事也就變得挺有趣的了。在這裏我把大致內容說給大家聽。

1801年3月2日，美國第二任總統亞當斯（John Adams）在即將卸任之前，任命威廉·馬伯里（William Marbury）為哥倫比亞特區的治安法官。這個治安法官，英文是Justices of Peace，相當於香港的太平紳士，有一點地位和身份，但沒有多大的權力，主要工作是處理一些小案件。當時，亞當斯任命了一批人，這中間的一位就是馬伯里。馬伯里是個倒霉蛋，總統亞當斯簽署的任命狀還沒來得及送出，還躺在國務卿的抽屜裏，總統本人就卸任了。而繼任的傑斐遜總統於1801年3月4日上任後也不配送這些任命狀，他的國務卿麥迪遜，可能將這些任命狀棄之如敝屣，丟進了垃圾桶。這個麥迪遜，就是我們前面講到的那個參加美國制憲會議、並主動請纓擔任書記員的那個哥們，當時在傑斐遜手下做國務卿。此後，馬伯里就與另外三個同樣處境的人以 1789 年的《司法法》第 13 條的規定為依據,直接訴至聯邦最高法院,請求聯邦最高法院向國務卿麥迪遜發出職務執行命令書(writ of mandamus),強制他交付那些任命狀。馬伯里的理由很充分:上一任總統已經任命我做治安法官了,你有義務把任命狀送達給我,你不執行,我就告到最高法院,請求法院命令你執行,依據是《司法法》第 13 條,其中規定:"聯邦最高法院在法律的一般原則和慣例所認可的情形下,有權對在合眾國的權限下所設置的法院或公職人員發佈職務命令書。"

這個案件的案情說起來就這麼簡單,但背後確實有很複雜的政治背景。這一點很多人都分析過。我也給大家介紹一下。

話說當時,即 1800 年 11 月前後,自美利堅合眾國成立之後,一直處於執政地位的聯邦黨,在總統和議會的兩大選舉中連遭挫敗。於是,按規定將於第二年 3 月 4 日下野的該黨領袖亞當斯和他的國務卿馬歇爾(John Marshall),便力圖在司法機關中調整有利於本黨的人事安排,以儘量挽回在兩大選舉中的敗局,同時維護現行憲法秩序的運作。大家知道,美國是三權分立的國家,一個政黨,如果在總統選舉中失敗了,在議會選舉中也失敗了,那就等於說立法、行政兩大權力都交出去了,為此只能儘量在司法權的佈局中下點功夫做點文章。應該知道,在普通法國家中,司法權力很重要。因此,亞當斯就通過司法權領域的一些人事安排,儘量挽回敗局。同年 12 月,他急匆匆地任命尚在任中的國務卿馬歇爾擔任最高法院首席大法官。某一個人還在國務卿的任上就當上了聯邦最高法院的大法官,這本來就違反憲法,但美國人的性格也是大大咧咧的,尤其是在開國不久的當時,這一點也就不講究了。時至 1801 年 3 月 3 日那一天,亞當斯第二天就要下野了,晚上連夜任命了 42 名治安法官,但其中 17 人的任命狀來不及送達,包括本案原告馬伯里。當時叫誰去配送這些任命書的呢?據說是叫馬歇爾的兄弟去送的,他自然是連夜送出,但還沒送完天就亮了,亞當斯只好下野。

1801 年 3 月 4 日那一天,民主共和黨領袖傑斐遜進駐白宮,正式出任美國第三任總統。當他得知有 17 份治安法官的任命狀仍然滯留在國務卿的抽屜時,便授意他的國務卿麥迪遜不要發送這些已經簽署並已經封印的任命狀,而是將它們"如同辦公室的廢紙、垃圾一樣處理了"。政治畢竟是人類公共生活中的一種髒活，有時大人物也會搞小動作的。

本案名為"馬伯里訴麥迪遜"，其原告是馬伯里，被告是誰呢？是當時美國的國務卿、歷史上著名的"美國憲法之父"麥迪遜。

本案的判決是馬歇爾主持下的聯邦最高法院做出的。據查，這個案件的判決書就是首席大法官馬歇爾親自寫的。此人擁有博士學位，還真有點水平。這一點可以從本案的判決書裏看出。這個判決書寫得非常精妙，現代自由主義理論家哈耶克對這份判決書，包括對它的文筆，都讚不絕口。

這份判決書，主要討論了三個問題，依次是：第一，馬伯里是否有權利得到他所要求的任命狀？第二，如果他有這個權利且這一權利受到了侵犯，那麼美國的法律能否為他提供救濟？第三，如果法律應當為馬伯里提供救濟，那麼是否應由聯邦最高法院發出職務執行命令書？顯然，這三點表面上環環相扣、層層推進。其中對第一點，持肯定態度。對第二點，也持肯定態度。但到了第三點，即最關鍵的一點，卻持否定態度，認為法律雖然應當為馬伯里提供救濟，但是不應該由聯邦最高法院來發出職務執行命令書。為什麼呢？因為《司法法》第13條雖然賦予聯邦最高法院對類似本案這樣的案件一審管轄權，然而該條款卻與聯邦憲法第3條第2項的規定相抵觸，因而違憲無效。的確，根據美國憲法第3條第2項的規定，聯邦最高法院僅僅對"涉及大使、公使、領事以及一州為一方當事人的案件"才具有一審管轄權，而本案所依據的《司法法》第13條，本身就違反了憲法的這一條款。據此，馬歇爾駁回了馬伯里的起訴。

重要的是，在論述的過程中，馬歇爾趁機寫出了兩條道理來。這兩點都非常有利於聯邦最高法院：第一條，違憲的法律自當無效；第二條，法院必然有權對法律是否違憲進行司法審查。這樣的論述一旦確立，法院就確立起了一種權力，那就是合憲性審查的權力，即，司法機關有權對法律是否合憲進行審查。

我們知道，馬伯里其實就是馬歇爾的"老闆"亞當斯任命的。所以，按照情理來講，馬歇爾應該同情馬伯里。但是，在判決書中，馬歇爾卻犧牲了馬伯里，也就是說，在關鍵的時刻老馬拋棄了小馬。但是，老馬通過這個案件，卻是丟了芝麻，

圖30　在今日美國聯邦最高法院大廳裏，可看到馬歇爾大法官的大型雕像。
　　　　圖為本書作者2010年訪美時在其旁的留影，林盛也攝

抓到了西瓜，為自己的法院，甚至為整個聯邦系統的法院確立了一項很重要的權力，那就是合憲性審查權。

　　時至今日，為了紀念馬歇爾的貢獻，同時也為了確立自己的權威，美國聯邦最高法院在自己的一樓大廳裏展示了一尊馬歇爾的大型雕像。晚年的馬歇爾雖然已經嚴重謝頂，但這尊雕像仍然給他披上了一頭濃密的頭髮。我曾經在美國聯邦最高法院的大廳裏親眼看過這個雕像，很想告訴你們：同學們啊，請大膽地思考吧！即使頭髮都掉光，未來的雕像還能恢復你的髮型。馬歇爾的雕像就是這樣的。

　　值得我們注意的是，合憲性審查的案件並不一定都有政治背景。可是，馬伯里訴麥迪遜案作為人類歷史上第一個具有典範意義的合憲性審查案件卻具有複雜的政治背景。從這一點上說，這個案件背後的政治故事，對我們有很大的啟發。但是，我們還應當注意的是，在該案判決書中所展現出來的，不是政治鬥爭的言辭，而是法律論證的道理。政治上的責難與謾罵，以及政治鬥爭的謀略，全部都收斂起來，或者只隱存於判決書的"法言法語"背後。這就是法治的邏輯與智慧，即把政治的話語轉化為法律論理的言說，甚至轉化為法律技術來處理。判決書中沒有大罵：好啊！傑斐遜，麥迪遜，你們這些人模狗樣的傢伙啊！背地裏居然搞起小動作來了！你們對人家馬伯里公平嗎！這樣的話一個字都沒有，全部化為嚴謹的法律語言來論證。三個層次至少看上去也是層層推進，順理成章的。而且，馬歇爾在其雄辯的判決書裏面，有進有退，以退為進，展現了其深遠的政治謀略。本案最有趣的一

點是，馬伯里雖然在本案中輸了，可是他又賺大了，因為這個倒霉蛋沒有想到，他個人職業生涯中的一次意外的挫折，讓他的名字長留在美國的憲法史上。如果有一天，你們也有機會擁有這樣的不幸，那麼請不要拒絕。

(2) 合憲性審查制度的演進

在近代憲法時期，特別是立憲主義原理確立時期，除了美國這一典型的例外，以近代歐陸的法國和德國等國為代表，當時世界上絕大多數憲治國家，都將公權意義上最終的憲法解釋權交給議會，即否定任何機關對代議機關所制定的法律可以進行合憲性審查。法國第三共和國憲法（1875 年憲法）即是一個典型，其背後存在議會中心主義的理念，此外還有盧梭思想的影響。總之，在 19 世紀，大部分國家的憲法實施主要是立法機關通過積極的立法去貫徹憲法中的立憲主義原理，尤其是憲法中有關基本權利的規定。與此同時，司法機關與立法機關則合力限制脫胎於君主權力的行政權，為此建立起了法律優位和法律保留的機制。

但伴隨著近代立憲主義的危機，議會中心主義亦遭遇重大挫折，主要通過立法的具體化來實施憲法的方式自然也受到挑戰。尤其是基本權利的保障方面，近代憲法的那種將基本權利交由普通立法去保護的做法，原本就具有重大風險，因為立法機關在將其具體化的過程中，既可以規定賦予其具體內容，也可能對其進行過當的限制。儘管"只有通過法律才能限制基本權利"這一法律保留觀念的命題，在邏輯上無法推導出"只要通過法律就能限制基本權利"，但遺憾的是，人類歷史的發展不可能嚴守邏輯的約束，在近代西方憲法史上，"只有通過法律才能限制基本權利"的理念，在很大程度上演變成為"只要通過法律就能限制基本權利"的事實。有鑒於此，對普通法律是否違反了憲法規範進行審核，就成為現代憲法的重要課題之一。從比較憲法的角度來看，各國在現代憲法時期大致均建立了各種憲法保障制度，用以保障憲法的實施，合憲性審查制度是其中發揮了最重要功能的一項制度。

3. 現代各國的合憲性審查制度模式

有關這一點，"馬工程"教材是將其納入"憲法監督制度"的框架中來考察的，並將其分為三種類型，即：普通法院審查制、專門機關審查制和代議機關審查制。

另一種分類法是依審查主體和審查方式來分類的，認為世界各國一共有四種合憲性審查體制：第一種，最高代表機關審查制；第二種，司法審查制；第三種，憲法法院審查制；第四種，憲法委員會審查制。

最高代表機關審查制的審查主體是最高立法機關，也就是最高民意機關或者西方國家的代議機關。它具有一個明顯的特點，即具有低度典型性。也就是說，這個體制主要見諸社會主義國家，此外，近代早期以及現代的極少數歐洲國家——如英國，也採用了這種制度，但很不典型。

而“司法審查”制度的審查主體，指的是普通的司法機關，從下級法院到上級法院，一直到最高法院都有權審查。美國就採用這個制度。大家不要以為在美國只有聯邦最高法院才有權力進行合憲性審查，其實聯邦的下級法院也有權進行審查。它的審查方式是具體審查，或者說“附隨性審查”。這是什麼意思呢？意思就是：要首先存在一個普通案件，這個案件可能是民事案件，也可能是刑事案件，更多的可能是行政訴訟案件，案件中存在具體的爭訴或糾紛。這個案件進入普通法院去審理，但因為裏面涉及憲法問題，在一定條件下就可作為一個憲法訴訟，針對憲法問題進行審查。怎麼審查呢？一般來說，是審查這個案件中所適用的法律是否違反憲法。可見，具體審查或附隨審查，是在某一具體個案當中插入合憲性審查，或者說，合憲性審查是附隨著具體的普通個案提起的。在此制度下，憲法訴訟就不是一種獨立的訴訟形態，而是附隨於其他訴訟形態，包括民事訴訟、刑事訴訟或者行政訴訟。這個體制的代表性國家主要是美國，但據晚近的研究，目前世界上共有 81 個國家採用了這個制度。

再說憲法法院審查制。它的審查主體是憲法法院，是在普通法院之外專門設立的一種機關。其審查方式有兩種：一種是抽象審查，即根據特定主體提請的要求，直接對法律文本進行審查，在程序上不依附於某一具體的案件；另一種審查方式是具體審查，其中主要是憲法訴願，即某個公民認為自己憲法上的權利受到侵犯，可以先通過其他法律途徑進行救濟，當窮盡了其他法律途徑的救濟還不能得到救濟之時，就可以向憲法法院提起訴訟，要求憲法法院進行合憲性審查，保護他憲法上的權利。所以說，憲法訴願是個人在窮盡了其他一切法律上的救濟途徑之後，才將案件提交憲法法院進行審查，以維護自己基本權利的審查方式。憲法法院審查制的代

圖31　德國聯邦憲法法院的法官們

表性國家是德國，但該制度最早起源於 1920 年奧地利憲法，據不完全統計，當今至少有 58 個國家採用該種制度。在亞洲，韓國以及我國的台灣地區採用了這種制度。從蘇聯分裂出來的許多國家，以及歐洲的前社會主義國家，也大多都採用這種制度。

我們來看看德國聯邦憲法法院的圖片。德國有州的憲法法院和聯邦憲法法院兩級。這就是德國聯邦憲法法院大法官，著紅袍，看上去氣質都不錯，非常有智慧的樣子。有趣的是，德國聯邦憲法法院的法官人數採用偶數制，總共有 16 位，分兩個法庭，每個法庭一般由 8 位法官組成。如前所述，之所以採用偶數制，是為了促進案件討論的深入，而不至於出現微弱多數的情形，比如像美國那樣時而出現 5：4 的局面，判決出來之後還是會引起社會激烈爭議。而德國採用偶數大法官的制度，就有利於促進法院對案件進行深入的討論，形成較為強大的多數。

再說憲法委員會審查制。它的審查主體也是一個專門機關，叫憲法委員會，這個體制的代表性國家是法國。憲法委員會的成員有多少位呢？簡單說就是"9 加 N"：首先是 9 位委員，再加上不確定的幾個人，即 N 位。這不確定的 N 位是什麼人物呢？主要是在世的卸任總統。那穩定的 9 位的任命制度可叫作"三三分別任命制"，即 9 個人當中，三個由現任總統任命，三個由參議院議長任命，還有三位是由國民議會議長任命的。長期以來，它的審查方式主要是採用事前性的抽象審查，即在法律文本還沒生效時就直接審查。2008 年起，法國確立了"合憲性問題優先解決"機制，即普通法院在普通訴訟案件中，如果遇到憲法問題的糾紛，法院可暫時中止訴訟，將其優先移送到憲法委員會審查，憲法委員會作出裁決後，再結合其裁決繼續開展訴訟。這就類似於具體審查。

4. 合憲性審查制度的基本功能

合憲性審查制度的基本功能，也可以稱作基本作用。合憲性審查制度具有重要作用。有關這一點，說法有很多，其中，德國人賓丁的那句話說得很形象——合憲性審查制度實際上是"立憲法治國大廈的拱頂石"。也就是說，如果說法治國家像是一座巍峨的大廈，那麼，合憲性審查制度就是這座大廈的拱頂石。

那麼，合憲性審查制度的功能主要體現在哪些方面呢？主要是：為憲法實施提供保障、維護法治國家憲法秩序、協調憲法的穩定性與適應性的關係。

其實，我們強調，合憲性審查制度最重要的功能就在於保護公民的基本權利和自由。雖然在前面講的人類歷史上第一個具有典範意義的合憲性審查案件中，馬伯里的基本權利沒有得到保障，但是此後，我們可以看到，合憲性審查制度發揮的主要功能就在於保護人的基本權利。當你有冤情，你的基本權利受到侵犯時，可以通過合憲性審查制度來尋求救濟。這應該是第一位的功能。第二位功能才是保障統一的法秩序。法秩序由許多立法及其有效運作的效果組成，但其中有些法律法規可能抵觸了上位法，甚至抵觸了憲法，一旦有了合憲性審查制度，人們就不必進行空泛的道德批判，只會謾罵這部法律是"惡法"，甚至還冒著巨大風險去"暴力抗法"了，而是通過一個制度來理性地評價、確認它是否真的違反了憲法。如果違反憲法，就把那部分或者整部法律從法律體系中清除出去，以便使整個法律體系保持合理、安定、統一的狀態。在這個意義上，合憲性審查制度具有類似於一種"排毒養顏"的功效。

接下來，我們要思考一個問題：合憲性審查主要是審查立法是否違憲，而法律卻是民意機關制定的。那麼，民意機關是否會制定出侵犯人權從而違憲的法律？

這個問題在中國非常重要。在中國，之所以具有充分實效性的合憲性審查制度長期難以建成，其原因之一就在這個疑問裏。合憲性審查要審查法律，可是這個法律是由全國人大及其常委會制定的，所以人們就反問：全國人大及其常委會是否可能制定出違反憲法的法律呢？人民代表為人民，受人民監督，怎麼可能會制定出侵犯我們的法律呢？這些問題，在理論上一直困擾著思維過於政治化了的中國人。於是，叩問"立法機關是否可能制定出侵犯人權從而違憲的法律？"這樣的問題，就是非常必要的了。

對於這個問題，我的答案是：那是有可能的。

從理論上說，第一，民意機關是由人民代表組成的，但畢竟不是由全體人民組成的。即使由全體人民組成，也不能確保可以制定出完全不會侵害個體權利的法律，更何況不管選舉制度多麼發達，民主性程度多麼高，人民也不可能完全約束人民代表，因此人民代表有可能制定出侵犯人民利益的法律。第二，人民代表的產生以及法律的表決，往往都採用多數決，為此法律一般來說只體現多數人的意志，有可能過度限制或者侵犯以個體為主體的基本權利。即使民意機關是由全體人民組成的，這個問題還是存在。

以上兩點主要是從理論上說的。而從現實上來說，即使在民主化程度較高的國家，也曾存在侵犯人權而違憲的法律。人類歷史上的許多事實都證明這一點，而且各國合憲性審查的裁判史也說明了這一點，即議會或者其他同類的民意機關所制定出來的法律，完全有可能違反憲法，侵犯人民的基本權利。

那麼，我國的合憲性審查制度如何呢？接下來講授——

（三）我國的合憲性審查制度

這部分是本章的重點，我們講幾個方面。

1. 我國合憲性審查制度的歷史沿革

前面講過了，我國現行的合憲性審查制度，實際上是屬於"憲法實施監督"的一種制度，最終可歸入憲法保障制度這樣一個更大的範疇。

說到我國合憲性審查制度的歷史沿革，其基本脈絡是這樣的：1954 年憲法規定了全國人大有權"監督憲法的實施"（第 27 條），由此確立了憲法實施監督制度。但在當時的實踐中，這一點本身就沒有得到很好的實施。"文革"期間，憲法更是成為一紙空文，1975 年憲法乾脆取消了這種有關憲法實施監督的規定。所幸的是，1978 年憲法和 1982 年憲法又恢復了 1954 年憲法所規定的憲法實施監督制度，尤其是 1982 年憲法明確規定：全國人大有權改變或者撤銷全國人大常委會不適當的決定（第 62 條）；全國人大常委會有權撤銷國務院制定的同憲法、法律相抵觸的行政法規、決定和命令，有權撤銷省、自治區、直轄市國家權力機關制定的同憲法、法律和行政法規相抵觸的地方性法規和決議（第 67 條）；縣級以上的地方各級人大有權改變或撤銷本級常委會不適當的決定（第 99 條），縣級以上地方各級人大常委會有權撤銷本級政府的不適當的決定和命令，有權撤銷下一級人大的不適當的決議（第 104 條）。

　　然而，我國這種合憲性審查制度，也需要一定的制度配套，這就是備案審查制度。2000 年制定的《中華人民共和國立法法》，設專章規定備案審查，第一次從法律層面較為全面、系統地規定了備案審查工作，標誌著規範性文件備案審查制度的正式確立。可以説，合憲性審查機制也被正式納入這個制度之中。2004 年，在全國人大常委會法制工作委員會之下，設立了法規備案審查室，成為備案審查工作的運作實務部門。2006 年，《監督法》獲得通過，"兩高"的司法解釋被納入備案審查範圍，備案審查制度得到了發展。

　　中共十八大（2012 年）之後，中國的法治發展站在了一個新的歷史起點之上，備案審查工作又進入一個新階段。2017 年，中國共產黨的十九大報告提出"加強憲法實施和監督，推進合憲性審查工作"。2018 年修憲，將作為全國人大專門委員會之一的"法律委員會"更名為"憲法和法律委員會"，並賦予其推動憲法實施、加強憲法監督、開展憲法解釋、推進合憲性審查等職責。在這一階段，備案審查各項制度和工作機制更為完備，備案審查工作力度也有所加強，備案審查工作也在較大程度上得到了活性化與顯性化。2023 年，全國人大修訂《立法法》，合憲性審查制度以及其所依託的備案審查制度，得到了進一步的完善。

2. 我國合憲性審查制度的基本內容

　　我國當今合憲性審查制度得以存在和運行的規範依據有哪些呢？可以説，《憲法》、《全國人大組織法》、《立法法》、《監督法》、《全國人大議事規則》及《全國人大常委會議事規則》、《法規、司法解釋備案審查工作辦法》等規範性法律文件中的相關規定，均為我國合憲性審查制度提供了規範依據，並據此形成了現行合憲性審查制度的基本內容。

　　我國現行合憲性審查制度的基本內容相對比較繁雜。通過梳理可以發現，它包括該制度的外部架構和內部架構兩個部分。

　　就它的外部架構而言，自現行憲法頒行之後，尤其是進入 21 世紀以來，憲法實施監督制度還是有所發展的，以致許多學者將這個制度表述為"違憲審查制度"，後來改稱"合憲性審查制度"。從這個立場出發，合憲性審查制度不僅包括了對下位法以及其他公權力行為是否違憲的審查機制，而且還涵蓋了對下位法以及其他公權力行為是否有違其他上位法的審查機制。這也就是說，不是備案審查制度包含了合憲性審查制度，而是相反，即合憲性審查制度包含了合法性審查制度，甚至涵蓋了備案審查制度。這是因為從法理邏輯上說，一切下位法和其他公權力行為都不得抵觸一切上位法，也是憲法所期待的一種應有的法治秩序。

　　但根據實務部門曾經的見解以及"馬工程"教材的觀點，當今中國的合憲性審查制度是內嵌於備案審查制度中的，屬於憲法監督制度的一環。後來，合憲性審查得到了一種延展性的認識，實務部門曾經提出了合憲性審查"三端"說，即包含事前審查、事中審查和事後審查。換言之，合憲性審查包括了法律法規和制度政策形成之前、執行之中、實施之後的"全過程審查"。其中，事前審查發生於規範性文件制定主體或起草單位在啟動規範性文件制定工作之前，遇到有關憲法問題把握不準，向全國人大常委會提前進行請示，由全國人大憲法和法律委員會提出意見。事前審查的環節可能與憲法解釋機制相配合，即可能通過憲法解釋處理或解決合憲性、涉憲性問題。而事中審查，則發生在起草或審議、討論法律草案、法規草案、司法解釋、政策文件的過程中。比如，根據《立法法》第 23 條的規定，列入全國人大會議議程的法律案，由憲法和法律委員會根據各方面的意見進行統一審議，向主席團提出審議結果報告，對其中涉及的合憲性問題，應在報告中予以說明。該法第 36 條還規定，列入全國人大常委會會議議程的法律案，同樣由憲法和法律委員會根據各方面的意見進行統一審議，提出修改情況的彙報或審議結果報告，對涉及的合憲性問題應在彙報或報告中予以說明。而事後審查意義上的合憲性審查，則可以說是較為典型的合憲性審查，但它在制度安排上則主要依託於備案審查制度，而後者又是以合法性審查為主的。

以上所說的，是橫向意義上的合憲性審查。其實，長期以來我國已形成了多套備案審查制度，它們之間多少帶有點縱向意義上的關係，其中包括：(1) 全國人大常委會所擔綱的對各類法律規範性文件的備案審查；(2) 國務院對地方性法規、規章等規範性文件的備案審查；(3) 地方各級人大常委會對本行政區域其他國家機關和下級人大及其常委會的規範性文件的備案審查；(4) 中共中央辦公廳及上級黨組織對黨內法規的備案審查；(5) 中央軍委法制局對軍事法規及規範性文件的備案審查。一般而言，我們所說的合憲性審查制度主要是依託於上述第一套備案審查制度。當然，這五套備案審查機制雖然分別存在，根據《立法法》第 115 條的規定，彼此之間形成銜接聯動機制，對應當由其他機關處理的審查要求或者審查建議，及時移送有關機關處理。

那麼，合憲性審查的基本目標是什麼？有關這一點，"馬工程"教材將其納入憲法監督的框架中去認識，認為其包含了五個具體目標，即：(1) 保證黨中央令行禁止；(2) 保障憲法法律實施；(3) 保護公民合法權益；(4) 維護國家法制統一；(5) 促進制定機關提高法規、司法解釋制定水平。這五個目標基本上也適合於合憲性審查，但其中有些目標在學理上是可以合併的，而且最終所確立的基本目標也應該在憲法上找到規範依據。就此而言，合憲性審查的目標（功能）主要可歸納為兩個：第一個是維護社會主義法制的統一和尊嚴，在學理上也可簡稱為"法的統制"。這可以從《憲法》第 5 條中得到理解，其第 2 款中就明確規定："國家維護社會主義法制的統一和尊嚴"。合憲性審查的第二個目標或功能就是公民基本權利的保障了。大家知道，現行《憲法》第 33 條第 3 款規定"國家尊重和保障人權"。這一條也可以作為合憲性審查制度的一個重要功能的說明，可簡稱為"人權保障"。

那麼，現行合憲性審查制度的內部架構是如何的呢？應該說，這個架構正處在一種持續發展的狀態之中，目前可以從幾個方面來描述：

(1) 審查主體

審查主體說的是"誰來審查"。這一點非常重要。我國現行合憲性審查的主體，具有複合性和層級性。根據現行憲法的規定，我國目前合憲性審查有兩個審查機關：第一個是全國人大，關於這一點《憲法》第 62 條有規定；第二個就是全國人大常委會，這在《憲法》第 67 條中有規定。這意味著：在我國，全國人大及其常委會可謂是憲法的第一守護者。但應該指出的是，迄今為止，合憲性審查的工作主要是由全國人大常委會進行的。當然，除這兩個機關之外，還有一些輔助機關，其中包括全國人大各專門委員會，尤其是憲法和法律委員會，還有全國人大常委會法制工作委員會，即"法工委"，以及其下設的法規備案審查室和國家法室等。

(2) 審查對象

審查對象說的是"審查什麼"。關於這一點，中共中央曾經提出要"把所有規範性文件納入備案審查範圍"。就全國人大及其常委會所擔綱的備案審查機制而言，它的審查對象主要包括：行政法規、監察法規、地方性法規，自治州和自治縣的自治條例和單行條例、經濟特區法規、浦東新區法規、海南自由貿易港法規；港澳兩個特別行政區立法機關所制定的法律也屬於這一範疇；此外還有最高人民法院以及最高人民檢察院的司法解釋。

可能有人會問：國家監察委員會制定的監察法規，是否真的可以審查呢？2023 年新修訂的《立法法》在第 118 條（該法附則部分）中已明確規定，國家監察委員會根據憲法和法律、全國人大常委會的有關決定，制定監察法規，報全國人大常委會備案，但沒有明確規定監察法規是否也接受審查。監察法規的特殊地位由此可見一斑。不過，無論從法解釋學角度還是從"有件必備、有備必審、有錯必究"的實踐原則而言，報送全國人大常委會備案即意味著同時接受審查，更何況 2019 年十三屆全國人大常委會十四次會議通過的《關於國家監察委員會制定監察法規的決定》第 3 條中已明確規定："監察法規應當在公佈後的三十日內報全國人民代表大會常務委員會備案。全國人民代表大會常務委員會有權撤銷同憲法和法律相抵觸的監察法規。"從這裏亦可得知，監察法規也已被列入審查對象之列。

當然，以上所說的審查對象，本來是屬於全國人大常委會備案審查的對象，而事前、事中的合憲性審查對象則不限於這些，然而在現實中，依託於全國人大常委會備案審查制度的合憲性審查，即較為典型的合憲性審查，是很難找到審查對象的。這是由於，備案審查制度，本來做的主要工作就是合法性審查；在實際的操作當中,備案審查的主體也傾向於採取"實質性的適度謙抑"的消極主義立場,即往往只願意做一般性的合法性審查,主要審查行政法規、監察法規、地方性法規、自治條例、單行條例、經濟特區法規等法規以及司法解釋是否違反了法律;即使現實中某一個審查對象的某一條款存在合憲性爭議,只要審查它是否違反了某一部法律,也就足夠有理由作出是否應該予以處理的決定,而不願意用力過猛,對它進行合憲性審查。現實中,也不乏這樣的法律,作為憲法的"替身",它們大多是憲法性法律,如《立法法》,就絕對是憲法的"小兄弟",可以替憲法"擋箭"的。這也是由於為它所設定的主要內容就是立法權的分配,這可是"憲法性"的,而且是"憲法性程度"很高的內容,為此理所應當就得為憲法"出生入死"了。

那麼,法律本身是否可以作為合憲性審查的對象呢?說到這一層次,問題也就更複雜了。應該說,根據現行《憲法》第 62 條的有關規定,全國人大常委會的決定,是在合憲性審查對象之列的。需要說明的是,憲法在這裏雖然說的只是全國人大常委會的"決定",但解釋學上可理解為包括了全國人大常委會所制定的法律。不過,它主要是由全國人大來審查的,而不一定屬於全國人大常委會審查的對象。全國人大常委會要將其納入審查對象的範圍,必須解決"自己審自己"、即自己是否可以審查自己制定的立法的難題。

就全國人大及其常委會所擔綱的合憲性審查機制而言,在整個法律體系當中,確實就存在兩種"非審查對象",也就是沒有被列入審查對象之列的立法:其一是全國人大所制定的法律,即基本法律。一般認為,即使全國人大常委會能夠審查它自己制定的法律,也不能審查全國人大所制定的基本法律,否則就"僭越"了。基本法律最多也只能有待於全國人大的審查,但那也是一種自我審查。其二是規章,包括部門規章以及地方政府規章,也沒有被列入全國人大常委會所擔綱的備案審查對象的範圍之中。但規章並非完全免於審查,相反,有權審查規章的主體多的是。根據《立法法》的規定,國務院有權改變或者撤銷不適當的規章;地方人大常委會也有權撤銷本級政府的不適當的規章;另外,省級政府也有權改變或者撤銷下一級政府的不適當的規章。

（3）審查的類型、方式及程序

　　我國現行合憲性審查的方式比較繁雜，而不同的審查方式所適用的審查程序也可能有所不同，為此我們又要講它的類型，而且要首先講。也就是要用類型分析的方法，來考察我國當今合憲性審查的方式及程序。

　　如前所述，從大的方面來看，我國當今存在多套合憲性審查機制，其中有國家層面的合憲性審查機制，也有政黨層面的合憲性審查機制；國家層面的合憲性審查又分為事前審查、事中審查和事後審查。這些合憲性審查都有自己的審查方式，但從類型學角度上說，它們的審查方式及程序大多都還在形成過程之中，其中定型化程度較高的應該是事後審查的方式與程序。在比較法角度看來，這種事後審查基本上屬於抽象審查，即直接對規範性文件本身的全部或部分條款是否構成違憲所進行的審查，典型的可見之於德國。但在實踐中，我國的合憲性審查也出現了準附隨性審查的一些案例。這裏所說的"附隨性審查"，又稱"具體審查"，即透過某個特定的具體案件對其中所適用的規範性文件的全部或部分條款是否構成違憲所進行的審查，典型的可見之於美國。

　　而從啟動的程序來看，事後審查又可以分為依申請審查、主動審查、專項審查、移送審查和聯合審查等多種方式或類型。

　　依申請審查內部包含多種方式。根據《立法法》第 110 條第 1 款的規定，國務院、中央軍事委員會、國家監察委員會、最高人民法院、最高人民檢察院、各省級人大常委會，認為行政法規、地方性法規、自治條例和單行條例與憲法或者法律相抵觸，或者存在合憲性、合法性問題的，可以向全國人大常委會書面提出審查要求，由全國人大有關專門委員會和常委會工作機構進行審查，提出意見；而根據《立法法》110 條第 2 款的規定，其他國家機關和社會團體、企業事業組織以及公民如果認為行政法規、地方性法規、自治條例和單行條例、司法解釋與憲法或者法律相抵觸的，有權向全國人大常委會書面提出審查建議，由常委會工作機構進行審查，必要時送有關專門委員會進行審查、提出意見。在依申請審查的類型中，地方各級人民法院、人民檢察院在審判、檢察工作中發現法規、司法解釋與憲法或者法律相抵觸，或者存在合憲性、合法性問題的，可以上報至最高人民法院、最高人民檢察院向全國人大常委會書面提出審查要求，有利於發揮合憲性審查的動力機制的作用，為此特別值得關注。此外值得一提的是，依申請審查過去多被稱為"被動審查"，但由於"被動"一詞在中文語境中多含有貶義色彩，故我們改採"受動審查"這一更趨於中性的説法。

主動審查大多是審查機關依據其職權主動展開的審查。根據規定，行政法規、地方性法規、司法解釋等公佈後 30 天內，都要報送全國人大常委會進行備案，自治條例和單行條例甚至需要報送全國人大常委會批准後生效，由審查機關對它們進行審查。這種審查又稱依職權審查。主動審查具有一定的內部性，但它對法規、司法解釋的合法性審查，頗有實效性。

而專項審查則指的是全國人大專門委員會、常委會工作機構為了貫徹黨中央決策部署，或為了落實全國人大常委會工作重點，就涉及事關重大改革和政策調整、涉及法律重大修改、關係公眾切身利益，或引發社會廣泛關注等方面的某一個專門事項，對相關法規、司法解釋所進行的審查。專項審查其實也是主動審查的一種特別形態。《立法法》第 111 條第 1 款規定，全國人大專門委員會、常委會工作機構可以對報送備案的行政法規、地方性法規、自治條例和單行條例等進行主動審查，也可以根據需要進行專項審查。

移送審查指的是全國人大常委會工作機構收到應當由其他機關處理的審查建議，或發現應當由其他機關審查處理的問題，及時移送其他機關處理，又或其他機關在備案審查工作中發現法規、司法解釋存在合憲性、合法性問題，將其移送到全國人大常委會工作機構審查處理的情形。

聯合審查指的是全國人大常委會工作機構發現法規、規章、司法解釋等規範性文件存在涉及其他機關備案審查工作職責範圍的共性問題的，可以與全國人大有關專門委員會、其他機關備案審查工作機構開展聯合審查的情形。

在審查方式和審查程序方面，根據《立法法》第 112 條的規定，全國人大專門委員會、常委會工作機構在審查中認為行政法規、地方性法規、自治條例和單行條例同憲法或者法律相抵觸，或者存在合憲性、合法性問題的，可以向制定機關提出書面審查意見；也可以由憲法和法律委員會與有關的專門委員會、常委會工作機構召開聯合審查會議，要求制定機關到會説明情況，再向制定機關提出書面審查意見。制定機關應當在兩個月內研究提出是否修改或者廢止的意見，並向全國人大憲法和法律委員會、有關的專門委員會或者常委會工作機構反饋。全國人大憲法和法律委員會、有關的專門委員會、常委會工作機構根據前款規定，向制定機關提出審查意見，如果制定機關按照所提意見對行政法規、地方性法規、自治條例和單行條例進行修改或者廢止的，則審查終止。全國人大憲法和法律委員會、有關的專門委員會、常委會工作機構經審查認為行政法規、地方性法規、自治條例和單行條例同憲法或者法律相抵觸，或者存在合憲性、合法性問題需要修改或者廢止，而制定機關不予修改或者廢止的，應當向委員長會議提出予以撤銷的議案或建議，由委員長會議決定提請常委會會議審議決定。

在這裏值得一提的是，2021 年 11 月，全國人人常委會法工委還成立了備案審查專家委員會，從全國聘請了 12 位專家學者擔任首批委員。審查實務部門在審查過程中，也可以請該委員會委員對有關問題進行論證。

在合憲性審查中，前後還有三道程序特別重要。

第一道程序是合憲性審查的啟動。目前，有權提請審查機關啟動審查程序的主體非常多，提請條件也非常寬鬆。為了避免審查案件的氾濫，今後有必要在合憲性審查機制啟動環節建立起一套合理的、前置性的案件篩選機制。

第二道程序是信息的反饋與公開。根據《立法法》第 113 條的規定，審查機關在審查工作完成之後，一般應該就審查情況，通過適當方式向提請審查的國家機關、社會團體、企業事業組織以及公民進行必要的反饋，並可以向社會公開。

第三道程序則是年度工作報告。全國人大常委會法制工作委員會每年向全國人大常委會提交本年度的備案審查工作情況報告，由常委會會議審議；該報告根據常委會組成人員的審議意見修訂後，向社會公開。

（4）審查的內容與標準

審查的內容，簡言之就是審查主體所要判斷的審查對象是否構成了違法或者違憲的情形。但這一判斷又受制於審查標準。審查標準指的是對規範性文件進行審查過程中所應用的衡量方式與尺度。不同的審查標準決定了審查深廣度以及嚴格程度的不同。長期以來，我國審查實務部門傾向於通過對規範性文件的文面審查，來判斷作為審查對象的規範性文件是否與憲法或者作為上位法的法律相抵觸或不一致，進而初步確立了兩種審查標準的模式，即合法性標準與合理性標準。

合法性標準包含了合憲性標準，其具體含義主要是指作為審查對象的法規、司法解釋等規範性文件在內容上不與憲法或者法律相抵觸，以及不與上位法不一致。這裏所說的"相抵觸"是具有方向性的，發生在下位法與上位法的關係之間，即"以下犯上"；而"不一致"則不具有方向性，可發生在同位法之間，或上位法與下位法的關係之間，也可能發生在下位法與上位法的關係之間，只有發生在下位法與上位法關係之間的不一致，才可能不符合合法性標準的要求。

合理性標準則可能比合法性標準更加嚴格，它類似於德國式合憲性審查中的比例原則標準，大致包括立法目的要有正當性，手段與目的要相匹配，權利義務配置要平衡，對公民權利的限制要符合必要且最低限度的原則，規範的內容要合乎情理等方面的內容。

目前，審查機關已大致明確了審查的重點內容，其包括：（1）是否符合憲法規定、憲法原則和憲法精神；（2）是否符合黨中央的重大決策部署和國家重大改革方向；（3）是否超越權限，減損公民、法人和其他組織權利或者增加其義務；（4）是否違反上位法規定；（5）是否違背法定程序；（6）為實現立法目的規定的措施與立法目的是否成比例。

應該説，這些內容的確定，具有重要意義。但其具體要點尚頗為混雜，其中有些內容之間還存在交叉或重複的情形，需要今後進一步釐清。

而且，在未來的實踐中，如何進一步釐清合法性標準和合理性標準的內涵，並協調好二者的關係，也同樣成為需要解決的問題。其中的要點包括：第一，合法性標準是否既包含內容或實質上的合法性，還包含形式上的合法性；第二，究竟是應該在同一審查對象上並用這兩種標準模式，還是應該根據不同的審查對象，將二者分別加以應用，比如將合法性標準與合理性標準並用於涉及公民基本權利保障的規範性文件，而將這兩個標準分別應用於其他審查對象。

（5）處理方式

經過審查，合憲性審查機關認定審查對象確實構成違憲的，可分別根據不同情況，作出不同處理，主要包括：建議自我糾正，不予批准，責令修改、改變或撤銷。其中的建議自我糾正，就是通過內部的溝通和斡旋，建議制定機關自我糾正，即對違背憲法的規範性文件及時進行修改或廢止。不予批准指的是根據有關規定，全國人大常委會對於報送審查和批准的自治區人大制定的自治條例和單行條例，認為違反憲法的，可作出不予批准的決定。責令修改則較為嚴格一些，它的含義比較容易理解，更為嚴格的是改變或撤銷。其中改變指的是全國人大有權改變全國人大常委會制定的不適當的法律和決定。而撤銷是最嚴格的處理方式，在全國人大及其常委會擔綱的合憲性審查制度中，主要指的是：全國人大有權撤銷全國人大常委會制定的不適當的法律，有權撤銷全國人大常委會批准的違背憲法和《立法法》第 85 條第 2 款規定的自治條例和單行條例；全國人大常委會有權撤銷與憲法相抵觸的各種規範性法律文件，有權撤銷省級人大常委會批准的違背憲法和《立法法》第 85 條第 2 款規定的自治條例和單行條例。有關這一點，《立法法》第 108 條中有明確規定。至於《立法法》第 85 條第 2 款規定了什麼內容，請大家自己看一下法條。

3. 我國合憲性審查制度的運行狀態

我國合憲性審查制度長期依託於備案審查制度，而早期的備案審查制度曾經在一定程度上存在所謂"備而不審、審而不糾、糾而不改"的情況，為此，合憲性審查制度的活性化也就無從談起了。不過，自 2004 年全國人大常委會法工委設立了法規備案審查室之後，備案審查工作取得了一定的績效，但這些工作比較低調，甚至具有保密傾向，沒有以公眾看得見的方式顯現出來。曾經擔任全國人大常委會法工委主任的喬曉陽先生是中國立法實務界的"大佬"，他很巧妙地將這一時期中國的備案審查工作形容為"鴨子鳧水"，意思是雖然從水面上看起來鴨子沒有動，但它的腳在水下還是很忙的。

然而，自 2013 年中國共產黨十八屆三中全會之後，隨著全面深化改革和全面依法治國進程的不斷推進，備案審查工作的力度得到了加強，有關方面甚至提出了"有件必備、有備必審、有錯必糾"的要求或說法，工作績效得到了明顯提高，相關信息也得到了顯性化。根據研究，自 2017 年開始，至第十三屆全國人

延伸閱讀：孫志剛案：合憲性審查制度活性化理想的一次挫敗

大屆滿之前，全國人大常委會備案審查機關就已審查處理了八個合憲性事案例。在這個階段，有關備案審查的各項制度和工作機制也得到了逐步的健全和改善，尤其是從 2017 年開始，全國人大常委會法工委每年向全國人大常委會作備案審查工作報告，審查意見的說理性也在加強。通過 2018 年修憲，現行憲法第 70 條中原規定的全國人大法律委員會更名為 "憲法和法律委員會"。這意味著，全國人大的這個專門委員會在合憲性審查工作中發揮更大的作用。而 2023 年新修訂的《立法法》更是進一步完善了有關合憲性審查的制度規範。

小貼士：八個合憲性審查事案例

　當然，正像前面講到的那樣，我們的合憲性審查制度是內嵌於 "縱橫交錯" 的備案審查制度架構之中的，其主體部分主要依託於全國人大常委會的備案審查制度。這樣一種合憲性審查制度，可以從合法性審查制度中獲得工作平台，也獲得內部助力，甚至獲得進退有度的一種緩衝地帶。這是由於，在對各種規範性文件實行備案審查時，一般實行合法性審查優先原則，即在有法律作為依據的情況下，通常可以優先適用法律進行審查，而沒有必要適用憲法進行判斷。只有在窮盡了法律適用之後仍然無法作出判斷的情況下，才有必要適用憲法對審查對象是否違憲進行判斷。如果機械地應用這個原則，將它絕對化，合憲性審查就可能比較容易被湮沒在普通的合法性審查之中，後者在一定程度上可以起到替代和消解合憲性審查的功能。而如前所述，像《立法法》這樣的法律，就成為憲法的替身。

　從寬泛的意義上說，這種合憲性審查，屬於享有立法權的各種機關系統內部的一種自我審查，為此是一種相對溫和、寬緩的合憲性審查機制。它雖不免處於 "自己審自己" 的窘境，但無須面對 "反多數難題" 那樣的叩問，適合於實行人民代表大會制的國家。

　正是基於前面所說的原因，長期以來，審查機關傾向於採取消極主義的審查立場。備案審查實務部門也承認自己是有意識持有這種立場的，稱之為 "實質性的適當謙遜"。這種立場表現在，審查機關一般視合憲性審查為畏途，除了將合法性審查優先原則用到極致以外，儘量採取迴避憲法判斷的策略，即使對明顯存在合憲性爭議的審查對象，也儘可能以合法性審查替代合憲性審查，或以合法性審查的手段解決合憲性爭議的問題。前面所說的八個合憲性審查案件，基本上都是通過上面所說的手法作出審查判斷的。

以合法性審查替代合憲性審查，或者以合法性審查的手段解決合憲性問題，表面上似乎也達到了合憲性審查的效果，實際上還有待於通過名副其實的合憲性審查，去充分激活憲法的實效性，形成依憲治國的憲法秩序。但應該看到的是，我國的合憲性審查制度，總體上還處在繼續形成和發展的態勢之中。認識到這一點，就會看到未來的曦光。

到這裏為止，一個學期的《憲法學》課程就講授完畢了。至此，也許同學們會覺得學了很多知識，但過幾年驀然回首，有人可能會覺得"哎，當年的憲法課我到底學了什麼？"記得有一次我碰到一位年輕人，他主動上來跟我打招呼，興奮地說大學時代曾跟我學過憲法學，閒聊中我就問：你還記得當時憲法學課所講的內容嗎？他呵呵地笑了，尷尬地說差不多都忘記了，但記得"憲法頂個地球"的橋段。

有鑒於此，在這裏我想最後告訴大家：在你們學完憲法學全部課程之後，如果說今後什麼都可以忘記的話，有三點道理請務必不要輕易忘記——

第一，憲法者，限權之法也。它通過限制公共權力的肆意濫用，保護人民的個體尊嚴與基本權利，由此賦予公權力的正當性，賦予政權的合法性。

第二，憲法者，也可謂世之經緯，國之重器。換言之，它既是鎮國之法寶，也是人民之甲冑。"鎮國之法寶"是為公權力之所謀，"人民之甲冑"是為人民之所用。兩者都是憲法的重要功能，猶如車之兩輪，鳥之雙翼，絕對不可偏廢。

第三，如果將憲法的精神歸結為一句話，那就是：要把每一個人當作人來對待，絕不可觸碰人作為人所應該享有的尊嚴。只有真正懂得對人的尊嚴給予崇高敬意的人，才真正理解憲法的精神。對於這樣的人，我將不顧頭髮稀疏，脫帽表示敬意！

同學們！放眼當今中國，社會思潮與價值秩序的大激蕩時代可能即將到來，它將召喚憲法學隆重出場。這是因為，中國究竟避免不了一場有關重大問題的爭論，包括對人的價值的爭論、對國家本質的爭論、對國家前途的爭論、對有關良善政治體制的爭論。爭論需要準據，也需要結晶，這都需要憲法學隆重出場。

至此，我們這學期的憲法學課程全部結束。

最後，請允許我引用我所喜歡的莎士比亞的一行詩句，轉贈給諸君：

我們歷盡了千辛萬苦，終於在亂麻中採擷了這朵鮮花。

附錄

一、法科初學者《憲法學》課程精選推薦書單

1. 《憲法學》編寫組：《憲法學》（第二版），高等教育出版社、人民出版社 2020
   年版。
2. 《中華人民共和國憲法（應用版）》，法律出版社 2021 年版。
3. 林來梵：《憲法學講義》（第四版），清華大學出版社 2023 年版。
4. 韓大元、林來梵、鄭賢君：《憲法學專題研究》（第二版），中國人民大學出版
   社 2008 年版。
5. 林來梵：《憲法學的脈絡：四個基礎性概念研究》，商務印書館 2022 年版。
6. 陳新民：《德國公法學基礎理論》（增訂新版・上、下卷），法律出版社 2010
   年版。
7. 〔日〕蘆部信喜：《憲法》（第六版），林來梵等譯，清華大學出版社 2018 年版。
8. 〔英〕洛克：《政府論》（上、下），翟菊農、葉啟芳譯，商務印書館 2020 年版。
9. 〔法〕盧梭：《社會契約論》，何兆武譯，商務印書館 2017 年版。
10. 〔法〕孟德斯鳩：《論法的精神》（上、下），許明龍譯，商務印書館 2017 年版。
11. 〔英〕密爾：《代議制政府》，汪瑄譯，商務印書館 2017 年版。

12. 〔美〕漢密爾頓等：《聯邦黨人文集》，程逢如等譯，商務印書館 2020 年版；或同氏：《聯邦論》，尹宣譯，譯林出版社 2016 年版。

13. 季衛東：《憲政新論》（第二版），北京大學出版社 2005 年版。

14. 夏勇：《人權概念起源》（修訂版），中國政法大學出版社，2001 年版。

15. 蔡定劍：《中國人民代表大會制度》（第四版），法律出版社 2003 年版。

16. 〔美〕安東尼·劉易斯：《批評官員的尺度——〈紐約時報〉訴警察局長沙利文案》，何帆譯，北京大學出版社 2011 年版。

17. 費孝通：《民主·憲法·人權》，生活·讀書·新知三聯書店 2013 年版。

18. 梁漱溟：《中國文化要義》，上海人民出版社 2018 年版。

19. 錢穆：《中國歷代政治得失》，生活·讀書·新知三聯書店 2018 年版。

20. 林來梵：《文人法學》（增訂版），清華大學出版社 2017 年版。

二、《憲法學》課程體系化進階學習推薦書單

（一）憲法學導論部分

1. 《憲法學》編寫組：《憲法學》（第二版），高等教育出版社、人民出版社 2020 年版。

2. 林來梵：《憲法學講義》（第四版），清華大學出版社 2023 年版。

3. 〔日〕蘆部信喜：《憲法》（第六版），林來梵等譯，清華大學出版社 2018 年版。

4. 韓大元、林來梵、鄭賢君：《憲法學專題研究》（第二版），中國人民大學出版社 2008 年版。

5. 周葉中主編：《憲法》（第五版），高等教育出版社 2020 年版。

6. 胡錦光、韓大元：《中國憲法》（第四版），法律出版社 2018 年版。

7. 〔德〕卡爾·拉倫茨：《法學方法論》（全本·第六版），黃家鎮譯，商務印書館 2020 年版。

8. 白斌：《憲法教義學》，北京大學出版社 2014 年版。

9. 李忠夏：《憲法變遷與憲法教義學》，法律出版社 2018 年版。

10. 蔣廷黻：《中國近代史》，民主與建設出版社 2017 年版。

（二）憲法總論部分

11. 〔古希臘〕亞里士多德：《政治學》，吳壽彭譯，商務印書館 2017 年版。

12. 〔美〕約翰·羅爾斯：《正義論》，何懷宏等譯，中國社會科學出版社 2011 年版。

13. 〔德〕哈貝馬斯：《在事實與規範之間——關於法律和民主法治國的商談理論》（修訂本），童世駿譯，生活·讀書·新知三聯書店 2014 年版。

14. 〔美〕斯科特·戈登：《控制國家——從古雅典至今的憲政史》，應奇等譯，江蘇人民出版社 2008 年版。

15. 李強：《自由主義》（第三版），東方出版社 2015 年版。

16. 〔美〕布魯斯·阿克曼：《我們人民：奠基》，王慶華譯，中國政法大學出版社 2017 年版。

17. 王希：《原則與妥協：美國憲法的精神與實踐》（增訂本），北京大學出版社 2014 年版。

18. 許崇德：《中華人民共和國憲法史》（上、下），福建人民出版社 2005 年版。

19. 陳新民：《德國公法學基礎理論》（增訂新版·上、下卷），法律出版社 2010 年版。

20. 韓大元：《憲法學基礎理論》，中國政法大學出版社 2008 年版。

21. 林來梵：《從憲法規範到規範憲法：規範憲法學的一種前言》，商務印書館 2017 年版。

22. 韓大元、張翔：《憲法解釋程序研究》，中國人民大學出版社 2016 年。

23. 陳玉山：《中國憲法序言研究》，清華大學出版社 2016 年版。

24. 胡錦光：《中國憲法問題研究》，新華出版社 1998 年版。

25. 季衛東：《憲政新論》（第二版），北京大學出版社 2005 年版。

26. 林來梵：《憲法學的脈絡：四個基礎性概念研究》，商務印書館 2022 年版。

27. 〔法〕狄驥：《憲法學教程》，王文利等譯，春風文藝出版社、遼海出版社 1999

年版。

28. 〔德〕康拉德·黑塞：《聯邦德國憲法綱要》，李輝譯，商務印書館 2007 年版。

29. 〔法〕托克維爾：《論美國的民主》，董果良譯，商務印書館 2017 版。

30. 〔英〕戴雪：《英憲精義》，雷賓南譯，中國法制出版社 2017 版。

（三）有關國家組織部分

31. 〔法〕盧梭：《社會契約論》，何兆武譯，商務印書館 2017 年版。

32. 〔英〕洛克：《政府論》（上、下），翟菊農、葉啟芳譯，商務印書館 2020 年版。

33. 〔英〕密爾：《代議制政府》，汪瑄譯，商務印書館 2017 年版。

34. 姜峰：《立憲主義與政治民主：憲法前沿十二講》，華中科技大學出版社 2013 年版。

35. 馬嶺：《憲法權力解讀》，北京大學出版社 2013 年版。

36. 李樹忠：《國家機關組織論》，知識產權出版社 2004 年版。

37. 〔日〕阿部照哉、池田政章等：《憲法——總論篇·統治機構篇》，周宗憲譯，中國政法大學出版社 2006 年版。

38. 葉海波：《政黨立憲研究》，廈門大學出版社 2009 年版。

39. 蔡定劍：《中國人民代表大會制度》（第四版），法律出版社 2003 年版。

40. 陳斯喜：《人民代表大會制度概論》，中國民主法制出版社 2016 年版。

41. 周偉：《各國立法機關委員會制度比較研究》，山東人民出版社 2005 年版。

42. 秦前紅：《監察改革中的法治工程》，譯林出版社 2020 年版。

43. 王振民：《中央與特別行政區關係：一種法治結構的解析》，清華大學出版社 2002 年版。

44. 鄒平學等：《香港基本法實踐問題研究》，社會科學文獻出版社 2014 年版。

（四）有關基本權利部分

45. 〔德〕康德：《法的形而上學原理》，沈叔平譯，商務印書館 2017 年版。

46. 〔德〕列奧·斯特勞斯：《自然權利與歷史》，彭剛譯，生活·讀書·新知三聯書店 2016 年版。

47. 鄭賢君：《基本權利原理》，法律出版社 2010 年版。

48. 張翔：《基本權利的規範建構》（第三版），法律出版社 2023 年版。

49. 〔日〕阿部照哉、池田政章等：《憲法——基本人權篇》，周宗憲譯，中國政法大學出版社 2006 年版。

50. 張卓明：《選舉權論》，社會科學文獻出版社 2014 年版。

51. 劉權：《比例原則》，清華大學出版社 2022 年版。

52. 韓大元、王建學：《基本權利與憲法判例》（第二版），中國人民大學出版社 2021 年版。

（五）有關憲法保障部分

53. 王旭：《憲法實施原理：解釋與商談》，法律出版社 2016 年版。

54. 范進學：《完善我國合憲性審查制度與機制研究》，譯林出版社 2021 年版。

55. 胡錦光：《合憲性審查原理五論》，中國民主法制出版社 2022 年版。

56. 林來梵主編：《憲法審查的原理與技術》，法律出版社 2009 年版。